Bitterer Wind

Das Buch

Ting-xing Ye erzählt in ihren spannenden Memoiren 35 Jahre ihres ereignisreichen Lebens. Geboren als viertes von fünf Kindern in Schanghai, steht sie bereits mit 13 Jahren als Vollwaise da. Die Wirren der Kulturrevolution zerreißen die restliche Familie. Ting-xing Ye landet auf einer Gefängnisfarm, wo sie als angebliches »Kapitalistenkind« dauernden Demütigungen ausgesetzt ist. Doch plötzlich wendet sich ihr Schicksal: Sie wird rehabilitiert und darf in Peking Englische Sprache und Literatur studieren. Schon schnell macht sie Karriere als Übersetzerin im Auslandsministerium, wo sie unter anderem für die Delegationen von Queen Elizabeth, Ronald Reagan und Imelda Marcos dolmetscht. Zeitgleich jedoch geht es privat bergab: Immer mehr entfremdet sich Ting-xing Ye von ihrem Mann, der sich aus Karrieregründen bei der kommunistischen Partei anbiedert. Da tritt der kanadische Lehrer Bill neu in ihr Leben. Aus Liebe zu ihm ist sie bereit, ihr Heimatland zu verlassen. Sie flieht nach Kanada – aber ihre kleine Tochter bleibt zurück...

Die Autorin

Ting-xing Ye wurde 1952 in Schanghai geboren. Sie arbeitete als Englischübersetzerin für die chinesische Regierung. Im Jahr 1987 verließ sie China. Heute lebt sie in Orilia, Ontario. Neben ihren Memoiren hat Ting-xing Ye zwei Kinderbücher verfaßt.

Ting-xing Ye

Bitterer Wind

Eine junge Chinesin kämpft um ihre Würde und Freiheit

Aus dem Englischen von
Ulrike Bischoff

Econ Taschenbuch

Econ Taschenbücher erscheinen im Ullstein Taschenbuchverlag, einem Unternehmen der Econ Ullstein List Verlag GmbH & Co. KG, München
Deutsche Erstausgabe
2. Auflage 2001

First published by Doubleday Canada Ltd.
Titel des Originals: *A Leaf in the Bitter Wind*
Übersetzung: Ulrike Bischoff
Umschlagkonzept: Büro Meyer & Schmidt, München – Jorge Schmidt
Umschlaggestaltung: Init GmbH, Bielefeld
Titelabbildung: Adriene Veninger
Lektorat: Gisela Klemt
Gesetzt aus der Sabon, Linotype
Satz: Josefine Urban – KompetenzCenter, Düsseldorf
Druck und Bindearbeiten: Ebner Ulm
Printed in Germany
ISBN 3-548-75068-0

Ich widme dieses Buch dem Andenken an
meine Mutter, Li Xiu-feng
meinen Vater, Ye Rong-ting
meine Großtante, Chen Feng-mei.

Besonderer Dank

Die Wahl des Titels machte nur einen winzigen Teil des großen Beitrags aus, den William Bell zu diesem Buch geleistet hat. In einem langen, harten und manchmal tränenreichen Prozeß half mir sein freundliches Drängen und sein Verständnis, bis zum Ende durchzuhalten. Er ist selbst Schriftsteller, und sowohl seine Liebe zur Sprache als auch seine soliden Kenntnisse dieser Zunft haben mich inspiriert, den ersten Satz zu Papier zu bringen. Sein Vertrauen und sein Glaube machten es mir möglich, dieses Buch zu schreiben.
Ich hatte das Glück, John Pearce zum Freund zu haben, der an mein Projekt glaubte, es förderte und betreute. Sein Urteil und sein Gutachten waren für mich von unschätzbarem Wert. Mein Dank gilt auch Gail Pearce, die das Manuskript sorgfältig gelesen und mir fundierte Ratschläge gegeben hat.
Danken möchte ich all meinen Freunden hier in Kanada für ihre Unterstützung. Beonders verbunden bin ich William Talbot, der mir geholfen hat, in dieses Land zu gelangen.
Auch dem Canada Council möchte ich für seine Unterstützung danken.
Abschließend danke ich meinen Brüdern und Schwestern in China für ihre Liebe und Fürsorge, für ihre Geschichten und ihre Nachforschungen. Ich hoffe, dieses Buch wird dem Andenken an unsere Eltern und unsere Großtante und an alles, was wir gemeinsam durchgemacht haben, gerecht.

Zur Transkription

Im allgemeinen folgt die Umschreibung chinesischer Namen und Begriffe dem *han-yu-pin-yin*-Transkriptionssystem. Einige Namen wurden in der alten Umschreibung belassen, da in diesen Fällen die *pin-yin*-Form weniger vertraut sein dürfte.

Anmerkung der Autorin

Die Worte *Lao* (alt, ehrwürdig) und *Xiao* (jung) werden in China üblicherweise in Verbindung mit Namen als Anredeformen benutzt, die Respekt bezeugen. So nannten mich Personen, die nicht zu meiner Familie gehörten, in der Regel Xiao Ye.

Mit Ausnahme von Persönlichkeiten des öffentlichen Lebens und meinen Familienangehörigen sind die Namen aller Chinesen in diesem Buch geändert.

Prolog

Ich stehe allein in meiner weißen Trauerkleidung im verlassenen Schlafzimmer meiner Eltern und starre auf das Bett, das bis auf die geflochtene Bambusmatte abgezogen ist. Der Geruch von Räucherstäbchen liegt in der feuchten Luft, und vor dem offenen Fenster tröpfelt leise Regen auf die Ziegeldächer.

Vater ist tot. Das leere Bett, in dem er seit Jahren gelähmt gelegen hat, beweist es. Auf seiner Kommode schimmern seine Brillengläser im matten Licht, seine Kalligraphiepinsel liegen unberührt da. Aber wo ist Mutter? Mir fällt auf, daß ich sie nicht mehr gesehen habe – seit wann eigentlich? Seit ein paar Tagen? Monaten? Sogar Jahren? Mein ältester Bruder, Nummer 1, hat gesagt, Mutter sei meinetwegen aus Schanghai geflohen. Sie lebe jetzt auf einer namenlosen Insel und wolle nicht gefunden werden.

»Nein, Mutter, bitte! Bestraf mich nicht! Ich war doch noch ein Kind, erst neun Jahre alt, das einen flüchtigen bösen Gedanken hatte. Komm wieder nach Hause!«

Meine eigene Stimme weckt mich im Dunkeln. In meinem Zimmer ist es seltsam still. Mit dem Traum sind auch die nächtlichen Verkehrsgeräusche von Schanghai verschwunden. Das sanfte Seufzen des Windes im hohen Ahorn hinter meinem Haus erinnert mich an die lange Reise, die mich in diese Kleinstadt im Süden von Ontario geführt hat.

Wie jedesmal, wenn ich diesen Traum habe, hallen meine Worte in mir nach und lassen ein überwältigendes, bedrohliches Gefühl von Schuld zurück. Es sind Jahre vergangen, seit ich 1989 zur Abtrünnigen wurde, Jahre, seit ich mein neues Leben in Kanada begann, doch der immer wiederkehrende Alptraum hat mich über den Pazifik verfolgt. Meine Eltern sind vor über zwei Jahrzehnten gestorben, doch während ich

Vaters Tod längst akzeptiert habe, verfolgt mich Mutters Tod immer noch.

Teil I

Wind der Tränen

(1952–1966)

Kapitel 1

Geboren wurde ich in Schanghai, am Spätnachmittag eines heißen Junitages 1952, als viertes Kind meiner Familie. Daher nannten sie mich Ah Si, »Nummer 4«.

Mein Vater fand, jetzt sei es genug, aber statt auf Empfängnisverhütung zu vertrauen, die damals offiziell gefördert wurde, setzte er auf die Macht des Wortes.

Den offiziellen Namen eines Kindes zu wählen war keine Kleinigkeit: Es galt, Tradition und Vorgeschichte dabei sorgfältig abzuwägen.

Mein Nachname, Ye, bedeutet »Blatt«. Meinen Generationsnamen, Xing – »fähig« –, hatte mein Großvater väterlicherseits festgelegt, nachdem er im Ahnenhof der Familie Wahrsagestäbchen aus Bambus geworfen hatte, und somit hießen alle Kinder meines Vaters Xing. Meine drei älteren Geschwister hatte Vater nach Eigenschaften benannt, die er bewunderte: Meine Brüder hießen Aufrecht und Standhaft, meine Schwester Fleißig. Für mich wählte er den Namen Ting, ein Wort, das in der Schriftsprache »anmutig« bedeutet, gesprochen aber ebenso klingt wie das Wort für »Stop«.

Der Bann wirkte nicht. Anderthalb Jahre später wurde meine Schwester Ahorn geboren, Mutters fünftes und letztes Kind.

Im Juni begann die Regenzeit, eine Jahreszeit, die die meisten Menschen am Unterlauf des Jangtsekiang verabscheuten. Meist herrschte einen vollen Monat lang Nieselregen und extreme Feuchtigkeit. Auf Wänden und Böden breitete sich grüner Schimmel aus; die Feuchtigkeit kroch den Menschen in die Knochen. An den seltenen Tagen, an denen sich die Sonne zeigte, säumten Kleider, Bettzeug und Möbel die Höfe und Bürgersteige. Alle träumten davon, in einem Haus mit »Reißverschlußdach« zu wohnen.

Wie Großtante unermüdlich jedem erzählte, der es hören

wollte, stand meine Ankunft unter einem ungünstigen Stern – ein Mädchen, das im Jahr des Drachen geboren wurde. Sie sagte auch, mir stünde ein schweres, unberechenbares Leben bevor, da der Juni 1952 ungewöhnlich heiß und trokken gewesen sei, ein sicheres Zeichen für die Mißbilligung von König Drachen, denn er war der Regengott. König Drache wohne in einem Kristallpalast am Grunde des Östlichen Meeres, umgeben von Krebsgenerälen und einer rein männlichen Krabbenarmee, erzählte sie mir. Oft war ich versucht zu fragen, wer denn die Hausarbeit erledigte, wenn es dort keine Frauen wie Großmutter, Mutter oder Großtante gab. Aber ich hatte bereits früh gelernt, daß es zwei Dinge gab, die man nie in Frage stellen durfte: die Götter und die Regierung.

Großtante riet, wegen meiner unglückseligen Geburt zu meinem Schutz dem Gott des Himmels, Tian Huang, einen Schrein zu errichten und seine Statue mit einer Schüssel Reis, drei Beigerichten, zwei roten Kerzen und einem Bündel Räucherstäbchen in die Mitte eines Tisches zu stellen. Diese Zeremonie sollten wir einmal jährlich, an meinem Geburtstag, vollziehen. Mutter stimmte bereitwillig zu. Doch ebenso wie die Namenswahl meines Vaters erwies sich auch dieses Ritual als unwirksam.

Eine Woche nach meiner Geburt brachte meine Mutter mich vom Krankenhaus Rotes Haus – so genannt, weil seine Ziegelmauern, Holzfenster und Türen rot gestrichen waren – nach Hause in die Drei-Zimmer-Wohnung meiner Familie in der Stadtmitte. Die Wuding-Straße (Straße der »gewaltsamen Beständigkeit«) war von Platanen überschattet und verlief in Ost-West-Richtung quer durch das ehemalige Internationale Viertel. Mit zahlreichen *longtang* – Seitengassen, die manchmal zwei Karren breit, manchmal nur schulterbreit waren – bildete sie ein dichtbesiedeltes, aber ruhiges Viertel. Wir wohnten in der Zi Yang Li – der »Gasse des purpurnen

Sonnenscheins«. Wenn Sie sich eine Stadt mit einem Durchmesser von gut 16 Kilometern und etwa sechs Millionen Einwohnern denken, haben Sie eine ungefähre Vorstellung von der Bevölkerungsdichte unserer Innenstadt rund um die Gasse des purpurnen Sonnenscheins.

Wir wohnten in einem zweistöckigen Backsteingebäude im traditionellen Schanghai-Stil, das um einen Innenhof oder Lichthof gebaut war und einen Torbogen besaß, der als Vordereingang diente. Dieser wurde durch zwei schwarz lakkierte, schwere, hohe Türen mit Messingtürklopfern in Form von Drachenköpfen mit Ringen durch die Nase geschlossen. Die Bewohner benutzten jedoch meist die Hintertür und behielten den Vordereingang Anlässen wie Hochzeiten und Beerdigungen vor.

Insgesamt wohnten in unserem Haus acht Familien in vier Wohnungen, zwei auf jeder Etage. Für alle Familien gab es auf dem winzigen Gang zwei Wasserkräne, deren Benutzung unsere Nachbarin, Oma Ning-bo, strengstens regelte und überwachte. Der obere Kran mit dem Steingutbecken durfte nur benutzt werden, um Lebensmittel, Kleidung und Geschirr zu waschen und zu spülen. Der untere war dazu gedacht, Nachttöpfe, Wischmops und so weiter auszuwaschen. Auf jeder Etage gab es eine kleine Küche für die vier Familien. Von der Dachterrasse aus konnte ich den Schornstein von Vaters Gummischuhfabrik Zheng Tai sehen.

An der Einmündung der Gasse des purpurnen Sonnenscheins in die Wuding-Straße lag der *cai chang* – der Markt –, der sich mit seinen Ständen aus groben Brettern in zwei Reihen zu beiden Seiten dreißig Meter weit in die schattige Straße erstreckte. Dieses Zentrum unseres Viertels öffnete um sechs Uhr morgens, doch für begehrte Lebensmittel wie Schweineknochen oder Fett, die billiger waren und weniger Lebensmittelmarken erforderten, bildeten sich schon Stunden vorher Schlangen. Manche geschäftstüchtige

Anwohner standen früh auf, stellten sich vorn in die Schlange und verkauften ihren Platz für ein paar Pfennige. Und am frühen Nachmittag, wenn die Stände leer waren, benutzten die Anwohner sie, um auf ihnen Decken zu nähen oder ihr Bettzeug zu lüften.

Einige Jahre lang machten der Lichthof, die Gasse und der geschäftige Markt meine ganze Welt aus.

In mancherlei Hinsicht war Schanghai in den fünfziger Jahren eine Stadt der vergangenen Pracht. Als »Paris des Ostens« mit einer ausländischen Bevölkerung von 60 000 Einwohnern, die in autonomen »Konzessionen« lebten und die gesamte Innenstadt beherrschten, hatte die Stadt einst als das größte Industriezentrum Asiens gegolten. Doch als die Kommunisten drei Jahre vor meiner Geburt die Macht übernahmen, hatten sich die Ausländer bereits aus dem Staub gemacht, weg von der Kinder- und Sklavenarbeit, der umfangreichen Prostitution, dem Opiumhandel und vielen anderen Geschäften, die den blühenden Aufschwung und Wohlstand der Stadt bewirkt hatten.

Die meisten der höheren Gebäude (höher als zwei Stockwerke) in Schanghai waren von Ausländern erbaute Überbleibsel der dreißiger Jahre, die vereinzelt am Bund, dem Westufer des schlammigen Huangpu, standen, dort, wo sich das gelbe Wasser mit dem schwarzen, verunreinigten Wasser des Suzhou-Baches vermischte. Die ganze Stadt, deren Name »Über dem Meer« bedeutet, stand auf flachem, schwammigem Grund, und ihr fast dreißig Kilometer langer Hafen hatte eine Verbindung zur Mündung des Jangtsekiang.

Das Wetter spiegelte die Vorherrschaft des Flusses und der See wider. Dezember und Januar waren kalt, trüb und feucht. Da alle Häuser unbeheizt waren, trugen wir ständig unsere wattierten Mäntel, Hosen und Schuhe, außer, wenn wir ins Bett gingen. Es war nichts Ungewöhnliches, morgens

Eiszapfen an der strohumwickelten Wasserleitung hängen zu sehen. Der Februar brachte Sonne und der März Regen. Der schönste Monat war der Mai mit seiner Blütenpracht unter sonnigem Himmel. Im Juli und August stieg das Thermometer oft auf über dreißig Grad; an solchen heißen Tagen saßen wir im Schatten oder im Haus, fächelten uns Kühlung zu und warteten darauf, daß endlich der *Taifeng* mit Wind und Regen durch die Stadt peitschte. Im Herbst war es immer noch warm genug für kurze Hosen, aber endlich konnten wir nachts wieder durchschlafen, da die unerträgliche Hitze vorüber war.

In der Familie Ye ging es mit fünf Kindern, die im Abstand von je zwei Jahren geboren waren, ziemlich lebhaft zu. Als ich zehn Monate alt war, fiel daher die Aufgabe, sich um mich zu kümmern, weitgehend meiner Großtante zu, die schon lange, bevor mein Vater meine Mutter heiratete, zu seiner Familie gehört hatte. Die tragische Geschichte, wie Großtante Chen Feng-mei (Chen Phönix Schwester) in meine Familie kam, macht deutlich, wie damals das Leben auf dem Lande war.

Qingyang, die Kleinstadt, in der mein Großvater väterlicherseits lebte, liegt eine Stunde Busfahrt von der Stadt Wuxi entfernt, und diese wiederum zwei Zugstunden nordwestlich von Schanghai. Wegen des fruchtbaren, flachen Landes, das von Kanälen durchzogen und mit Seen und Weihern übersät war, hieß diese Gegend »das Fisch- und Reisland«. So fruchtbar war das Land, daß die Einheimischen behaupteten, wenn man ein Samenkorn ausspucke, wachse im Nu eine Wassermelone daraus. In der Umgebung von Qingyang gab es viele Dörfer, die nach dem jeweils herrschenden Familienklan benannt waren.

Sobald Großtante siebzehn war, erschienen die Heiratsvermittlerinnen des Chen-Familien-Dorfes, in dem sie mit ihrer

Familie lebte. Sie war »eine gute Erscheinung« und, besser noch, sie hatte acht Zentimeter lange, gebundene »Lilienfüße«, die als wichtigstes Zeichen weiblicher Attraktivität galten. Innerhalb eines Jahres war sie mit dem Sohn eines Mittelbauern aus dem Nachbardorf verlobt. (Ein Mittelbauer bewirtschaftete sein eigenes Land und konnte während der geschäftigen Jahreszeiten Arbeitskräfte einstellen.) Die Verlobungsgeschenke wurden akzeptiert, und die Hochzeit wurde für das nächste Jahr angesetzt. Wie es Sitte war, traf man all diese Arrangements, ohne die Braut zu fragen.

Ein altes Sprichwort sagt: »Eine Tochter zu verheiraten ist, wie einen Eimer Wasser auszuschütten.« Der Nutzen für die Familie der Braut war rein passiver Art: Man entledigte sich einer Bürde. In Feng-meis Fall lag ihren Eltern besonders viel daran, sie loszuwerden, da sie die älteste von drei Töchtern war, und die Tradition verlangte, daß die jüngeren Töchter nicht vor der älteren Tochter heiraten durften, sonst hätte die Familie ihr Gesicht verloren. Die Familie des Bräutigams war »Empfängerin« und hatte das Recht, die Braut zu billigen. Es war nicht nötig, daß die Braut viel, wenn überhaupt etwas über ihren zukünftigen Ehemann erfuhr, nicht einmal über sein Aussehen.

Feng-meis Heiratsarrangement war ein Glücksspiel, weil der Bräutigam an Tuberkulose im Endstadium litt. Während die Heiratsvermittlerin sich die Schuhsohlen zwischen den beiden Familien ablief, lag der Bräutigam auf dem Sterbebett. Seine Familie und die Heiratsvermittlerin hofften, die Verlobung würde seiner tödlichen Krankheit entgegenwirken – ein Aberglaube, der auf der Vorstellung basierte, daß die überaus günstige Wirkung einer Heirat das Unglück der Krankheit hinwegwischen würde. Man schien zu glauben, daß das Problem gelöst wäre, wenn man nur das Rot der Hochzeit mit dem Weiß der Beerdigung mischte.

Aber die Dinge entwickelten sich keineswegs rosarot. Der

Bräutigam starb. Mit seinem Tod war seine Verlobte allerdings keinesfalls frei. Feng-mei mußte nach dem angesetzten Hochzeitstermin für ein Jahr Halbtrauer tragen und konnte anschließend noch weitere anderthalb Jahre nicht wieder verheiratet werden. Die Verlobungsgeschenke wurden zurückerstattet, aber es blieb die Überzeugung, daß Feng-meis Leben nicht gut genug gewesen sei, ihren Verlobten zu retten.

Hatte sie ursprünglich auf der Skala der Heiratsvermittlerin zehn Punkte erhalten, so war ihr Wert auf unter fünf gefallen, als erneut eine Heiratsvermittlerin an ihre Mutter herantrat. Diesmal gab es keine Verlobungsgeschenke und keine Verlobung. Ihre Mutter und die Heiratsvermittlerin brachten sie zu ihrem neuen Heim, begleitet von einem angeheuerten Mann, der ihre spärlichen Habseligkeiten an einer Schulterstange trug.

Feng-meis neuer Ehemann war kein gut aussehender junger Mann, sondern ein Witwer und zwanzig Jahre älter als sie. Noch schlimmer war, daß er an schwerem Asthma litt, welches ihn ans Bett fesselte. Kein Wunder, daß es zur Hochzeit kein Festessen und keine Feier mit Verwandten gab. Die ganze Sache war ein Geschäft: Die Familie des Bräutigams bekam eine Arbeitskraft umsonst, die sich um den bettlägerigen Patienten kümmerte, und die Familie der Braut wahrte ihr Gesicht, indem sie die unglückliche älteste Tochter loswurde.

Zwei Monate später war Feng-mei eine echte Witwe, und der Tod ihres Mannes war in gewisser Weise auch ihrer. Ihre angeheiratete Familie hatte nicht einmal Interesse daran, sie als lebenslange kostenlose Arbeitskraft zu behalten, wie die alte Tradition es ihr erlaubte; statt dessen bezeichneten sie sie als »Frau, die keinem Mann nahekommen sollte«, als Unglücksbotin, die ihrem Mann den Tod gebracht hatte. Sie schickten sie zu ihrer Familie zurück, und die Dorfbewohner nannten sie »aufgewärmte Tofusuppe«, eine Frau, die von der Familie ihres Mannes verstoßen worden war. Tofusuppe war das billigste Essen, das aufzuwärmen sich niemand die Mühe machte; man warf die Reste weg. Alle waren mittlerweile fest davon überzeugt, daß Feng-meis Leben für jeden Mann den Dolchstoß bedeutete.

Eines Tages fuhr Feng-meis Mutter aus ihrem Dorf nach Qingyang, um meine Urgroßmutter zu besuchen. Mit Tränen in den Augen bat die verzweifelte Frau sie, ihre älteste Tochter als unbezahltes Dienstmädchen aufzunehmen. Feng-mei könne doch im Haus helfen, es sei schließlich eine Schande für ihre Familie, wenn ihre Tochter weiter zu Hause wohnte, gestand die Frau. Feng-mei war damals dreiundzwanzig.

Im Haus meines Großvaters wurde Feng-mei nie mit ihrem Namen angeredet, meinem Vater und seinen Geschwistern stellte man sie als *Jiejie* – »große Schwester« – vor, eine Beschönigung, denn eigentlich war sie ein Dienstmädchen. Obwohl Qingyang nur etwa acht Kilometer vom Chen-Familien-Dorf entfernt lag, sah sie ihr Heimatdorf bis in ihr hohes Alter nicht wieder.

Im Gegensatz zu seinen beiden Stiefbrüdern, die die Gummifabrik der Familie in Schanghai betrieben, hatte mein Großvater Ye die Stadt immer als Ort der Korruption und des Bösen angesehen. Aber er mußte die Tatsache akzeptieren, daß sein Sohn, Rong-ting – »Wohlstand« –, der seit einer Hirnhautentzündung ein verkrüppeltes Bein hatte, nicht taugte für ein Landleben, in dem Körperkraft mehr als ein rein äußerlicher Vorzug war. Auch hier ging es darum, das Gesicht zu wahren. Wie sollte er sich weiterhin darauf verlassen, daß seine Stiefbrüder und ihre Söhne seinen Anteil am Geschäft verwalteten, wo er doch einen Sohn hatte, der mit seinen sechzehn Jahren alt genug war, um sich darum zu

kümmern? Die drei Fabriken der Familie in Schanghai hatten sich im Laufe der Jahre gut entwickelt und waren expandiert, vor allem die Reifen- und Spielzeugfabrik. Wärmflaschen der Marke »Für immer« hingen in unzähligen Wohnungen Schanghais an der Wand.
So schickte Großvater nach dem chinesischen Neujahrsfest 1937 meinen Vater Rong-ting nach Schanghai. Sobald er fünf Minuten Fußweg von der Fabrik entfernt eine Unterkunft gefunden hatte – ein zwölf Quadratmeter großes Zimmer, kaum groß genug für zwei Einzelbetten –, ließ er *Jiejie* nachkommen, damit sie ihm den Haushalt führte. Es mag merkwürdig erscheinen, daß ein junger Mann von sechzehn Jahren ein Zimmer mit dem zehn Jahre älteren Dienstmädchen der Familie teilte, aber damals war so etwas durchaus nichts Ungewöhnliches.

Im Juli jenes Jahres begannen die Japaner ihren umfassenden Angriffskrieg gegen China, der schon einen Monat später Schanghai erreichte. Die Stadt wurde beschossen, bombardiert und eingenommen, während die Chinesen Straße um Straße verteidigten. Allerdings blieben die Ausländerviertel, die von Stacheldraht und Barrikaden geschützt waren, unversehrt. In schicksalhafter Weise führte die japanische Besatzung zur Heirat meiner Eltern.
Flüchtlinge, die vor der japanischen Armee in die Umgebung von Wuxi und Qingyang flohen, verbreiteten Geschichten über Greueltaten. Die feindlichen Soldaten bezeichneten unverheiratete Frauen als »Blumenmädchen«, und ganz oben auf ihrer Tagesordnung stand offenbar, »mit Blumenmädchen zu schlafen« – eine Beschönigung für brutale Vergewaltigung. Für jede Mutter ein Alptraum, denn abgesehen von der Brutalität und dem Leiden war es unmöglich, eine Frau zu verheiraten, die vergewaltigt worden war. Junge Mädchen versteckten sich in sackigen Kleidern, beschmier-

ten sich das Gesicht mit Asche, um häßlich und abstoßend zu wirken, oder schnitten sich das Haar kurz, um sich als Jungen auszugeben. Manche Mutter trachtete das Risiko zu verringern, indem sie für ihre Tochter einen Mann suchte. Dieser Gedanke führte meine *Wai Po* (meine Großmutter mütterlicherseits) eines morgens im Oktober in den Lebensmittelladen meines Großvaters in Qingyang.

Wai Po, eine resolute mittlere Bauersfrau, die sich geweigert hatte, ihren Töchtern die Füße zu binden, stand in ihrem Li-Familien-Dorf in dem Ruf, alle Heiratsvermittlerinnen abzuwehren, da sie beschlossen hatte, die älteste ihrer drei Töchter, Xiu-feng (»Schöner Phönix«), erst zu verheiraten, wenn sie achtzehn wäre. Doch angesichts der schrecklichen Geschichten, die den Japanern vorauseilten, war *Wai Po* zu dem Schluß gekommen, daß sie rasch handeln mußte.

»Meister Ye«, fragte sie Großvater, »wollen Sie eine Frau für Ihren Sohn? Ja oder nein?«

»Warten Sie, Schwester«, antwortete Großvater. »Wovon reden Sie? Mein Sohn ist erst siebzehn. Ich habe noch nicht ein einziges Mal an eine Frau für ihn gedacht.«

Wai Po brach in Tränen aus. »Meister Ye, ich bin nicht hier, um Ihnen ein altes Möbelstück zu verkaufen, sondern um einen Mann für mein eigen Fleisch und Blut zu finden. Xiu-feng ist siebzehn, gesund und schön. Ich kann nicht zulassen, daß sie in den Händen der östlichen Teufel zugrunde geht.«

Großvater, der oft behauptet hatte, er würde die Ruhe bewahren, selbst wenn der Kaiser persönlich vor der Tür stünde, verlor den Kopf, sobald er eine Frau weinen sah. »Geben Sie mir eine Woche Zeit, darüber nachzudenken«, bat er die verzweifelte Mutter.

In Wahrheit steckte mehr hinter der Sache, als es auf den ersten Blick schien. Sicher wollte *Wai Po* ihre Tochter beschützen, aber gleichzeitig muß sie gewußt haben, daß sie ein paar Trümpfe in der Hand hielt. Mein Vater war gewiß für ein Mädchen vom Dorf eine gute Partie: Als ältester Sohn eines erfolgreichen Geschäftsmannes und Bauern hatte er die besten Aussichten, einen Laden, Land und eine Fabrik zu erben, auch wenn Krieg war. Zudem lebte er in Schanghai, und nicht jeder teilte das Vorurteil meines Großvaters gegen die Stadt. Aber er war lahm. Das wußte *Wai Po* natürlich. Manche Mutter hätte meinen Vater als Heiratskandidaten allein wegen des Aberglaubens abgelehnt, der jede Krankheit oder Behinderung umgab.

Großvater schickte ein Telegramm nach Schanghai. Fünf Tage nach *Wai Pos* Besuch heirateten mein Vater und meine Mutter, beide siebzehnjährig, in Qingyang, und Mutter zog in Großvaters Haus. Zwei Tage nach der Hochzeit fuhr Vater wieder nach Schanghai, den Betrieb zu leiten und zu lernen. Deshalb hatte er keine Zeit für eine junge Frau, wie mein Großvater erklärte. Schanghai aber war mittlerweile vollständig unter japanischer Besatzung und kein sicherer Aufenthaltsort, deshalb blieb Mutter in Qingyang. Vater besuchte seine Frau und seine Familie einmal im Jahr zum Neujahrsfest.

Kapitel 2

Im Frühjahr 1944, sechs Jahre, nachdem meine Mutter einen Mann geheiratet hatte, den sie nie gesehen hatte, bevor sie in das Haus ihres Schwiegervaters zog, stieg sie in den Zug nach Schanghai. Bislang hatte sie noch kein Kind zur Welt gebracht, und die Familie machte sich Sorgen. Damals wie heute gibt man in China der Frau die Schuld an der Kinderlosigkeit eines Paares. Obwohl der Arzt erwähnt hatte, daß die Meningitis, mit der mein Vater als Kind zu kämpfen gehabt hatte, eine Erklärung sein könnte, wollte niemand in der Familie solche Gedanken zulassen. Schanghai stand zwar nach wie vor unter japanischer Besatzung, doch nun erklärte mein Großvater, das Paar solle zusammensein. Vielleicht würde das helfen.

Die Zeit verging und nichts geschah. Großtante, die nicht glücklich darüber war, von Vaters Frau verdrängt zu werden, tratschte in der ganzen Gasse herum, meine Mutter sei unfruchtbar, und versuchte später sogar, meinen Vater mit einer anderen Frau zusammenzubringen. Mutter bekam Wind von Großtantes Plänen und fürchtete, daß Vater sie abschieben würde. Statt dessen erklärte mein Vater ihr, wenn sie keine Kinder bekommen könnten, so läge es an ihm. Und er wolle nichts mit einer anderen Frau zu tun haben, versicherte er ihr. Wenn sie jedoch von der Heirat zurücktreten wolle, werde er ihr nicht im Weg stehen.

Mit seiner Loyalität eroberte mein Vater das Herz meiner Mutter. Obwohl sie über *Jiejies* Verrat tiefste Bitterkeit empfand, war ihr klar, daß es der größte Fehler der Welt wäre, einen solchen Mann zu verlassen.

Ein Jahr später, 1946, kapitulierten die Japaner und zogen ab. Das Leben in Schanghai kehrte wieder zur Normalität zurück. Die Geschäfte florierten. Und mein ältester Bruder, Zhengxing – Nummer 1 – wurde geboren.

Die Jahre, bevor ich in die Schule kam, verliefen überwiegend langweilig und einsam, aber ich erinnere mich an einen Tag Ende 1956, als ich vier Jahre alt war. Vater kam aus der Fabrik nach Hause und hatte eine große rote Seidenblume an die Tasche seines westlichen Sportjacketts gesteckt. Selbst in diesem Alter wußte ich bereits, daß eine rote Blume zu tragen – ob echt oder nicht – Auszeichnung und Ehre bedeutete. Überall hingen Plakate mit strahlenden Soldaten und Bauern, die rote Blumen trugen.

Vater war ein gutaussehender, freundlicher und gebildet wirkender Mann, in der Nachbarschaft sehr geachtet und erfolgreich im Geschäft, wenn auch keineswegs reich. Trotz seiner Intelligenz war er politisch naiv. Bevor die Kommunisten die Macht ergriffen, mußten seine Stiefvettern ihm Ratschläge erteilen, wie er gute Beziehungen zu den Funktionären der Nationalpartei unterhalten sollte, wenn sie seine Fabrik »inspizierten«: indem er sie zum Essen einlud und ihnen »Geschenke« anbot – die allgegenwärtige chinesische Beschönigung für Bestechung. Diese Vettern flohen bei der Befreiung nach Taiwan.

Aber Vater war über seine Auszeichnung durchaus nicht glücklich. Er humpelte nach oben, ging an mir vorbei, warf die Blume auf den Eßtisch und schloß die Tür hinter sich. Sehnsüchtig starrte ich die rote Blüte an. Im Nebenzimmer hörte ich Vater und Mutter sprechen. Erst da fiel mir auf, daß Vater früher nach Hause gekommen war. Meine älteren Geschwister waren alle noch in der Schule, und die zweijährige Nummer 5 machte ein Mittagsschläfchen.

Mutter sah, wie ich die Blume anstarrte, und meinte, ich könne sie haben, solange ich mich still verhielte. Sie half mir, sie an meine Jacke zu stecken, und ich stürmte begeistert mit meiner farbenfrohen Auszeichnung die Treppe hinunter in den Hof. Damals wußte ich noch nicht, daß mein Vater die Blume bekommen hatte, weil er seine Fabrik dem Staat übergeben hatte – das Unternehmen, das sein Urgroßvater gegründet und das er fast zehn Jahre geleitet hatte.

Ein Jahr vor meiner Geburt, 1951, hatte die Regierung die Kampagne gegen Verschwendung, Korruption und bürokratischen Machtmißbrauch des Staates geführt. Kurz danach, im Frühjahr 1952, startete sie eine weitere Kampagne, die im Volksmund die Kampagne gegen Fünf Giftige Kreaturen hieß. Diese Bewegung zielte unmittelbar gegen private Kaufleute und Fabrikbesitzer wie meinen Vater. Die fünf Übel waren Bestechung, Steuerflucht, Diebstahl staatlichen Eigentums, Betrug bei Staatsaufträgen und Diebstahl »wirtschaftlicher Informationen«, was »Privatunternehmen durch Blutsaugerei am Staat fett macht und Helden der Revolution verdirbt, die nicht von feindlichen Stahlkugeln, sondern von versüßten Kugeln zur Strecke gebracht werden.«

Vater war ein ehrlicher Mann und hatte unter diesen Kampagnen nicht sonderlich zu leiden, aber sie machten deutlich, daß China reif war für die Verstaatlichung von Privatunternehmen. Als 1956 der Koreakrieg endete und die Wirtschaft sich erholte, war es soweit. Mao Ze-dong erklärte, daß die Regierung bereit sei, »das Haus von innen zu säubern«.

Die Bewegung von 1956, die meinem Vater sein Geschäft nahm und ihm dafür nur leere Auszeichnungen und eine rote Seidenblume gab, hieß *gongsiheying* – gemeinsames staatlich-privates Management. Im Namen der »Wiedergutmachungspolitik« enteignete der Staat den Besitz zu einem Preis, den ein Dreierkomitee festsetzte: ein Staatsvertreter, ein Fabrikarbeiter (meist ein Parteimitglied) und der Besitzer. Der Schätzwert wurde immer zu niedrig angesetzt und der Besitzer von den beiden anderen überstimmt. Wenn der Preis festgesetzt war, erhielt der Besitzer nur 35 Prozent, die ihm in Raten über sieben Jahre verteilt bezahlt wurden, und zwar teils in bar, teils in Staatsanleihen. Dennoch veröffentlichte Mao Ze-dong 1957, ein Jahr nach Abschluß der Bewegung, einen Artikel unter der Überschrift »Über die richtige Behandlung der Widersprüche im Volk«, in dem er diese Methode als eine Form kapitalistischer Ausbeutung kritisierte.

Zwar blieb Vater zunächst als »Privatrepräsentant« – einer rein nominellen Funktion – in seiner eigenen Fabrik, konnte diesen Posten jedoch nicht lange halten. Ein paar Monate später begann eine weitere politische Kampagne: »Laßt hundert Blumen blühen; laßt hundert Schulen miteinander wetteifern«. Es handelte sich um eine List Maos, Kritik herauszufordern, damit er alle, die den Mund aufmachten, einsperren konnte. Unschuldige Menschen wurden als Rechte und »reaktionäre Elemente« abgestempelt und in Gefängnisse oder Arbeitslager gesperrt oder hingerichtet. Vater wurde aus seiner leitenden Position entfernt, weil er sein »Ausbeutergeld« eingefordert hatte. Man bezeichnete ihn als »hartgesottenen Kapitalisten«, der nur durch körperliche Arbeit zu bekehren sei. Als ich fünf wurde, war mein Vater vom angesehenen, gutsituierten Geschäftsmann zum Arbeiter mit ungewisser Zukunft abgesunken.

Bei all diesen Sorgen und Umwälzungen schien sich niemand sonderlich für mich zu interessieren. Ich war fast immer allein. Mit Nummer 5 wollte ich nicht spielen – ältere Kinder waren mir lieber, aber sie waren alle in der Schule. Außerhalb des Hauses durfte ich nicht spielen, Mutter hatte mich gewarnt: »Die Straßen sind voll von Kinderhändlern, die dich betäuben und aufs Land bringen, weit weg von Zuhause, und dich als Arbeitskraft an Bauern verkaufen.«

Obwohl ich zu klein war, die gewaltigen Veränderungen zu begreifen, die Mutter, Vater und Großtante Sorgen machten – den rapiden Abstieg unseres Lebensstandards eingeschlossen –, war ich doch alt genug, den Unterschied zu bemerken. Ich sah meinen Vater häufiger, meist ging und kam er gemeinsam mit Großtante nach Hause, die schon in der Fabrik gearbeitet hatte, als meine Mutter noch nicht in Schanghai war. Seine Kleidung war auch nicht mehr wie früher. Er hatte immer westliche Anzüge getragen, und morgens hatte ich ihm zugesehen, wenn er seine Krawatte band, und über all die schwierigen Drehungen und Wendungen gestaunt. Jetzt enttäuschte er mich, indem er eine dunkelblaue oder schwarze Jacke trug, die bis zum Hals zugeknöpft wurde. Er sah blaß, alt und bekümmert aus.

Ich hatte keine Ahnung, daß niemand von gesundem Menschenverstand Jackett und Krawatte tragen würde, wenn er einen schweren Karren mit Oberteilen für Gummischuhe schieben mußte, eine der niedrigsten Arbeiten in der Fabrik, die über zweihundert Arbeiter beschäftigte. Man bestrafte und degradierte Vater, weil er das Geld eingefordert hatte, das ihm zustand. Von einem Menschen, der am Stock ging, zu verlangen, daß er einen über hundert Pfund schweren Karren zwischen verschiedenen Werkstätten hin- und herschob, war »Frost auf Schnee«. Vaters tief verletzter Stolz sollte ihn zu einem Entschluß mit tragischen Folgen treiben.

Da ich nichts von den Auswirkungen wußte, die die Veränderung der Wirtschaftslage für unsere Familie hatte, dachte ich nur daran, in den Kindergarten zu kommen, um singen, tanzen und anderes zu lernen. Ich war lebhaft und neugierig und wollte Freunde und Lehrer haben. Mittlerweile war ich alt genug für den Kindergarten, aber meine Eltern hatten mich nicht angemeldet. Ich vermißte Nummer 3, die bereits dorthin ging, aber mehr noch beneidete ich sie.

Eine der größten politischen Kampagnen war der »Große Sprung nach vorn« von 1958. Das damit verbundene irrationale Verhalten der Massen fand seinen symbolischen Ausdruck im »Krieg gegen die Spatzen«. Als die Regierung kundtat, daß die Spatzen unser kostbares Getreide fraßen, das strengstens nach Alter, Geschlecht und Art der Arbeit rationiert war, schlossen sich die Leute ohne Zögern der Kampagne an. Bald standen überall in unserer Nachbarschaft, auf Bäumen und Hausdächern, mannshohe Strohpuppen mit einem Bananenblatt in der einen und einer weißen Flagge in der anderen Hand. Nur weiße Flaggen würden Spatzen abschrecken, hieß es in der Anweisung. Gleichzeitig schlugen lebendige Menschen auf Trommeln, Gongs, Aluminiumkochtöpfe und alles mögliche andere ein, was Lärm machte. Damals glaubte ich, das ständige Getöse würde die Vögel töten, aber die Theorie besagte, daß die armen Vögel vor Schreck in der Luft blieben, bis sie vor Erschöpfung starben. Mit sechs Jahren war ich eine fleißige Spatzenjägerin, lief und sprang herum, kletterte auf Mauern, schrie und schlug Topfdeckel und Löffel gegeneinander, obwohl ich ein bißchen verwirrt war, weil Großvater Ye mir erzählt hatte, daß die Spatzen gut für das Getreide seien, weil sie die Insekten fressen, die dem Reis schaden.

»Stahl ist für das Volk genauso wichtig wie Lebensmittel«, verkündeten bald darauf die neuen Plakate an allen Wänden der Gasse. So wurde die landesweite Manie der Stahlproduktion angeheizt, die noch absurder und unrealistischer war als der Spatzenkrieg. Wenn alle mithalfen, erklärte Mao, dann würde China innerhalb von fünfzehn Jahren mehr Stahl produzieren als Großbritannien. Behörden, Fabriken, Kooperativen, selbst Schulen bekamen eine Quote vorgeschrieben, mit dem Ergebnis, daß überall – auf Schulhöfen, Spielplätzen, öffentlichen Plätzen und Bauernhöfen – untaugliche und völlig ineffektive Hochöfen in groß und klein entstanden. Sie waren aus normalen Ziegelsteinen und wurden mit Holz oder der weichen, pulvrigen Kohle befeuert, die man zum Kochen verwendete. Unser Stadtteilkomitee baute zwei Hochöfen auf dem Schulhof der Grundschule, in die meine drei älteren Geschwister gingen. Tag und Nacht, sieben Tage in der Woche, wurde Stahl gekocht.

Mutter konnte nicht mehr zu Hause bleiben, um sich um Nummer 5 und mich zu kümmern: Das Stadtteilkomitee teilte sie ein, zuerst Ziegelsteine für den Bau des Hochofens, später Brennmaterial und zuletzt Metall zu sammeln. Sie ging von Tür zu Tür, fragte nach zerbrochenen Eisenwoks, Kerzenständern, Räuchergefäßen und Kochgeschirr. Wenn sie ihre Quote nicht erreichte, zertrümmerte sie einen unserer guten Woks mit einem Ziegelstein, um ihr Soll zu erfüllen. Das erzählte sie aber niemandem, aus Angst, daß man sie kritisieren würde, weil sie ihr Soll nicht geschafft hatte, oder daß man ihr Verschwendung vorwerfen oder – schlimmer noch – sie beschuldigen könnte, reich genug zu sein, um gutes Kochgeschirr zu zerstören. Selbst unsere Türklopfer wanderten ins Feuer.

Damals wußte man nie genau, was als nächstes passieren würde. Einfacher war es, das Wetter vorauszusagen. An einem Tag sammelte Mutter Schrott, am nächsten preßte sie Eierkohle, ein Tuch fest um ihre Dauerwelle gebunden, Ärmel und Hosenbeine mit Stoffstreifen umwickelt, damit kein Kohlenstaub eindringen konnte; und am Tag danach half sie vielleicht in der Kantine des Viertels, ganz in Weiß mit einer weißen Haube.

Diese öffentliche Kantine in einem Lagerhaus war eine weitere Neuerung des Großen Sprungs. Sie ging mit der Propaganda einher, daß drei Mahlzeiten in der Kantine den ersten Schritt zum Kommunismus bedeuteten. »Warum sollen Menschen sich die Mühe machen einzukaufen, zu waschen und zu kochen? Laß die öffentliche Kantine für dich sorgen!« verkündete ein Plakat. Das zerrüttete mein Familienleben vollends. In den ersten Tagen fand ich es spannend und genoß das Kantinenessen sehr. Da ich auf Nummer 5 aufpassen mußte, konnte mich niemand drängen, mich mit dem Essen zu beeilen, außerdem konnte ich mich auch noch umschauen, mit anderen reden und ihren Gesprächen zuhören. Doch nach einer Woche war es Routine und interessierte mich nicht mehr. Es waren zwar noch andere Kinder da, aber sie waren alle jünger als ich. Ich war frustriert und dachte ständig an den Ort, an dem ich lieber sein wollte: die Schule.

Der Krieg gegen die Spatzen, das Stahlkochen und der Kantinenkommunismus waren nur von kurzer Dauer. Um es mit Vaters Worten zu sagen: Alles »fing an wie ein Tigerkopf und endete wie ein Schlangenschwanz«. Die schlaflosen Nächte, das Von-Tür-zu-Tür-Gehen, um Schrott zu sammeln, und die zahlreichen Unfälle brachten nichts weiter ein als haufenweise nutzlose Eisenblöcke minderer Qualität. Man forderte die Anwohner auf, ihr Essen wieder selbst zu kochen, nur um festzustellen, daß ihr Kochgeschirr nicht mehr vorhanden war. Zerbrochene Gongs und Trommeln, gliederlose Vogelscheuchen, harsche Stimmen und Lebensmittelgeschäfte voller gegrillter Vögel waren das einzige Vermächtnis des Spatzenkrieges.

Kapitel 3

Eines Abends im Juli 1958 hörte ich Mutter zu Vater sagen, sie überlege, mich in der Vorschule anzumelden, weil ich während der letzten Kampagnen etwas »verwildert« sei. Nachdem ich wochenlang auf Dächer geklettert sei und auf Trommeln und Gongs eingeschlagen habe, sähe sie keine Möglichkeit, daß ich wieder ruhiger würde und allein im Hof spielte. Ich wußte, daß der Tag der allgemeinen Anmeldung näherrückte, weil ich gehört hatte, wie Mutter mit Nummer 3 für die Grundschule übte. Wie gut ein Kind auf Fragen antwortete wie »Wie heißt du? Wo wohnst du? Wie heißen deine Eltern? Was ist dein Lieblingslied?« entschied darüber, wo es seine sechs Grundschuljahre verbrachte. Abgesehen von den Beziehungen (ein offenes Geheimnis) waren diese sogenannten Prüfungsergebnisse der entscheidende Faktor.

Nummer 3, Shen-xing, war acht Jahre alt und galt in der Gasse des purpurnen Sonnenscheins wegen ihrer großen, strahlenden Augen und der langen dunklen Wimpern allgemein als Schönheit. Ihre Augen waren zwar schön, aber auch schwach. Ein Jahr zuvor hatte meine Mutter dem Drängen meines Vaters nachgegeben, ihr eine Brille zu besorgen, und seitdem hieß Nummer 3 Kleines Vierauge. Meine ältere Schwester war ruhig, geduldig und sanftmütig und machte sich offenbar um nichts Gedanken. »Nummer 3 könnte auf einem Grab einschlafen, wenn ihr danach wäre«, sagte meine Großtante immer.

Meine Mutter nahm die Vorbereitung für die Anmeldung sehr ernst und forderte mich auf zuzuhören, wenn sie mit Nummer 3 übte. Schulen, Kindergärten und Vorschulen waren äußerst knapp, eine Situation, die zu einem Zweiklassensystem geführt hatte. Wer gute Leistungen erbrachte, konnte eine *gong-ban-* Grundschule oder Vorschule besuchen, die staatlich waren. Wer schlecht abschnitt, mußte in eine *min-ban-* (»Volks-«)Schule, die das Stadtteilkomitee mit unqualifizierten Lehrern betrieb. Vater wunderte sich darüber kein bißchen. Er meinte, wenn die Regierung von Leuten, die noch nie einen Hochofen gesehen hatten, verlangen konnte, auf dem nackten Boden mit bloßen Händen Stahl zu kochen, warum sollte sie dann nicht dieselben Leute Schulen betreiben lassen?

In diesem Monat wurde ich nicht in einem *gong-ban*-Kindergarten, sondern im ersten Schuljahr einer *min-ban*-Schule angemeldet. Mutter meinte, in der Schule könnte ich mehr lernen als im Kindergarten, und so wäre ich gut vorbereitet, in einem Jahr, wenn ich schulpflichtig würde, in eine *gong-ban*-Schule zu kommen. Großtante war als einzige mit dieser Regelung unzufrieden, auch wenn sie nur vorübergehend sein sollte. Sie selbst hatte zwar nie eine Schule besucht und begriff das Zwei-Schulensystem nicht, aber sie erklärte, Unterricht, der über einem Getreideladen von der Frau des Ladenbesitzers abgehalten würde, sei alles andere als »Schule«, und wiederholte erneut, ich sei ein Unglückskind.

Im September kam ich also als Erstkläßlerin in die Jian-Ban-Yi-Lian-Grundschule des Unterbezirkskomitees. Doch Mutter machte ihren Plan nie wahr. Ich blieb sechs Jahre lang, bis zum Ende meiner Volksschulzeit, in der *min-ban*-Schule.

Mein Vater, dem seine Kollegen in der Fabrik den Spitznamen Alte Kanone gegeben hatten, weil er so viele Zigaretten der Marke Großes Tor rauchte, blieb abends gern zu Hause. Nach dem Abendessen stand er vom Tisch auf, wusch sich in einer Schüssel mit warmem Wasser, die meine Mutter für ihn bereitgestellt hatte, die Hände und zog sich ins Schlafzimmer zurück, um in seinem alten Bambussessel zu lesen und Tee aus einer Tasse zu trinken, die meine Mutter bei Bedarf nachfüllte. Romane und andere »leichte« Literatur lehnte er ab, er bevorzugte Bücher über Ethik und Philosophie, die in klassischem Stil geschrieben waren. Er war ein geschickter Kalligraph, der gern buddhistische Sutras und Schriften mit dem Pinsel in ein Reispapierheft übertrug, jedes elegante Schriftzeichen nicht größer als eine Fliege.

Wie viele Eltern damals fand auch mein Vater, lernen sei hauptsächlich etwas für Jungen, und obwohl er darauf achtete, daß Nummer 3 und ich unsere Hausaufgaben machten, bemühte er sich besonders um meine Brüder und ließ sie jeden Abend ihre Schönschreibübungen machen. Einmal pfuschte Nummer 1 und pauste Schriftzeichen aus seinem Buch ab, statt sie selbst zu schreiben. Einige Abende lang erntete er Lob für seine hervorragende Schrift, doch schließlich kam mein Vater ihm auf die Schliche. Vaters Mißbilligung war schweigend und wirkungsvoll; mein Bruder versuchte nie wieder, ihn zu hintergehen.

Ich fühlte mich von meinem Vater immer übergangen und fürchtete seinen seltenen Zorn ebenso, wie ich mich nach seiner Zuneigung sehnte. Wir drei Mädchen fielen eindeutig in den Zuständigkeitsbereich meiner Mutter und meiner Großtante. Vater sprach nur selten mit uns persönlich – wenn er uns Anweisungen gab, hieß es »ihr Mädchen«, während er meine Brüder mit Ah Du und Ah Ni anredete –, aber *wenn* er mit mir allein sprach, wußte ich, daß es wegen irgendeiner Ungezogenheit Ärger gab, meist weil ich mit meiner älteren Schwester gezankt hatte. Er sprach in ruhigem, bestimmtem Ton, der keinen Widerspruch duldete.

Jeden Morgen, bevor meine Mutter uns Kinder für die Schule fertigmachte, legte sie meinem Vater die Kleider und das Rasierzeug zurecht, und ich sah fasziniert zu, wie er Schaum im Gesicht verteilte, das Rasiermesser am Riemen abzog und sich rasierte. Bevor er mit Großtante in die Fabrik ging, putzte er sorgfältig seine Brille.

Manchmal schrieb er ein großes Schriftzeichen auf einen Zettel und legte ihn Mutter auf den Küchentisch – das war seine Art, sie in ihren Bemühungen, lesen zu lernen, zu unterstützen. Ein Spruch von Konfuzius besagte, eine ungebildete Frau sei besonders tugendhaft, und sowohl Mutter als auch Großtante hatten in ihrer Jugend nur gerade genug Schriftzeichen lesen gelernt, um die Geldscheine voneinander unterscheiden zu können. Ständig frustriert über die Fülle kleiner Demütigungen – wie meinen Vater oder einen meiner Brüder (niemals mich oder Nummer 3) um Hilfe bitten zu müssen, wenn sie die Rationierungsmarken unterscheiden wollte – nutzte Mutter die Kampagne gegen Analphabetentum – *Sao Mang* –, die im Herbst 1958 im Rahmen des Großen Sprungs nach vorn begann.

»Deine Mutter war immer schon eitel, was ihr Aussehen betraf«, meinte Großtante eines Abends, als wir im Bett lagen. »Jetzt will sie auch noch eine gebildete Städterin werden.«

Ich dagegen bewunderte die Entschlossenheit meiner Mutter, wo die Nachbarschaft und der Haushalt sie doch schon so sehr in Anspruch nahmen – obwohl mir natürlich ihr Schimpfen nicht gefiel, wenn ich ihr im Weg war oder mit Nummer 3 zankte. Während wir Kinder uns mit unseren endlosen Schulaufgaben abmühten, beugte Mutter sich nach getaner Hausarbeit über ihre Bücher und sprach in einem monotonen Singsang Worte vor sich hin, um sie sich einzuprägen. Vaters Zettel klebte sie an die Gegenstände, die die von ihm geschriebenen Worte bezeichnete, bis unser Haushalt aussah, als sei ein Papiersturm darüber weggefegt und hätte an nahezu jedem Teil einen weißen Schnipsel hinterlassen.

Eines Nachmittags im April 1959 hämmerte die Frau aus der öffentlichen Telefonstelle mit der Faust an unsere Hintertür. »Eine telefonische Nachricht für Familie Ye!« rief sie.

»Sie ist vom Tong-Ji-Krankenhaus. Sie wollen, daß Sie so schnell wie möglich kommen!«

Den Zettel mit der Nachricht in der zittrigen Hand, stürzte Mutter in die Küche und fragte Großtante, was das bedeuten könne. Großtante schlug die Augen nieder, bevor sie antwortete: »Am besten beeilst du dich, Schwägerin. Es muß wegen Bruder sein.«

»Du glaubst wohl immer noch, daß ich kein Recht habe zu erfahren, was in diesem Haus vorgeht!« rief Mutter zornig. »Er ist mein Mann!«

»Hör zu, Schwägerin, sei nicht wütend auf mich. Ich habe es dir ja nur geraten, weil ich Bruder heute nicht in der Fabrik gesehen habe.«

Mutter schnappte ihre Tasche und stürmte in Tränen aufgelöst aus dem Haus; wir Kinder blieben verschreckt und bestürzt zurück.

»Es ist ein schlechtes Zeichen, daß euer Vater das geheimgehalten hat«, murmelte Großtante.

Als Mutter uns am nächsten Morgen für die Schule fertigmachte und Großtante das Frühstück zubereitete, war es mucksmäuschenstill in unserer Wohnung. Meine beiden Brüder nahmen schweigend ihre Bücher; Nummer 3 machte rasch noch eine Schularbeit fertig; Nummer 5 war ebenso beunruhigt wie ich und sah stumm mit großen Augen zu. Obwohl ich meinen Vater noch nie in der Küche oder in der Waschküche gesehen hatte, suchte ich ihn dort, um ihn zu fragen, was passiert sei. Er war nicht da. Auch im Schlafzimmer war er nicht, wo er sich gewöhnlich um diese Zeit vor dem dreiteiligen Spiegel der Frisierkommode mit der Marmorplatte rasierte. Heute war sein Rasierzeug nicht für ihn zurechtgelegt.

»Wo ist Vater?« fragte ich.

»Im Krankenhaus«, antwortete Mutter mit bebender Stimme. »Er kommt erst in ein paar Wochen nach Hause.«

»Was fehlt ihm denn?« fragte ich mit Tränen in den Augen. »Warum kann er nicht nach Hause kommen?«
Großtante nahm mich beiseite und erzählte mir, daß Vater sich habe operieren lassen, damit sein Humpeln besser würde. Operieren? Wieso? Vater war doch gesund. Sicher, sein rechtes Bein war dünner als das linke, und er humpelte, aber er ging jeden Tag zur Arbeit wie alle anderen Väter auch. Mir hatte es immer gefallen, wie er mit dem leuchtendroten Stock in der Hand losstapfte. Ich wußte jedoch nicht, daß die schwere Knochenarbeit, die er tun mußte, und der Druck, das Soll zu erfüllen, seinem Bein weiter geschadet hatten.
Ohne es jemandem zu sagen – nicht einmal meiner Mutter –, war Vater ins Krankenhaus gegangen und hatte erfahren, daß eine kleine Operation sein Hinken beseitigen könne. Mehr vermochten uns weder Mutter noch Großtante zu sagen.
Als ich drei Wochen später auf dem Heimweg von der Schule in unsere Gasse bog, sah ich einen Krankenwagen vor unserem Haus stehen. Man hatte Vater nach Hause gebracht. Ich lief die Treppe hinauf, stieß die Schlafzimmertür auf und schlich hinein. Durch die geschlossenen Fensterläden drang gedämpftes Licht. Vater lag auf dem Bauch in seinem Mahagonibett und sah zur Wand. Als er mich kommen hörte, drehte er sich um und lächelte. Sein Gesicht war aschfahl und abgespannt.
»Hast du Schmerzen, Vater?«
»Nein, Ah Si.« Er lächelte. Dann deutete er auf seinen Rükken und sagte, ich solle ihn mir ansehen. Als er die Decke zurückschlug, entdeckte ich, daß sein ganzer Rücken bandagiert war.
In den ganzen Wochen, während er im Krankenhaus lag, hatte niemand auch nur angedeutet, was die Ärzte gewußt haben mußten: daß die Operation mißlungen und Vater von

der Brust abwärts gelähmt war und nie wieder würde gehen können. Mutter wußte nur, was sie mit eigenen Augen sah: Vaters ganzer Rumpf war bandagiert und hatte eine große Narbe, die vom Nacken bis zum Becken reichte.

Da ich nur halbtags in der Schule war, konnte ich Mutter helfen, für Vater zu sorgen, indem ich ihm Gesellschaft leistete, wenn sie kochte, putzte oder zum Markt ging. Vater schaute meine Schulaufgaben nach und ließ sie mich noch einmal abschreiben, wenn ich einen Fehler gemacht hatte. Dafür brauchte ich ihm nur ab und zu seine Teetasse zu reichen oder die Kopfkissen aufzuschütteln. Nur eines konnte ich einfach nicht richtig machen – und ich wünschte, ich hätte es überhaupt nicht zu tun brauchen –, nämlich, ihm mit der Bettpfanne zu helfen. Obwohl meine Mutter sich bemühte, ihre Einkäufe so schnell wie möglich zu erledigen, und immer darauf achtete, daß Vater nicht zu viel Tee trank, bevor sie aus dem Haus ging, brauchte er hin und wieder meine Hilfe, und ich machte unweigerlich eine Riesenschweinerei daraus. Das Ergebnis war »eine Landkarte auf dem Bettuch«, wie mein Vater es nannte. Doch seine Gelassenheit täuschte nicht darüber hinweg, wie schlecht er sich dabei fühlte.

Eines Tages hörte ich, wie meine Mutter sich mit Frau Yan unten in der Küche unterhielt. »Als ich die Windeln von Nummer 5 weggegeben habe, hätte ich nie gedacht, daß ich das Trockengestell über dem Kohleherd noch einmal brauchen würde«, sagte sie. »Mein armer Rong-ting. Womit hat er das verdient?«

Als das neue Schuljahr anfing, schlug Vater meine neuen Schulbücher sorgsam in braunes Packpapier ein, und ich ging wieder in die *min-ban*-Schule über Meister Tians Getreidegeschäft.

Hin und wieder kam ich dank der Lehrerin Tian und ihres Holzlineals mit einer roten Handfläche nach Hause, weil ich

Fragen nicht richtig beantwortet, mit meiner Banknachbarin geflüstert oder mit meinen Freundinnen im Schanghai-Dialekt statt im vorgeschriebenen *putonghua* – der Hochsprache – gesprochen hatte.

Unterdessen hatte meine Mutter ihre eigenen Sorgen. Nachmittags zog sie sich an, legte mit der üblichen Sorgfalt Lippenstift auf, ließ Vater in meiner Obhut und machte sich auf eine ihrer unzähligen Pilgerschaften ins Krankenhaus, anfangs auf ein Wunder hoffend, später – nachdem man ihr immer wieder gesagt hatte, daß es kein Wunder geben würde – in dem Bemühen, eine Regelung aufgrund eines ärztlichen Kunstfehlers durchzusetzen, weil mein Vater nicht mehr arbeiten konnte. Eine ihrer Freundinnen hatte ihr gesagt, das Krankenhaus müsse wegen des Kunstfehlers für ständige medizinische Versorgung und Pflege sorgen, aber sie wartete stundenlang vergebens, daß jemand ihr mitfühlend Gehör schenkte. Schließlich ließ man sie nicht einmal mehr hinein. Um alles noch schlimmer zu machen, bekam Vater seinen ohnehin schon reduzierten Lohn noch einmal um die Hälfte gekürzt – eine weitere Strafe für seine Weigerung, auf die Zahlungen für die Enteignung seiner Fabrik zu verzichten. Die wirtschaftliche Lage unserer Familie verschlechterte sich folglich dramatisch.

Gleichzeitig verschärfte die Regierung die Rationierungsmaßnahmen. Die offizielle Erklärung lautete, in den Südprovinzen habe es schwere Überschwemmungen und in den Nordprovinzen Heuschreckenplagen und Dürre gegeben. Die Sowjetunion, unser »großer Bruder« und geliebter Freund, hatte sich gegen uns gewandt und zwang uns, unsere Schulden alle auf einmal zurückzuzahlen, und zwar in jeder erdenklichen Form, angefangen bei Reis und Milch über neue Landmaschinen bis hin zu gebrauchten Fabrikanlagen. Gerüchten zufolge prüften die Russen Äpfel, die über die Grenze geschickt wurden, auf die gewünschte Farbe und

Form. Das Obst, das sie nicht wollten, schickten sie nicht etwa zurück nach China, wo die Menschen hungerten, sondern warfen es weg, ließen es haufenweise verfaulen. Eier, die nicht die erforderliche Größe hatten, wurden zerschlagen – und auf dem Schwarzmarkt in Schanghai kostete ein Ei mehr als den Tageslohn eines Arbeiters. Damals war uns nicht klar, daß die Lebensmittelknappheit eine unmittelbare Folge der hektischen Aktion war, Stahl zu produzieren, weil die Bauern deswegen ihre Felder vernachlässigt hatten.

In unserer Familie wurden die Mahlzeiten kärglicher und weniger. Bald gab es sogar Sojabohnenreste – die Abfälle, die übrigblieben, wenn man Sojabohnenmilch machte. Vater meinte, jetzt würden wir uns schon mit den Tieren ums Futter streiten, weil dieses furchtbare Zeug normalerweise die Schweine bekamen. Mutter mischte es mit ein bißchen Mehl und briet es im Wok. Es half, den Hunger zu lindern, aber es bewirkte ständig Verstopfung.

Je strenger Mutter unsere Reisportionen abmaß, desto hungriger waren wir. Selbst heute noch habe ich um den fünfundzwanzigsten jedes Monats ein ganz besonderes Gefühl in der Magengegend. Dann nämlich wurden die Getreidemarken für den nächsten Monat gültig. Unsere Gefäße für Reis und Mehl waren längst leer, und Großtante hielt einen Topf kochenden Wassers bereit und wartete, daß Mutter vom Getreidegeschäft nach Hause kam. Es war der einzige Abend, an dem sie das Mehl nicht sorgfältig abmaß und wir vollgestopft mit Gemüsesuppe und Klößen ins Bett gingen.

Da Mutter ihre Möglichkeiten im Krankenhaus ausgeschöpft hatte, blieb Vater und ihr nur der Weg, über eine Klage gegen den ärztlichen Kunstfehler vorzugehen. Ihnen war jedoch klar, daß sie diesen Fall nicht gewinnen konnten. Mehr noch, es würde nicht einmal zum Prozeß kommen, da man Vater als hartgesottenen Kapitalisten einstufen würde, der versuchte, dem sozialistischen Krankenhaus etwas anzuhängen. Außerdem gab es noch einen weiteren Hinderungsgrund. Vaters Freund, Dr. Feng, der Internist an jenem Krankenhaus war, hatte ihm zu der Operation geraten und ihn zu dem Chirurgen gebracht. Damit hatte Dr. Feng die Verantwortung für die Operation übernommen, auch wenn er sie nicht durchgeführt hatte, erklärte man meiner Mutter im Krankenhaus. Vater wäre also gezwungen gewesen, seinen eigenen Freund zu verklagen.

Dr. Feng war wegen der Tragödie derart niedergeschmettert und von Schuldgefühlen geplagt, daß er ein Jahr später das Krankenhaus verließ und in seiner Heimatstadt, Hangzhou, wieder eine Praxis eröffnete. Schanghai zu verlassen bedeutete für ihn ein großes Opfer und einen Gesichtsverlust. Jahre später, nach Vaters Beerdigung, suchte er Mutter auf und bot ihr an, zwei von uns Kindern zu adoptieren. Mutter lehnte sein Angebot ab.

Im September 1959, als ich ins zweite Schuljahr kam, bereitete sich das ganze Land fieberhaft auf den zehnten Jahrestag der Volksrepublik vor. Es sollte eine große Feier mit Aufmärschen und Paraden stattfinden. Weit wichtiger für meine Familie waren die Extramarken für Schweinefleisch, Eier und Tofu.

Am Tag nach dem grandiosen Feuerwerk zum Nationalfeiertag forderte Lehrerin Tian uns auf, einen Aufsatz zu schreiben. An jenem Abend saß ich lange da und bemühte mich, unser herrliches Festessen zu Hause, das Feuerwerk und die Menschenmengen auf der Nanjing-Straße zu beschreiben. Den fertigen Aufsatz brachte ich meinem Vater, der uns für unsere Leistungen Noten gab und darüber Buch führte: durchgefallen, durchschnittlich, besser. Ein Wort wie »gut« gab es nicht. Zum erstenmal strich er etwas durch, das ich geschrieben hatte, und schrieb einen eigenen Satz dazu.

An der Stelle, an der ich mit vielen Worten die Größe und das Ausmaß der Menschenmenge geschildert hatte, schrieb mein Vater: »Die Menge wogte wie eine Welle im Wasser.«
Ich verstand seine Metapher nicht ganz, aber als ich mein Aufsatzheft ein paar Tage später wiederbekam, war Vaters Satz rot eingekreist, was ein Lob bedeutete. Ich bekam für meinen Aufsatz eine gute Note und habe den Vergleich nie vergessen.

Eines Abends Ende November erzählte Mutter mir, daß Meister Tian einen schweren Herzanfall erlitten habe und unsere Klasse umziehen müsse. Von nun an sollte der Unterricht in dem alten buddhistischen Tempel am Eingang zu unserer Gasse stattfinden, der schon seit Jahren leerstand, und den kaum jemand betreten hatte, weil er immer abgeschlossen war. Es hieß, zwei Söhne hätten den Tempel für ihre Mutter gebaut und ihn aufgegeben, als die Familie 1949 nach Taiwan floh. Er hatte die politischen Kampagnen der fünfziger Jahre überstanden, vermutlich weil er nicht anders aussah als die übrigen Häuser der Nachbarschaft, und außerdem war neben der Hintertür ein öffentliches Pissoir.

Als ich am nächsten Tag mit Großtante auf dem Weg zur Schule war, sah ich einen großen Laster vor dem Tempel stehen. Sie zerrte mich an der offenen Tür vorbei und ignorierte meine Bitte, einen Blick hineinwerfen zu dürfen. Großtante war Buddhistin und hielt nichts davon, sich in Tempeln zu schaffen zu machen, und schon gar nicht, lärmende Kinder hineinzustecken. Eine Woche später begann mein Unterricht in der Tempelschule, bei einer neuen Lehrerin, die Li hieß, sich modisch anzog und ebenso wie meine Mutter eine Dauerwelle hatte.

Ich war froh, als ich feststellte, daß mein neuer Tischnachbar Rübenkopf war, ein Veteran der »Getreideladenschule« wie ich. Sein Spitzname klingt abfällig, aber im Schanghai-Dialekt war Lao Bo Tou ein liebevoller Name wie Kleine Erbse,

Häschen oder Tigerkopf. Rübenkopf bekam immer gute Noten in Mathematik und Chinesisch. Man nahm an, daß seine Intelligenz von seinem leicht birnenförmigen Kopf herrührte, besonders von der großen Stirn, die auf ein großes Gehirn hindeutete.

Als der Tempel in eine Schule umfunktioniert wurde, hatte offenbar niemand an Toiletten gedacht. Am ersten Tag liefen die meisten Jungen schnell zur Hintertür hinaus, um das Pissoir zu benutzen. Wir Mädchen hatten es nicht so gut. Nachdem wir ein paar Stunden eingehalten hatten, waren einige von uns in echter Not. Lehrerin Li erkundigte sich besorgt, ob jemand von uns in der Nachbarschaft wohne, und vier oder fünf Hände schnellten hoch. Rasch teilte sie uns in Gruppen ein, und gleich darauf rannte ich nach Hause, gefolgt von fünf Mädchen, die dringend mal mußten. Als wir kreischend in die Wohnung stürmten, war meine Mutter sprachlos. Erst als sie sah, wie ein Mädchen sich neben dem Bett meines Vaters auf den Nachttopf fallen ließ, begriff sie. Schnell holte sie den Topf unter dem Bett meiner Brüder hervor und lief dann in Großtantes Zimmer, um einen dritten zu holen. Als sie wiederkam, war die erste Runde fast beendet, und mein Vater lachte Tränen.

An diesem Abend machte ich eine Liste der Mädchen, die ich mit zu mir nach Hause nehmen wollte. Doch als wir uns am nächsten Morgen an der Schultür sammelten, kam Lehrerin Li mit einem alten hölzernen Nachttopf, dessen Deckel fest verschlossen war. Sie erklärte, den werde sie ins Hinterzimmer stellen, damit die Mädchen ihn benutzen konnten. Ich war völlig geknickt. Meine Mutter auch, nahm ich an. Wahrscheinlich hielt sie schon alle Nachttöpfe für unseren Besuch bereit.

Im Frühjahr darauf spielten meine Freundin Jiang-feng und ich eines Nachmittags im Hof der Tempelschule und warteten auf Ying-ying, die an der Reihe war, die Klasse aufzuräumen.

»Guck mal«, rief Jian-feng und zeigte auf die Vordertür, über der eine von zwei Schranktüren aufgesprungen war. »Ich habe noch nie gemerkt, daß da ein Schrank ist.«

»Ich bin gespannt, was da drin ist«, sagte ich.

Jiang-feng lief in die Klasse und kam mit Lehrerin Lis Zeigestock wieder, der aus einem zerbrochenen Lineal bestand. Sie stellte sich auf die Zehenspitzen, reckte sich und schlug mit dem Zeigestock nach der Tür. Sie ging quietschend auf.

Im Dämmerlicht des Schranks erkannte ich undeutlich ein menschliches Gesicht.

Jian-feng und ich kreischten auf. Das Gesicht war überlebensgroß und starrte uns aus einem einzelnen, eindringlichen Auge an.

Unser Geschrei lockte Ying-ying herbei. Während sie und ich ängstlich vor dem grauenhaften Gesicht zurückwichen, raffte Jian-feng ihren ganzen Mut zusammen und schob vorsichtig die zweite Türhälfte auf. Über uns stand ein Buddha, mit glattrasiertem Gesicht, riesigen Ohren, deren fleischige Ohrläppchen bis auf die Schultern reichten, und einem dikken, runden, nackten Bauch. Er lächelte, zeigte seine Grübchen und sah eigentlich ganz freundlich aus, wie ich feststellte, nachdem meine Angst verflogen war.

Obwohl wir uns schworen, niemandem davon zu erzählen, wußte ich, daß ich die wunderbare Entdeckung eines solchen Geheimnisses nicht für mich behalten konnte. Sobald ich nach Hause kam, platzte ich bei meiner Mutter mit der Neuigkeit heraus. Ying-ying mußte das wohl ebenso gemacht haben, denn ihre Mutter, »Frau Meister Wang«, kam unmittelbar darauf in unsere Wohnung.

»Ying-ying hat mir erzählt, daß da noch mehr als eine Statue war, stimmt das?«

»Kann sein«, antwortete ich, beleidigt, daß meine Freundin mir den Wind aus den Segeln genommen hatte.
Mutter und Frau Meister Wang tuschelten besorgt miteinander. Nachdem Ying-yings Mutter gegangen war, sagte Mutter zu mir, ich solle niemandem auch nur ein Wort davon erzählen.
»Das ist unfair«, wollte ich schon protestieren, aber als ich Mutters besorgte Miene sah, brachte ich kein Wort heraus. Endlich hatte ich etwas Besonderes, sogar Exotisches, womit ich bei meinen Brüdern und Schwestern Aufmerksamkeit erregen konnte, und jetzt durfte ich nicht darüber sprechen. Wie gemein!
»Auch Vater nicht?« fragte ich vorsichtig.
»Nein. Ich sage es ihm später.«
Während des Abendessens spürte ich ständig Mutters Blick auf mir ruhen. Aber ich wußte auch, daß ich nicht würde schlafen können, wenn ich mein Geheimnis nicht loswurde.
Als ich abends mit Großtante ins Bett gegangen war (ich schlief bei ihr im Bett in dem Hinterzimmer, in dem sie wohnte), erzählte ich ihr flüsternd die ganze Geschichte. Sie hörte zu, ohne mich zu unterbrechen, und murmelte dann etwas vor sich hin. Nach einer Weile drehte sie sich zu mir um.
»Eine Buddhastatue sollte nie im Dunkeln stehen, sondern immer im Licht. Deshalb zündet man in Tempeln Kerzen und Öllampen an, Tag und Nacht, und die Hauptfigur, der lachende Buddha, steht meist für sich in einer riesigen Glasvitrine mit eigenen Kerzen. Es ist eine Sünde, sie an einen so dunklen, kalten Ort zu stellen. Das ist völliger Wahnsinn.«
Ich verstand ihre Sorge nicht und schlief bald darauf ein.
Am nächsten Morgen wiederholte Großtante die Mahnungen meiner Mutter, während sie mir half, meine muschelför-

migen, wattierten Schuhe anzuziehen. »Halte den Mund. Glaub mir, wenn du schweigst, wird niemand dir was anhaben«, sagte sie. Unter dem Vorwand, daß sie in den Getreideladen müsse, brachte mich statt Großtante Mutter zur Schule. Wir gesellten uns zu der Kinderschar, die draußen wartete, und Mutter drückte fest meine Hand, als wolle sie das Geheimnis in mir verschlossen halten. Dann kam Lehrerin Tian.

Sobald wir drinnen waren, fing Jian-feng an, allen von der Statue zu erzählen. Ying-ying und ich waren wütend, daß unsere Freundin uns übertrumpfte, und taten es ihr gleich. Als wir fertig waren, glaubten die anderen Kinder, in dem Schrank säße eine ganze Armee von Buddhas mit blauen Augen und purpurroten Nasen. Einige waren neugierig und aufgeregt, andere hatten Angst und wollten nach Hause.

Da Lehrerin Tian sich in dem ganzen Tumult nicht verständlich machen konnte, trieb sie uns nach draußen, schloß die Tür ab und ging, um dem Stadtteilkomitee Bericht zu erstatten.

Am nächsten Morgen verbreitete sich in unserer Gasse wie ein Lauffeuer die Nachricht, daß in der Nacht zwei *pingbanche* – zwei Dreiräder mit Ladefläche – vor der Tempelschule gesehen worden seien. Und als wir in die Schule kamen, öffnete unsere Lehrerin als erstes den Schrank und zeigte uns, daß er leer war. Der Buddha mit den riesigen Ohren, dem runden Bauch und dem freundlichen Gesicht war weg.

Kapitel 4

Mit Vaters Zustand ging es mal bergauf, mal bergab. An guten Tagen hörte ich Mutter singen und ihre Lieblingsmelodien aus der *Shaoxing*-Oper summen. Aber mir kam es vor, als weckten diese Tage nur falsche Hoffnungen. Vaters Füße begannen anzuschwellen wie zwei glänzende, formlose Ballons. Er spürte natürlich nichts, aber die Schwellung war lebensbedrohlich, wenn man sie nicht unter Kontrolle brachte. Mutter suchte überall nach einem Heilmittel, in der Schulmedizin und bei traditionellen medizinischen Verfahren, und sie probierte alles aus. In einer Woche waren Vaters Füße weiß gepudert und bandagiert; in der nächsten badete sie sie in heißem Kräutersud, bis sie rot wurden. Ständig machte Mutter Wasser heiß und mischte Kräuter. Unsere Wohnung roch wie eine Apotheke.

Als die Schwellung über Vaters Knöchel kroch, waren Akupunktur und Moxibustion an der Reihe. Jeden Tag kam ein Arzt aus der Stadtteilklinik, schob ein Dutzend Nadeln in das teigige Fleisch jedes Fußes und steckte auf jedes Nadelende ein pilzförmiges Bällchen Moxa. Anschließend zündete er es an und ließ es rauchen. Der Arzt überließ es uns, das Räuchern zu beaufsichtigen und dafür zu sorgen, daß keine heiße Asche auf Vaters taube Haut fiel. Schließlich zogen wir die Nadeln heraus und legten sie für den nächsten Tag zurecht.

Auch die Akupunktur half nicht. Als der Arzt im Frühjahr 1961 seinen Vorrat an Kuren verbraucht hatte, sagte er, es habe keinen Zweck, daß er noch länger käme.

Selbst die laue Frühlingsluft konnte Vater nicht aus dem Bett locken. Er war so schwach, daß es ihn zu sehr anstrengte, das Bett zu verlassen, selbst wenn wir ihm halfen. Mutter war verzweifelt, aber entschlossen. Sie bat Frau Yan, unsere gutherzige Nachbarin, um Rat und erfuhr den Namen eines traditionellen Heilers. Als ich am nächsten Tag aus der Schule kam, sah ich Vater bleich wie einen Geist in seinem Sessel sitzen. Seine Füße lagen auf einem niedrigen Schemel ein paar Zentimeter über dem Boden. Sie sahen aus wie blutige Hornissennester.

Entsetzt schlug ich die Hand auf den Mund. »Vater, was hat der Arzt mit dir gemacht?«

In diesem Augenblick kam meine Mutter geschäftig mit einer dampfenden Schüssel Nudeln herein. Sie erklärte mir, der Doktor habe gesagt, die Schwellung käme von schlechtem Blut. Er habe es abgelassen, indem er mit einem kleinen Elfenbeinhammer, der mit winzigen Nägeln gespickt war, auf Vaters Füße geschlagen habe.

Ich begriff das nicht. Sollte das heißen, daß wir alle schlechtes Blut hatten und man mir meines auch eines Tages würde ablassen müssen? Woher konnte der Arzt wissen, welches Blut gut war und welches nicht? Damals ahnte ich noch nicht, daß der Begriff »schlechtes Blut« meine Geschwister und mich später noch verfolgen sollte: als die Roten Garden uns erklärten, weil wir in eine Kapitalistenfamilie hineingeboren worden seien, hätten wir schlechtes Blut, und daran könne keiner von uns etwas ändern.

Nachdem mein Vater fast drei Jahre lang Pinsel und Tusche nicht angerührt hatte, nahm er sie eines Morgens Ende Oktober wieder zur Hand, gegen zusammengerollte Bettdecken und Kissen gelehnt. In seiner Schwäche kostete es ihn enorme Anstrengung, mit Lineal und Stift über fünfhundert Kästchen auf ein Stück Zeichenpapier zu malen, bevor er mit dem Pinsel schreiben konnte. Er wollte die achtundvierzig Maximen zu Mildtätigkeit, Rechtschaffenheit, Riten, Loyalität, Geduld, Tugend, kindlicher Ergebenheit und Bruderpflicht von Meister Zhu Bolu abschreiben, einem konfuzianischen Gelehrten der Qing-Dynastie. Ich verstand nicht, was mein Vater vorhatte, da er bereits jedem von uns Kindern eine handgeschriebene Abschrift gegeben hatte, als wir in die Schule kamen.

Vater übte jeden Tag seine Schönschrift, um sich auf die endgültige Abschrift vorzubereiten, denn ein einziger Fehler würde den ästhetischen Reiz des Blattes verderben. Er schrieb ein paar Worte, dann ruhte er sich aus, rieb sich die Hände oder wärmte sie an einer Wärmflasche, obwohl es in der Wohnung nicht kalt war. »Wenn du hart genug arbeitest, kannst du selbst eine Eisenstange zu einer Nähnadel herunterfeilen«, sagte er.

Nach Mutters Maßstäben war der Tag gut, wenn er keine Tinte verspritzte, die in die Bettdecke sickerte.

Am 12. Dezember 1961 hatte Vater seine Abschrift fertig. Als er sie mir zeigte, wirkte er eher erleichtert als zufrieden. Da Mutter sich einen Rahmen nicht leisten konnte, deckte sie das Blatt mit Cellophanpapier ab und heftete es so an die Wand. Vater rührte nie wieder einen Pinsel an.

Eines Morgens nach Neujahr wachte ich allein im Bett auf. Ich hörte Mutter weinen und bekam plötzlich Angst. Seit Vaters Operation hatte ich sie öfter weinen sehen – auf der Terrasse, in der Küche und in der Waschküche, aber nie in der Wohnung. Ihr Kummer brach mir das Herz, und insgeheim gab ich Vater die Schuld daran.

Mutters Schluchzen lockte mich an Vaters Bett. »Was habe ich getan, um diese Strafe zu verdienen?« hörte ich sie sagen. In ihrem Schlafzimmer hing ein scharfer Uringeruch. Großtante hielt meine Mutter im Arm, das erstemal, daß ich sie so nah beieinander sah, und auch sie hatte Tränen in den Augen. Meine Brüder standen daneben und starrten zu Boden; Nummer 3 weinte still in sich hinein.

Bis zu dem Zeitpunkt hatte Vater seine Blase und den Darm noch einigermaßen unter Kontrolle gehabt. Wenn er Hilfe brauchte, rief er Mutter. Aber an jenem Morgen war eine erhebliche Verschlechterung eingetreten. Als auch ich in Tränen ausbrach, fuhr Vater uns mit geschlossenen Augen an: »Ich bin noch nicht tot, hört auf zu weinen.« Mutters Ausbruch hatte seine Demütigung um ein Vielfaches verschlimmert.

Flüchtig durchzuckte mich ein Gedanke: Wenn Vater tot wäre, hätte dieses Elend ein Ende. Mutter – mit ihren rotgeweinten Augen und den wunden Händen vom Waschen schmutziger Laken in kaltem Wasser – wäre frei. Unser Leben würde wieder normal. Diesem furchtbaren Gedanken folgte eine Woge des Schuldbewußtseins, die so stark war, daß sie mich für den Rest meines Lebens verfolgen wird.

Nach diesem Morgen sah ich Vater nur noch selten aufrecht sitzen. Er schien immer mehr in sich zusammenzusinken. Er aß und trank nur noch wenig. In unserer freudlosen Wohnung gab es kein Plaudern und Lachen mehr, kein Zanken und Streiten zwischen uns fünf Kindern um den Platz am Tisch für die Schulaufgaben.

Den ganzen Winter über sah ich Mutter schuften wie eine Sklavin. Mehrmals mußte sie nachts aufstehen, um die Wärmflaschen nachzufüllen, mit denen Vater die Kälte abwehrte, die nur er spürte. Wenn wir Kinder morgens aufstanden, hatte sie schon Vaters schmutzige Bettwäsche gewaschen. Da die kleine Waschküche von allen Familien benutzt wurde, wollte sie fertig sein, bevor die Nachbarn sehen konnten, was sie tat.

Es war der längste Winter meines Lebens und, vom Gefühl her, für mich der kälteste.

Als der Frühling kam, wurde Mutter immer nervöser und empfindlicher. *Qing Ming*, der Tag der Toten, an dem die Geister kamen und die Lebenden ins Nachleben führten, rückte näher. Mutters Aberglaube und Furcht waren ansteckend, und so wünschte ich, daß der Tag endlich vorüber wäre. Doch als der 5. April näherkam, ging es Vater offenbar etwas besser; er aß mehr und fing wieder an, mit uns zu sprechen. Der Tag der Toten verging ohne Zwischenfälle.

Eine Woche später machten wir Kinder nachmittags am Tisch unsere Schulaufgaben. Die Stifte meiner beiden Brüder huschten über das Papier, während sie ihre Rechenaufgaben lösten. Nummer 3 plapperte unablässig etwas vor sich hin, was sie aber offenbar nicht von ihrer Chinesischaufgabe abhielt. Den Kopf über meine Arbeit gebeugt, mühte ich mich mit meiner schier endlosen Liste von Aufsatzthemen ab. Nummer 5 schaute zu. Großtante war noch nicht aus der Fabrik zurück.

»Ah Du! Ah Ni!« rief Mutter aus dem Schlafzimmer. »Kommt schnell!«

Nummer 1 und Nummer 2 ließen ihre Stifte fallen und stürzten aus dem Zimmer, wir drei Mädchen hinterher. Mutter stand mit großen, flehenden Augen neben dem Mahagonibett und verdrehte hilflos einen Lappen in den Händen. Eingesunken und bleich lag mein Vater auf der Seite, seine Brust hob und senkte sich, als sei jeder Atemzug eine Last. Kalte Angst packte mich, als ich Vaters Blick über uns flattern sah, als wolle er sich unsere Gesichter noch einmal einprägen. Seine Brust hob und senkte sich – und dann hob sie sich nicht wieder. Er schloß die Augen und war von uns gegangen.

Er war erst einundvierzig Jahre alt.

In dem Augenblick, als ich meine sackigen, hastig genähten weißen Trauerkleider anzog, war meine Kindheit vorüber. Ich war ein schlankes, etwas zu klein geratenes Mädchen von neun Jahren und gab mir die Schuld an Vaters Tod, weil ich den sündigen Gedanken gehabt hatte, wenn er tot wäre, würde es Mutter nicht mehr so schlecht gehen. Ich hatte bewirkt, daß er starb. Mit wem konnte ich jedoch darüber sprechen? Wen konnte ich um Verzeihung bitten? Ich war fest davon überzeugt, daß ich ein böses Kind war. Jeden Tag kam ich, so schnell ich konnte, aus der Schule nach Hause und ließ mich von Arbeitsgruppen und anderen Aktivitäten befreien, um bei Mutter zu sein. Und als Mutter mich ein paar Tage nach der Trauerfeier bat, zur Totenhalle zu gehen und nachzusehen, ob Vaters Sarg mit dem Kanalboot nach Qingyang geschickt worden sei, wo mein Großvater ein Stück Land als Familiengrab gekauft hatte, unterdrückte ich mein Entsetzen und fügte mich.

Mutters Bitte überraschte mich. Das wäre eher eine Aufgabe für meine beiden Brüder gewesen, schließlich waren sie älter und mutiger, und die Totenhalle lag auf ihrem Schulweg.

Trotzdem bezwang ich meine Angst, lief zur Tür hinaus und trocknete mit dem Ärmel meine Tränen. Ich lief den ganzen Weg zur Totenhalle und erklärte dort dem freundlichen alten Pförtner, warum ich gekommen war. Er zeigte mir den Weg zu der Halle, wo die Särge aufbewahrt wurden.

»Du mußt schon selbst nachsehen«, sagte er. »Wir führen über die ein- und ausgehenden Särge nicht Buch. Ich würde ja mit dir gehen, aber meine Ablösung ist noch nicht da, und ich kann meinen Posten nicht verlassen.«

Es war gegen vier Uhr nachmittags, und dieses finstere Nebengebäude, in dem die Toten wohnten, war wirklich ein ganz unheimlicher Ort. Als ich mich leise in die Lagerhalle schlich, fielen mir sämtliche Geistergeschichten ein, die Großtante mir so gern erzählte.

Die Särge standen in drei Reihen zu je zweien übereinander und waren an den Schmalseiten in goldenen Lettern mit dem Namen des Toten versehen. Ich hatte keine Ahnung gehabt, daß so viele Tote darauf warteten, von Schanghai weggebracht zu werden. Auf Zehenspitzen ging ich an den Stapeln vorbei und suchte mit angehaltenem Atem nach dem Namen meines Vaters. In der letzten Reihe fand ich ihn schließlich, unter einem anderen Sarg. Ein schwerer Seufzer stieg aus meiner Kehle, und ich ging so schnell wie möglich zurück zum Ausgang. Dann stürzte ich zum Tor hinaus und rannte nach Hause. Als ich unsere Gasse erreichte, stieß ich mit Großtante zusammen. Völlig außer Atem erzählte ich ihr, was ich gemacht hatte.

»Sag niemandem, daß der Sarg deines Vaters unter einem Fremden steht«, warnte sie mich und trocknete meine Tränen mit ihrem Taschentuch.

An diesem Abend versprach ich Mutter, daß ich jeden Tag nach der Schule in die Totenhalle gehen würde.

Mit jedem Mal, wenn ich die dunkle, stille Halle betrat, wurde sie mir vertrauter, und die Angst ließ nach. Etwa zehn Tage später stellte ich fest, daß Vaters oberer Nachbar fort war, und plötzlich befiel mich Panik. Was, wenn ich morgen käme und Vaters Sarg auch fort wäre? Der tägliche Pilgergang hatte mir das Gefühl gegeben, als besuchte ich meinen Vater, und er wäre nur zu krank, um mit mir zu sprechen. Ich blieb länger als nötig, und irgendwie wurden die anderen Särge unsichtbar. Zumindest war er immer noch bei mir, nicht weit fort von unserer Wohnung. Die Halle war still und friedlich und half mir manchmal zu vergessen, was zu Hause vorging – das Flüstern, die Tränen, kein Lächeln, kein Lachen. Selbst draußen auf der Gasse hielten mich oft Nachbarn an, musterten mich von oben bis unten, seufzten und stellten Fragen, von denen ich die häufigste – was nun aus uns werden sollte – nicht beantworten konnte.

Zwei Tage später war die Stelle, an der Vaters Sarg gestanden hatte, leer. Auf dem Heimweg merkte ich gar nicht mehr, daß Passanten mich wegen meiner weißen Trauerkleidung anstarrten, und es war mir auch nicht mehr peinlich. Vater war für immer von mir gegangen.

Kapitel 5

Auch als die täglichen Ausflüge zur Totenhalle vorüber waren, vertraute Mutter weiter auf mich. Immer wieder nahm sie mich mit in Vaters Fabrik, wo sie die Leitung bat, einige der Staatsanleihen abzulösen, die Vater bekommen hatte, als die Fabrik enteignet wurde. Die Familie habe nun kein Einkommen mehr, argumentierte sie. Ihre Bitten und meine Tränen blieben wirkungslos. Die Anleihen könnten erst nach Jahren abgelöst werden, erinnerte man sie. Wir machen die Gesetze nicht.

Da Mutter keine Arbeit hatte, gehörte sie auch keiner *dan wei* – keiner Arbeitseinheit – an; sie überwand den letzten Stolz, den die Umstände ihr gelassen hatten, ging zum Stadtteilkomitee und bat um eine Arbeit, die etwas Geld einbringen würde. Dank ihrer Anstrengungen während der Kampagne gegen Analphabetentum bekam sie eine Stelle: Sie mußte unbezahlte Mieten eintreiben.

Das klang recht einfach. In den letzten beiden Wochen des Monats hätte sie recht viel zu tun, ansonsten nicht so viel. Aber schon bald laugte die Arbeit sie körperlich wie seelisch völlig aus. Sie war nicht hartherzig genug und belastete sich mit den Problemen der anderen. Sie hatte ein schlechtes Gewissen, wenn sie an eine Tür klopfte, um die fällige Miete einzufordern, nur um festzustellen, daß die Familie nicht einmal etwas zu essen hatte. Manchmal, wenn man ihr auf ihr Klopfen nicht antwortete, öffnete sie die Tür und fand einen Bewohner vor, der zu krank war, um mit ihr zu sprechen.

Auch wenn Mutter den ganzen Tag lang durch enge Gassen gegangen und unbeleuchtete Treppen hinaufgestiegen war und manchmal die lauten Beschimpfungen wütender Mieter über sich hatte ergehen lassen müssen, stellte sie abends oft fest, daß sie nicht viel Miete eingetrieben hatte. Kein Wunder, daß sie diese Stelle so leicht bekommen hatte: Niemand wollte die Arbeit tun. Noch schlimmer war, daß sie auch nicht genug einbrachte. Die Armutsgrenze lag damals bei neun Yuan pro Person und Monat, Mutter, die sechs Mäuler zu stopfen hatte, verdiente 18 Yuan.

Großtante, die ganztags in der Fabrik arbeitete, half Mutter in jeder Weise, nur nicht finanziell. Seit Vater ihr die Stelle verschafft hatte, hatte sie ihre Unabhängigkeit entschlossen verteidigt, da sie sich nicht mehr als Dienerin der Familie Ye betrachtete. Sie bezahlte ihren Anteil an der Miete und den Wasser- und Stromkosten, doch wenn sie einkaufen ging, nahm sie zwei Portemonnaies mit, eins für ihre Einkäufe und eins für die der Familie. Regelmäßig schickte sie ihren Verwandten im Chen-Familien-Dorf Geld.

Da Mutter dringend Einnahmequellen brauchte, versuchte sie einen Teil des Geldes einzutreiben, das Vater zu Lebzeiten verliehen hatte. Er hatte sorgfältig über die verliehenen Beträge Buch geführt, und Mutter entdeckte erstaunt, wie vielen Menschen er geholfen hatte – Verwandten, Freunden, Freunden von Verwandten und Verwandten von Freunden. Von nahen Verwandten würde sie das Geld nie zurückbekommen (wenn sie es nicht freiwillig zurückgezahlt hatten, wäre es für beide Seiten ein Gesichtsverlust gewesen, danach zu fragen), aber sie wollte versuchen, es von entfernten Verwandten und Freunden zurückzubekommen. Schließlich war sie jetzt in Not. Voller Optimismus stieg sie in den Zug nach Wuxi, um einen entfernten Verwandten aufzusuchen, der sich Geld geliehen hatte, um eine Backwarenfabrik zu eröffnen. Doch die Familie setzte sie auf die Straße und schlug ihr die Tür vor der Nase zu.

Mutter fing an, ein paar Dinge zu verkaufen – ihren wenigen verbliebenen Schmuck, alte Gemälde, wertvolle Kleider und Pelzmäntel, sogar Möbel. Aber diese Maßnahme brachte nur vorübergehend Erleichterung. Mutter wußte, daß sie etwas unternehmen mußte – und daß dies endgültig alle

Träume zerschlagen würde, die sie und Vater lange Jahre gehegt hatten.

Als man Vater die Fabrik wegnahm, war ihm sehr bald klar, daß seine Söhne nicht mehr den traditionellen Weg einschlagen konnten, nämlich, in das Familienunternehmen einzutreten, daher hatte er vorgehabt, beide Söhne zur Universität zu schicken. Das würde sie zu geachteten, wichtigen Männern machen. Jetzt hatte Mutter der Tatsache ins Auge zu sehen, daß einer ihrer Söhne die Schule verlassen mußte, um eine Arbeit zu suchen.

Mein ältester Bruder, Zheng-xing, war siebzehn. Er hatte feine Gesichtszüge, war still, bescheiden und im Gegensatz zu mir scheute er jeden Konflikt. Wenn er sich konzentrierte, legte er den Kopf schief und sah in die Ferne. Er war ein brillanter Schüler, der in der Grundschule ein Jahr übersprungen, einen Platz an einer guten Mittelschule bekommen und nur noch ein Jahr bis zu den Aufnahmeprüfungen für die Universität vor sich hatte. Als *Zhangzi* – ältester Sohn einer traditionellen Familie – war er das Ein und Alles meiner Mutter.

Nummer 2, Zhong-xing, war fünfzehn. Auch er war ein sehr guter Schüler, der ganze Stolz seiner Lehrerin: Sie sagte, bei seinen guten Noten würde man ihm die Aufnahmeprüfung für die Oberstufe erlassen. Nummer 2 war zu Hause dickköpfig und stur, draußen aber schüchtern und zurückhaltend.

Meine Brüder waren unzertrennlich: Sie gingen gemeinsam zur Schule, machten ihre Hausaufgaben zusammen und stellten miteinander wissenschaftliche Experimente an. Sie waren höflich und bescheiden und wurden den anderen jungen Männern in unserer Gasse ständig als Vorbild vorgehalten: »Seht euch die Brüder der Familie Ye an«, sagten die Leute zu ihren Söhnen. »Warum könnt ihr nicht so sein wie sie?« Was ihre schulischen Leistungen betraf, sah ich zu ihnen auf, aber wenn es darum ging, mich vor Maulhelden aus der Nachbarschaft zu beschützen, waren sie nicht zu gebrauchen. Sie mieden Streit um jeden Preis. Aber sie steckten ständig zusammen – bis Mutters Verzweiflung sie dazu trieb, einen von ihnen zu bitten, das Opfer für die Familie zu bringen. Da sie selbst die Entscheidung nicht zu treffen vermochte, bat sie die Jungen, allein zu entscheiden.

Unterdessen wollte Mutter herausfinden, ob die Fabrik, die früher einmal ihrem Mann gehört hatte, einen neuen Arbeiter einstellen würde. Eines Morgens im Mai 1963, ein Jahr nach Vaters Tod, nahm sie mich mit dorthin. Sie bat den Direktor, einen ihrer Söhne als Lehrling aufzunehmen, um ihre finanzielle Notlage zu entschärfen; wenn sie eine Möglichkeit gesehen hätte, ohne seine Hilfe auszukommen, säße sie nicht hier und bettele ihn an, sagte sie. Man schickte uns mit einer vagen Antwort nach Hause.

Wochenlang war die Atmosphäre zu Hause gespannt, weil meine Brüder gezwungen waren, eine Entscheidung zu treffen, die keiner von ihnen wollte; gespannt, weil der Fabrikdirektor Mutters Bitte ablehnen konnte. Schließlich kam die Antwort: Das Gummiindustriekombinat würde Nummer 1 einstellen – allerdings nicht in Vaters Fabrik, sondern in einer, die auf das Einschmelzen und die Verfeinerung von Rohgummi spezialisiert war.

Mutter war erleichtert, aber auch besorgt. Sie hatte gewollt, daß ihr Sohn in Vaters Fabrik arbeitete: weil sie in der Nähe lag, vor allem jedoch, weil die meisten Arbeiter unsere Familie kannten, und sie hatte gehofft, daß sie sich aus Loyalität gegenüber meinem Vater um ihn kümmern würden. Ein weiteres Problem war, daß der Direktor ausdrücklich meinem ältesten Bruder eine Stelle angeboten hatte, aber Nummer 1 und Nummer 2 hatten anders entschieden. Keiner von uns wußte, wie sie zu dem Entschluß gekommen waren, daß Nummer 2 die Schule aufgeben sollte. Als er es seiner Lehrerin erzählte, versteckte sie ihn über Nacht bei sich zu Hause

in der Hoffnung, daß meine Mutter es sich anders überlegen würde.
Eine Woche später gingen Mutter und Nummer 2 durch das Tor der Gummifabrik Yi Shen in der Anyan-Straße, ganz in der Nähe des Jadebuddhatempels, dreißig Minuten Fußweg von uns entfernt, und meldeten sich bei dem Direktor. Schweigend füllte Nummer 2 die erforderlichen Formulare aus und gab das Geburtsdatum von Nummer 1 an. Da dort niemand meine Brüder kannte, wurde Nummer 2 zu Nummer 1, und als der Direktor von Vaters Fabrik dahinterkam, war Nummer 2 bereits sechzehn und Facharbeiter. »Der Reis war gekocht.«
Aber Nummer 2 war gebrochen und verbittert, weil seine Träume von der Universität sich zerschlagen hatten. Wir sahen ihn kaum noch: Er arbeitete in wöchentlich wechselnden Schichten, und wenn er frei hatte, aß er nicht zu Hause. In seiner Freizeit las und studierte er in der Arbeiterbibliothek des Bezirks. Zwischen ihn und seinen Bruder war ein Keil getrieben worden, was ihn noch jahrelang schmerzte.

Während Nummer 2 seinen Beruf erlernte, sich die Kleider schmutzig machte, soviel schwarzen Staub einatmete, daß seine Taschentücher fleckig wurden, und Mutter seinen Lohn und die Extraessensmarken abgab, die er für seine Arbeit bekam, bereiteten Nummer 3, ich und vor allem Nummer 1 uns fieberhaft auf unsere Prüfungen vor. Allerdings hinderte mein Lerneifer Mutter nicht an einem Versuch, den ich für völlig verrückt hielt.
Zwei Monate vor meinen Aufnahmeprüfungen für die Mittelschule nahm Mutter mich mit zu einem Vorsingen für die Sing- und Tanztruppe der Volksbefreiungsarmee. Wenn man mich dort annahm, würde der Staat für mich sorgen. Aber ich hätte dafür von zu Hause fort gemußt. Als Großtante von Mutters Plan erfuhr und mein schönes neues, hellblaues

Kleid mit dem roten Blümchenmuster sah, nahm sie mich mit in ihr Zimmer.

»Ich habe alles für dich getan, was eine Mutter für dich tun könnte, außer dich zu stillen, und ich habe immer noch nichts mitzureden«, erklärte sie, tippte mir an die Stirn und ließ ihre Wut an mir aus, statt an meiner Mutter. »Wenn sie dich loswerden will, bin ich bereit, dich zu adoptieren, und das weiß sie auch. Ich habe es ihr früher schon angeboten.«

Großtantes Sorgen erwiesen sich jedoch als überflüssig, denn Mutters Plan funktionierte nicht. Im Armeeclub brüllten die Soldaten sie an: »Sie ist zu jung, nicht mal zwölf! Was wollen Sie eigentlich hier?«

»Ah Si«, sagte meine Mutter, als wir aus dem Gebäude flohen, »was bin ich nur für eine Mutter, daß ich auch nur daran denke, ein elfjähriges Mädchen sich selbst zu überlassen? Was würde dein Vater von mir halten?« Auf dem Heimweg kaufte sie mir das größte Eis, das ich je bekommen hatte.

Das Büffeln ging weiter. Großtante zog aus ihrem Zimmer aus und überließ es Nummer 1, der im Stillen sehr unter dem Druck der Erwartungen seiner Familie litt. Auch ich büffelte wie wild, weil ich auf die Universität wollte, ein Ziel, von dem Mutter und Großtante nicht viel hielten, weil beide fanden, daß Mädchen keine höhere Schulbildung brauchten.

Unterdessen verausgabte Mutter sich weiter, um uns über die Runden zu bringen. Ihre Gesundheit verschlechterte sich zusehends. Jeden Abend machte sie ihre Runde, um die Mieten einzutreiben. Wenn sie zurückkam, rührte sie das Essen, das wir ihr warmgehalten hatten, nur selten an. Oft fragte ich mich, ob sie es wohl für uns aufheben wollte, aber mehrmals hörte ich sie zu Großtante sagen, daß es ihr egal sei, ob sie am nächsten Morgen die Augen wieder aufschlüge. In mancher Hinsicht ging es uns inzwischen besser – die Lebensmittelversorgung im Land funktionierte langsam wieder, Nummer 2 arbeitete und trug erheblich zum Lebensunterhalt bei – aber offenbar galt das für Mutter alles nicht.

An einem schwülen Morgen Mitte Juli wachten Nummer 3 und ich auf und fanden statt Reisschleimsuppe süßen Kuchen und Plätzchen auf dem Frühstückstisch vor. Mutter hatte uns für unseren Prüfungstag etwas Besonderes besorgt. Vier Stunden später kamen meine Schwester und ich wieder nach Hause. Ich wußte, daß ich in Mathematik gut abgeschnitten hatte, machte mir aber Sorgen wegen meines Aufsatzes: Statt eine Menge Unsinn und Propaganda zu schreiben, hatte ich den Kopf verloren und das Leben geschildert, wie es wirklich war. Nicht die offizielle Sicht zu vertreten würde mir eine schlechte Note einbringen.

Eine Woche später war Nummer 1 an der Reihe. Wir brachten ihn bis ans Ende unserer Gasse, begleitet von Nummer 2, der sich einen Tag freigenommen hatte, um mit seinem Bruder zum Prüfungszentrum zu gehen. Ich fragte mich, was wohl im Kopf von Nummer 2 vorgehen mochte.

Mitte August trafen die Prüfungsergebnisse ein. »Ich gehe auf die neue Schule!« krähte meine Schwester vor Freude, daß sie es nicht weit von zu Hause haben würde – nur fünf Minuten Fußweg. Meine Schule, Ai Guo – Patriotismus –, eine staatliche Mädchenschule im ehemaligen französischen Viertel, war eine Dreiviertelstunde Fußweg entfernt. Ich hatte gut abgeschnitten, aber nicht so gut wie ich gehofft hatte.

Ein paar Tage später wurde Mutters Traum wahr. Nummer 1 hatte seine Prüfungen überaus erfolgreich gemeistert und einen Platz an der begehrten Jiao-Tong-Universität in Schanghai bekommen, einer der bedeutendsten Universitäten des Landes, die die besten Talente anzog. In fünf Jahren sollte er Kraftfahrzeugingenieur sein. Zum erstenmal, seit Vaters Tod sie in ein tiefes Loch voller Kummer und Kämpfe geworfen hatte, konnte meine Mutter wieder lachen.

Kapitel 6

Als ich zwölf wurde, lebten wir schon seit Jahren von der Wohlfahrt. Während ich früher ein Seidenkleid mit einem Baumwollkittel getragen hatte, trug ich nun die Kleider meiner Brüder auf, und wenn ich auf der Straße den Hundertfünfzigprozentigen unseres Viertels über den Weg lief, vor allem solchen aus dem Stadtteilkomitee, hielten sie mich fest und hoben meinen Mantel an, um zu sehen, ob ich darunter etwa gute Kleider versteckte. Als ich im sechsten Schuljahr kurzsichtig wurde, ignorierte Mutter meine Bitten um eine Brille, weil sie es sich nicht leisten konnte, mir eine zu kaufen. Statt dessen gab sie mir eine abgelegte Brille von Nummer 2.

Darüber hinaus war aus mir alles andere geworden als die bescheidene, duldsame Chinesin, die Konfuzius gepriesen hatte; den Namen meiner Familie verteidigte ich kämpferisch und streitlustig gegen Beleidigungen, sehr zum Kummer meiner Mutter und zur Freude meiner Großtante. Die erniedrigende Armut hatte tiefe Narben hinterlassen.

Aber ich sollte auf eine neue Schule gehen. Ich hatte mir geschworen, daß ich mich nie wieder der Demütigung aussetzen würde, die ich empfunden hatte, als einige Kinder sich über meine Trauerkleidung lustig machten. Ich war kein kleines Kind mehr und hatte vor, ein neues Leben anzufangen, hart zu arbeiten und mich auf meine Zukunft vorzubereiten.

Während ich meinen neuen Klassenkameradinnen zuhörte, die sich über das schäbige Aussehen unserer Schule beklagten – selbst die Tafeln waren nicht schwarz genug –, genoß ich jede Minute meines neuen Abenteuers. Alles, was ich sah, hörte und berührte, war besser als das, was ich kannte. Selbst die Toiletten mit ihren geruchlosen Einzelkabinen übertrafen den Nachttopf in der Kammer unserer Tempelschule bei weitem. Das Tollste war, daß ich dreimal wöchentlich Englischunterricht haben sollte. Ich hatte noch nie eine andere Sprache gehört als Chinesisch. Am ersten Tag hüpfte ich überschwenglich und voller Hoffnung nach Hause.

Doch schon am zweiten Tag erfuhr meine Freude einen Dämpfer. Ich hatte gegen die Vorschriften der Lehrerin verstoßen und auf chinesisch etwas in mein Englischbuch geschrieben, damit ich den Buchstaben Q besser aussprechen konnte. Als sie durch die Klasse ging und unsere Bücher nachsah, entdeckte Lehrerin Zhu mein Vergehen.

»Hm!« Ihre Augen funkelten triumphierend. »Offenbar versteht eine von euch mein Chinesisch nicht, ganz zu schweigen von meinem Englisch«, erklärte sie, nahm mein Lehrbuch und ging damit nach vorn.

Sie hielt das Buch hoch, damit alle die beleidigenden chinesischen Schriftzeichen sehen konnten. Die ganze Klasse brach in Gelächter aus. Mein Gesicht brannte vor Verlegenheit. Ich kannte noch keine meiner Klassenkameradinnen, und wie es jetzt aussah, würden sie mich schneiden. Es gelang mir jedoch, meine Tränen zu unterdrücken. Dummheit ist schon schlimm genug, dachte ich; ich werde nicht auch noch Schwäche hinzufügen, indem ich weine. Den ganzen Tag über blieb mein Lehrbuch zur Schau gestellt.

Als ich mich an diesem Abend zu Hause beklagte, erklärte Großtante, meine Lehrerin töte ein Huhn, um die Affen zu erschrecken – *shajigeihoukan* –, aber Mutter meinte, ein Affe, der sich gut benehme, brauche nicht erschreckt zu werden. Offenbar vergaß sie, daß ich nur die Technik nachahmte, nach der sie selbst sich Worte eingeprägt hatte, als sie Lesen lernte.

Irgendwann im Verlauf der ersten Woche sah ich während der Pause eine Menge Schülerinnen, die sich auf dem Schulhof vor dem schwarzen Brett drängten. Neugierig schob ich mich vor. In der Bekanntmachung waren alle monatlichen

Empfängerinnen von *zhuxiujin* – der Studienbeihilfe – mit dem Betrag aufgelistet, den sie bekamen. Ich war schockiert, daß man die Liste öffentlich aushängte, und entsetzt, als ich sah, daß mein Name ganz oben auf der Liste stand, weil ich das meiste bekam.

Ich hätte nie gedacht, daß die Verantwortlichen so unsensibel sein würden, solche Informationen für alle sichtbar auszuhängen. Als ich mich beschämt umdrehte und wegging, spürte ich, daß alle Mitschülerinnen über mich tuschelten, daß mein Vater tot, meine Familie arm und ich ein Unglückskind sei. Am liebsten wäre ich davongerannt und nie mehr wiedergekommen, aber meine Füße waren wie aus Blei.

Für den Rest des Tages sprach ich mit niemandem und vermied es, irgend jemanden anzusehen. Ich hatte geglaubt, daß die neue Umgebung einen Neuanfang bedeuten würde; jetzt war ich mir da nicht mehr so sicher. Das schwer errungene Selbstvertrauen, das ich mir erkämpft hatte, mein Dreijahresplan für eine gute Zukunft waren dahin. Und bald sollte ich feststellen, daß mich noch mehr Sorgen erwarteten.

Unser Haushalt fand allmählich wieder zur Normalität zurück. Nummer 1 wohnte auf dem Campus, wie es Vorschrift war, und schickte allmonatlich etwas von seiner Studienbeihilfe nach Hause. Mutter freute sich besonders, daß Nummer 2 nun viel Zeit an Vaters Schreibtisch verbrachte; man hatte ihn an einer Abendschule für Arbeiter aufgenommen, und er besuchte Oberstufenkurse, um seinen Schulabschluß zu machen.

Doch den ganzen Herbst 1964 hindurch nahm Mutter immer mehr ab. Sie erklärte immer, es sei alles in Ordnung, aber oft erwischte ich sie mit einer Wärmflasche vor dem Bauch. Als ich mit Nummer 2 darüber sprach, meinte er: »Mutter sagt, sie fühlt eine Leere in ihrem Bauch, und die Wärme macht es besser.«

Eines Tages trieben die Schmerzen Mutter ins Krankenhaus. Die vernichtende Diagnose lautete Krebs. Große Bedrückung senkte sich über uns alle, als Nummer 1 erklärte, daß Mutter es nie erfahren dürfe; der Arzt teilte die allgemein herrschende Ansicht, daß ein Krebspatient, der über seine Krankheit Bescheid wisse, sich ihr schneller ergeben würde.

Man entfernte Mutter zwei Drittel ihres Magens. Die Operation sei gut verlaufen, versicherten uns die Ärzte, und sämtliches Krebsgewebe sei entfernt worden. Wir sollten das Beste hoffen, aber wir dürften ihr auf keinen Fall sagen, daß sie Krebs habe.

Drei Wochen später kam Mutter mit einer langen Liste von Verboten nach Hause, die sich vorwiegend auf ihre Ernährung bezogen. Sie durfte nur weiche Nahrung wie Nudeln oder Reisbrei zu sich nehmen, und zwar sechs bis achtmal täglich statt dreimal. Heiße oder würzige Speisen, Eiscreme und vor allem klebriger Reis und Gebäck, das daraus gemacht war, waren fortan verboten. Da der Arzt ihr jedoch nicht gesagt hatte, warum, ignorierte sie seine Anweisungen. Ich machte mir unsägliche Sorgen, wenn ich sie die verbotenen Nahrungsmittel essen sah, mußte meine Unruhe aber verbergen.

Sehr bald kannten meine Schwestern und ich alle möglichen Tricks, wenn Mutter uns bat, ihr »verbotenes« Essen zu kaufen. Wir kamen mit den falschen Sachen vom Markt nach Hause. Wir hatten sie vergessen, behaupteten wir, oder die Sachen, die sie haben wollte, seien nicht vorrätig gewesen. Zum Neujahrsfest gab es in unserer Familie keine Gaumenfreuden. Jedesmal, wenn ich sah, wie sich meine Mutter verbotenes Essen in den Mund schob, verschlug es mir den Appetit, und ich konnte mich kaum beherrschen, ihr die Schüssel wegzunehmen. Aber ich wagte es nicht. Es wäre respektlos gewesen.

Zu Beginn des zweiten Halbjahres bekam ich mein erstes Zeugnis. Als ich im gleichen Umschlag auch ein Antragsformular für eine Karte unserer Distriktbibliothek fand, war ich überglücklich, denn dies war ein Privileg, das man sich verdienen mußte; eine Schülerin, die keine guten Noten bekam, sollte keine Zeit mit Büchern verplempern, die nicht auf dem Lehrplan standen. Die Büchereikarte galt für ein halbes Jahr. Die nächsten Prüfungsnoten würden darüber entscheiden, ob ich in die nächste Klasse versetzt und meine Büchereikarte verlängert werden würde. Außerdem war ich die einzige Schülerin aus allen vier Eingangsklassen, der man anbot, an einem speziellen Mathematikförderkurs teilzunehmen, der jeden Sonntag im Kinderpalast des Bezirks stattfand. Mutter zeigte wenig Begeisterung, als ich ihr diese Neuigkeiten erzählte. Sie war nie sonderlich versessen auf die schulische Ausbildung ihrer drei Töchter.

Als die Sommerferien kamen, war Mutter auf dem Weg der Besserung und arbeitete wieder stundenweise als Mieteintreiberin. Ich war ganz aufgeregt, als sie uns Baumwolldrukke für Sommershorts und Blusen kaufte. Unsere dreijährige Trauerzeit war endlich vorbei, und ich konnte meine tristen weißen und grauen Kleider ablegen. Noch besser war, daß inzwischen ein halbes Jahr seit Mutters Operation vergangen war, und nach Angaben des Arztes hätte sich der Krebs, wenn überhaupt, nach drei oder sechs Monaten wieder gezeigt.
Meine Geschwister und ich freuten uns über die gute Nachricht, doch eines Abends Ende Juli sprang Mutter plötzlich vom Eßtisch auf und lief hinaus. Wir hörten sie erbrechen. Ein paar Tage später, als Mutter sich von einem anstrengenden Krankenhaustermin erholte, sagte uns Nummer 1, daß der Krebs wiedergekommen sei. Trotz der Hitze überlief es mich kalt. Der Arzt hatte sich nicht einmal die Mühe ge-

macht, Untersuchungen anzuordnen; er konnte nichts mehr tun. Er hatte meinem Bruder gesagt, Mutter könne jetzt essen, was sie wolle, denn es spiele keine Rolle mehr, und er hatte ihm ein Rezept für Schmerzmittel gegeben.
»Warum? Warum?« schrie ich. »Die sechs Monate sind längst vorbei! Warum ist der Krebs wiedergekommen?« Keiner hatte eine Antwort.
War es vorher schon schwierig, Mutter die Art ihrer Erkrankung zu verheimlichen, so wurde es jetzt noch schwerer, eine heitere Miene aufzusetzen. Ich beobachtete jeden Bissen, den sie zu sich nahm, in der Hoffnung, daß der Arzt sich geirrt haben möge. Aber sie blieb immer häufiger im Bett, selbst zu den Mahlzeiten.
Als das neue Schuljahr anfing, mußte ich Mutter allein zu Hause lassen. Sie war zu schwach zu arbeiten. Sie machte sich Vorwürfe, daß sie die Anweisungen des Arztes nicht befolgt hatte, und versprach, sie würde nie wieder etwas essen, was ihr verboten sei. Was für eine Ironie, denn jetzt durfte sie alles essen, was sie wollte. Wie sehr wünschte ich, daß der Arzt ihr von Anfang an die Wahrheit gesagt hätte!
Während wir Kinder ständig in die Apotheke liefen, um ihr Rezept verlängern zu lassen, und mit immer größeren Flaschen voller Tabletten zurückkamen, die wenig bewirkten, schlug Großtante nun den Weg ein, den Mutter genommen hatte, als Vater krank war. Sie zog Frau Yan zu Rate, die sie mit ein paar Familien bekanntmachte, deren Verwandte angeblich den Krebs mit unorthodoxen, traditionellen Heilmitteln besiegt hatten. Großtante grub die alten Töpfe aus und nahm ihre Kampagne in Angriff.
Zunächst mußten meine Brüder, mit Taschenlampen bewaffnet, in der Waschküche unseres Hauses nach fetten Schnecken suchen. Diese abstoßenden Kreaturen wurden gewaschen und gekocht, dann mußte Mutter sie trinken. Großtante brachte seltsame Zutaten in braunem Packpapier

mit nach Hause, um »Gift mit Gift zu bekämpfen«: Orangenschalen, *Coptis chenensis,* Wurzeln des chinesischen Goldfadens, lebendige Regenwürmer, getrocknete Hundertfüßler und so weiter. Nachdem sie diese exotischen Zutaten zu einem Sud gebraut hatte, bestand sie darauf, daß meine Schwester und ich die Abfälle mitten auf die Gasse warfen, weil sie glaubte, je mehr sie mit Füßen getreten würden, umso besser wäre die Wirkung der Kur. Wir schämten uns, die Gasse zu verunreinigen, weil das als schlechtes Benehmen galt, und warteten daher bis nach Einbruch der Dunkelheit. Obwohl ich skeptisch war, lief ich viele Male über die bräunlichen Abfälle hin und her. Großtante kannte mich allerdings zu gut. Sie wies mich darauf hin, daß nur die Fußtritte eines Fremden helfen würden.

»Dann sag mir, woher die Abfälle wissen, wessen Füße sie auf dem Pflaster zermalmen«, hätte ich gern geantwortet. Aber vielleicht hatte sie ja recht. Man rief uns schließlich ständig in Erinnerung, daß die würzigsten Ingwerwurzeln die alten, runzeligen sind. Mit anderen Worten, man sollte traditionelles Denken und Handeln nicht in Frage stellen.

Nach wochenlangem Kochen und Sieden und bitteren Gerüchen in unserer Wohnung waren Mutters Augen nur noch dunkler umschattet und eingefallener als zuvor, aber Großtante gab nicht auf. Eines Abends, als alle schon schliefen, rüttelte sie mich wach und raunte: »Ah Si, stehst du bitte auf und hilfst mir, Medizinkügelchen für deine Mutter zu machen?«

Verwundert, daß sie so geheimnisvoll tat, stieg ich aus dem Bett und rieb mir die Augen. Unsere Zimmertür war geschlossen und auf dem Tisch stand eine Rührschüssel. Großtante schüttete schwarzes Pulver aus einer Papiertüte hinein und fügte ein bißchen Arsen hinzu. Ich hatte Angst, machte aber schweigend mit. Zweihundert Medizinkügel-

chen drehten wir, einen Vorrat für eine Woche, jedes erbsengroß, und legten sie zum Trocknen in einen flachen Korb.
Nach dem dritten Tag der Behandlung waren Mutters Lippen blau angelaufen, und ihre Zunge war so geschwollen, daß sie kaum sprechen konnte. Wir mußten sie ganz schnell ins Krankenhaus bringen. Soviel zur traditionellen Medizin, dachte ich.
Aber ich irrte mich. Eines Abends nach dem Essen kam eine Besucherin zu Großtante, die nur sie allein kannte. Großtante schob die Frau, die ungefähr Mitte Dreißig war, rasch in ihr Zimmer, und zehn Minuten später verschwand sie schon wieder durch die Hintertür. Großtante bat uns alle in ihr Zimmer. Dort zeigte sie uns die neue Liste mit Dingen, die ihr die Unbekannte gegeben hatte; wie Großtante erzählte, war deren Mutter durch eine narrensichere Methode von ihrem Magenkrebs geheilt worden.
»Macht euch keine Sorgen«, beruhigte sie uns, »diese Kur ist ganz anders als die anderen. Eure Mutter muß nichts einnehmen.«
Aber aus was für einem bizarren Gebräu bestand die neue Kur! Als Nummer 2 die Zutaten vorlas, sahen Nummer 3 und ich uns verwundert an. Wir sollten eine Paste aus drei verschiedenen Kräutern machen, die in der örtlichen Apotheke zu bekommen waren, und ein Kilo klein gehackter, frischer Sonnenblumenstengel dazugeben. Das alles sollten wir mischen und in den Panzer einer Schildkröte geben, der nicht weniger als fünfzehn Zentimeter Durchmesser haben dürfte. Diesen Schildkrötenpanzer mußte man dann mit Bandagen auf dem Bauch der Patientin befestigen! Allerdings sollte die Schildkröte lebend ins Haus gelangen und erst unmittelbar vor der Behandlung getötet und zerlegt werden. Angeblich würden die Kräuter in Verbindung mit dem Schildkrötenpanzer eine Droge produzieren, deren Hitze zu dem Tumor durchdringen und ihn allmählich auflösen würde.

Einen ganzen Tag lang war Großtante nach Pudong am Ostufer des Huangpu unterwegs, weil sie hoffte, dort auf dem Bauernmarkt eine lebende Schildkröte zu finden. Nummer 2 meldete sich freiwillig, in den Bezirk Nanhui südöstlich der Stadt zu fahren, wo er nach eintägiger Suche ein halbes Dutzend Sonnenblumenstengel auftrieb und sie mit den besten Wünschen des Bauern mit nach Hause brachte.

Wie Großtante erklärte, sollte die Kur fünf Tage lang dauern, doch schon nach der Hälfte der Zeit war der Gestank in unserer Wohnung unerträglich. »Feng-mei«, schrie Mutter eines Morgens mit schmerzverzerrtem Gesicht, »mir sticht etwas messerscharf ins Fleisch! Nimm die Bandagen ab. Nimm dieses Ding weg!«

Schnell rückte Großtante den stinkenden Bandagen mit der Schere zu Leibe. Ein ekelerregender Gestank erfüllte die Luft, und mir bot sich ein entsetzlicher Anblick. Mutters Haut war gerötet, warf blutige Blasen, und anstelle des harten, dunklen Schildkrötenpanzers lagen dort feine Knochenfragmente, vermischt mit ihrem Blut. Ich stürzte aus dem Zimmer und übergab mich in einen Spucknapf. Als ich wieder zurückkam, half Nummer 3 Großtante gerade, Mutter sauber zu machen. Ich nahm den Eimer mit den Überresten des faulenden Schildkrötenpanzers, dem Kräuterbrei und den Bandagen und kämpfte gegen einen erneuten Würgereiz an, während ich ihn zum Mülleimer trug.

Als der Herbst in den Winter überging, war ich nur noch niedergeschlagen und mutlos. Man konnte Mutter ihre Schmerzen am Gesicht ablesen. Jedesmal, wenn ich hörte, wie sie meinen Brüdern vorwarf, daß sie sich nicht genug Mühe gaben, sie im Krankenhaus unterzubringen, ging ich aus dem Zimmer. Es war schlimm zu erleben, daß sie ihnen die Schuld gab, aber noch mehr tat es mir für meine Mutter leid, weil ich wußte, warum das Krankenhaus ihre Aufnahme abgelehnt hatte: nicht weil meine Brüder das Geld für ihre Behandlung nicht hätten auftreiben können, sondern weil sie wußten, daß ihr Krebs im Endstadium war. Wenn sie die Wahrheit gewußt hätte, hätte sie es sich nie verziehen, ihren Söhnen Vorwürfe gemacht zu haben.

Mutters Zorn erreichte einen Höhepunkt. An einem Abend Ende Dezember rief sie Nummer 1 und uns Mädchen in ihr Zimmer. Nummer 2 war bei der Arbeit. Als wir uns um ihr Bett versammelt hatten, funkelte sie meinen Bruder an. Mit zitternden Händen zog sie ihren Ehering mit dem Rubin vom Finger und schleuderte ihn ihm ins Gesicht.

»Wenn du dir Gedanken um das Geld machst, hier, geh und verkauf ihn!« schrie sie.

Nummer 1 war sprachlos über Mutters Ausbruch.

»Und die Möbel in diesem Haus hast du auch noch nicht geerbt! Du hättest ein Stück davon verkaufen können, wenn dir wirklich etwas an mir läge!« Traurig schüttelte sie den Kopf. »Was hat es für einen Sinn, Kinder großzuziehen, wenn sie einen dann so behandeln?«

Ich hatte meine Mutter schon früher wütend gesehen, aber noch nie hatte ich erlebt, daß sie so mit Nummer 1 umging. Mein Bruder sah sie mit großen Augen an, schockiert und gekränkt. Er nahm den Ring und verließ das Zimmer. Ich folgte ihm und setzte mich neben ihn an den Eßtisch. Er legte den Kopf auf die Arme und saß still da, den Ring in der Hand. Kurz darauf stand er auf und führte mich wieder in ihr Schlafzimmer. Wir setzten uns zu Mutter auf die Bettkante. Sie lag auf dem Rücken, das Gesicht zur Wand.

»Mutter«, sagte Nummer 1 leise.

Als sie nicht antwortete, nahm er ihre Hand und sprach sie noch einmal an. Aber sie sah ihn immer noch nicht an. Mein Bruder begann zu schluchzen.

»Mutter, es ging nie um Geld bei deiner Behandlung. Alles Geld der Welt würde nicht helfen. Das Krankenhaus hat deine Aufnahme abgelehnt, weil du Krebs hast!«

Meine Schwestern und ich fingen an zu weinen.
»Dein Krebs ist im Endstadium. Deshalb nehmen sie dich nicht auf.«
Mutter drehte den Kopf und sah uns alle entsetzt an. Sie öffnete den Mund, brachte aber kein Wort heraus. Dann schlug sie sich immer wieder auf die Brust und weinte.
»Wie schrecklich habe ich mich benommen«, stöhnte sie. »Wie habe ich euch nur alle behandelt! Warum erfahre ich das erst jetzt?«
Sanft nahm Nummer 1 ihre Hand, damit sie aufhörte, sich zu schlagen. »Der Arzt hat gesagt, es sei das beste für dich, es nicht zu wissen«, sagte er.
Den Rest des Abends herrschte kummervolle Stimmung in der Wohnung. Großtante wärmte das Abendessen auf und wärmte es noch einmal auf, als Nummer 2 von der Arbeit kam, aber keiner aß etwas.
Zum erstenmal seit Wochen hörten wir Mutter nachts nicht vor Schmerz stöhnen. Morgens war sie friedlich, offenbar hatten sich ihre Ängste völlig verflüchtigt. Ihre Kinder, vor allem ihre Söhne, an deren Liebe und Loyalität sie gezweifelt hatte, standen nach wie vor zu ihr. Aber ihre Ruhe machte mich unruhig. Auch Nummer 1 muß wohl meine Sorge geteilt haben, denn er schickte ein Telegramm an Mutters jüngere Schwester Yi-feng, die im Wang-Familien-Dorf bei Qingyang lebte.
Da es zwischen Mutter und mir nun keine Geheimnisse mehr gab, wollte ich vieles erklären – die Lügen, die ich ihr über ihre Krankheit erzählt hatte, mein »schlechtes Gedächtnis«, wenn sie mich zum Einkaufen geschickt hatte, um Lebensmittel zu holen, die sie nicht essen durfte. Mutter hörte meine Beichte ohne erkennbares Interesse an. Fast den ganzen Tag lag sie mit geschlossenen Augen da.
Um vier Uhr morgens klopfte Tante Yi-feng an der Hintertür. Sie weinte den ganzen Weg die Treppe hinauf und ging

gleich ins Schlafzimmer ihrer Schwester, ohne auch nur ihr Gepäck abzustellen. Tante Yi-fengs Ankunft schien Mutter zu beleben. Auch ich wollte bei ihr bleiben, und es war nicht schwer, Tante Yi-feng davon zu überzeugen, daß es nicht viel schaden würde, ein paar Tage in der Schule zu fehlen. Auch sie war der festen Überzeugung, daß Mädchen sich nicht mit Büchern und Stiften abzugeben hätten. Am letzten Tag des Jahres 1965 bat Nummer 1 meine Schwestern und mich, wieder in die Schule zu gehen.

»Holt wenigstens eure Schulaufgaben ab und erkundigt euch, was ihr verpaßt habt«, beharrte er.

Ich trödelte noch herum, nachdem meine Schwestern schon gegangen waren, und war froh, als Tante Yi-feng mich bat, noch ein Weilchen zu bleiben, damit sie zum Markt gehen und frische Nudeln für das Mittagessen holen könne.

Als Tante Yi-feng zurückkam, ging ich ins Schlafzimmer, um mich von Mutter zu verabschieden.

»Mama«, sagte ich leise, »brauchst du was? Ich gehe gleich.«

Mutter öffnete die Augen, schien mich aber nicht zu sehen. Ich rückte meine Schultasche auf der Schulter zurecht und trat näher.

»Mama, kann ich dir was bringen?«

Sie antwortete nicht. Langsam schlossen sich ihre Augen. Panik befiel mich. Ich ließ meine Tasche zu Boden fallen und schüttelte sie.

»Mama, was ist? Was ist los?« Ich brach in Tränen aus und schüttelte sie fester.

In diesem Augenblick schlug sie die Augen auf. »Bitte, Ah Si, sei still«, raunte sie. »Ich möchte schlafen.«

Sie schloß die Augen. Aus ihrem Mundwinkel sickerte bräunliche Flüssigkeit, als sie starb.

»Wie typisch für deine Mutter«, wimmerte Tante Yi-feng, »es so einzurichten, daß sie zur Ferienzeit stirbt, damit die Trauernden nicht die Arbeit oder Schule versäumen!«

Als ich am nächsten Tag zur Totenhalle ging, wollte ich keine traditionellen Trauerkleider tragen. Tante Yi-feng vertrat die Ansicht, daß die Zeiten sich geändert hätten und weiße Stoffgürtel, schwarze Armbinden und weiße Schuhe ausreichten. Als ich in das Empfangszimmer kam, war ich angenehm überrascht, die stellvertretende Leiterin des Stadtteilkomitees mit einigen anderen Mitgliedern dort zu sehen. Das Wohnungsamt, für das Mutter gearbeitet hatte, war eine Abteilung des Komitees. Aber sehr bald mußte ich feststellen, daß sie nicht gekommen war, um Mutter die letzte Ehre zu erweisen.

Damals hatten Familien eigentlich die Wahl, ob ihre Verstorbenen eine Erd- oder Feuerbestattung bekamen, aber für uns sollte dies nicht gelten. Der Grund war einfach, erklärte die stellvertretende Leiterin. Wir seien Wohlfahrtsempfänger, und mit einer Erdbestattung verschwende man Geld, das für fünf Waisenkinder gebraucht werde. Sie sagte nicht, was alle wußten: daß es, wie bei so vielen Dingen, die mit Regierungspolitik zusammenhingen, eine festgesetzte Quote gab. Jede Organisation mußte so viele Familien wie möglich zu Feuerbestattungen bewegen.

Ich hatte das Gefühl, daß alles über mir zusammenbrach. Wir alle wußten, daß Mutter neben Vater beerdigt werden wollte und sich von Tante Yi-feng das Versprechen hatte geben lassen, sie nicht zu verbrennen. Mutter hatte entsetzliche Angst vor Feuer gehabt.

Nummer 1 brachte Einwände vor, doch die stellvertretende Leiterin schnitt ihm das Wort ab und erklärte, bald würden Delegationen von seiner Universität und Nummer 2's *dan wei* – seiner Arbeitseinheit – eintreffen, die »bei der Lösung des Problems helfen« sollten. Sie hatte dem Direktor der Totenhalle erklärt, daß Mutters Leichnam erst in dem Glassarkophag aufgebahrt werden dürfe, sobald eine Einverständniserklärung zur Feuerbestattung vorläge.

Es war eine entsetzliche Szene. Meine beiden Schwestern und ich weinten vor Kummer und Hilflosigkeit. Meine Brüder diskutierten hitzig mit den Delegierten, die die Universität und die Fabrik hergeschickt hatten und die sie schließlich zur Zustimmung drängten. Großtante hielt sich heraus. Meine beiden Onkel, Mutters ältere Brüder, beschäftigten sich angelegentlich mit Stühlerücken und Teetassenverteilen.
Als ich sah, daß ein Vertreter der Studentengewerkschaft ständig auf meinen Bruder einredete, konnte ich mich nicht länger beherrschen. Ich baute mich vor dem jungen Mann auf und fragte ihn mit tränennassem Gesicht und bebender Stimme: »Würdest du zulassen, daß man deine Mutter gegen ihren Willen verbrennt?«
Überrascht brachte der junge Mann kein Wort heraus. Zu meiner Verwunderung entschuldigte sich Nummer 1 für mich. Am liebsten hätte ich ihn dafür geschlagen.
»Was nützt es, einen Bruder wie dich zu haben?« schrie ich. »Was nützt es, daß du der älteste Sohn und Mutters Liebling bist?«
Ich wandte mich ab und sah, daß Tante Yi-feng gekommen war. Sie hatte zu Hause noch etwas für den Besuch nach der Trauerfeier vorbereitet. Vor Wut und Hilflosigkeit schluchzend, erklärte ich ihr, was hier vorging. Ihre Miene verfinsterte sich vor Zorn. Mit mir im Schlepptau marschierte sie geradewegs ins Büro des Direktors der Totenhalle. Bevor der überrumpelte Mann, der dachte, das alles geregelt sei, den Mund aufmachen konnte, klärte sie ihn auf:
»Genosse, mein *dan wei* ist die Volkskommune Tongqi, Brigade Zhongchun, Produktionseinheit Wang-Familien-Dorf. Ruf meinen Funktionär an, wenn du willst. Er wird dir sagen, daß ich seine volle Unterstützung habe, meine Schwester ihrem Wunsch gemäß zu beerdigen.«
Tante Yi-feng wußte, daß Städter auf die Bauern hinab-

schauten, wie sie es immer getan hatten, aber ihr war auch klar, daß die chinesischen Bauern seit der Machtübernahme der Kommunisten als politisch korrekteste Klasse von allen galten.

»Schämst du dich nicht«, fuhr sie fort, »diese Kinder in eine solche Lage zu bringen? Fünf Waisen einzuschüchtern?«

Dem Direktor verschlug ihr verbaler Angriff die Sprache, zumal er nicht jedes Wort verstanden hatte, weil sie ihn im Wuxi-Dialekt anbrüllte.

Meine Tante wandte sich an mich: »Komm, wir sehen nach, wo sie deine Mutter aufbewahren. Wir bringen sie nach Hause und betten sie in den Zedernsarg!«

»Tante, ich weiß, wo sie ist«, sagte ich und schob den Direktor beiseite. »Ich zeige dir, wo sie Mutter verstecken!«

Ich lief durch die Halle und geradewegs einem Arbeiter in die Arme, der mich freundlich bat, mich zu beruhigen, und mir versprach, daß alles in Ordnung kommen würde. Er führte uns zurück in das Empfangszimmer, wo Mutters Leichnam inzwischen aufgebahrt sein sollte.

Als sie meine Mutter schließlich in dem Glassarkophag aufbahrten, war ich so erschöpft, daß ich nicht einmal mehr weinen konnte. Von diesem Tag an erschien die Welt mir wesentlich härter und kälter. Als ich Mutters Leichnam betrachtete, sagte ich das gleiche, was sie an dieser Stelle vor nicht allzu langer Zeit zu Vater gesagt hatte: »Was sollen wir ohne dich nur tun?«

Als eine der Delegierten bemerkte, daß Mutter noch ihren Ehering mit dem Rubin trug, forderte sie Tante Yi-feng auf, ihn ihr abzunehmen, damit man ihn verkaufen und so die Belastung des Staates, für die Kinder zu sorgen, verringern könnte. Zu meiner Überraschung kam Tante Yi-feng der Aufforderung nach, doch kurz bevor der Sarg endgültig geschlossen wurde, sah ich, wie sie Mutter den Ring wieder auf den Finger schob.

Nachdem unsere Verwandten und Freunde an diesem Abend die Wohnung verlassen hatten, brachte Tante Yifeng uns Mädchen in die öffentliche Badeanstalt, wie Mutter es vor drei Jahren nach Vaters Trauerfeier getan hatte. Es war eine alte Sitte, das Unglück abzuwaschen, das mit einem Todesfall verbunden war. Als Dreizehnjährige hatte ich solche Praktiken satt. Als Nummer 1 sich anschickte, traditionsgemäß Mutters Reisschale und Teetasse zu zerschlagen, weigerte ich mich mitzumachen. Da wir nun schon beide Eltern verloren hatten, könne ich mir kaum vorstellen, daß unser Unglück sich noch vergrößern würde, erklärte ich.
In den nächsten Tagen weigerte ich mich auch, zur Schule zu gehen. Mir wäre es sogar gleichgültig gewesen, wenn ich sie nie wiedergesehen hätte. Der Anblick des verlassenen Elternschlafzimmers und des leeren Bettes erschreckte mich. Ich hatte Angst, zu Hause zu bleiben, aber auch Angst, auszugehen.

Ich ging nicht mehr zum Mathematikförderkreis und fühlte mich unter meinen Mitschülerinnen wie ein häßliches Entlein. Alle Familienmitglieder trauerten und waren orientierungslos, aber Nummer 5 traf es am härtesten. Mit ihren elf Jahren zog sie sich völlig in sich zurück. Ständig schickte man sie aus dem Unterricht nach Hause, weil sie nicht aufhören konnte zu weinen. Den Rest des Tages verbrachte sie dann bei Frau Yan, bis Nummer 3 oder ich nach Hause kamen.
Der Frühling zog sich dahin, während jeder von uns versuchte, mit dem elternlosen Dasein fertigzuwerden. Im März hörte Großtante auf, in der Fabrik zu arbeiten, und blieb nun den ganzen Tag zu Hause. Ihre Fürsorge und Hingabe an uns ließ mich meine Mutter mehr denn je vermissen.

Zwei Monate später, kurz vor meinem vierzehnten Geburtstag, arbeitete ich während einer Pause zwischen zwei Unterrichtsstunden eifrig an meinem Tisch. Als ich aufstand, spürte ich etwas Warmes und Klebriges an meinen Schenkeln hinunterlaufen. Eins der Mädchen, die hinter mir saßen, deutete auf den Boden und schrie auf: »Guck mal! Blut!« Meine übrigen Klassenkameradinnen reckten die Hälse und tuschelten. Ich entdeckte rote Flecken auf dem Boden und eine Blutlache auf dem Holzstuhl.

Mir fiel ein, daß Großtantes Cousine an einer Magenblutung gestorben war, und plötzlich war mir übel vor Entsetzen. Ich raffte meine Sachen zusammen, stopfte sie in meine Tasche, verlängerte den Tragegurt, damit die Tasche tief über meinem Hinterteil hing, und flüchtete nach Hause.

Den ganzen Weg rannte ich, getrieben von Angst. Zuerst Vater, dann Mutter. Jetzt war ich an der Reihe zu sterben. Ich würde verbluten. Ich stürzte in unsere Wohnung, wo Großtante gerade die Socken von Nummer 2 stopfte. Sie sah überrascht auf, als ich mich an ihr vorbeizwängte, hinter den Vorhang stürzte und mich auf den Nachttopf fallen ließ.

»Großtante«, rief ich, »ich verblute, genau wie deine Cousine!«

»Was redest du da, Ah Si?« Durch eine Lücke im Vorhang entdeckte ich, daß sie nicht einmal von ihrer Handarbeit aufgeschaut hatte.

»Meine ganze Unterhose ist voller Blut, und es blutet immer noch!« schrie ich. Was ist bloß los mit ihr, dachte ich. Sieht sie denn nicht, daß ich krank bin?

Sie legte Socken und Nadel weg und stand langsam und vor sich hin murmelnd auf.

»Was hast du gesagt?« rief ich, fassungslos über ihre offensichtliche Ruhe.

»Ich weiß wirklich nicht, was ich dir sagen soll«, meinte sie und zog eine Kommodenschublade auf. »Es ist Sache einer Mutter, das zu erklären.«

Ich haßte es, wenn sie diesen Satz sagte, wie sie es oft getan hatte, als Mutter noch lebte. Wenn ich ihr auf die Nerven fiel, kritisierte sie nicht mich, sondern gab Mutter die Schuld, daß sie mich verwöhnt hatte. Wenn ich mich über meine schäbigen Kleider beklagte, sagte sie immer, ich hätte Mutters Eitelkeit im Blut. Ich hatte es schon vor Jahren aufgegeben, mit ihr zu streiten, sie behielt doch immer das letzte Wort.

Geht das schon wieder los, dachte ich. Ich sterbe und sie macht Bemerkungen über meine arme tote Mutter.

»Warum kannst du Mutter nicht endlich in Ruhe lassen? Du lebst doch immerhin noch.«

Verzweifelt zerrte ich den Vorhang zu und erwartete Schelte für meinen Ausbruch. Statt dessen brachte sie mir ein kleines Päckchen und ein braunes Paket, das auf allen vier Seiten den Aufdruck »Hygienepapier« trug. Ihre Nachsicht beruhigte mich ein bißchen, und ich betrachtete prüfend das Päckchen. Solche hatte ich schon in Schaufenstern gesehen und mich oft gefragt, warum es zwei Sorten Toilettenpapier gab, eins, das Strohpapier hieß (ein passender Name, weil sich hier und da gepreßte Strohhalme an der falschen Stelle bemerkbar machten), und das andere Hygienepapier, das in geschlossenen Päckchen statt in Stapeln verkauft wurde. Wenn ich jetzt darüber nachdachte, hatte ich es ab und zu in unserem Toilettenpapierkorb liegen gesehen.

Aber warum gab Großtante mir dieses Zeug, wo ich doch in solcher Gefahr schwebte? Mein Leben rann meine Beine hinunter. Ich erinnerte mich, was der Arzt uns gesagt hatte, als er bei Mutter Krebs im Endstadium festgestellt hatte: »Laßt sie essen, was sie will.« Gab Großtante mir deshalb so vornehmes Toilettenpapier?

Ich drehte das zweite Päckchen in den Händen. »Hygiene-

gürtel« stand da. Doppelte Hygiene? Es handelte sich um eine Art rosa Gürtel in T-Form aus weichem Gummi mit weißen Baumwollschlaufen.
»Was ist das?« rief ich zu Großtante hinüber, die wieder an ihre Arbeit gegangen war.
»Bist du wirklich so dumm? Kannst du nicht lesen?«
»Klar kann ich lesen, aber hier steht nicht, wofür das ist!«
»Halt mich nicht zum Narren. Ich kann vielleicht nicht lesen, aber ich sehe, daß überall auf den Paketen etwas geschrieben steht«, beharrte sie.
Da ich wußte, daß ich schon zu weit gegangen war, hielt ich mich zurück. Außerdem war mir klar, daß ich den ganzen Tag hier sitzenbleiben konnte, wenn ich noch einmal den Mund aufmachte. Nach einer Weile kam Großtante wieder und zeigte mir, wie man das Papier in den Gürtel einlegte.
»Glaub mir, du stirbst nicht. Deine Eltern würden das nicht zulassen.«
Ich legte den merkwürdigen Gürtel um und wartete, daß Nummer 3 zum Mittagessen nach Hause käme. Vielleicht würde ich von meiner älteren Schwester ja ein paar Antworten und etwas Mitgefühl bekommen.
»Nummer 3! Heute morgen habe ich gedacht, ich ster– «
»Sprich leise, Ah Si«, fiel Großtante mir ins Wort.
»Was ist passiert?«
Ich zog Nummer 3 ins Vorderzimmer. »Ich habe eine Magenblutung, genau wie Großtantes Cousine. Du kannst dir nicht vorstellen, was ich für eine Schweinerei in der Klasse angerichtet habe!«
Noch bevor ich weitersprechen konnte, schob meine Schwester mich fort. »Es ist eine Schande, daß du nur schlau aussiehst«, schnaubte sie. »Hast du deine Schulbücher nicht gelesen?« Sie ging aus dem Zimmer und brummte: »Als ob es in der Familie nicht schon genug Tote gäbe!«
Körperhygiene war in unserer Schule ein Unterrichtsfach, in

dem es keine Noten gab. Wir hatten eine Stunde in der Woche und sollten auf eigene Faust in unserem Lehrbuch lesen. Aber oft fiel der Unterricht aus, weil es statt dessen politische Schulungen gab, und ich hatte das Buch gemieden, seit man einer Mitschülerin von mir schmutzige Gedanken vorgeworfen hatte, als sie erwischt wurde, wie sie sich Bilder von einem nackten Mann und einer nackten Frau ansah.

An diesem Nachmittag kramte ich es hervor. Als ich mit Lesen fertig war, weinte ich, denn in dem entsprechenden Kapitel stand, Schülerinnen sollten es »unter Anleitung der Eltern« lesen.

Als ich das Buch schloß, spürte ich Großtantes Hände auf meiner Schulter. »Sei nicht traurig, Ah Si. Jedes Mädchen muß das durchmachen, und ob du es glaubst oder nicht, manche Eltern sind froh, wenn es bei ihren Töchtern soweit ist.«

Jetzt tat es mir leid, was ich Großtante vorher an den Kopf geschleudert hatte. Wahrscheinlich hatte ihr auch nie jemand etwas über die Menstruation erklärt. Und ich war sicher, daß sie kein Buch zur Hand gehabt hatte, selbst nicht, wenn sie hätte lesen können. Wie konnte sie nur in Anbetracht ihres Lebens sagen, daß es für ein junges Mädchen eine Freude wäre, zur Frau zu werden?

Die Harmonie zwischen uns war jedoch nur von kurzer Dauer. Vor dem Abendessen bat ich sie um ein neues Päckchen Hygienepapier.

»Willst du damit sagen, du hast es an kaum einem halben Tag aufgebraucht?« Sie klang eher schockiert als wütend.

»Also weißt du, gegessen habe ich es bestimmt nicht! Es ist Papier, keine Süßigkeit.«

»Jedes Päckchen kostet viel Geld«, schimpfte sie, als sie mir zeigte, wie ich das Papier strecken und falten konnte, um es dann ein zweites Mal zu benutzen.

Wie schön wäre es doch, wenn es auch nur ein Ding im Leben gäbe, das nichts mit Geld zu tun hat, dachte ich.

An einem staubigen, windigen Nachmittag Ende Mai fuhren fünfzig Mitschülerinnen und ich mit dem Bus anderthalb Stunden in die Provinz Songjiang zur Brigade Oststadt, wo uns Vertreter der Produktionsgruppe 2 empfingen. Man hatte uns dorthin geschickt, damit wir bei den Drei Sommerarbeiten halfen, eine Maßnahme, die mehr mit Politik als mit Logik zu tun hatte. Innerhalb von zwei Wochen sollten wir lernen zu pflanzen, zu ernten und Felder zu bestellen und uns durch die harte Arbeit körperlich und geistig stählen. Unser Quartier war in einem großen Gebäude mit gekehrtem Lehmboden. An den Wänden hatte man uns als Betten Bretter auf Reisstroh gelegt. Ich ließ mein Bettzeug auf die Bretter fallen und fing an auszupacken.

Es gab nicht so viel »richtige Arbeit«, wie wir erwartet hatten. Zuerst ließ man uns lose Weizenähren auf den Feldern und an den Straßen aufsammeln, eine leichte, aber ungemein ermüdende Arbeit. Ein paar Tage später schleppten wir gebündelte Rübsamenstengel zum Dreschplatz, die lose mit Stroh umwickelt waren. Da die Samenkapseln spröde waren und leicht abfielen, mußte man sie sehr behutsam transportieren.

Die Bauern wiesen uns an, immer nur ein Bündel zu tragen, aber als wir sie aufhoben, brachen wir alle in Gelächter aus: Die großen, sperrigen Bündel waren federleicht. Wir schlugen den Rat der Fachleute in den Wind, nahmen in jede Hand ein Bündel und kämpften uns damit über die Furchen des gepflügten Feldes. Ein kräftiger Wind schüttelte die Bündel durch wie Drachen, zerrte mich hierin und dahin, bis ich das Gleichgewicht verlor und auf die Erde fiel. Überall um mich herum verteilte sich Rübsamen. Bis zum Ende des Tages hatten sich mindestens fünf von uns den Knöchel verstaucht. Am nächsten Tag lasen wir wieder Weizenähren auf, eine Aufgabe, die uns viel Zeit für ein Mittagsschläfchen ließ.

Einige Dorfbewohner hielten mit ihrer Einstellung zu der ganzen Aktion nicht hinterm Berg und nannten unsere edle Mission »eine Kerze für einen Blinden anzünden«. Aber ein paar Bauern fanden schließlich doch Gefallen an unserem Aufenthalt. Eines Tages fragte der Gruppenführer Lehrerin Zhang, bei der ich im zweiten Jahr Englischunterricht hatte, ob einige der Bauern sich abends während unserer Englischstunde hinter uns setzen dürften. Wir kicherten und grinsten. Die Bauern, die einen örtlichen Dialekt sprachen, hatten schon Schwierigkeiten mit der offiziellen Landessprache. Die englischen Worte, die an der Tafel standen, bezeichneten sie als »Kaulquappen«.

Als wir zwei Wochen später auf unserem Schulhof wieder aus dem Bus stiegen, hatte ich den Eindruck, abgesehen von den Bündeln schmutziger Wäsche nicht viel mitgebracht zu haben. Unser Direktor begrüßte uns mit einer langatmigen, langweiligen Rede, bei der er ständig in sein Notizbuch sah, während wir in der Sonne brieten.

»Die körperliche Leistung eurer harten Arbeit ist nicht annähernd so wichtig wie eure geistige Vervollkommnung durch das Zusammenleben mit den Bauern, die die besten Lehrer des Lebens sind«, setzte er an.

Während Direktor Lin weiter seine Rede herunterleierte, warf er ständig nervöse Seitenblicke zum Parteisekretär der Schule, Fang, der etwas abseits im Schatten stand. Irgend etwas stimmt hier nicht, dachte ich. Direktor Lin gab bekannt, daß wir entgegen der üblichen Regelung am nächsten Tag nicht schulfrei hätten, sondern in die Schule kommen müßten. An diesem Punkt schaltete sich Parteisekretär Fang ein.

In kernigem Ton ließ er verlauten, daß der gesamte reguläre

Unterricht bis auf weiteres ausfallen würde. Wir hätten in unserer politischen Erziehung sehr viel aufzuholen. Wir sollten die Dokumente des Zentralkomitees der Kommunistischen Partei studieren – die Direktive vom 7. Mai, das 16. Rundschreiben und die Leitartikel der Volkszeitung, des Hauptorgans der Partei. Da mir die Hitze sehr zu schaffen machte, hörte ich kaum zu, als er erklärte, daß eine neue Kampagne beginnen sollte.

Als ich endlich nach Hause kam, erzählte mir Nummer 3, daß auch ihr Unterricht ausfiel. Auch Nummer 5, die unablässig für die Aufnahmeprüfung zur Mittelschule gebüffelt hatte, war in endlose Sitzungen und Diskussionen verstrickt. Sie war begeistert. Nachdem sie gesehen hatte, wie ihre vier Geschwister sich für die Schule abrackerten, wollte sie damit nichts zu tun haben.

»Ich finde es toll!« krähte sie. »Nicht mehr bis spät abends lernen, keine Alpträume mehr. Ich bin frei!«

Nummer 3 wirkte nicht so erleichtert. Man hatte sie nach Hause geschickt, um ein *biao tai* zu schreiben – ein »Glaubensbekenntnis«, das die Parteilinie nachbetete –, das ihre Position in der neuen Kampagne darlegen sollte. Ich sah ihr über die Schulter. Sie strich ihre Erklärung durch und fing von vorn an.

»Ich würde dir ja gern helfen, Ah Sei, aber ich habe keine Ahnung, was ich sagen soll.« Ich schätze, ich klang nicht sonderlich mitfühlend.

»Warte, bis du an der Reihe bist«, erwiderte sie.

Auch Großtante plapperte neue politische Parolen nach, wie »eine Revolution, die das innerste Sein eines jeden erfaßt und das Denken des Volkes reinigt.« Ich lachte sie aus, denn sie verstand diese einschläfernden Parolen eindeutig nicht richtig.

Wir alle wußten damals noch nicht, daß die Große Proletarische Kulturrevolution begonnen hatte.

Teil II

Wind des Chaos

(1966–1968)

Kapitel 7

»Setzt den Unterricht aus, um Revolution zu machen!« lautete die erste *dazibao* – eine Wandzeitung –, die ich sah, sobald ich am nächsten Morgen durch den Haupteingang meiner Schule kam. Ich hatte meine Schultasche und mein Mittagessen zu Hause gelassen, weil ohnehin kein Unterricht stattfand und die Kantine, in der unser Reis gekocht wurde, nicht in Betrieb war. Ein zweites Plakat verkündete: »Lang lebe die Große Proletarische Kulturrevolution!« Jedes Schriftzeichen auf dem blutroten Papier war so groß wie ich.

Tag für Tag lasen unsere Lehrer uns Dokumente der Regierung und Leitartikel vor, die regionale und überregionale Zeitungen mit ermüdender Regelmäßigkeit herauspeitschten. Das war die Methode der Partei, Informationen über eine neue Politik zu verbreiten und Politiker, von denen ich meist noch nie etwas gehört hatte, zu denunzieren oder zu loben. Manchmal ließ unser Lehrer uns aufstehen und abwechselnd jeweils einen Absatz vorlesen – eine gute Methode, uns wach zu halten. Sehr bald klangen wir alle wie Großtante und rasselten Parolen und Begriffe herunter, die wir nicht verstanden.

Ebenso wie die anderen Mädchen machte ich nur gezwungenermaßen mit. Das war nicht die erste »Bewegung«, an der wir zwangsweise teilnehmen mußten. Mit meinen knapp vierzehn Jahren war ich schon geradezu eine Veteranin. Wir nahmen alle an, daß sich die Kampagne unmittelbar gegen jene richtete, die auf kulturellem Gebiet arbeiteten – jene, die »Tinte trinken und mit Stiften spielen«, wie Großtante sagte –, denn eingeleitet wurde sie durch Maos wütende Reaktion auf *Hai Rui ist des Amtes enthoben,* ein Theaterstück von Hu Han, dem damaligen Vizebürgermeister von Peking, in dem er die Geschichte eines aufrechten, mutigen Beamten der Ming-Dynastie erzählte, den man verbannt hatte, nachdem er gegenüber dem Kaiser für das einfache Volk eingetreten war. Mao hatte das Theaterstück als Allegorie auf seine Entlassung Marschall Peng Dehuais, des früheren Verteidigungsministers, verstanden, der sich 1959 offen gegen die verheerende Politik, die die Hungersnöte verursacht hatte, ausgesprochen und damit Mao die Schuld gegeben hatte. Der Angriff gegen Persönlichkeiten des kulturellen Lebens würde in ein paar Monaten vorbei sein, so dachten wir. Aber er sollte zehn Jahre lang wüten.

Eines Morgens hörte ich die Schullautsprecher schon dröhnen, lange bevor ich das Tor erreicht hatte. »Genossen, schwingt eure Federn als Schwerter und Speere und richtet eure Worte wie Kugeln gegen die Reaktionäre. Holt eure Waffen im Schulbüro ab!« Die Kampagne wurde hitziger.

Das Büro war in ein Warenlager voll riesiger Blätter farbigen Papiers und Kisten mit Tintenflaschen und Schreibpinseln in allen Größen umfunktioniert worden. In einer Ecke rührte der alte Onkel Zhan, der Pförtner, in einem Holzfaß Leim an. Auf seiner Stirn glänzte Schweiß, und sein Hemd klebte ihm am Rücken. Ein stetiger Strom plappernder Schülerinnen trieb durch den Raum. Alle nahmen sich die Utensilien, die sie brauchten, um *dazibao* und *xiaozibao* fertigzustellen – Plakate mit kleinen Schriftzeichen, die mit dem Stift, statt mit Pinsel, geschrieben wurden.

Ich kam mit einer Flasche Tinte, zwei Pinseln und einem Blatt rotem Papier unter dem Arm heraus. Am Fuß der Treppe, die zu meiner Klasse führte, fielen mir zwei frische Plakate ins Auge, deren Tinte noch nicht trocken war. »Rebellion ist gerechtfertigt!« verkündete das erste. Das zweite bestürzte und erschreckte mich: »Wenn Lin Guangmin sich nicht ergibt, werden wir ihn vernichten!« Die drei Schriftzeichen für den Namen unseres Direktors waren mit großen X durchgestrichen. Vor Jahren hatte ich viele Karikaturen von

John F. Kennedy gesehen, dessen Name im Chinesischen *Ken Nidi* geschrieben wurde – »beiß in den dreckigen Boden«. Auch auf diesen Plakaten war jedes Schriftzeichen von Kennedys Namen mit einem großen X durchgestrichen, um zu zeigen, daß er ein Feind war.

Wie gebannt stand ich da. Direktor Lin war Ende Fünfzig und bei Lehrern wie Schülern sehr geachtet, ein Mann, der »vor jedem Schritt genau den Boden prüft, aus Angst, eine Ameise zu zertreten«, wie mein Erdkundelehrer sagte. Was hatte er getan, sich eine solche Mißachtung zuzuziehen?

Bestürzt verbrachte ich den Rest des Tages damit, mein großes rotes Blatt Papier mit sinnlosen Sätzen zu bepinseln. Als ich mein Plakat an eine Wand klebte, bemerkte ich, daß dort bereits welche hingen, die Direktor Lin beschuldigten, in seinem Geschichtsunterricht »Altes zu nutzen, um die Gegenwart zu verhöhnen«. Die meisten dieser Plakate waren unterzeichnet mit »revolutionäre Soldaten«.

Am nächsten Tag stellte ich fest, daß meine Arbeit des Vortages bereits mit neuen, noch aggressiveren Plakaten überklebt war. Die Leidenschaft hatte an Bösartigkeit zugenommen. Noch nie hatte ich die Schülerinnen so beschwingt erlebt: kein Unterricht, keine Schule, keine Hausaufgaben, und vor allem die Freiheit, Lehrer zu kritisieren, ein Phänomen, das seit Konfuzius' Zeiten nicht mehr dagewesen war, der betont hatte, daß man Lehrer immer mit Achtung und Respekt behandeln müsse.

Die farbigen Plakate rügten Lehrer, weil sie schlechte Noten gaben oder kritische Bemerkungen auf Zeugnisse schrieben, und stellten ihr Privatleben mit Klatsch und Gerüchten bloß. Ein Plakat schilderte, daß die hübsche junge Mathematiklehrerin Yao ein Ei mit dem unverheirateten Lehrer Meng geteilt habe. Yao aß das Eigelb und ihr Kollege den Rest. Daher nannten die Schülerinnen sie ganz unverhohlen »Lehrerin Eigelb« und »Lehrer Eiweiß«. Ein anderes Plakat enthüllte, daß der Sohn von Lehrerin Zhu, meiner Englischlehrerin der ersten Klasse, adoptiert war. Diese Veröffentlichung war grausam und gemein. Adoptionen innerhalb der weiteren Verwandtschaft waren in China durchaus nichts Ungewöhnliches, aber eine Adoption außerhalb der Familie galt aufgrund der traditionellen Einstellung zur Blutsverwandtschaft als »Wasserholen in einem geflochtenen Bambuskorb«. Daher hielten Adoptiveltern die Wahrheit vor dem Kind verborgen, zogen oft in eine andere Gegend und wechselten sogar die Arbeitsstelle, um ihr Geheimnis zu bewahren.

Doch damit nicht genug, warf die Schreiberin des Plakats Lehrerin Zhu auch noch vor, sie habe aus Eitelkeit kein eigenes Kind bekommen wollen, »um ihre Figur nicht zu ruinieren« – eine verderbte, bourgeoise Denkweise. Ich sah, daß meine frühere Lehrerin vor dem Plakat stand und vergebens versuchte, den Mädchen ringsum zu erklären, daß der Vorwurf nicht der Wahrheit entsprach. Sie könne keine Kinder bekommen, erklärte sie. Sie würde ihnen das ärztliche Attest zeigen.

Ich stahl mich fort, da ich nicht Zeugin ihrer Erniedrigung werden wollte, und ahnte, daß niemand ihr zuhören würde, selbst wenn sie den ganzen Leib voller Münder hätte. Auf dem ganzen Heimweg wünschte ich, ich könnte die unfreundlichen Gedanken zurücknehmen, die ich über sie gehegt hatte, als sie mir mein Englischbuch abnahm. Was kommt als nächstes? fragte ich mich. Wer wird als nächstes an der Reihe sein?

Am Tag darauf kam ich erst spät in die Schule und sah vor der Aula eine Gruppe kreischender Mädchen, die Lehrerin Zhu umringten. Sie sah bleich und erschöpft aus.

»Was haben Sie gemeint, als Sie uns beibrachten, daß ›Lang lebe der Vorsitzende Mao‹ heißt ›Vorsitzender Mao lebt lang‹?« schrie ein Mädchen. Es war eine meiner Klassenkameradinnen, Tang, die mit Spitznamen ›Superflach‹ hieß, weil ihr Kopf und ihr Gesicht ungewöhnlich flach waren. Zwei Jahre lang hatte ich sie in der Klasse kein Wort sagen hören. Und jetzt griff sie unsere Lehrerin wegen einer Grammatikfrage an! Keine von uns hatte damals den Satz ›Lang lebe der Vorsitzende Mao‹ grammatisch zergliedern können, weil wir den Konjunktiv noch nicht durchgenommen hatten, deshalb hatte Lehrerin Zhu vorgeschlagen, wir sollten den Satz fürs erste behandeln, als ob er laute: »Vorsitzender Mao lebt lang«.

»Wir alle wünschen, daß Vorsitzender Mao ewig lebt, aber Sie haben gesagt, daß er nur *lange* lebt«, kreischte meine Mitschülerin. »Wie lange haben Sie denn gedacht? Was hatten Sie wirklich im Sinn? Gestehen Sie!«

Sofort skandierten die Mädchen: «*Wan schou wu jiang! Wan schou wu jiang* – ›Unser großer Führer, Vorsitzender Mao, lebe ewig!‹« Sie schwenkten ein kleines Buch, während sie die gedemütigte Lehrerin über den Schulhof jagten.

Das Büchlein hatte einen roten Plastikeinband und das Format eines Taschenkalenders. Als ich merkte, daß fast alle außer mir ein solches Büchlein besaßen, überlegte ich, daß ich mir besser auch rasch eins besorgen sollte, zumal die Angriffe auf Lehrerin Zhu mich erschreckt hatten. Ich ging ins Sekretariat, wo zwei Schülerinnen hinter einem Tisch saßen, auf dem sich die roten Büchlein mit dem Aufdruck *Worte des Vorsitzenden Mao Ze-dong* türmten. Ich gab mein Schuljahr und meine Klasse an.

»Welche Klassenzugehörigkeit hast du?« erkundigte sich die Dickere von beiden.

Der ganze politische Aufruhr, der meine Schule durcheinandergewirbelt hatte, und die persönlichen Attacken gegen die Lehrer hätten mich vorsichtiger machen sollen, aber ich war noch sehr naiv. Ich antwortete:

»*Zichanjieji* – ›Kapitalistenklasse‹.«

»Dann hast du keins verdient«, bekam ich wütend zur Antwort. »Das ›kostbare rote Buch‹ ist nur für Schülerinnen gedacht, die den fünf Roten angehören, nicht für deine nach Scheiße stinkende Klasse, die die Arbeiter ausbeutet!«
Ich traute meinen Ohren nicht. Hilfesuchend sah ich mich nach einem Lehrer um, der mir zumindest erklären könnte, was hier vorging, aber es war keiner in Sicht. Was waren die fünf Roten? Was meinten sie damit, daß sie mich als Ausbeuterin und Angehörige einer nach Scheiße stinkenden Klasse bezeichneten? Meine Familie war arm, und ich lebte von staatlicher Wohlfahrt. Ich spürte, wie mir Tränen in den Augen brannten, hielt sie aber eisern zurück.
»Ihr braucht mich nicht zu beleidigen«, sagte ich. »Wenn ihr mir das Buch nicht geben wollt, komme ich auch gut ohne es aus.« Ich lief aus dem Sekretariat und aus der Schule. Als ich nach Hause kam, brach ich zusammen. Dabei hatte ich gedacht, daß ich nie wieder würde weinen können, nachdem meine Eltern gestorben waren. Großtante hörte mir zu, ohne mich zu unterbrechen, dann ging sie an ihre Kommode und kam mit einem roten Buch zurück.
»Ah Si, nimm meins«, bot sie mir an. »Als das Stadtteilkomitee es mir gegeben hat, wußte ich nicht, was es war. Ich erkenne nur das Bild des Vorsitzenden Mao.«
»Du begreifst das nicht!« erwiderte ich. »Ich weine nicht, weil ich das Buch nicht bekommen habe. Es ist die Beleidigung! Ich habe es nicht verdient, so erniedrigt zu werden. Mich ›Scheiße‹ zu nennen!« Ich warf das Buch auf den Boden und stürmte aus dem Zimmer.
Und als hätte ich mich noch nicht genug aufregen müssen, kam Nummer 3 mit einem roten Buch nach Hause. Als ich ihr meine Geschichte erzählte, lachte sie lauthals und sagte, ich hätte kein Hirn und sei nicht »flexibel im Denken«.
»Warum hast du ihnen denn auch die Wahrheit gesagt?« schnaubte sie. »Hast du gedacht, sie machen sich die Mühe,

das zu überprüfen? Sie kriegen ganze Laster voll von diesen Büchern! Ich habe ihnen gesagt, ich sei die Tochter eines Büroangestellten, was ja auch nicht ganz unwahr ist. Vater hat tatsächlich im Büro gearbeitet und Bürokram und Buchhaltung erledigt, oder? Das ist alles eine Frage des Blickwinkels. Werd erwachsen, Ah Si! Sei doch nicht so naiv!«

Ich muß sie wohl erstaunt angesehen haben. Hatte sie das gemeint, als sie sagte, ich sei nicht »flexibel«?

An diesem Abend erklärte mir Nummer 2, wer die fünf Roten waren: Fabrikarbeiter, arme und mittelarme Bauern, Soldaten und Offiziere der Volksbefreiungsarmee, Parteifunktionäre und Märtyrer der Revolution. Die Familien dieser fünf Kategorien waren folglich ebenfalls »rot«. Dagegen gehörten zu den fünf Schwarzen alle ehemaligen Grundbesitzer, reiche Bauern, Konterrevolutionäre, Rechte und frühere Kapitalisten. Bislang hatte man Kapitalisten je nach den Höhen und Tiefen des politischen Thermometers anders behandelt als die vier anderen Kategorien. Anfang der fünfziger Jahren hatte man sie gedrängt, »sich durch körperliche Arbeit zu Arbeitern umzuerziehen«, und in den Sechzigern hatte man ihnen vorgeworfen, »die willensschwachen Kommunisten in den Sumpf zu ziehen«.

Es bestürzte mich, daß meine Familie zu den fünf Schwarzen zählte, aber es machte mich auch wütend. Wie konnten wir Kapitalisten sein? Wir waren unter kommunistischer Flagge geboren und aufgewachsen, und wir waren arm. Unsere sogenannten kapitalistischen Eltern waren tot. Wir besaßen rein gar nichts.

Bevor ich ins Bett ging, beschloß ich, am nächsten Tag nicht in die Schule zu gehen, ganz gleich, was Großtante dazu sagen mochte. Zu meiner Überraschung hatte sie nichts dagegen, und so verbrachte ich einen ruhigen Tag zu Hause, las und schlief viel. Es folgten noch viele freie Tage. Jeden Tag erzählte mir Nummer 3, was in ihrer Schule vorging.

Immer mehr Lehrer wurden öffentlich denunziert und in »Kuhställe« gesperrt, die nach dem »Kuh-Dämon« der klassischen Literatur benannt waren. Studenten, die den fünf Roten angehörten, forderten eine »Revolution rund um die Uhr«, funktionierten Klassenzimmer in Schlafsäle um und weigerten sich, nach Hause zu gehen. In ihrer Schule wurde eine »Arbeitsgruppe« aus Fabrikarbeitern und Staatsfunktionären stationiert, die die Schüler ermunterte, »den Deckel vom Klassenkampf zu sprengen«.

»Ich weiß nicht, wie lange du noch einfach zu Hause bleiben kannst, Ah Si«, warnte mich Nummer 3. »Sie haben inzwischen einen Namen für Schüler wie dich – Faulenzer. Lange kommst du damit nicht durch.«

Kapitel 8

Etwa zwei Wochen später, Anfang August, kam Nummer 5 weinend nach Hause.

»Meine Klassenkameraden haben mich beschimpft und gesagt, mein Vater sei ein Ausbeuter gewesen!« schluchzte sie. »Ah Si, ich kann mich nicht mal erinnern, wie Vater ausgesehen hat, ich war doch noch so klein, als er starb! Ich weiß nicht mal, was er gearbeitet hat. Wie kommt es, daß die anderen das alles wissen?«

Auf dem ganzen Heimweg hatte sie geweint, weil die *Hong Xiao Bing* – die Jungen Roten Garden – sie wegen ihrer Herkunft abgelehnt hatten. Ich konnte sie nicht trösten.

Ich war selbst beunruhigt über ein Schreiben der Roten Garden. Ich wurde aufgefordert, mich in meiner Schule bei ihnen zu melden. Großtante hatte oft gesagt, solange man nichts Falsches getan habe, brauche man nicht zu erschrekken, wenn es mitten in der Nacht an der Tür klopfe. Auf dem Weg zur Schule sagte ich mir das immer wieder vor. Sollte man mir vorwerfen, zu faulenzen, hatte ich vor, meinen »Mangel an Revolutionsgeist« einzugestehen.

An der Straße vor der Schule prangten riesige Plakate. »Zerschmettert Soundsos Hundekopf!« »Drescht auf den Hund ein, der ins Wasser gefallen ist!« (Sprich: Seid erbarmungslos gegen schlechte Menschen, auch wenn sie am Boden liegen.) Eine Wandzeitung verkündete die Schaffung einer Zelle der Roten Garden an der Schule und endete mit: »Es ist richtig, gegen Reaktionäre zu rebellieren!«

Der alte Onkel Zhang saß nicht in seiner Pförtnerloge. Anstelle seines Bettes standen dort Bänke und Stühle. Ich erkannte alle Anwesenden bis auf zwei junge Frauen in verblichenen Drillichanzügen der Armee mit roten Armbinden. *Hong Wei Bing* – »Rote Garden« – stand in gelber Schrift geschrieben, mit kleineren Schriftzeichen darunter.

Ein Gruppe Mädchen am Eingang hielt mich auf. »Deine Klassenzugehörigkeit!« rief eine von ihnen. Mir blieb keine Zeit, die List anzuwenden, zu der Nummer 3 mir geraten hatte, da eines der Mädchen mich erkannte und mit dem Finger auf mich zeigte: »Das ist die, die gesagt hat, sie käme gut ohne das kostbare Buch aus!«

Eine der Fremden kam herüber und baute sich vor mir auf. Sie war größer als ich und schien sehr kräftig.

»Du Kapitalistenschwein!« zischte sie. Ihr Akzent verriet mir, daß sie aus dem Norden kam. Ich ließ den Kopf hängen und hoffte, daß nicht allzu viele meiner Schulkameradinnen es gehört hatten. Sie schlug mir auf die Schulter, damit ich aufsah. »Geh zum Seiteneingang. Wir kümmern uns später um dich.«

Eingeschüchtert tat ich, was sie mir gesagt hatte. Am Seiteneingang stellten sich mir drei Rotgardistinnen in den Weg. Sie notierten meinen Namen und meine Klassenzugehörigkeit und brachten mich zu einer weiteren Rotgardistin, deren Armbinde zeigte, daß sie aus dem Dong-Chen-Distrikt in Peking kam. Sie stand in ihrer schlechtsitzenden Armeeuniform schwitzend da, die Schirmmütze tief ins Gesicht gezogen, Schweißringe unter den Achselhöhlen und die Daumen hinter den Gürtel geschoben – in jener von Mao gepriesenen Haltung. Er hatte geschrieben, chinesische Frauen trügen lieber Kampfkleidung als Seide. Sie befahl mir, mich zu sechs weiteren Schülerinnen zu gesellen, die bereits mit dem Gesicht zur Wand standen. Ich kannte sie alle. Sie waren immer gut angezogen, und einige gehörten dem Schülerrat an, was in den Augen der meisten – auch in meinen – als angesehene Stellung galt. Keine von ihnen sagte ein Wort. Ich hatte den Eindruck, daß sie nicht zum erstenmal dastanden und die Mauer anstarrten, also tat ich es ihnen gleich, stand still und sah auf meine weißen Baumwollschuhe hinab.

Obwohl es noch nicht einmal neun Uhr war, herrschte drükkende Hitze. Gegen Mittag – am langsamen Wandern unserer Schatten konnte ich die ungefähre Uhrzeit ablesen – brieten wir immer noch zu etwa zwei Dutzend Schülerinnen in der Sonne. Schließlich führte uns die Rotgardistin aus Peking auf den Schulhof. Es waren nicht mehr viele Schülerinnen da; die meisten hatte die sengende Hitze ins Gebäude getrieben. Auf dem Hof sah es aus wie auf einem Wäscheplatz: An unzähligen Wäscheleinen hingen ausgebleichte Blätter Papier dicht an dicht.

»Ihr habt Anweisung, alle *dazibao* zu lesen und mir Bericht zu erstatten, bevor ihr nach Hause geht«, schrie sie. »Vielleicht können wir ein paar kapitalistische Ideen aus euren stinkenden Köpfen austreiben.«

Als ich zwischen den Reihen der aufgehängten Wandzeitungen durchging, stellte ich fest, daß es nicht nur viele Duplikate und abgeschriebene Zeitungsartikel gab, sondern daß manche bewußt oder vesehentlich halbe Sätze oder ganze Absätze ausgelassen hatten, was die Plakate zur Karikatur machte. Alle waren mit »Der Osten ist rot«, »Verteidigung des Ostens« oder »Revolutionäre Massen« und »Rote Rebellen« unterzeichnet. Wie lächerlich, dachte ich.

Allerdings überlief mich ein kalter Schauer, als ich sah, daß man meine Englischlehrerin der zweiten Klasse, Lehrerin Zhang, denunziert hatte. Jemand hatte ihren Namen und die ihrer fünf Geschwister aufgelistet und in jedem Namen das mittlere Schriftzeichen eingekreist. Zusammengenommen ergaben die eingekreisten Schriftzeichen: »Lang lebe die Republik China«.

Lehrerin Zhang steckte in argen Schwierigkeiten, das war mir sofort klar. Republik China, nicht Volksrepublik China – so hatte die Kuomintang – Chiang Kai-sheks Nationalpartei – unser Land genannt, bevor die Kommunisten die Macht ergriffen. Auch nur die geringste Loyalität gegenüber der

Kuomintang zu zeigen bedeutete Verrat. Aber warum warf man das Lehrerin Zhang vor? Warum nicht ihrem Vater?

Nummer 1 war viel zu Hause, da auch an der Universität Aufruhr herrschte und alle Seminare und Vorlesungen zugunsten endloser politischer Schulungen ausgesetzt waren. An diesem Abend fragte ich ihn nach Lehrerin Zhang. Er meinte, offensichtlich seien alle Kinder ihrer Familie zu einer Zeit geboren, als die Nationalisten noch an der Macht waren, und ihr Vater habe durch einen geschickten Schachzug seine Loyalität gegenüber dem Regime beweisen wollen. Es sei schwierig, seinen Namen später offiziell ändern zu lassen, erklärte er; es hätte so viele Verfahren zur Folge, wie ein Ochse Haare habe.

Als ich ihm von der Rotgardistin aus Peking erzählte, regte er sich sehr auf.

»Hör zu, Ah Si, tu, was immer man dir sagt, und fange nie, niemals Streit an, und gib keine Widerworte! Ich kenne dich nur zu gut. Deine spitze Zunge wird dich noch in Schwierigkeiten bringen. Die Rotgardisten aus Peking sind alle Kinder hoher Parteifunktionäre. Sie haben die Unterstützung des Vorsitzenden Mao und können sehr gefährlich werden, wenn sie wütend auf dich sind.«

»An meiner Schule gibt es keine importierten Rotgardisten«, sagte Nummer 3. »Wahrscheinlich bestrafen sie dich, weil du nicht zur Schule gegangen bist, Ah Si.«

Großtante hatte sich aus unserem Gespräch herausgehalten. Als sie und ich später im Bett lagen, starrte sie an die Decke und sagte: »Schon wieder bist du es, Ah Si, die von den Rotgardisten eingeschüchtert wird. Warum wirst du auf Schritt und Tritt vom Unglück verfolgt? Wenn das nicht Schicksal ist, was ist es dann?« Sie seufzte schwer.

»Deine Mutter hätte zulassen sollen, daß ich dich adoptiere, als ich es ihr angeboten habe. Dann wärst du die Tochter einer Arbeiterin und wärst sicher.«

Immer wieder sagte ich mir, daß ich mich nicht einschüchtern lassen würde, aber je näher ich am folgenden Tag der Schule kam, umso weicher wurden meine Knie. Zum erstenmal war ich dankbar, daß keine meiner Mitschülerinnen in meiner Straße wohnte und die Schule so weit entfernt lag. Niemand aus meiner Nachbarschaft sollte Zeuge meiner Demütigung werden.

Dieser Gedanke brachte mir einen Spruch Maos in den Sinn, mit dem wir bis vor kurzem jeden Morgen den Unterricht begonnen hatten: »Gutes kann sich in Schlechtes verkehren und umgekehrt.« Ich hatte mich immer gefragt, wieso diese leere Binsenweisheit derart respektvoll zitiert wurde, aber vielleicht war ja doch etwas Wahres dran. Noch bevor ich die Schule erreichte, war mir klar, was ich den Rotgardistinnen in meinem Bericht sagen würde. Ich würde ihnen erzählen, daß ich die Worte des Vorsitzenden jetzt verstanden und aus eigener Erfahrung gelernt hätte, daß er recht habe.

Diese Chance bekam ich jedoch nicht. Offenbar hatte man meine Gruppe »zu nachsichtig« behandelt, indem man uns umhergehen und die Wandzeitungen lesen ließ. Eine der Rotgardistinnen aus Peking rasselte aus ihrem roten Buch herunter: »Die Revolution ist kein Gastmahl, kein Aufsatzschreiben, kein Bildermalen oder Deckchensticken; Revolution ist Klassenkampf auf Leben und Tod.« Sie teilte uns in zwei Arbeitsgruppen ein und schickte uns in unseren »Kampf auf Leben und Tod« – Toiletten saubermachen und Klassenräume ausfegen.

Mir war klar, daß wir mit dieser Arbeit nicht etwa dem Hausmeister und dem alten Onkel Zhang helfen sollten – der zusammen mit dem Direktor im Kuhstall unter Hausarrest stand, weil die Rotgardistinnen behaupteten, er sei ein Spion seines früheren Arbeitgebers, der christlichen Missionsschule. Soviel ich wußte, war er nur dazu dagewesen, unsere Gesichter mit den Fotos auf unseren Schülerausweisen zu vergleichen. Ich konnte mir nicht vorstellen, daß der arme Analphabet Onkel Zhan für irgend jemanden spionierte.

So krochen die heißen Augusttage dahin. Nachdem ich die Tempelschule verlassen hatte, hatte ich geglaubt, ich würde nie wieder Böden fegen, doch schon bald sollte ich erkennen, daß es mir noch gut ging, solange ich die Gasse hinter der Schule fegen, die Holzböden und Treppen wischen und die Waschräume putzen mußte. An schlechten Tagen wurde ich angeschrien und gezwungen, Selbstkritiken zu schreiben. Ich fügte mich ohne Zögern den schrillen Anweisungen der Rotgardistinnen. Mehr als einmal fragte ich mich, was Mutter wohl denken würde, wenn sie sähe, daß man ihre vierzehnjährige Tochter wie eine hartgesottene Kriminelle behandelte.

Kapitel 9

Bislang hatten die Rotgardisten nur die Schulen und Universitäten völlig auf den Kopf gestellt, doch ein Vorfall in Peking veränderte die Situation dramatisch. Am 18. August erschien der Vorsitzende Mao in einer Armeeuniform am Tor des Himmlischen Friedens. Dort überreichte ihm eine junge Frau namens Song Bin-bin feierlich eine Armbinde der Roten Garden. Bin-bin – Sanftmut – ist ein recht verbreiteter Mädchenname. Mao fragte sie: «*Yaowuma*?« – »Willst du Gewalt?«

Wie die Zeitung berichtete, ging die junge Frau auf der Stelle auf Maos Vorschlag ein und änderte ihren Namen in Song Yao-wu – Song will Gewalt. Jahre später betonte Song, sie habe sich aus »einem Mädchen, das schon beim Anblick einer toten Küchenschabe in Panik geraten sei«, in eine Revolutionärin verwandelt, »die nicht einmal mit der Wimper zucken würde, wenn sie jemanden totschlüge«.

Hunderttausende junger Menschen im ganzen Land änderten eiligst ihre Namen, um Maos Aufruf zu folgen. Und von diesem Tag an ergoß sich die Bewegung der Roten Garden mit dem persönlichen Segen des Vorsitzenden in die Straßen und beschränkte sich nicht mehr auf Lehrer, Schüler und Studenten mit schlechter Klassenherkunft. Mao Ze-dong hatte einen gewaltigen Sturm entfacht, der sich gegen mich und meine Geschwister als Kinder kapitalistischer Eltern richten sollte, die man selbst nicht angreifen konnte, weil sie nicht mehr da waren.

»Lang lebe der Vorsitzende Mao! Lang lebe die rote Sonne in unseren Herzen!« schrien die Rotgardistinnen in meiner Schule weinend, als die Meldung über Maos Segen verkündet wurde. Bewaffnet mit der Blankovollmacht zu Gewalt und Chaos strömten sie aus der Schule, um »die Vier Alten zu zerschmettern«. Diese vage Bezeichnung neuer Feinde umfaßte alte Kultur, alte Sitten, alte Gewohnheiten und alte Denkweisen.

Ein paar Tage später lockte der ohrenbetäubende Lärm von Gongs, Trommeln und gellenden Stimmen meine Schwestern und mich abends nach draußen. Auf der Wuding-Straße herrschte ein Tumult aus wogendem Menschengewühl, Feuern und skandierten Parolen. Meine Erinnerung an die fanatische Stahlproduktionskampagne war nichts im Vergleich zu dem hier. Nummer 3 und ich nahmen unbehaglich Nummer 5 in unsere Mitte und gingen weiter.

Wir sahen zu, wie die Roten Garden unsere Straße umbenannten: Gemäß Maos Aufruf wurde aus Wuding nun Yaowu. Wir spürten die Hitze der Feuer, in denen die Rotgardisten Bücher, Gemälde, Stickereien und andere »bourgeoise Güter« verbrannten, die sie bei Überfällen auf Wohnungen beschlagnahmt hatten. Frauen mit »bourgeoisen« Frisuren schnitt man auf offener Straße die Locken ab; Männern mit Frisuren, die »wie Kennedy aussahen«, erlitten die gleiche Demütigung. Menschen mit engen Hosen hielten die Rotgardisten liegend am Boden fest und schlitzten ihnen die Hosenbeine auf. Anderen, die spitze Lederschuhe trugen, riß man die Schuhe von den Füßen und warf sie ins Feuer. Solche »verderbten westlichen« Modeerscheinungen müsse man aus China verbannen, schrien die Rotgardisten.

Als ich ein paar Tage später von der Schule nach Hause ging, hielten mich zwei Mädchen an, die weder zu den fünf Roten noch zu den fünf Schwarzen gehörten, sondern zu den »Grauen«, Kinder von Ladenbesitzern, Büroangestellten und Grund- und Mittelschullehrern. Da sie für die wahre Sache nicht rein genug waren, gehörten sie zu einer Randeinheit der Roten Garden.

Ich hätte Glück, teilten mir die Mädchen mit, man habe mir erlaubt, an einer nächtlichen Parade teilzunehmen, die

Schanghais Unterstützung für die Große Proletarische Kulturrevolution demonstrieren solle. »Erlaubt« hieß, daß ich tunlichst hingehen und die Gelegenheit nutzen sollte, mich »umerziehen zu lassen und zu bessern«. Ihre Arroganz war mir zuwider, aber insgeheim war ich froh über diese Gelegenheit, denn es machte mich krank, in der Schule ständig dem Zorn und den Mißhandlungen ausgesetzt zu sein. Wenn ich an der Demonstration teilnahm, würden sie mich vielleicht nicht mehr als »nach Scheiße stinkende Kapitalistin« beschimpfen.

Allerdings machte ich mir Sorgen, daß ich eine Parade, die eine ganze Nacht dauern sollte, nicht durchstehen würde. Am Tag zuvor hatte ich meine Periode bekommen. Was sollte ich machen, wenn die Rotgardisten mir nicht erlaubten, zur Toilette zu gehen?

Um alles noch schlimmer zu machen, ließ das heiße, feuchte Wetter Wind und Gewitter aufkommen, die auf einen nahenden Taifun hindeuteten. Aber von oben kam die Anweisung: Selbst wenn es Messer regnen sollte, würde die Parade weitergehen. Die Demonstration sollte »unseren wahren revolutionären Geist und unsere Entschlossenheit zeigen, die Kulturrevolution zu Ende zu führen«.

Als es Abend wurde, half Großtante mir bei meinen Vorbereitungen. Sie füllte meine Schultasche mit Binden und packte für den Notfall zwei frische Unterhosen dazu. Während ich mich durch Wind und Regen zur Schule kämpfte, schlug mein Regenschirm ständig um, und ich wurde triefnaß. Gemeinsam mit meinen Leidensgenossinnen – den »Backsteininspektorinnen«, wie wir uns genannt hatten, nachdem wir stundenlang in sengender Sonne die Mauer angestarrt hatten – schickte man mich ans Ende des Demonstrationszuges unserer Schule.

Langsam marschierten wir im strömenden Regen durch die dunklen Straßen. Eine halbe Stunde brauchten wir bis zur

Hauptstraße, wo der Rückstau Tausender Demonstranten uns zwang stehenzubleiben. Inzwischen hatte es aufgehört zu regnen, aber der Wind hatte unsere leichten Papierfahnen zerfetzt, und so hielten wir nur noch nackte Bambusstöcke in der Hand. Größere rote Fahnen schlugen und klatschten; die schwarze Tusche der Schriftzeichen auf den roten Baumwollspruchbändern löste sich in bedeutungslose Flecken auf.
Völlig durchnäßt standen wir über eine Stunde lang im Sturm. Mittlerweile mußte ich dringend zur Toilette, um meine Binde zu wechseln. Endlich konnte ich eine Rotgardistin auf mich aufmerksam machen und erhielt von ihr die Erlaubnis, mit einem Mädchen, das in der Nähe wohnte, den Demonstrationszug zu verlassen. You-mei – »Pflaumenblüte« – nahm mich mit in die komfortabel ausgestattete Wohnung ihrer Familie, die eine riesige, gepunzte Metalltür zur Straße hin hatte. Ihre nicht mehr ganz jungen Eltern saßen im Wohnzimmer, lasen und bekamen nichts mit von den politischen und atmosphärischen Stürmen, die draußen tobten. You-mei zeigte mir ihr luxuriöses Badezimmer mit Wasserklosett, Badewanne und Waschbecken. Verlegen bedankte ich mich bei den Eltern, als wir hinausgingen, und wandte mein Gesicht ab, damit sie mich nicht wiedererkannten, falls wir uns einmal begegnen sollten.
Der lärmende Demonstrationszug war noch keinen Zentimeter vorgerückt. Ich wünschte, ich hätte einen Regenmantel gehabt wie die meisten anderen, denn es war schwierig, bei dem Wind meinen arg ramponierten Regenschirm über dem Kopf zu halten. Die Zeit kroch dahin. Immer noch standen wir wie angewurzelt mitten auf der dunklen Straße. Ich gelangte zu der Überzeugung, daß mein täglicher, schweißtreibender Arbeitseinsatz in der Schule dieser kalten Nachtwache durchaus vorzuziehen war.
Nach Mitternacht bekam ich wieder Bauchkrämpfe und

hätte dringend meine Binde wechseln müssen, aber sämtliche Binden, die Großtante mühsam für mich vorbereitet hatte, waren durchnäßt. You-mei war verschwunden, und ich konnte kein Mädchen entdecken, das mich mit zu sich nach Hause hätte nehmen können. Zum Glück war es dunkel, und die Flecken auf meiner durchnäßten Hose waren nicht zu sehen.

Inzwischen hatte sich die Begeisterung der Massen gelegt. Die Fahnen und Spruchbänder waren aufgerollt und weggepackt, das Skandieren von Parolen, das Fäusteschütteln und Bambusstöckeschwenken verebbt. Endlich sprach sich herum, daß unser stockender Zug zum Volksplatz in der Innenstadt ziehen und wir dort vom Bürgermeister und anderen politischen Vertretern der Stadt begrüßt werden sollten. Die Nachricht ließ Begeisterung aufkommen, denn von hohen Funktionären empfangen zu werden war wie der Segen des Kaisers in alten Zeiten.

Mich hätte jedoch nichts so sehr begeistert wie eine Toilette zu finden. Allmählich begriff ich, was das Wort Pilgerfahrt bedeutete, das ich in dem klassischen Roman *Reise nach Westen* gelesen hatte.

Die Nacht schleppte sich dahin. Der Wind heulte. Meine Blutung war sehr stark und schwächte mich allmählich. Ich zitterte am ganzen Körper.

Endlich setzte sich der Demonstrationszug in Bewegung. Stückchenweise rückten wir vor, bis sich bleiches Licht am Himmel zeigte.

Als es dämmerte, zogen wir auf den Platz. In der Ferne standen drei oder vier Gestalten, so klein, daß ich sie kaum erkennen konnte, auf einem erhöhten – und überdachten – Podium und winkten uns zu. Bald darauf liefen die Rotgardisten an den Reihen entlang und riefen, die Demonstration sei vorbei und wir könnten nach Hause gehen.

Schnell zerstreute sich die dankbare Menge in alle Richtungen zu Bus- und Straßenbahnhaltestellen, aber man hatte den öffentlichen Nahverkehr wegen der Demonstration eingestellt. Die Menge der Demonstranten in den Straßen erinnerte mich an den Satz, den mein Vater vor sechs Jahren meinem Aufsatz hinzugefügt hatte: »Die Menge wogte wie eine Welle im Wasser.« Nur war das Wasser jetzt ein aufgepeitschtes, wütendes Meer.

Erschöpft machte ich mich zu Fuß auf den drei Kilometer weiten Heimweg. Ich erinnere mich nicht mehr, wie ich nach Hause kam. Als ich aufwachte, war es Spätnachmittag, und ich lag halb auf, halb neben Großtantes Bett in einer Blutlache – immer noch in meinen von Regen und Blut durchnäßten Kleidern der vergangenen Nacht. Ich rappelte mich voller Panik hoch. Aber das Blut war schon lange durch die Strohmatte gesickert und hatte Flecken im Bettzeug hinterlassen.

»Macht nichts, Ah Si«, tat Großtante meine Entschuldigung ab. »Nimm erst mal ein heißes Bad, ich kümmere mich darum.«

Nummer 1 holte Wasser von unten, und Nummer 3 brachte mir trockene Kleider. Das heiße Bad war himmlisch. Danach machte Großtante mir eine Tasse Ingwerbrühe mit braunem Zucker. Von den verdorbenen Binden sagte ich ihr nichts.

Als ich in der ersten Septemberwoche wieder zur Schule ging, waren die Rotgardistinnen aus Peking verschwunden. Der Schulhof sah wenig einladend aus, weil der Taifun fast alle Wandzeitungen zu Boden gerissen und die Gullis verstopft hatte. Hier und da standen Pfützen, schwarz von Tusche. Die Schule, die zu Beginn des neuen Schuljahrs voll fröhlicher Schülerinnen hätte sein sollen, hatte sich in den letzten Monaten in eine verhaßte Strafanstalt verwandelt. Und jetzt ähnelte sie einer Geisterstadt.

Ich machte kehrt und ging nach Hause. Bis auf Nummer 2 waren wir nun alle »Faulenzer«, und unsere Gasse war voller Schüler, die dort spielten und herumlungerten, weil sie nichts zu tun hatten. Ich war jedoch froh, daß ich zu Hause bleiben konnte. Aber Gutes dauert nie lange. An einem Spätnachmittag, als die meisten Familien das Abendessen zubereiteten, lockte uns abermals der Lärm von Gongs und Trommeln aus der Küche.

Ein paar Rotgardisten aus Peking führten etwa ein Dutzend einheimischer Jugendlicher in langsamem Marschschritt in unsere Gasse und prüften die Hausnummern. Viele der Umstehenden – darunter Meister Luos Frau aus dem Haus neben uns und die Mutter meiner Freundin Ying-ying – schlichen sich in der Hoffnung davon, daß die Razzia nicht ihnen gelten möge. Als die Rotgardisten – trommelnd, ihre Gongs schlagend und Parolen gegen Kapitalisten und Konterrevolutionäre brüllend – an mir vorbeikamen, ging ich hinter ihnen her.

Zu meiner Erleichterung zog die lärmende Prozession an unserer Tür vorbei und hielt erst vor Haus Nummer 45.

»Familie Yao! Zeigt euch!« schrie der Anführer.

Einige Rotgardisten fingen an, *dazibao* an die Wände zu kleben; andere drängten in die Wohnung der Yaos.

Auch in den folgenden Tagen drängten sich in unserem Viertel die Rotgardisten. Der alte Yang, ein Arbeiter, der wegen einer Verletzung zu Hause war, diente uns als Informationsquelle und brachte seine Statistik ständig auf den neuesten Stand. »Bis jetzt haben sie achtzehn Familien durchsucht. In Haus Nummer 75 haben die Rotgardisten die Regenrinnen auseinandergenommen, um nachzusehen, ob da Goldbarren versteckt sind. Jetzt suchen sie zwischen den Dachziegeln nach Gewehren.«

Die Anwohner waren entsetzt. Bereits ein Schlag auf eine Spielzeugtrommel ließ jedes Gespräch verstummen. Die Razzien erreichten schließlich auch unser Nebenhaus. Durch Großtantes Schlafzimmerfenster beobachtete ich den Überfall, während sie auf dem Bett saß und Socken stopfte. Die Rotgardisten gossen aus Wut, daß sie das erwartete Gold nicht gefunden hatten, Tintenflaschen in Kommodenschubladen und über Polstersofas. Im Lichthof zündeten sie ein Feuer an und verbrannten Bücher und Gemälde, alte und neue, die sie aus den Fenstern der oberen Stockwerke in die Flammen warfen. Die sinnlose Zerstörung entsetzte mich. Ich fragte mich, ob Großtante wohl immer noch glaubte, daß jemand, der nichts Falsches getan habe, nichts zu befürchten habe.

»Ah Si! Ah Si!« rief Nummer 1. Er stürzte ins Zimmer und warf mir das Fenster vor der Nase zu. »Komm sofort mit!«

Im Vorderzimmer standen schweigend meine beiden Schwestern. Der ganze Stolz meiner Eltern waren fünf alte Gemälde aus der Ming-Dynastie gewesen. Niemand hatte je auch nur daran gedacht, sie zu verkaufen. Mein Leben lang hatten sie an unseren Wänden gehangen, auf feine Seide aufgezogen, mit verschnörkelten Palisanderleisten am unteren Ende. Vier davon, Landschaftsrollbilder von Frühling, Sommer, Herbst und Winter, waren fast zwei Meter lang und knapp einen halben Meter breit und im traditionellen chinesischen Stil gemalt. Das fünfte, das in der Mitte hing, zeigte drei Tiger – so wild und realistisch, daß es aussah, als würden sie in der nächsten Minute von der Wand springen.

Jetzt waren die Gemälde auf dem Boden ausgebreitet. Ich sah meinen Bruder fragend an. Er war mittlerweile zwanzig Jahre alt und der Familienvorstand.

»Das ist das einzige, wofür uns die Rotgardisten bestrafen könnten«, sagte Nummer 1 mit grimmiger Miene und in entschlossenem Ton.

Wir sahen uns an.

»Weshalb sollten die Rotgardisten herkommen? Um nach Gold zu suchen?« spottete ich.

»Wenn sie wirklich in der Wohnung einer Familie, die von der Wohlfahrt lebt, nach Gold und Juwelen suchen, spricht das für ihre Dummheit«, antwortete er, »aber diese Gemälde sind alt. Sie gehören zu den Vier Alten. Wir müssen ihnen eine saubere Wohnung zeigen, denn wenn sie wütend auf uns werden, weiß niemand, was passieren kann. Es sind schon Leute aus nichtigeren Gründen totgeschlagen worden.«

Plötzlich wußte ich, was wir tun mußten. Doch keiner wollte das erste Wort sagen oder den ersten Schritt tun.

Großtante brach das Schweigen. »Ich werfe sie nach Einbruch der Dunkelheit in die Mülltonne.« Sie sprach nicht aus, was wir alle wußten: Da sie ihr Leben lang Arbeiterin gewesen war und theoretisch mit uns Kapitalistenkindern nichts zu tun hatte, war sie vor Übergriffen relativ sicher. »Seid vorsichtig«, fügte sie hinzu. »Die Rotgardisten werden euch nicht so leicht davonkommen lassen. Tut, was ihr tun müßt, und sagt mir Bescheid, wenn ihr fertig seid.« Sie ging wieder in ihr Zimmer und wartete dort.

»Gut«, sagte Nummer 1, »jeder nimmt ein Gemälde. Nummer 2 kommt bald nach Hause und kann mithelfen.«

Ich hatte keine sonderliche Ahnung, was Antiquitäten waren, aber ich mochte die Gemälde – ihre Schönheit, ihre Kraft und poetische Kalligraphie. Jetzt standen wir im Begriff, sie mit Scheren in Streifen zu schneiden, als würden wir eine Handarbeit machen. Ich entschied mich für den »Winter«, weil ich dachte, meine Abneigung gegen die kalte, feuchte Jahreszeit würde mir die Aufgabe erleichtern. Aber ich irrte mich. Schon bald fielen die ersten Tränen auf das Gemälde. Als ich zu meiner kleinen Schwester hinübersah, die sich mit einer viel zu großen Schere abmühte und hier und da Löcher in den »Sommer« stach, weinte ich noch heftiger.

»Hör auf, du ruinierst es ja!« brüllte ich sie an, merkte aber sofort, wie unsinnig mein Einwand war. Als sie zu heulen begann, nahm ich sie in die Arme. Vor acht Monaten, als meine Mutter starb, hatten wir zuletzt alle miteinander so geweint.

»Macht weiter«, drängte Nummer 1. »Beeilt euch!«

Als ich Großtante mit ihrem Nähbeutel voller Gemäldestreifen aus der Wohnung gehen sah, während meine Brüder mit schmutzigen Besen die Wand bearbeiteten, um die Spuren der Bilder zu verwischen, wuchs meine Angst. Jede Spur oder jeder Hinweis auf einen frischen Anstrich würde uns die Beschuldigung einbringen, wir hätten versucht, etwas zu verbergen.

Unser Haus war eines der wenigen in der Gasse, das noch nicht durchsucht worden war. Oma Ning-bo war furchtbar ängstlich und fuhr bei jedem Schritt auf, den sie hörte. Die Rotgardisten säbelten Oma Yao aus Haus Nummer 45 die Haare ab, so daß sie aussah wie eine Verrückte, und ihre drei Enkel behielten sie ständig im Auge, weil sie schon einmal versucht hatte, sich das Leben zu nehmen. Noch schlimmer sah Frau Qiao aus, nachdem sie sich mit den Rotgardisten angelegt hatte, weil einer von ihnen ihre Kinder beleidigt hatte: Sie hatten ihr das Haar zur Hälfte abrasiert und das spöttisch einen Yin-Yang-Stil genannt. Nun warteten wir auf das Unausweichliche.

Einige Tage später, an einem schwülen Abend, hörten wir Schritte auf der Treppe, und gleich darauf klopfte es an unserer Tür. Es waren jedoch keine Gongs, Trommeln, Schmähungen oder Parolen zu hören. Vorsichtig öffnete Nummer 1 die Tür. Es war Onkel Yu, ein Arbeiter aus Vaters Fabrik, den Vater vor Jahren als Koch eingestellt hatte, weil er aus Wuxi kam und die Gerichte zubereiten konnte, die Vater mochte. Onkel Yu legte den Finger auf die Lippen und schloß rasch die Tür hinter sich. Er war klein und rundlich und hatte ein pausbäckiges, jungenhaftes Gesicht, obwohl er schon über Fünfzig war.

»Ah Du«, flüsterte er Nummer 1 zu, »ich bin gekommen, um euch zu warnen. Ich habe die Rotgardisten in der Fabrik reden hören. Morgen wollen sie eine Razzia in eurer Wohnung machen.«

Er erzählte, daß sich die Arbeiter in zwei Gruppen gespalten hatten: die Loyalisten, die nach wie vor die Stadtregierung unterstützten, und die revolutionären Rebellen der Arbeiter von Schanghai, die sie stürzen wollten. Nummer 2 hatte sich den Loyalisten angeschlossen, denn es war unmöglich, unparteiisch zu bleiben. Flüsternd erzählte uns Onkel Yu, daß es in der Fabrik viele Wandzeitungen gab, die Vater beschimpften und behaupteten, seine Seele weigere sich, die Fabrik zu verlassen.

»Die Kommunisten behaupten doch, daß es keine Geister gibt«, meinte ich, »wieso hängen sie dann so unsinnige Wandzeitungen auf?«

»Weshalb kommen sie her, Onkel Yu?« fiel Nummer 3 ein.

Der alte Mann sah besorgt aus. »Ich habe keine Ahnung. Aber gebt niemandem einen Vorwand, euch etwas zu tun.« Er öffnete die Tür, spähte in den Flur und schlüpfte hinaus.

Onkels Yus Mut berührte uns sehr. Aus Loyalität gegenüber unserem Vater hatte er das Risiko auf sich genommen, uns zu warnen. Es sollte das letzte Mal sein, daß wir den netten alten Mann sahen. Als rachsüchtige Rotgardisten öffentlich bekanntmachten, daß seine Tochter ein Adoptivkind war, verließ sie Schanghai – mit ihren Kindern, Onkel Yus Enkeln. Ein paar Monate später nahm er sich das Leben.

In dieser Nacht konnte ich nicht schlafen. Auch Großtante warf sich in der Hitze seufzend neben mir hin und her. Seit Onkel Yu gegangen war, hatte sie kein Wort gesagt. Als ich darüber nachdachte, fiel mir auf, daß sie bereits ungewöhnlich still war, seit die Razzien angefangen hatten.

Ihr Leben lang hatte Großtante für ihren Lebensunterhalt gearbeitet. Sie hatte immer Mutter und andere Frauen beneidet, die ebenfalls vom Land kamen, durch ihre Heirat aber ein besseres Leben führen konnten. Während auf ihr der Fluch des Unglücks lag, hatte sie zugesehen, wie Mutter, umgeben von Kindern, ein ganz anderes Leben hatte. Jetzt schützte ihr Unglück sie in tragischer Ironie vor den Übergriffen.

Den ganzen nächsten Tag warteten wir auf das Unheil, und als es dämmerte, traf es unser Haus gleich doppelt. Zuerst war Oma Ning-bos Wohnung dran. Nach einer halben Stunde Geschrei und Gepolter kamen wir an die Reihe.

Laut und durchdringend klopfte es an die Tür, begleitet von dem gebrüllten Befehl, aufzumachen. Sieben Leute stürmten ins Zimmer – sechs Rotgardisten, zwei Frauen und vier Männer, alle um die Zwanzig und mit den typischen roten Armbinden. Es war auch ein junger Arbeiter aus Vaters Fabrik darunter. Der Anführer, der aus Peking kam, befahl uns, ins Schlafzimmer meiner Eltern zu gehen.

»Stellt euch in einer Reihe mitten im Zimmer auf!« schrie er. Wir standen mit gesenkten Köpfen da, während er uns ein paar Absätze aus Maos rotem Buch vorlas.

»Jeder, der in dieser Gesellschaft lebt, ist von der Klasse geprägt, in die er oder sie hineingeboren wurde!« rief eine der Rotgardistinnen, als er fertig war.

Der Pekinger und der Arbeiter setzten sich an Vaters Schreibtisch, prüften unser *hu-kou* – das Meldebuch –, verglichen die Eintragung mit einer Liste, die sie bei sich hatten, und befahlen uns zu antworten, wenn unsere Namen aufgerufen würden. Der Mann aus Peking, der etwa im Alter von Nummer 1 war, hatte dicke rote Wangen. Sein Verhör wurde ständig von den Rufen der anderen Rotgardisten unterbrochen, die unsere beiden Zimmer systematisch durchsuchten. Großtantes Zimmer ließen sie in Ruhe, nachdem der Arbeiter ihnen erklärt hatte, daß sie eine pensionierte Arbeiterin war.

Eine der Frauen schwenkte ein Paar Baumwollsocken, deren Sohlen häufig gestopft waren, und meinte höhnisch: »Sind das Socken oder Schuhe? Wie es aussieht, hat die Familie Eisensohlen!«

Die Rotgardisten, die das Schlafzimmer durchsuchten, brachen in Gelächter aus, aber der Mann, der uns verhörte, konzentrierte sich auf seine Liste. Ich stand schweigend da und dachte an einen Ausspruch von Mao: »Je ärmer Menschen sind, desto bessere Revolutionäre werden sie sein.« Ein anderer berühmter Spruch von ihm besagte, daß Armut wie ein Blatt neues weißes Papier sei, auf das man die feinste Kalligraphie und die schönsten Bilder malen könne. Und trotzdem wurden wir gedemütigt, zuerst, weil wir die Kinder eines Kapitalisten waren, und dann, weil wir so arm waren, daß wir gestopfte Socken trugen.

Ich wurde aus meinen Gedanken gerissen, als der Anführer mit der Faust auf den Tisch schlug.

»Ich hab's gewußt! Ich hab's gewußt!« schrie er. »Reaktionäre sind nie geradeheraus in ihrer Bösartigkeit. Seht mal alle her!« rief er und unterbrach damit das Herumstöbern in unseren spärlichen Habseligkeiten. »Seht mal, was ich entdeckt habe.«

Er stand auf, stolzierte um den Schreibtisch und deutete mit dem Finger auf Nummer 2's Gesicht. »Sag mir noch mal deinen Namen.«

»Ye Zhong-xing«, antwortete mein Bruder mit bebender Stimme.

»Wie alt bist du?«

»Achtzehn.«

»Und du?« Er deutete auf Nummer 1.

»Ye Zheng-xing. Zwanzig.«

»Seht ihr!« Er sah seine Genossen an, dann schlug er Nummer 2 plötzlich auf die Schulter und zischte: »Und jetzt könnt ihr mir erzählen, wie euer toter Vater die Reaktionäre der Kuomintang unterstützt hat!«

Ich war wie vor den Kopf gestoßen. Neben mir hielt Nummer 3 den Atem an.

»Wir alle wissen, daß Chiang Kai-shek von seiner Mutter den Namen Chiang Zhong-zheng bekommen hatte, den er lieber trägt, aber nicht verdient!«

Der Name von Nummer 1, Zheng – »aufrecht« – ist ein guter, wenn auch wenig gebräuchlicher Jungenname. Der Name von Nummer 2, Zhong, bedeutet »standfest«. Es waren Namen, die ein gebildeter Mensch wie mein Vater für seine männlichen Nachfahren durchaus angemessen fand.

Allerdings hatte die Theorie des Rotgardisten einen Fehler. »Das kann nicht stimmen«, meldete ich mich zu Wort und erntete dafür einen warnenden Seitenblick meines ältesten Bruders. »Wie du gesagt hast, heißt Chiang Zhong-zheng. Wenn Vater ein Sympathisant der Nationalisten gewesen wäre, hätte er Nummer 1 und nicht Nummer 2 Zhong genannt. Die Reihenfolge ist falsch!«

»Halt den Mund!« schrie der Rotgardist mit spritzendem Speichel. »Das zeigt nur die Gerissenheit eures Geistervaters! Er hat die Reihenfolge verdreht, um die Leute hinters Licht zu führen. Aber die Mao-Ze-dong-Ideen haben uns Roten Garden den Blick geschärft!«

Angesichts seiner verdrehten Logik war ich hilflos. Noch nie hatte ich auch nur ein Foto von Chiang Kai-shek gesehen. Die Karikaturen in unseren Schulbüchern zeigten ihn als dürren, steifen Mann mit einer Bandage über der rechten Schläfe. Die Kuomintang wurde als bis in die Wurzeln verderbt dargestellt; Chiang Kai-sheks Armee sei voller »Playboys«, und seine Soldaten seien samt und sonders »Hasenfüße«, weil sie während des Krieges gegen Japan und die Kommunisten ständig vor dem Kampf davongelaufen seien.

Dröhnende Stimmen hallten durch unsere Wohnung, als die Rotgardisten anfingen, meinen Vater zu verunglimpfen und skandierten: »Nieder mit Ye Rong-ting! Nieder mit dem Wasserträger der Kuomintang, Ye Rong-ting!«

Ich konnte nicht umhin, innerlich über die brüllenden Dummköpfe um mich herum zu grinsen. Wörtlich übersetzt bedeutet »nieder mit« auf chinesisch – *dadao* –, »jemanden körperlich niederschlagen«. Offenbar hatten sie vergessen, daß mein Vater bereits tot war.

Als hätten sie jedoch meine Gedanken gelesen, änderten sie die Parole: »Zehntausend Tode werden Ye Rong-tings Verbrechen nicht sühnen! Verfüttert seinen Leichnam an die Hunde! Und die Hunde werden ihn verschmähen, weil er zu sehr stinkt!«

Ich warf einen verstohlenen Seitenblick zu meinen Brüdern und Schwestern hinüber. Ihre Augen waren geweitet vor Angst. Als Kinder der verhaßten Kapitalistenklasse war es uns schon schlecht genug gegangen; jetzt floß auch noch das Blut eines angeblichen Verräters durch unsere Adern. Doch trotz des rachsüchtigen Gebrülls und Geschreis blieb ich relativ ruhig. Aber da Nummer 5 vor Angst zitterte, legte ich ihr den Arm um die Schultern. Ich sah zu Großtantes Zimmertür hinüber, aber sie blieb geschlossen, und von drinnen war kein Mucks zu hören. Unsere Nachbarn, die früher beim geringsten Anlaß den Kopf zur Tür hereingesteckt hatten, ließen sich nicht blicken, als seien sie plötzlich taub geworden.

Als das Gebrüll verebbte, fing Nummer 1 an zu sprechen. Ganz ruhig versuchte er, den Rotgardisten zu erklären, daß Vaters Stiefvettern vor der Befreiung nach Taiwan gegangen seien, mein Vater aber geblieben sei. Warum hätte er in Schanghai bleiben sollen, wenn er ein Wasserträger Chiang Kai-sheks war?

»Aha, Verwandtschaft im Ausland«, rief einer der Rotgardisten.

»Verbotene Beziehungen zum Ausland!« stellte ein zweiter fest.

Noch so ein Unsinn, dachte ich. Selbst mit vierzehn kannte ich Chinas eiserne Haltung genau, Taiwan als Provinz Chinas zu sehen. Es war strengstens verboten, es als Ausland zu bezeichnen, und die Strafen für Verstöße reichten von »Umerziehung durch Arbeit« bis zu Gefängnis.

»Aber wir haben keinen Kontakt mit – «

»Halt den Mund, Verräter!« brüllte der Rotgardist aus Peking.

»Sie sollen ihre Namen ändern!« schlug eine dürre Frau mit langem Gesicht und vorstehenden Zähnen vor. Die anderen Rotgardisten brüllten zustimmend.

Während sie die Durchsuchung fortsetzten, gaben sie meinen Brüdern fünf Minuten Zeit, sich neue Namen auszudenken. Ein Rotgardist gab dem Anführer einen dicken Stoß Papiere.

»Die könnt ihr haben, wenn ihr wollt«, bot Nummer 1 sofort an. »Wir wollen sie nicht.«

»Das sind Aktienzertifikate und Staatsanleihen. Kapitalistischer Müll. Vernichtet sie«, schnaubte der Mann und reichte sie Nummer 1.

Ohne Zögern riß mein Bruder die Wertpapiere in kleine Stücke, während drei der Rotgardisten anerkennend nickten. Was mich anging, so schienen mir die aufwendig gedruckten Anleihen und Zertifikate, die mein Vater als Bezahlung für die Enteignung seiner Fabrik erhalten hatte, ohnehin wertlos zu sein, nichts weiter als Papier, das seit Jahren in einer Schublade verstaubte. Die Rotgardisten, die die Dokumente für wertvoll hielten, lobten Nummer 1 wegen seines Vorgehens. (Ende der siebziger Jahre sollten diese Wertpapiere wieder einlösbar werden.)

»Bitte«, meldete sich Nummer 2 zu Wort. »Ich möchte meinen Namen in ›Loyalität‹ ändern.« Das Schriftzeichen für

Loyalität tauchte immer öfter in *dazibao* an Hauswänden und in Schaufenstern auf. Die Rotgardisten akzeptierten seine Wahl sofort. Nummer 2 hatte eine brillante Entscheidung getroffen, denn sein neuer Name war ein Homonym von »Standfest«, seinem ursprünglichen Namen.

Allmählich verloren die Rotgardisten das Interesse. Unsere zwei Zimmer gaben bis auf ein paar Möbelstücke nichts Bemerkenswertes oder Wertvolles her. Aber sie konfiszierten unsere Familienfotos unter dem Vorwand, daß sie zu den »Vier Alten« gehörten, weil Großvater auf einem eine altmodische »Halbmelone«, Vater auf anderen ein westliches Jackett und eine Krawatte trug und Mutter eine Dauerwelle und Make-up hatte. Angeführt von dem Mann aus Peking verließen die Rotgardisten, Parolen skandierend, die Wohnung und donnerten die Treppe hinunter in den Lichthof. Wieder mußte ich innerlich grinsen. Sie hatten vergessen, daß Nummer 1 seinen Namen nicht geändert hatte.

Keiner von uns sagte ein Wort. Nummer 5 weinte mit hochgezogenen Schultern und zitternden Händen still vor sich hin. Nummer 3 stand mit vor der Brust verschränkten Armen etwas abseits. Meine beiden Brüder sahen sich an und nickten. Wir hatten überlebt.

Nach einem Weilchen kam Großtante mit dümmlicher, schuldbewußter Miene aus ihrem Zimmer geschlurft, aber keiner von uns machte ihr Vorwürfe, daß sie nicht für uns eingetreten war. Uns allen war klar, daß es für sie schlimme Folgen gehabt und für uns alles nur schlimmer gemacht hätte. Sofort setzte sie Teewasser auf und bereitete uns ein verspätetes Abendessen zu, das wir schweigend aßen.

Im Laufe der nächsten Wochen wurden ständig vollgeladene Lastkarren durch unsere Gasse geschoben: Sofas, Gemälde, Seidenvorhänge, Kleidung, Plattenspieler und Schallplatten, selbst Kochgeschirr wurden von den roten Garden als

»bourgeois« eingestuft und beschlagnahmt. Nicht zu sehen waren der Schmuck und das Geld, das sie konfiszierten. Und was sie nicht mitnehmen konnten, zerstörten sie, und ließen zertrümmerte Dachziegel, durchlöcherte Wände, zersplitterte Bodendielen und zerfetzte Sessel und Sofas zurück.

Kapitel 10

Mitte September kamen Meldungen aus Peking. Vorsitzender Mao und Verteidigungsminister Lin Biao hatten einen weiteren gewaltigen Aufmarsch der Roten Garden abgenommen, und Lin Biao hatte die landesweiten Schlägereien, Plünderungen und Verbrennungen der Roten Garden gelobt. Er zollte ihrem revolutionären Kampf gegen eine reaktionäre Bildungselite Beifall, gegen »bourgeoise Blutsauger« und »kapitalistische Wegbereiter, die in einem sozialistischen Umfeld operierten, aber in ihrem Denken und ihrer Politik den kapitalistischen Weg einschlugen«.

Innerhalb einer Woche schwenkten die Übergriffe der Rotgardisten auf die neue Richtung ein und richteten sich nun gegen Wegbereiter des Kapitalismus. Familien in unserer Gasse, deren Hab und Gut man versiegelt hatte, damit es abtransportiert werden konnte, warteten wochenlang, aber die Laster kamen nicht. Die Roten Garden hatten das Interesse verloren. Einige mutige Nachbarn fingen an, ihre »konfiszierte« Habe wieder auszupacken.

Unterdessen trafen auf dem Hauptbahnhof von Schanghai zahlreiche Züge aus anderen Provinzen ein, jeder Wagen zum Bersten voll mit Enthusiasten, die zum »revolutionären Erfahrungsaustausch« in eine Stadt kamen, die sie sonst nie hätten kennenlernen können. Sie wollten kostenlos verpflegt und untergebracht werden und verlangten ungehinderten Zugang zu öffentlichen Bussen, Schulen, Bürogebäuden und manchmal sogar zu Privathäusern. Stadtteilkomitees verteilten Tausende Dampfnudeln an die jungen Reisenden. Gleichzeitig stiegen Rotgardisten in jeden verfügbaren Zug und jedes Schiff nach Peking und ließen die zahlenden Fahrgäste auf Bahnhöfen und im Hafen zurück. Die Stadtverwaltung kam jeder Forderung der Roten Garden nach, um nicht als Wegbereiter des Kapitalismus gebrandmarkt zu werden.

Da Mao und Lin Biao die Flammen stets weiter anfachten, begann die Kulturrevolution, wie ein Feuer außer Kontrolle zu geraten. Funktionäre in Stadtverwaltung und Fabriken, die den Rotgardisten Informationen über die Klassenzugehörigkeit ihrer Angestellten gegeben hatten, mußten nun mit jenen, zu deren Denunzierung sie beigetragen hatten, den Boden fegen und die Toiletten saubermachen. Bauern ließen Felder und Vieh im Stich und strömten in die Städte, um Zulagen und Prämien einzufordern. Das Angebot auf dem Markt unseres Viertels schrumpfte zusammen, und ich befürchtete allmählich, daß abermals Hungerjahre auf uns zukommen würden. Arbeiter gingen auf die Straße. Während wir anderen zu Hause faulenzten, rang Nummer 2 in Spaltungskämpfen mit den Rebellen, die geschworen hatten, die Macht von der Stadtregierung zu übernehmen. In der ganzen Stadt nahm die Industrieproduktion rapide ab.

Mitte Oktober ging ich in die Schule, um meine monatliche Beihilfe von 9 Yuan abzuholen, machte mir allerdings Sorgen, daß der Zusammenbruch des Schulsystems meine Unterstützung einfrieren würde. Nervös fragte ich die Buchhalterin, eine nette, grauhaarige Frau Mitte Fünfzig, nach meinem Geld.

»Keine Sorge, Xiao Ye, die Lehrer bekommen auch noch ihre Zuweisung, obwohl kein Unterricht stattfindet, warum solltest du dann dein Geld nicht bekommen?«

Während sie es mir auszahlte, fügte sie leise hinzu: »Hast du gehört? Die Asche des armen Onkel Zhang ist immer noch in einer Schachtel im Kuhstall, wo er sich erhängt hat. Bis jetzt hat niemand danach gefragt.«

Der alte Onkel Zhang war nicht der einzige. Es überraschte mich, wie schnell meine Nachbarn sich an die vielen Selbstmorde gewöhnten, aber völlig schockiert war ich, wie sie darüber in der Öffentlichkeit sprachen. Sie klangen, als erzählten sie eine Schauergeschichte oder eine Szene aus einem Film. Unser dicker Nachbar schilderte ganz seelenruhig, daß er fast zum »Kissen für eine herunterfallende Person« geworden sei, die sich von einem Hochhaus in der Nanjing-Straße gestürzt habe. Man fischte aufgedunsene Leichen aus dem Huangpu; Menschen vergifteten sich mit Gas; andere sprangen aus hochgelegenen Fenstern.

Die Behörden verurteilten alle Selbstmorde als »Entfremdung von Partei und Volk«. Die Zeitungen erklärten, die Opfer hätten ihren unrühmlichen Tod verdient. Mit vierzehn konnte ich mir kaum vorstellen, was einen Menschen dazu trieb, sich das Leben zu nehmen. Doch schon bald sollte ich es begreifen.

Obwohl der neue politische Wind die Wegbereiter des Kapitalismus ganz oben auf die Liste der Verhaßten gesetzt und bourgeoise Familien wie unsere auf den zweiten Platz zurückgedrängt hatte, war ich entsetzt, als Nummer 1 eines Abends erklärte, er habe mit sieben anderen Studenten der Universität eine Musikband gegründet, die Gruppe »Verbreitung der Mao-Ze-dong-Ideen«, und habe vor, nach Peking zu gehen. »Wir haben uns sogar rote Armbinden gemacht«, fügte er hinzu.

Ihre Namenswahl würde sie schützen, erklärte er. Alle stammten aus kapitalistischen Familien, konnten sich also nicht Rotgardisten nennen. Aber der Name ihrer Band war gut gewählt. Er griff die Wandzeitungen auf, die überall hingen: »Die Mao-Ze-dong-Ideen allen und jedem nahezubringen ist die heilige Pflicht eines jeden chinesischen Staatsbürgers.«

Irgendwie hatte er es geschafft, seine Klarinette vor dem Feuer an der Universität zu bewahren – westliche Musikinstrumente wurden von den Rotgardisten zerstört –, und an diesem Abend hörte ich ihn draußen auf der Terrasse üben. Dann brach das Klarinettenspiel ab, und er sang:

»Weites Universum und grenzenloses Land,
nichts ist so groß wie die Güte der kommunistischen
Partei.
Die Liebe deiner Mutter und deines Vaters
sind nicht so tief wie die des Vorsitzenden Mao
für dich.«

»Wie kannst du nur so was singen, nach allem, was wir durchgemacht haben?« brüllte ich durch das offene Fenster. »Was hat die Liebe des Vorsitzenden Mao denn für uns getan?«

Nummer 3 lief schnell herbei und zerrte mich fort. »Bist du verrückt geworden, Ah Si? Es könnte dich doch jemand hören! Warum bist du so wütend auf ihn? Das sind doch nur Lieder, leere Worte! Sie bedeuten nicht mehr als irgend etwas anderes heutzutage. Komm, du bringst uns noch alle in Schwierigkeiten.«

Das war typisch für meine ältere Schwester. Ihr war alles egal, solange uns der Himmel nicht auf den Kopf fiel. Nummer 1 fuhr am nächsten Tag nach Peking, die Klarinette in seiner Tasche versteckt.

Zu Hause schleppten sich die Tage langweilig und ereignislos dahin. Nur Nummer 2 und Großtante kamen und gingen. Es gab keine Schule, keine Schulaufgaben. Wir drei Mädchen waren zu jung, um mit Großtante an den Versammlungen der Nachbarschaft teilzunehmen, und wegen der Spaltungskämpfe war es auf den Straßen gefährlich. Bibliotheken und Kinos (deren Besuch wir uns ohnehin nicht leisten konnten) waren geschlossen. Selbst das Radio bot keine Abwechslung – es gab nur endlose Propagandasendungen mit den selben Bulletins, die auch aus den Lautsprechern in unserer Gasse dröhnten.

Von Nummer 1 hörten wir nichts, eine ganze Woche lang. Ich machte mir Sorgen um ihn – er besaß noch nicht besonders viel Lebenserfahrung –, aber ich beneidete ihn um sein Abenteuer. Verzweifelt bemüht, eine Beschäftigung zu finden, bat ich Großtante, mir das Sticken beizubringen. Morgens schlief ich lange, und nachmittags hielt ich ein Mittagsschläfchen.

Auch weiterhin herrschte in Peking politischer Aufruhr – mit derart gewaltigen Aufmärschen, daß man sie zwischen dem Tiananmen-Platz und dem Flugplatz der Stadt aufteilen mußte, während Mao, seine Frau Jiang Qing und Lin Biao hin und her fuhren, um die Flut der Rotgardisten aus allen Provinzen bis auf Tibet zu »inspizieren«. Als ich dies hörte, wurde ich noch neidischer. All diese jugendlichen und jungen Rotgardisten konnten einfach nach Peking fahren! Da ich noch nie weiter gekommen war als bis Wuxi, träumte ich davon, ebenfalls in den Zug nach Peking zu steigen und mir die Paläste und Tempel anzusehen, von denen ich in der Schule soviel gehört hatte.

Eines Abends Anfang November, etwa drei Wochen nach der Abreise von Nummer 1, hörte ich jemanden auf der Gasse meinen Namen rufen. »Ah Si, Ah Si!« Dann eine andere Stimme: »Ye Ting-xing!«

Großtante fuhr auf. »Die Roten Garden!« raunte sie. »Was wollen sie?«

Sie stand mühsam auf, trippelte ans Fenster und öffnete es. Erschrocken zwängte ich mich neben sie und spähte in die Dunkelheit hinunter. Mit Mühe erkannte ich zwei Mädchen aus meiner Schule. Xiu-fang und Guo-zheng standen in der Gasse hinter dem Haus.

»Ich kenne sie«, sagte ich erleichtert. »Es ist in Ordnung.«

Beide Mädchen gehörten zur Randgruppe der Roten Garden in meiner Schule, weil ihre Eltern kleine Läden besessen hatten, was sie in gewisser Weise zu Kapitalisten machte. Vor der Kulturrevolution hatten wir uns nicht sonderlich nahegestanden, aber durch die Umstände hatten wir manches gemeinsam, und sie gehörten zu den wenigen, die mir nicht feindselig begegneten.

Bevor Großtante etwas einwenden konnte, ging ich hinunter, und sobald ich die Hintertür geöffnet hatte, sagte Xiufang aufgeregt: »Wir dachten, du würdest vielleicht gern mit uns kommen.« Beide trugen ein kleines Bündel über der Schulter. »Wir sind auf dem Weg zum Bahnhof, um nach Peking zu fahren«, sagte Guo-zheng.

Ich zog sie ins Haus und schloß die Tür. »Wie soll ich nach Peking fahren, wenn ich in der Schule nicht mal den Haupteingang benutzen darf?« fragte ich. Mir war völlig klar, daß man »rein« sein mußte, um die Pilgerfahrt in die Hauptstadt machen zu können.

»Um diese Zeit sind nicht viele Rotgardisten am Bahnhof«, meinte Guo-zheng und zog rote Stoffstreifen aus der Tasche. »Wir können die hier tragen, bis wir im Zug sind. Sobald wir Schanghai hinter uns haben, sind wir wie alle anderen. Wer weiß schon, was unsere Eltern mal gemacht haben?«

»Toll!« rief ich und spürte eine Woge der Erregung. Ich schaute in Guo-zhengs Bündel. »Was hast du da drin?«

»Nicht viel. Meine Wintersachen und ein paar Kleider zum Wechseln. Meine Mutter hat gemeint, in Peking ist es viel kälter.«

Als sie ihre Mutter erwähnte, fiel mir ein, daß ich Großtante noch gar nicht gefragt hatte. Wie sollte ich sie zur Zustimmung überreden?

»Kommt mit rauf«, sagte ich, »aber wartet im Flur auf mich.«

Großtante saß aufrecht im Bett, und sobald ich ins Zimmer kam, bedachte sie mich mit einem Blick, den ich nur allzu gut kannte – ihre Augenwinkel zogen sich dann im gleichen Maße nach unten wie ihr Mund. Ich ignorierte ihren mißbilligenden Blick und ging zum Frontalangriff über.

»Großtante, ich fahre nach Peking. Es ist mir ganz egal, was du dazu sagst.«
»Sind sie deshalb hier?« schrie sie. »Fehlt ihnen ein Arm oder ein Bein, daß sie deine Hilfe für die Fahrt brauchen? Oder sind sie versessen darauf zu sehen, wie du einen Arm oder ein Bein verlierst?«
Ihr Geschrei lockte sofort meine beiden Schwestern herbei.
»Was ist los?« rief Nummer 3. »Sind die Rotgardisten wiedergekommen?«
»Eure verrückte Schwester will sich ihnen anschließen! Sie will nach Peking! Mit zwei anderen verrückten Mädchen!«
Nummer 3 packte mich bei den Schultern und schüttelte mich. »Wo juckt es dich, Ah Si?«
»Ich weiß, wohin sie gehen sollte«, flötete Nummer 5. »Ins Krankenhaus, um sich den Kopf untersuchen zu lassen. Hast du vergessen, was Nummer 1 gesagt hat? Es ist zu unsicher für uns, nach draußen zu gehen.«
»Und wo ist Nummer 1 jetzt?« hielt ich dagegen.
Großtante fing an, den ganzen Waschküchenklatsch zu wiederholen – die Unruhen auf den Straßen, die Schlägereien, die Selbstmorde –, um mir Angst einzujagen und mich so von meinem Vorhaben abzubringen. Sie weigerte sich, mir Winterkleider mitzugeben, und prophezeite, ich würde mich in der kalten Stadt des Nordens zu Tode frieren.
»Das ist mir nur recht«, erklärte ich verstockt. »Aber die Menschen in Peking werden nicht zulassen, daß ich erfriere. Haben deine Zeitungsvorleser dir nicht erzählt, daß man die Studentenpilger königlich als ›Gäste des Vorsitzenden Mao‹ behandelt?«
Zu meiner Unterstützung rief ich Guo-zheng und Xiu-fang herein, die sich im Flur kalte Füße geholt hatten. Ich ignorierte ihre verlegenen Mienen und zeigte auf sie. »Frag sie nur, ob ich was mitnehmen muß.« Guo-zheng öffnete den Mund, brachte aber keinen Ton heraus. »Du glaubst doch

wohl nicht, daß ihre Eltern sie fahren lassen würden, wenn es nicht sicher wäre?« argumentierte ich und wußte, daß ich einen Volltreffer gelandet hatte.
Meine beiden Schwestern verstummten, als Großtante vom Bett aufstand und wortlos an ihre Kommode trippelte. Das war typisch für sie. Sie wußte, daß Schweigen das beste Mittel gegen mein Temperament war. Als ich sah, wie sie ihren langen Wollschal und ein paar Wollhandschuhe aus einer Schublade nahm, wünschte ich mir auf der Stelle, ich könnte alles zurücknehmen, was ich gesagt hatte. Noch nie in meinem Leben hatte ich mich so benommen – so trotzig, daß ich keine Diskussion zuließ.
Ich verfolgte jede ihrer Bewegungen und hoffte, sie würde mich bitten, ihr zu helfen. Doch sie schob sich schweigend an mir vorbei auf den Speicher, wo wir unsere Wintersachen aufbewahrten. Nummer 3 half ihr die Leiter hinauf. Während sie packte, sagte sie endlich etwas.
»Ah Si, zieh dein Unterhemd aus, damit ich eine Tasche daran befestigen kann.«
Sie schob einen Fünf-Yuan-Schein und ein paar Lebensmittelmarken, die man im ganzen Land einlösen konnte, in die Tasche und steckte sie mit zwei großen Sicherheitsnadeln fest. (Normale Lebensmittelmarken konnte man nur in dem Bezirk einlösen, in dem sie ausgegeben waren, eine Maßnahme, die verhindern sollte, daß Menschen aus dem ihnen zugewiesenen Bezirk wegzogen.)
»Zieh dieses Hemd auf keinen Fall aus«, mahnte sie. »Und gib das Geld und die Marken nur aus, wenn es unbedingt nötig ist.« Dann zog sie ihr Portemonnaie hervor und gab mir etwas Kleingeld und ein paar örtliche Essenmarken. »Kauf dir am Bahnhof etwas Brot für den Fall, daß du unterwegs nichts bekommst.«
Hätte in diesem Augenblick jemand auch nur ein Wort gesagt, um mich zum Bleiben zu bewegen, hätte ich die ganze

Sache abgeblasen. Ich hatte den Streit gewonnen, aber den Lohn wollte ich gar nicht. Ich schämte mich so, daß ich alles für eine Umarmung von Großtante gegeben hätte. Allerdings konnte ich mich nicht erinnern, daß Großtante mir auch nur ein einziges Mal ihre Zuneigung körperlich gezeigt hätte. Selbst innerhalb der Familie Gefühle zu zeigen galt als unproletarisch und wurde kritisiert.
Als ich mich von Großtante und meinen Schwestern verabschiedete, versprach ich mir im Stillen, daß ich gleich nach meiner Ankunft in Peking wieder in den nächsten Zug nach Hause springen würde. Schon jetzt vermißte ich sie und hielt nur mühsam meine Tränen zurück.
Der Platz vor dem Nordbahnhof war fast menschenleer. Mutig marschierten wir durch den unbewachten Wartesaal, vorbei an langen Bankreihen, auf denen Hunderte Männer, Frauen und Kinder schliefen, hinaus auf den Bahnsteig. Dort herrschte ein völlig anderes Bild. Dichtes Menschengewühl. Aus Lautsprechern dröhnten Zugnummern, Fahrpläne und Ratschläge für Reisende. Passagiere beugten sich aus den Zugfenstern und unterhielten sich mit Leuten auf dem Bahnsteig.
Guo-zheng blieb stehen. Sie angelte die drei roten Armbinden aus ihrer Tasche. »Hier, die ziehen wir besser an, bevor wir in den Zug steigen.«
Ich steckte meine schwarze Trauerbinde in die Tasche. Je weniger persönliche Informationen, desto besser.
Wir schoben uns am Bahnsteig entlang und suchten den Zug nach Peking, konnten ihn aber nicht finden. Alle Züge waren so voll, daß sich die Türen nicht öffnen ließen. Die Passagiere hatten offenbar in den Wagen Lager aufgeschlagen. Einige putzten sich eifrig die Zähne und spuckten auf die Gleise, auf denen sich bereits der Müll häufte. Einige Züge standen schon seit Tagen im Bahnhof, weil sämtliche Bahnlinien, vor allem nördlich von Nanjing, verstopft wa-

ren. Vergebens bemühte sich die Bahn, den gewaltigen Verkehrsfluß in die Hauptstadt zu bewältigen, derweil Spaltungskämpfe unter den Bahnarbeitern das Chaos noch verschlimmerten. Überall hingen ihre Wandzeitungen.

Wir waren mittlerweile bereit, irgendeinen Zug zu nehmen, der nach Norden fuhr. Schließlich fanden wir einen und baten die Passagiere, uns durch das Fenster hereinzulassen. Manche lehnten ab und sagten, es sei kein Platz mehr, selbst die Gänge seien schon überfüllt. Andere baten uns, ihnen als Gegenleistung frisches Wasser zu holen, weigerten sich aber, uns hereinzulassen, nachdem wir es ihnen gebracht hatten. Wir waren nicht stark genug, uns Zugang zu erzwingen, und da ich recht klein für mein Alter war, mußte ich mich auf Zehenspitzen stellen, um auch nur die Unterkante des Fensters zu erreichen.

Xiu-fangs ständiges Gequengel ging mir auf die Nerven. Ich wollte nur noch schlafen. Schließlich hockten wir uns an einen der Pfeiler. Ich legte den Kopf auf die Knie und nickte ein.

»Ah Si, wach auf!« Erschrocken und fröstelnd fuhr ich auf und hörte ganz in der Nähe ein schrilles Pfeifen. Es war vier Uhr morgens.

»Ein Zug fährt ab!« Auch Guo-zheng war aufgesprungen. Plötzlich verwandelte sich der Bahnsteig in ein Schlachtfeld, als um uns herum alle ihre Habseligkeiten schnappten und auf den abfahrenden Zug zuströmten.

»Schnell! Das ist unsere Chance!« übertönte Guo-zheng den Lärm und deutete auf einen Zug, der auf dem Gleis gegenüber stand. Passagiere stürzten aus den Wagen zu dem fahrenden Zug hinüber.

Xiu-fang duckte sich, und ich stieg auf ihre Schultern. Von oben packten mich ausgestreckte Hände und zogen mich waagerecht wie ein Brett in den Zug. Nach mir hievten sie meine beiden Mitschülerinnen herein.

Wir fanden uns in einem Wagen wieder, in dem sich Menschen dicht an dicht drängten. Alle Bänke waren besetzt, und auch die Gänge waren von sitzenden Passagieren blokkiert. Selbst unter den Sitzen lagen Leute. Mir blieb nur die Gepäckablage. Ich kletterte hinauf und legte mich auf den Rücken, das Gesicht nur einige Zentimeter unter der gewölbten Decke. Im Zug war es heiß, stickig, und es roch nach einem Gemisch aus ungewaschenen Körpern, Zigarettenrauch und Urin. Ich rümpfte die Nase und dachte, daß Großtante in diesem Gestank wohl der Schlag getroffen hätte; dann schob ich mir mein Bündel als Kissen unter den Kopf und schlief ein.

Als ich aufwachte, war es hell und der Zug fuhr. In Panik, weil ich nicht wußte, wo ich war, stieß ich mir den Kopf. Vor meinen Augen funkelten Sterne.

»Wir fahren!« brüllte ich. »Wo sind wir?«

»Warum sollten wir nicht fahren?« antwortete eine mürrische Stimme unter mir. »Wir sind schließlich im Zug.« Gelächter. »Wir sind bald in Wuxi.«

Wuxi! Ich lehnte mich zurück, starrte an die Decke und dachte nach. Schon jetzt hatte ich solches Heimweh, daß ich am liebsten aus dem Zug gesprungen und zu Fuß nach Hause gegangen wäre. Dann fiel mir etwas ein. Warum sollte ich nicht in Wuxi aussteigen und meine Großeltern in Qingyang besuchen? Ich konnte auch an das Grab meiner Eltern gehen. Meine Großeltern hatte ich seit über sieben Jahren nicht mehr gesehen.

Ich hielt mich am Gestänge der Gepäckablage fest, schob den Kopf vor und konnte ein älteres Mädchen am Fenster auf mich aufmerksam machen.

»Kann man in Wuxi aussteigen?«

»Warum?« Sie sah mich stirnrunzelnd an. »Willst du nicht nach Peking und den Vorsitzenden Mao sehen?«

Ihr Ton und ihre rote Armbinde erinnerten mich an den

Zweck meiner Mission. Mein Instinkt mahnte mich zur Vorsicht.
»Doch«, sagte ich. »Aber soviel ich weiß, fährt dieser Zug nur bis Nanjing und – «
»So? Das heißt doch nicht, daß wir nicht nach Peking fahren können!« Sie stand auf und sah mich genauer an. Dann fragte sie mit sanfterer Stimme: »Wie alt bist du? Fährst du allein?«
»Vierzehn«, antwortete ich. »Ich bin in der dritten Klasse der Mittelschule.«
»Ich bin siebzehn, aus dem Yang-Pu-Distrikt. Aus welchem Distrikt kommst du?«
»Jing An. Ich bin auf der Ai-Guo-Mädchenschule.«
Ich spürte, wie jemand mir auf den Fuß klopfte. Es war Guo-zheng, die mich vielsagend anfunkelte. Yang Pu war ein Arbeiterviertel. Die meisten Bewohner kamen ursprünglich aus Su Bei, einem sehr armen Teil der Provinz Jiangsu, und andere Einwohner von Schanghai sahen auf sie herab. Das Mädchen durfte also eine echte Rotgardistin sein. Ich hatte herausgeplappert, daß ich aus dem Jing-An-Distrikt kam, einem Viertel voller Leute mit schlechter Klassenzugehörigkeit. Kein Wunder, daß Guo-zheng versucht hatte, mich zu unterbrechen. Aller Ärger kam vom Mund, hätte Großtante gesagt.
»Ja, ich habe von deinem Distrikt gehört.« Ich wünschte, ich hätte mir den Kopf noch fester gestoßen und dieses Gespräch gar nicht erst angefangen.
»Ich möchte mit dir den Platz tauschen«, unterbrach Guo-zheng mich.
Ich kletterte hinunter und hangelte mich über die Banklehnen auf die andere Seite des Ganges hinüber. Offensichtlich wollte Guo-zheng mit diesem Umzug bewirken, daß ich den Mund hielt. Ich würde ihr nichts von meinem Plan erzählen, schon weit vor unserem Ziel aus dem Zug zu steigen.

Hätte ich das Schild nicht gesehen, hätte ich den Bahnhof von Wuxi nicht erkannt, obwohl ich als Kind oft dagewesen war. Menschen drängten in Scharen auf den Bahnsteig, klopften an Türen und Fenster und schrien, sie wollten hinein. Niemand wagte, ein Fenster zu öffnen, obwohl es in dem stehenden Zug ohne Lüftung so stickig wurde, daß das Atmen schwerfiel. Allein schon der Gedanke, in diese hysterische Menschenmenge hinauszuklettern, machte mir solche Angst, daß ich es mir anders überlegte und beschloß, auf der Rückfahrt von Peking in Wuxi auszusteigen.
Etwa eine Stunde später setzte sich der Zug langsam wieder in Bewegung und verließ den Bahnhof. Den Rest des Nachmittags döste ich, und als es fast schon dunkel war, erreichten wir Nanjing. Die Bahnarbeiter wiesen uns an, auszusteigen: Hier war die Endstation des Zuges.
Guo-zheng, Xiu-fang und ich beschlossen, in der Nähe des Bahnhofs zu bleiben, statt mit den anderen Pilgern in die Stadt zu gehen, die Sehenswürdigkeiten anzuschauen und die Nacht in kostenlosen Unterkünften mit kostenlosem Essen zu verbringen. Das Mädchen, mit dem ich mich vorher unterhalten hatte, gesellte sich zu uns. Sie hatte sich den Namen Yang-yang – »helle Sonne« – gegeben, der damals sehr in Mode war. Ihr Vater hatte sie ursprünglich Zhao Di – »Warten auf Brüder« – genannt. Im Vergleich zu mir war sie groß und dreimal so schwer wie ich.
Bevor ich etwas anderes tat, mußte ich jedoch erst einmal zur Toilette.
Danach gingen wir vier am Gleis des Zuges nach Norden entlang und erbettelten Einlaß in einen der Wagen, indem wir die Insassen mit unseren wenigen Essensvorräten und Frischwasser bestachen. Schließlich trafen wir auf einen mitfühlenden Rotgardisten, der half, mich durch das Fenster zu ziehen, nachdem Yang-yang mich hochgehoben hatte. Aber Xiu-fang war zu schwer und ungeschickt, nach mehrmali-

gem Schieben und Ziehen stürzte sie auf die Gleise, schrie vor Schmerz und hielt sich den rechten Knöchel.

Einer der Passagiere erklärte Guo-zheng den Weg zur Sanitätsstation des Bahnhofs. Ich versuchte, wieder hinauszuklettern, um mit ihnen zu gehen.

»Nein, nein. Du bleibst«, rief Guo-zheng mir zu. »Halte uns einen Platz frei, bis wir zurückkommen.«

Eine halbe Stunde später kam sie ohne Xiu-fang wieder. Nachdem Yang-yang und ich sie durch das Fenster hereingezogen hatten, berichtete sie: »Der Arzt sagt, Xiu-fangs Knöchel muß geröntgt werden, weil er wahrscheinlich gebrochen ist. Aber er hat mir versichert, daß sie im Krankenhaus als Gast des Vorsitzenden Mao behandelt wird.«

Es war weit nach Mitternacht, als der Zug für die Überfahrt über den Jangtsekiang aufgeteilt und in kleinen Wagengruppen auf die Fähre verfrachtet wurde. Ich hatte mich inzwischen abermals auf der Gepäckablage ausgestreckt. Als ich bei Anbruch der Morgendämmerung aufwachte, stellte ich fest, daß wir immer noch in der Provinz Jiangsu waren. Mittlerweile waren meine Füße so geschwollen, daß die Schnürsenkel zerrissen waren, aber der Wagen war so überfüllt, daß ich nicht hinunterklettern konnte, um den Druck zu lindern.

Yang-yang war wie eine große Schwester für uns. Wenn der Zug an einem Bahnhof hielt, sprang sie auf den Bahnsteig, holte uns Wasser und ein paar von den Dampfnudeln, die die Einheimischen zubereitet hatten, um ihre Unterstützung für die Roten Garden zu demonstrieren. Immer wenn sie mich vor den anderen Mitreisenden lobte und erklärte, ich sei »eine winzige Erbse mit berghohem revolutionärem Geist und stählerner Entschlossenheit, den Vorsitzenden Mao zu sehen«, hatte ich ein schlechtes Gewissen, weil ich sie angelogen und ihr erzählt hatte, meine Eltern arbeiteten in der Textilfabrik Nummer 13 in unserer Nachbarschaft. Wäh-

rend ich flach auf dem Rücken auf der hölzernen Gepäckablage lag, fragte ich mich, ob ich wohl für den Rest meines Lebens Lügen erzählen würde.
Allmählich verlor ich auf unserer langsamen, endlosen Fahrt, die häufig von Aufenthalten unterbrochen wurde, das Zeitgefühl. Jede Stelle meines Körpers schmerzte. Meine Zöpfe hatten den Uringestank des Abteils angenommen, und ich fürchtete schon, daß ich mein Haar nie wieder sauber bekommen würde. Endlich hielt der Zug und jemand schrie: »Wir sind da! Wir sind in Peking!«
Ein ohrenbetäubendes Gejohle brach aus, und die Reisenden sammelten ihre Habe zusammen und schubsten und stießen sich in einem wilden Drunter und Drüber. Ich war froh, in der Gepäckablage über dem Gedränge zu liegen. Die Fenster wurden hochgeschoben, Bündel hinausgeworfen, gefolgt von Körpern, die aus dem Zug krabbelten, sprangen, fielen. Aber es gab keine Gongs und Trommeln zu unserer Begrüßung, wie ich eigentlich erwartet hatte.
Es war kurz nach Mitternacht, und praktisch wie immer schlug Yang-yang vor, bis zum Morgen im Zug zu bleiben. Aber die Bahnarbeiter schickten uns hinaus und sagten, Soldaten der Volksbefreiungsarmee warteten darauf, uns an unseren Bestimmungsort zu bringen. Wir waren nicht im Hauptbahnhof, wie ich angenommen hatte, sondern in dem südlichen Vorort am Bahnhof Yong Ding Men. Aber ich war in Peking! Nur flüchtig kam mir der Gedanke, welche Ironie darin lag, daß die verhaßte Kulturrevolution mir die Gelegenheit bot, kostenlos in die alte Hauptstadt zu fahren, die ich ansonsten wohl nie gesehen hätte.

Kapitel 11

Zum erstenmal während unserer Reise verließ ich den Zug durch die Tür. Zitternd vor Kälte, erschöpft, hungrig, mit schmerzenden Gliedern trottete ich durch den Bahnhof. Draußen standen in langen Reihen Soldaten, schweigend und in lange, gefütterte Mäntel und Mützen mit langen Ohrschützern gekleidet.
Wir zogen in einen nahegelegenen Park, wo wir lange im Dunkeln ausharren mußten und manche sich durch Hüpfen warmhielten, bis Armeelaster kamen, die uns zu einem Komplex großer, meist unbeleuchteter Gebäude brachten. Dort geleitete man uns in eine geräumige, schlecht beleuchtete Halle und wies uns an, auf dem Boden zu schlafen. Das tat ich nur zu gerne.
Ich träumte, ich sei in meiner Schule und stünde vor der Backsteinmauer in der erbarmungslosen Mittagssonne. Doch als ich aufwachte, lag ich eingewickelt in eine Decke, aber vollständig angezogen mit der wattierten Hose und Jacke da, Großtantes Strickschal um Kopf und Hals geschlungen. Rechts und links neben mir lagen zwei formlose Gestalten reglos unter grünen Decken.
»Yang-yang? Guo-zheng?« flüsterte ich und schüttelte den Körper neben mir.
Er drehte sich zu mir um. Erschrocken sprang ich auf. Ich hatte mit einem Mann geschlafen! Voller Panik sah ich mich um. Ich hatte keine Ahnung, woher genau die Babys kamen – allerdings wußte selbst ich, was es bedeutete, wenn Männer und Frauen »zusammen schlafen«. Ich hatte Erwachsene miteinander reden und Kinder in der Schule Geschichten über Vergewaltigungen erzählen hören, was sie als »mit Blumenmädchen schlafen« bezeichneten. Und die Folge waren Babys. Nach Einzelheiten hatte ich Großtante nie gefragt, weil ich wußte, daß sie mir nichts sagen würde, und andere

zu fragen hatte ich mich nicht getraut – aus Angst, daß man mir schmutzige Gedanken vorwerfen würde, die schlimmste Kritik, die es für ein Mädchen gab. Daher stellte ich mir den Vorgang wie eine Art chemische Reaktion vor, ähnlich jenem Versuch mit dem Hund, bei dem der Speichelfluß einsetzte, sobald er Nahrung sah, ein Thema, das wir im Physikunterricht durchgenommen hatten. Bekam ich jetzt ein Baby?

Aufgeregt rief ich nach Yang-yang und Guo-zheng. Überall im Saal schossen Köpfe hoch. Augen starrten mich an, scharfe Stimmen brachten mich zum Schweigen.

»Tut mir leid«, sagte ich, an niemand Bestimmten gewandt, und stieg über die schlafenden Gestalten, die mich von meinen Freundinnen trennten. Nach einigem Getuschel zerstreuten sie jedoch meine Befürchtungen.

Kurze Zeit später kam ein Offizier in die Halle. Bei der Volksbefreiungsarmee konnte man die Offiziere nicht an Abzeichen, Tressen, Orden oder Epauletten von den Mannschaften unterscheiden; sie hatten lediglich statt der üblichen zwei Taschen vier auf ihren tristen Sun-Zhong-shan-Jacketts (benannt nach Dr. Sun Yat-sen). Der Offizier war ungefähr dreißig Jahre alt, groß und massig, und als er mich sah, rollte ein Wortschwall von seiner »eng gebogenen Zunge«, wie wir aus dem Süden die Sprechweise der Leute aus dem Norden beschreiben.

»Was haben Sie gesagt?« fragte ich in meinem *putonghua* mit Schanghai-Akzent.

Er lächelte und sprach langsamer. Wir befänden uns auf dem Gelände der Allgemeinen Politischen Abteilung der Volksbefreiungsarmee, erklärte er, und sollten an einer Versammlung in der Kantine auf der anderen Seite des Basketballfeldes teilnehmen. Dort bekämen wir auch unser Frühstück.

Der Name der Armeeeinheit kam mir bekannt vor. In dieser Einheit hatte Mutter mich vor Jahren als Sängerin und Tänzerin unterzubringen versucht. Als ich an Mutter dachte, befiel mich erneut ein Anfall von Heimweh.

Mit meinen beiden Freundinnen machte ich mich auf den Weg über den Hof zur Kantine, die im Schatten der größten Gebäude stand, die ich je gesehen hatte. Damals galt in China ein fünfstöckiges Haus schon als Hochhaus. Wir bekamen zwei emaillierte Schalen, eine für heißen Reisbrei, die andere für Dampfnudeln. Zu meinem Erstaunen mußte ich keinerlei Ausweis zeigen, um mein Essen zu bekommen. Weder Geld noch Essensmarken waren nötig. Kein Wunder, daß alle ringsum sich so vollstopften, daß sie kaum noch laufen konnten. Es erinnerte mich an das, was man mir in der Schule über den wahren Kommunismus beigebracht hatte: jeder nach seinen Fähigkeiten, jedem nach seinen Bedürfnissen.

Aufgemuntert durch das heiße Essen hörten wie zu, wie der Offizier uns förmlich begrüßte und dann unweigerlich Regeln aufstellte. Wir seien hier, um »revolutionäre Erfahrungen auszutauschen«, ermahnte uns der Offizier, nicht um uns Sehenswürdigkeiten anzuschauen und mit kostenlosem Essen vollzustopfen. Jeder von uns sollte einen kostenlosen Buspaß bekommen, der für die ganze Stadt galt.

Ich war überwältigt von dem Gefühl, mit vierzehn zum erstenmal Herrin über mein eigenes Leben zu sein. Essen und Unterkunft waren frei, und ich konnte in unserer Landeshauptstadt, über die meine Eltern gesprochen, die sie aber nie gesehen hatten, gehen, wohin ich wollte. Ich beschloß, diese Freiheit zu genießen, solange sie währte. Voller Ehrfurcht vor meiner Unabhängigkeit ging ich mit meinen beiden Freundinnen durch das Tor. Es war ein klarer, sonniger Tag, aber ohne Mantel fror ich selbst in der Sonne. Im Gegensatz zu Schanghai wirkten die Straßen, die von laublosen Bäumen gesäumt waren, leer.

Yang-yang verabschiedete sich von mir und Guo-zheng an

der Ecke der Huongguang-Straße, die auf der Karte Baiguang-Straße hieß. »Weiß« war durch das beliebte »Rot« ersetzt worden. In ganz China hatten die Roten Garden Straßen umbenannt. Mir waren sogar Geschichten über Bestrebungen zu Ohren gekommen, die Ampeln so zu ändern, daß rot »fahren« und grün »halten« bedeutete.

Guo-zheng und ich wollten zum Tiananmen-Platz, um das Tor des Himmlischen Friedens zu sehen, das ein Kinderreim beschrieb: »rote Backsteinmauern und gelb glasierte Ziegel; hoch und gigantisch, schön und herrlich«.

Frierend folgten wir den Kurven und Windungen der Straßen, bis wir auf den Changan-Boulevard gelangten. Ich fühlte mich wie ein Fisch, der in einem Meer aus Rot und Gelb schwamm. Die Einwohner von Peking waren dem Aufruf gefolgt, die Hauptstadt zu einem »roten Meer« zu machen, indem sie Mao-Zitate in roter Farbe auf gelbem Grund geschrieben und Mauern und Häuser mit Parolen und Mahnungen gepflastert hatten. Während ich an all dem vorbeiging, wunderte ich mich, daß den Einwohnern der Stadt offensichtlich nie die rote und gelbe Farbe ausgegangen war.

Chinas breitester und elegantester Boulevard war mit Bäumen und provisorischen Toilettenhäuschen aus Bambusmatten gesäumt. In diesen Bambushäuschen hatte man die Bürgersteigplatten weggenommen und Löcher gegraben. Wenn die Löcher voll waren, wurden sie zugeschüttet und die Platten wieder eingesetzt. Die Umgebung war inzwischen spiegelglatt von gefrorenem Urin. Eindeutig schuf der Zustrom von Millionen Rotgardisten mehr als nur politische Probleme.

Die roten Mauern der Verbotenen Stadt waren über und über mit Wandzeitungen beklebt. Zu meiner Enttäuschung war das Palastmuseum geschlossen, weil die Besichtigung von Sehenswürdigkeiten als unrevolutionär galt und man sie verhindern wollte. Guo-zheng und ich setzten uns auf die breiten Stufen der Großen Halle des Volkes und ruhten uns in der Sonne aus. Später kehrten wir müde wieder in die Kaserne zurück.

Der Raum, den man uns zuwies, hatte vorher als Büro gedient. An einer Wand waren sechs Feldbetten aufgestellt. Nach einer weiteren, großzügig bemessenen heißen Mahlzeit forderte der diensthabende Offizier uns alle auf, unsere Klassenzugehörigkeit anzugeben und zu berichten, was wir an diesem Tag in der »Herzstadt« unseres Landes unternommen hatten. Ich bereitete mich darauf vor, abermals zu lügen, wenn ich an die Reihe käme. Verblüfft hörte ich jedoch, wie ein Mädchen angab, daß sie aus der Familie eines Ladenbesitzers stamme. Wie kann sie nur so dumm sein, dachte ich. Sie würde sicher jede Menge Ärger bekommen.

Aber niemand zeigte die geringste Regung. Mir wurde klar, daß auch hier der »Wegbereiter des Kapitalismus« zum Klassenfeind Nummer eins aufgerückt war. Allmählich entspannte ich mich ein bißchen, log aber trotzdem, als ich an die Reihe kam, und gab an, daß ich den ganzen Tag aufmerksam die Wandzeitungen an den Mauern der Verbotenen Stadt studiert habe.

Yang-yang las mit Feuereifer die Anschuldigungen vor, die sie in der Quinghua-Universität abgeschrieben hatte. Die schockierendste enthielt einen Angriff gegen Liu Shao-qi, den Präsidenten und zweiten Mann nach dem Vorsitzenden Mao. Er wurde zum kapitalistischen Wegbereiter Nummer eins erklärt, zu Chinas Chruschtschow (eine schwere Beleidigung), zum Revisionisten, der das Wesen des Kommunismus untergraben wolle. Schlimmer noch als all diese politischen Denunziationen waren die Informationen über sein Privatleben.

Nach Yang-yangs Notizen hatte Lin Shao-qi fünfmal geheiratet. Sie hatte sich die Einzelheiten jeder gescheiterten Ehe notiert. Es gab sogar Karikaturen von Liu und seiner letzten Frau. Mit offenem Mund hörte ich zu, wie sie Informationen weitergab, die man bislang fast wie ein Militärgeheimnis behandelt hatte. Jeder Klatsch über das Privatleben eines unserer Führer war ein sicherer Weg, sich strenge Kritik und Strafen einzuhandeln. Erst kürzlich war an die Öffentlichkeit gedrungen, daß Mao Ze-dong selbst eine junge Frau namens Jiang Qing hatte, und obwohl die Leute natürlich neugierig waren, etwas über sie zu erfahren, wagte niemand, Spekulationen über Maos Privatleben anzustellen. Gewöhnliche Leute wie ich mußten jede Einzelheit unserer eigenen Geschichte und der unserer Familie über mehrere Generationen hinweg angeben können, und gleichzeitig hatte man uns in dieser Gesellschaft, in der das Wort Privatheit buchstäblich nicht existierte, den Eindruck vermittelt, die Mitglieder unserer Staatsführung lebten wie Nonnen und Mönche. Wenn nun schon das Leben des Präsidenten auf links gedreht werden konnte wie ein schmutziger Socken, wer war dann noch sicher, fragte ich mich.

Am Nachmittag nach Yang-yangs vernichtendem Bericht öffneten die Badehäuser für Frauen. Es war fast eine Woche her, seit ich mich zuletzt mit warmem Wasser gewaschen hatte, und so stellte ich mich rasch in die Schlange. Zwei Stunden später, nach einer ausgedehnten Dusche unter herrlich heißem Wasser, beschlossen Guo-zheng und ich, auszugehen und uns etwas Besonderes zu gönnen: kandierte Mehlbeeren, eine berühmte Spezialität in Peking. Mein Haar war noch naß, und schon bald klirrten Eiszapfen an meinen Ohren. Für diese Dummheit mußte ich teuer bezahlen. Nachts bekam ich hohes Fieber und fiel von einem Alptraum in den nächsten. Mein eigenes Schreien weckte mich, und morgens holte Guo-zheng einen Arzt. Ich hatte fast vierzig Grad Fieber und wurde auf einer Trage in die Krankenstation gebracht.

War das Essen in der Kantine schon luxuriös gewesen, so war das Krankenhaus das reinste Paradies. Die Station war wesentlich heller und sauberer als die, die ich von meinen Krankenhausbesuchen bei Mutter kannte. In meinem Zimmer standen außer meinem noch fünf weitere Betten, alle belegt. Mein Bett war wie eine Wolke. Ich lag auf einer Federkernmatratze und hüpfte damit auf und ab. Die Schwestern waren nett und freundlich, völlig anders als die Menschen draußen, wo ich den Eindruck hatte, daß unser Alltag von Gebrüll und Geschrei bestimmt war – vielleicht, weil die Armee sich aus den politischen Bewegungen herausgehalten hatte.

Als ich mich nach ein paar Tagen erholt hatte und wieder anfing zu essen, bot man mir sogar verschiedene Gerichte zur Auswahl an. Was für ein leichtes Leben! Großtante hätte gesagt: »Streck die Arme aus und du wirst angezogen; öffne den Mund und du wirst gefüttert.« Abends unterhielt eine Sing- und Tanzgruppe die Patienten.

Einen Tag, nachdem ich die Krankenstation verlassen hatte, erfuhr ich bei der Abendversammlung, daß am nächsten Tag eine große Versammlung am Flughafen stattfinden sollte. Wir würden den Vorsitzenden Mao mit eigenen Augen sehen, schwärmte der Offizier. Es waren Vorbereitungen zu treffen und natürlich Regeln aufzustellen.

Als erstes wurden wir nach einer Zufallsauswahl zu Paaren zusammengestellt, und jeder Partner stand unter der Aufsicht und Verantwortung des anderen – eine gängige Überwachungsmethode. Bis zum Morgen durfte niemand das Kasernengelände verlassen, dann sollten wir alle gemeinsam zum Versammlungsort aufbrechen. Taschenmesser oder scharfe Metallgegenstände waren verboten. Und während des Marsches sollte keiner auch nur versuchen, etwas aufzuheben, das er hatte fallenlassen, sonst könnte es sein, daß er nie wieder aufstehen würde. Jeder von uns bekam ein Paar extralange Schnürsenkel und Anweisung, wie wir sie fest um den Spann binden sollten, da die Tausende trampelnder Füße uns sonst auf die Fersen treten und die Schuhe ausziehen könnten. Diese Bindetechnik sollte nicht nur verhindern, daß wir uns verletzten, es würde auch den Reinigungstrupps die Arbeit erleichtern, die nach der Versammlung vor Bergen verlorener Schuhe stünden. Vor dem Abmarsch aus der Kantine sollte jeder eine Papiertüte mit zwei gekochten Eiern und zwei dicken Dampfnudeln, gefüllt mit sauer eingelegtem Gemüse, bekommen.

Zu meiner Verwunderung konnte ich meine Erregung kaum bezwingen. Ich sollte den Vorsitzenden Mao persönlich sehen! Mein Leben lang hatte mich sein Bild von Mauern, Bussen und Schaufenstern angestarrt. Im wahren Leben sah ich Menschen altern und sogar sterben, die meist viel jünger waren als Mao; er aber glich in meinen Augen den Unsterblichen, von denen ich in Märchen gelesen hatte – nie auch nur einen Tag älter, immer das selbe Lächeln, das selbe Grübchen unter dem Mund. Lieder und Parolen besangen ihn als Sonne, als rettenden Stern unseres Universums. Ich fragte mich, ob mein Leben sich wohl ändern mochte, nachdem ich ihn persönlich gesehen hatte.

Am nächsten Morgen durchsuchten meine Partnerin, ein Mädchen aus der Provinz Anhui, und ich uns gegenseitig vor den Augen eines anderen Paares und beobachteten danach ihre Durchsuchung, bevor wir in die Militärlaster stiegen. Nachdem wir etwa eine Stunde durch die Straßen geholpert waren, ließ man uns fünf Kilometer vor dem Flughafen aussteigen und wies uns an, uns in Reihen aufzustellen. In Achterreihen marschierten wir unter bewölktem Himmel dahin, schärfstens bewacht von Soldaten und Offizieren der Volksbefreiungsarmee, und sangen revolutionäre Lieder. Selbst

der scharfe Nordwestwind war nicht sehr schlimm. Verglichen mit dem Nachtmarsch in Schanghai einige Monate zuvor war das hier ein netter Ausflug.
Das asphaltierte Flugfeld war mit breiten Kreidestrichen in Quadrate eingeteilt, und kein Flugzeug war zu sehen. In jedem Quadrat hatten mindestens dreißig Zwölferreihen Platz. Während wir uns anweisungsgemäß auf den eiskalten Beton setzten und die Beine übereinanderschlugen wie die Soldaten vor uns, lauerte die Sonne zwischen den Wolken durch. Weil ich so klein war, saß ich in der zweiten Reihe und konnte gut sehen. Wir sollten während der gesamten Versammlung sitzenbleiben, damit alle sehen konnten, und durften unter keinen Umständen der Wagenkolonne nachlaufen.
Mittags holte ich meinen Proviant hervor und pellte meine Eier, neidisch beäugt von jenen, die ihre Vorräte schon früher gegessen hatten. Obwohl die Dampfnudeln inzwischen steinhart waren, wagte ich nicht, zu viel Wasser zu trinken, um sie aufzuweichen. Es gab zwar Toiletten, aber sie waren weit entfernt, und niemand wußte genau, wann der Vorsitzende Mao kommen würde.
Es wurde immer kälter. Mein Hinterteil war ein Eisblock, und meine Beine wurden taub. Ein Soldat vor mir erlaubte mir, mich hinzuknien, um den Krampf in meinen Waden zu lösen. Stunden schlichen dahin, in denen wir sangen und im roten Buch lasen. Ich gähnte und verlagerte meine Position. Meine Begeisterung war mittlerweile durch die Langeweile recht gedämpft.
Plötzlich hörten wir aus weiter Ferne Motorengeräusche, dann dröhnte frenetisches Skandieren – »Lang lebe der Vorsitzende Mao!« – zum Himmel. In einem Moment schlug ich mir noch auf die Beine, um sie zu wärmen, im nächsten war ich schon auf den Füßen und brüllte aus vollem Hals wie alle anderen.

»Lang lebe der Vorsitzende Mao!« schrie ich, und meine Stimme ging unter in den Wogen der anderen.
Tränen rannen mir über die Wangen. Die Wagenkolonne kam auf uns zu. Ich spähte zwischen den Soldaten vor mir hindurch und erhaschte einen Blick auf einen Jeep. Da saß Maos Frau, Jiang Qing! Und neben ihr stand Lin Biao! Sie schwenkten ihre roten Bücher, aber ihre Gesichter waren bleich, und sie lächelten nicht. Hektisch suchten meine Augen nach dem Vorsitzenden Mao. In einem anderen Jeep sah ich Liu Shao-qi in Armeeuniform, er wirkte abgespannt und besorgt. Mir fiel ein, was Yang-yang uns über ihn erzählt hatte. Ich sah der grimmigen Gestalt nach, bis sie verschwand, und fragte mich, wie es sein konnte, daß ein so mächtiger Mann genauso angegriffen wurde wie die Lehrer in meiner Schule und die Nachbarn in meiner Straße zu Hause.
In diesem Moment merkte ich, daß ich den Vorsitzenden Mao verpaßt haben mußte. Ich schloß die Augen, schlug die Hände vors Gesicht und fühlte mich betrogen und verloren.
Auf dem Rückweg durch Straßen, die von marschierenden Jugendlichen und beladenen Lastern verstopft waren, verbarg ich meine Enttäuschung, obwohl ich von den zehn Stunden Laufen und Warten in der Kälte erschöpft war. Alle waren aufgeregt und erzählten einander, wie deutlich sie den Vorsitzenden Mao gesehen hatten, wie gesund er aussah, wie freundlich er wirkte, was für ein Glück sie hatten. Einige konnten es gar nicht abwarten, wieder in die Kaserne zu kommen: Sie schrieben schon ihre Eindrücke auf, als der Laster noch durch die Straßen holperte, überwältigt von dem Gefühl, daß sie an einem historischen Ereignis teilgenommen hatten.
Ich schloß mich ihnen in ihrer Begeisterung an und nutzte meine Fantasie, da ich nicht zugeben wollte, daß ich den

Vorsitzenden überhaupt nicht gesehen hatte, obwohl ich doch in der zweiten Reihe gestanden hatte. Wenn alle anderen ihn gesehen hatten, hatte auch ich ihn gesehen. Das würde ich allen erzählen, auch meinen Geschwistern und Großtante. Als ich Guo-zheng abends berichtete, daß ich auch Liu Shao-qi gesehen hatte, legte sie mir die Hand auf den Mund aus Angst, daß ich wieder Ärger machen würde. Yang-yang wies darauf hin, daß er im letzten Jeep gesessen hatte. Wir alle wußten, was das bedeutete.

Früh am nächsten Morgen, nach unserer letzten kostenlosen Mahlzeit, brachte man uns mit Lastern zum Bahnhof. Meinen Plan, in Wuxi auszusteigen, hatte ich schon lange aufgegeben. Ich hätte nie gedacht, daß ich Großtante so sehr vermissen würde.

Kapitel 12

Der erste Jahrestag von Mutters Tod im Januar 1967 leitete ein weiteres Jahr der Unruhen ein. Immer mehr Mitglieder der Regierung wurden denunziert und verhaftet, und der Vorsitzende Mao drängte die gesamte Nation, den Wegbereitern des Kapitalismus, die »immer noch in den bourgeoisen Hauptquartieren im ganzen Land« saßen, die Macht zu entreißen. Verwirrt von Maos ungenauem Ruf zu den Waffen, übernahmen die Einwohner von Schanghai die Führung. Am 4. Januar stürzten die Revolutionären Rebellen der Schanghaier Arbeiterschaft die Stadtregierung, die den Radiomeldungen zufolge »bis in die Wurzeln verderbt war«. Angeführt wurde der Aufstand vom Sicherheitskader einer Textilfabrik namens Wang Hong-wen, der wiederum auf Anweisung von Zhang Chun-qiao handelte. Zhang war ein langjähriger Mitarbeiter von Jiang Qing aus ihrer Zeit beim Theater und wurde schließlich Leiter des Kulturrevolutionskomitees für das gesamte Land. Jiang Qing, Wang und Zhang bildeten zusammen mit dem bekannten linken Schriftsteller Yao Wengyuan später die berüchtigte »Viererbande«.

Der »Januarsturm« in Schanghai brachte uns in große Schwierigkeiten. Nummer 2 geriet als Mitglied der geschlagenen Loyalisten in die nachfolgende Säuberungsaktion. Das neu eingerichtete Revolutionskomitee Schanghai hatte den Segen des Vorsitzenden erhalten und machte sich daran, das eigene Haus zu säubern und Rache zu nehmen. Bald stufte man die meisten Loyalisten nach Kritik und Selbstkritik als »gute, aber irregeleitete Menschen« ein, die ein »schlichtes, aber reines Klassenbewußtsein für die Partei« besaßen. Das galt jedoch nicht für Nummer 2. Ihn stellte man als Beispiel für jene hin, die »insgeheim die alte Stadtregierung unterstützten und die Kulturrevolution unter Führung unseres großen Vorsitzenden Mao ablehnten« – mit anderen Worten, mein Bruder wurde als Mao-Gegner abgestempelt, ein tödlicher Vorwurf. Er war gezwungen, tagsüber mit ehemaligen Fabrikfunktionären den Boden zu fegen und Toiletten zu schrubben und bei abendlichen Versammlungen erbarmungslose Verdammungen über sich ergehen zu lassen. Das Saubermachen am Tag war allerdings leichter als seine sonstige Arbeit, Gummi zu färben, und er bekam weiterhin seinen Lohn. Am meisten verletzten ihn deshalb die öffentlichen Demütigungen der beiden »Kampfversammlungen«.

Als man Nummer 2 eines Abends erlaubte, nach Hause zu gehen, um saubere Kleidung anzuziehen, schien er noch besorgter zu sein als sonst.

»Einige Leute sind von ihren Kollegen bei den Kampfversammlungen totgeprügelt worden, vor allem in Fabriken, die mit Militärprojekten zu tun haben«, sagte er.

Ich war entsetzt. »Das passiert aber doch nicht dir?«

Er zuckte die Achseln. »Ich weiß nicht.«

Der Rote Terror leitete den Frühling ein. Überall brachen Kämpfe zwischen den verschiedenen Splittergruppen aus, und jede behauptete, revolutionärer zu sein als die andere. Fabriken, Behörden, Forschungseinrichtungen und Kommunen hatten sich in Schlachtfelder des Hasses verwandelt. In den Außenbezirken von Schanghai hallten Schüsse durch die Straßen. Die Geschichte, die ich in der Schule durchgenommen hatte, war keine Theorie mehr: Der Kampf der Kommunisten, alle anderen Klassen außer der proletarischen zu eliminieren, war eskaliert. Ständig erklärte der Vorsitzende Mao uns in flammenden Reden, daß es in diesem letzten Kampf um *Nisiwohuo* ginge – um Leben und Tod. Statt der blanken Fäuste und der Messingschnallen ihrer Gürtel benutzten die Roten Garden jetzt Eisenstangen, Stahlrohre und Kugeln. Das ganze Land war in Aufruhr, wurde von Grausamkeit regiert.

Und dann tat der Vorsitzende Mao das, wovon viele geglaubt hatten, daß er es niemals tun würde. Bislang hatte sich die Volksbefreiungsarmee neutral verhalten und aus der Kulturrevolution herausgehalten. Doch als Mao feststellte, daß in einigen Gebieten des Landes die Rebellen gescheitert waren, während in anderen die Kämpfe außer Kontrolle gerieten, gab er nach und ließ die Armee ausrücken. Die Beteiligung der Armee machte die trüben Gewässer noch trüber. Und sie rückte den Oberbefehlshaber Lin Biao als Maos Nummer zwei ins Licht.
Sollte ich so den Rest meines Lebens verbringen müssen – mich zu Hause verstecken, um meine Sicherheit und die meiner Familie bangen und zusehen, wie meine Zukunft sich in nichts auflöste? Die Tage schleppten sich dahin, aber nachts hatte ich Alpträume – vor allem, als Nummer 2 gezwungen wurde, wieder auf der Straße zu kämpfen, denn die Volksbefreiungsarmee war in Schanghai einmarschiert, um eine starke Splittergruppe aus der Dieselmotorenfabrik Schanghai zu vertreiben. Drei Tage lang wütete der Kampf. Diesmal wurden die Verlierer nicht nur verhaftet oder mit demütigenden Arbeiten betraut: Sie wurden getötet.
Etwa eine Woche später kam ein Brief von Tante Yi-feng. Er bestätigte unsere schlimmsten Befürchtungen. Die Kämpfe hatten das ganze Land erfaßt, die Bauern führten Krieg, und mein Großvater steckte mittendrin. Man griff ihn an, weil er ein Geschäft und ein Stück Land besessen hatte. Zuerst war sein Haus in Qingyang konfisziert worden, und ihm und Großmutter blieb nur ein Zimmer, da andere Familien mit einzogen. Als nächstes schlachteten die Rebellen seine Hühner, Kaninchen und Ziegen, um »ihm seinen kapitalistischen Schwanz abzuschneiden«, ihm also seinen Nebenerwerb zu nehmen. Als er versuchte, die rasenden Rebellen daran zu hindern, die »bourgeoisen« Gräber seiner Mutter, seiner ersten Frau und meiner Eltern einzuebnen, schlugen sie ihn

so zusammen, daß man ihn auf einer Tür nach Hause tragen mußte. Seitdem war er ans Bett gefesselt. Kurze Zeit später starb Großvater an seinen Verletzungen.
Gegen seinen und Großmutters Willen wurde er eingeäschert. Den Palisandersarg, den er hatte machen lassen, als er fünfzig war, nahmen die Rebellen auseinander und verkauften das Holz zur Möbelherstellung. Es war Tradition, seine Beerdigung schon lange im voraus vorzubereiten, und viele Chinesen glaubten, je besser man vorbereitet sei, desto länger würde sich die Beerdigung hinauszögern. Ich hatte gesehen, wie Großtante, schon bevor sie in Rente ging, ihre winzigen roten Seidenschuhe für die Beerdigung nähte und auf jede Sohle eine rote Leiter stickte, die ihr helfen sollte, in den Himmel aufzusteigen. Diese Tradition bezeichneten die Roten Garden als feudalistisch und bourgeois – eine so widersprüchliche Etikettierung machte ihnen offenbar nichts aus – und bestraften sie streng. Oma Ning-bo hatten sie in den Kleidern, die sie für ihre Beisetzung vorbereitet hatte, durch unsere Gasse gejagt, gefolgt von johlenden Kindern, und anschließend die Kleider in einem Feuer verbrannt. Bald darauf starb die Frau an der Demütigung. Ich fragte mich, wieviel die Demütigung zu Großvaters Tod beigetragen hatte, da er in Qingyang ein bekannter und geachteter Bürger gewesen war, bevor die Rebellen ihn angriffen.

Bis 1968 war die Produktivität im ganzen Land alarmierend gesunken. Wie Tante Yi-feng schrieb, wurden die Felder vernachlässigt oder überhaupt nicht bestellt. »Besser proletarisches Unkraut als kapitalistische Saat«, verkündeten gellende Plakate. Wieder ging der Hunger im Land um.
Da in ganz China das Chaos herrschte, verkündete Mao: »Packt mit der einen Hand die Revolution an und fördert mit der anderen die Produktivität«. Und er hielt die Jugend-

lichen dazu an, »den Unterricht wieder aufzunehmen und gleichzeitig Revolution zu machen«. Nach zwei Jahren der Untätigkeit erhielt ich im Mai einen von der Propagandagruppe für Mao-Ze-dong-Ideen autorisierten Brief, der mich aufforderte, wieder in die Schule zu kommen.

Ich folgte der Anweisung voller Befürchtungen, daß mich die Roten Garden wieder schikanieren würden. Damals war die Schule in der Hand einer Propagandagruppe aus Arbeitern, von denen keiner qualifiziert war, eine Schule zu leiten. Ihre Führerin forderte die Lehrer und Schülerinnen auf, sie als Meisterin Ma anzureden. An eine Wiederaufnahme des Unterrichts, wie es in dem Brief gestanden hatte, war nicht zu denken. Die Lehrer, die die grausamen Attacken ihrer eigenen Schülerinnen und Kollegen überlebt hatten, dachten nicht daran, zu arbeiten. Und den Schülerinnen, die zwei Jahre lang die Autorität ihrer Lehrer in Frage gestellt und sie gedemütigt hatten, fiel es schwer, wieder stillzusitzen. Die meisten unserer Lehrbücher waren als »giftiges Unkraut« eingestuft worden, neue gab es jedoch nicht.

Aus Verzweiflung, daß ich wohl nie eine Schulbildung und die Chance zur Aufnahmeprüfung an der Universität bekommen würde, kehrte ich zu meiner alten Praxis zurück, Zeitungen zu lesen und die Worte Maos zu studieren.

Kurze Zeit nach der Wiedereinberufung in die Schule fand ich den wahren Grund dafür heraus: Wir alle – die gesamte Schule – sollte im Juli den Schulabschluß bekommen! Prüfungen gab es nicht: Sie waren als »bourgeoise Instrumente« abgeschafft worden, die zur Eliminierung von Kindern der Arbeiterklasse dienten, indem sie ihnen den Zugang zu einer höheren Schulbildung versperrten. Wir mußten die Schule verlassen und Platz für Jüngere, wie meine kleine Schwester, machen, die noch nie eine Mittelschule besucht hatte, aber gleich als Schülerin der zweiten Klasse zur Tür hereinspazieren und ein Jahr später ihr Abschlußzeugnis bekommen sollte.

»Ich werd' nicht mal die Zeit haben, den Sitz in meiner neuen Schule anzuwärmen«, schimpfte sie.
Nach kaum zwei Jahren regulären Unterrichts in der Mittelschule sollte ich also mit sechzehn – zwei Jahre vor der Zeit – meinen Abschluß bekommen. Mein Traum, an die Universität zu gehen, löste sich in nichts auf, denn ich würde mich nicht bewerben können. Um alles noch lächerlicher zu machen, mußten wir uns, während wir »auf Arbeit warteten«, jeden Tag in der Schule melden. Aber es fand kein Unterricht statt. Wir saßen herum, unterhielten uns und spielten Karten.
Unerwartet sah ich mich mit einer rauhen Wirklichkeit konfrontiert, die mir Angst einjagte: Ich mußte Arbeiterin werden.
Da alle Stellen nach einem staatlichen Plan besetzt wurden, konnte man sich nicht auf eine bestimmte Stelle bewerben. Wer die Sekundarstufe abgeschlossen hatte und nicht zur Universität ging, wartete, bis der Staat ihm oder ihr eine zuwies. Leute mit Beziehungen »nutzten die Hintertür«, um eine gute Stellung zugewiesen zu bekommen, und am begehrtesten war die Armee – wegen der gesellschaftlichen Achtung und der sozialen Sicherheit. Schweren Herzens füllte ich das Antragsformular aus, auf dem natürlich ganz oben die »politische Eignung« stand, also die Klassenzugehörigkeit. Außerdem mußte ich all meine Geschwister mit Alter, Beschäftigung und Adresse angeben.
Was mir am meisten Angst einjagte, war ein neues Regierungsprogramm, das angeblich die Belastung der Stadtbevölkerung mildern sollte: Aus jeder Familie mußte ein Kind für immer aufs Land gehen. Einzelkinder waren sicher, bekamen garantiert eine Arbeit in der Stadt, und auch alle, die einen Bruder oder eine Schwester hatten, die bereits außerhalb von Schanghai arbeiteten, brauchten nicht viel zu fürchten.

Wenn die Regierung Zwietracht in Familien säen wollte, hätte sie keine bessere Methode finden können. Niemand, der in einer Stadt geboren war, würde sein Wohnrecht dort freiwillig aufgeben, denn in China war das bäuerliche Leben hart und voller Entbehrungen. Jetzt sollten also Nummer 3 und ich lange vor der erwarteten Zeit die Mittelschule verlassen. Da Nummer 1 noch studierte, Nummer 2 schon eine Arbeit in Schanghai hatte und Nummer 5 gerade erst zur Mittelschule kam, würden entweder meine ältere Schwester oder ich die Stadt verlassen.

Wie sehr wünschte ich mir, die Zeit anhalten zu können! Ich zählte jede Stunde, bis im Oktober die Würfel für die »Schulabgänger« meines Jahrgangs fallen würden. Immer wieder rief ich mir Großtantes Sprichwort in Erinnerung, daß ein Boot, das mit der Strömung eines Flusses treibt, sich schon gerade ausrichten wird, bevor es an die Brücke kommt. Aber ich war mir da nicht so sicher. Die Auseinandersetzungen in den Familien verschärften sich, Geschwister stritten wie Feinde miteinander. Einer meiner Klassenkameradinnen, die ihre Adoptiveltern verlassen und als kapitalistische Blutsauger denunziert hatte, wurde nun klar, daß sie ihren Status als »Einzelkind« gegen eine ungewisse Zukunft eingetauscht hatte, indem sie zu ihrer ursprünglichen Familie zurückgekehrt war, wo sie Geschwister hatte. Sie fürchtete, daß die Wahl für die Verschickung nun auf sie fallen würde. Sie bat zwar ihre Adoptiveltern um Verzeihung, aber die Geschichte hatte ihnen das Herz gebrochen, und sie weigerten sich, sie wieder aufzunehmen.

Ich hatte niemanden, mit dem ich über meine Probleme sprechen oder bei dem ich mir Rat holen konnte. Großtante redete nie gern über Probleme; sie verließ sich auf ihre Volksweisheit über das Boot. Meine älteren Brüder hatten meine Eltern in vieler Hinsicht ersetzt, aber sie wollte ich nicht damit belasten. Wie auch immer ihre Entscheidung zwischen

Nummer 3 und mir ausfallen mochte, eine von uns beiden müßte darüber verbittert und enttäuscht sein. Diese qualvolle Erfahrung hatten sie selbst schon durchgemacht. Manche meiner Mitschülerinnen erzählten grauenvolle Geschichten über die Qualen ihrer Eltern, die hin- und hergerissen und voller Schuldgefühle waren bei der Entscheidung, welches ihrer Kinder fortgeschickt werden sollte.

Die Spannungen bei uns zu Hause wurden unerträglich. Niemand wollte über unser Dilemma sprechen. Mehr als einmal wünschte ich, es gäbe einen großen Krach, der die Luft reinigen würde. Doch da wir in all den Jahren durch den Tod unserer Eltern und das Leiden unter den politischen Stürmen zusammengewachsen waren, konnten wir einfach keinen offenen Krach vom Zaun brechen.

Mitte Oktober wurde ich ins Büro bestellt und stand dort Meister Wang gegenüber, einem Arbeiter der nahegelegenen Fabrik für Kühlschrankzubehör, der zur Propagandagruppe gehörte. Er teilte mir offiziell mit, daß es an der Zeit sei, zu entscheiden. Welche von uns beiden würde die Stadt verlassen, meine Schwester oder ich? Ich flehte ihn an, eine Ausnahme zu machen, und erklärte ihm, daß Nummer 3 und ich beide zu Hause gebraucht würden, da wir keine Eltern mehr hätten und uns um unsere kleine Schwester kümmern müßten.

»Ich persönlich finde, ihr solltet alle drei gehen«, erklärte er jedoch bestimmt. »Kinder wie ihr, die von bourgeoisen Eltern verwöhnt und verdorben wurden, sollten endlich die wirkliche Welt sehen müssen. Ja, genau das werde ich empfehlen.«

Sein Stift schwebte über dem Formular.

Ich weinte, getroffen von jedem Wort, erschrocken über seine Drohung.

»Ich gehe«, stammelte ich. »Ich gehe. Aber bitte, lassen Sie meine beiden Schwestern in Schanghai.«

»Du gehst bei der ersten Gelegenheit?«

»Ja!«

Mit einem Wort war mein Schicksal besiegelt.

Ich stürmte aus der Schule und lief zu Nummer 3's Schule, die anderthalb Kilometer entfernt lag, um nur zu verhindern, daß man auch sie zur »Einwilligung« zwang. Dort unterschrieb ich vor den Augen der Lehrerin von Nummer 3 und einem Mitglied der Propagandagruppe ihrer Schule ein Dokument, in dem ich mich bereiterklärte, aufs Land zu gehen. Nummer 3 wußte nichts davon.

Auf dem Heimweg fühlte ich mich sehr erleichtert. Endlich war die Spannung gebrochen.

Ich hatte immer ein schlechtes Gewissen gehabt, weil Großtante mich vorzog, und ab und an kränkte ich sie deswegen. Ich wünschte, sie würde uns gleich behandeln oder sich zumindest mehr um Nummer 5 kümmern. Wenn ich Schanghai verließ, würde das Großtante sehr treffen und unweigerlich würde sie es Nummer 3 übelnehmen, aber mir war auch klar, daß mein Gewissen keine Ruhe geben würde, falls ich bliebe und Nummer 3 gehen ließe. Meine heimliche Überzeugung, daß ich ein schlechter Mensch war, spielte sicher eine nicht zu unterschätzende Rolle bei meiner Entscheidung. Ich hatte den Tod meines Vater herbeigewünscht; ich war das unwürdigste seiner Kinder und sollte daher das Haus als erste verlassen.

Als ich den anderen an diesem Abend meinen Entschluß mitteilte, herrschte Schweigen. Ich erzählte ihnen nichts von Meister Wangs Drohungen, weil ich dachte, daß ich mich lächerlich machen würde. Später sprach ich allein mit Großtante.

»Ich hätte wissen müssen, daß du es sein würdest«, seufzte sie und wischte sich mit dem Ärmel eine Träne fort. »Ah Si, das Mädchen aus dem Jahr des Drachen. Hätte deine Mutter zugelassen, daß ich dich adoptiere, wärst du ein Einzelkind und könntest bei mir bleiben.«

Meister Wang verlor keine Zeit. Zwei Wochen später stellte er mich vor meinen Mitschülerinnen vor die Wahl: Ich konnte auf eine Gummiplantage auf der Insel Hainan im Südchinesischen Meer gehen – ein Ort, von dem ich zwar schon gehört hatte, aber nichts Näheres wußte – oder in einen landwirtschaftlichen Gefängnisbetrieb weit entfernt von Schanghai in der nördlichen Provinz Jiangsu. Die Mitteilung schockierte mich ebenso wie die Tatsache, daß er sie unbedingt öffentlich bekanntgeben mußte.
Zynisch fügte er hinzu: »Dein Vater, der ›kapitalistische Gummifabrikant‹, hätte dich sicher gerne auf einer Gummiplantage arbeiten gesehen.« Einige Mädchen reagierten auf seine Bemerkung mit schallendem Gelächter. Bevor er ging, sagte er noch: »Du hast 48 Stunden, um dich zu entscheiden, sonst entscheide ich für dich.«
Ich war zwar wütend, aber die Panik überwog. Wieso in einen Gefängnisbetrieb? Soviel ich wußte, kamen alle Schulabgänger der Stadt auf zivile Bauernhöfe auf der Insel Chong Ming, die zwei Fährstunden von Schanghai entfernt lag. Und wieso war ich die einzige , die sich innerhalb von 48 Stunden entscheiden mußte?
Unsere Sportlehrerin, Frau Chen, nahm mich beiseite und erklärte mir leise, ich würde vorrangig abgefertigt, weil mein Name ganz oben auf der Liste der Wohlfahrtsempfänger der Schule stünde. Falls ich mich weigerte, auf das Angebot einzugehen (wie andere es mit Unterstützung ihrer Eltern taten), würde man mir sofort die Studienbeihilfe streichen. Und was noch schlimmer war, Nummer 3 würde erst eine Arbeit zugewiesen, sobald ich die Stadt verlassen hätte.
Zum erstenmal in meinem sechzehnjährigen Leben wünschte ich mir, nie geboren worden zu sein. Ich rief in der Universität an und ließ Nummer 1 ausrichten, er möge dringend nach Hause kommen. Ich brauchte seinen Rat. Abends sagte ich zu ihm, daß ich es für besser hielte, auf die Insel Hainan

zu gehen, weil ich mir bei dem tropischen Klima dort die Ausgaben für Winterkleidung sparen könnte. Vor allem erschreckte mich jedoch der Gedanke, an einem Ort mit Schwerverbrechern zusammenleben zu müssen. In der Schule hatte ich nicht eine Träne vergossen, aber als ich mit Nummer 1 sprach, verlor ich die Beherrschung.

»Warum wollen sie mich auf eine Gefängnisfarm schicken?« schluchzte ich. »Womit habe ich das verdient?«

Meine Familie schwieg, weil niemand wußte, was er sagen sollte. Wir gingen alle ohne Abendessen zu Bett.

Am nächsten Morgen sagte Nummer 1, ich solle zu Hause bleiben, während er versuchen wolle, mehr Informationen zu bekommen. Meine anderen Geschwister gingen ebenfalls aus dem Haus und ließen mich mit Großtante allein, die die ganze Nacht über still vor sich hin geweint hatte. Jetzt kramte sie herum und tat, als sei sie beschäftigt. Ich merkte, wie sehr ich sie vermissen würde, und wünschte, sie würde mir sagen, wie sehr sie mich liebe und daß sie mich nicht weglassen wolle.

Mittags kam Nummer 1 mit Neuigkeiten wieder. Er hatte im Büro der Landwirtschaftsverwaltung für Ostchina mit einem Angestellten gesprochen. Wie er sagte, gehörte die Gummiplantage mit zu den ärmsten Regionen Chinas, und die Menschen dort hatten lange unter einer verheerenden Hepatitisepidemie gelitten. Das war einer der Gründe, weshalb man jetzt neue Arbeiter rekrutierte. Die Gefängnisfarm hieß Da Feng, Große Ernte, und lag nahe der Küste des Gelben Meeres. Man hatte sie Anfang der fünfziger Jahre für Kuomintang-Häftlinge eingerichtet; später wurde sie auch Arbeitslager für Kriminelle.

»Sie sind alle nur wegen kleinerer Vergehen da, Ah Si«, versuchte Nummer 1 mich zu beruhigen. »Und manche hat man wegen ihres ausschweifenden Lebenswandels hingeschickt. Sie werden dir nichts tun, solange du dich von ihnen fernhälst.«

Aus den Wandzeitungen wußte ich, daß mit »ausschweifendem Lebenswandel« Leute wie mein Großvater gemeint waren, die mehr als eine Frau geheiratet hatten, oder solche, die sich mit den Männern oder Frauen anderer herumtrieben. Auch Unverheiratete, die man beim Beischlaf erwischt hatte, gehörten in diese Kategorie.
Diese Neuigkeiten beruhigten mich nicht sonderlich. Offensichtlich war jede der beiden Möglichkeiten die Hölle auf Erden. Mit sechzehn Jahren sollte man eigentlich den ersten Schritt in Richtung einer strahlenden Zukunft tun. Mir kam es jedoch so vor, als habe mir jemand das Buch des Lebens vor der Nase zugeschlagen. Ich entschied mich für die Gefängnisfarm.

Kapitel 13

Eine Woche später kam Lehrerin Chen zu uns nach Hause und brachte die offizielle Mitteilung meiner Stellenzuweisung mit. Meine Abreise war auf den 20. November festgesetzt, bis dahin waren es kaum noch zwei Wochen.

»Ah Si! Ich will nicht, daß du weggehst«, jammerte Nummer 5.

Alle, selbst Großtante, fingen an zu weinen, nur ich nicht. Ich sagte mir immer wieder, daß Tränen es für alle nur noch schlimmer machen würden. Außerdem sollte ich in zwei Wochen, wenn ich völlig allein und von allem Vertrauten abgeschnitten wäre, noch alle Zeit der Welt haben zu weinen.

Als wir uns ein bißchen beruhigt hatten, wies Lehrerin Chen auf eine Reihe von Vorschriften und Regelungen in der Mitteilung hin. Als erstes mußte ich mein *hukou* aufgeben, mein Wohnrecht in der Stadt, das Wichtigste, was ich außer meinem Leben besaß. Damals lebten in China nur etwa 20 Prozent der Bevölkerung in der Stadt, und diese Menschen waren besser mit Lebensmitteln und anderen Waren versorgt, weil die städtische Industrie mehr als drei Fünftel der Staatseinnahmen erwirtschaftete; ganz zu schweigen von der Tatsache, daß Schanghai eine von nur drei Städten war, die unmittelbar der Zentralregierung unterstellt waren (die anderen beiden waren Peking und Tianjin). Selbst meiner kleinen Schwester war klar, daß die Bauern hungerten, wenn schon die Bevölkerung von Schanghai den Gürtel enger schnallen mußte. Hatte ich mein Wohnrecht in der Stadt erst einmal verloren, würde ich es nie mehr wiederbekommen. Das war das Symbol meiner Verbannung.

Als zweites hieß es in der Mitteilung, daß es im Winter dort kalt sei. Heizungen gab es nicht. Man sollte warme Kleidung und zusätzliches Bettzeug mitbringen.

Früh am nächsten Morgen verließ ich das Haus und war froh, der Beerdigungsstimmung zu entkommen. Ich gab mein Meldebuch und meine Rationierungsmarken bei der örtlichen Polizeistation ab und bekam Essensmarken, die im ganzen Land galten; Sonderzuteilungen für Rohbaumwolle und Stoff für Kleider und Bettzeug sowie für ein Paar Gummistiefel, eine Baumwolldecke und ein Moskitonetz.

Als ich nach Hause kam, wartete Nummer 2 auf mich. Wir setzten uns an den Eßtisch, und er übergab mir 100 Yuan, ein Vermögen, mehr Geld, als einer von uns in seinem bisherigen Leben gesehen hatte.

»Ich habe es mir von der Fabrik geliehen, damit du dir kaufen kannst, was du brauchst oder dir wünschst«, sagte er.

Ich war zu Tränen gerührt. Er würde Jahre brauchen, eine so große Summe zurückzuzahlen. Ich wußte nicht, wie ich ihm danken sollte. Und gleichzeitig wurde mir mit furchtbarer Endgültigkeit klar, daß ich meine Familie, mein Zuhause, in dem ich geboren und aufgewachsen war, für immer verließ.

»Wein doch nicht, Ah Si«, sagte er. »Es wird alles gut. Komm, Nummer 1 wartet, er will mit dir einkaufen gehen.«

Als mich mein ältester Bruder durch überfüllte Geschäfte schleppte, um warme Kleidung, Baumwolle und Stoff zu kaufen, war ich kaum bei der Sache. Doch als wir an einem Schaufenster vorbeikamen, fiel mein Blick auf ein paar bunte Nylonsocken, glatt und dehnbar. Sie sahen aus, als würden sie bequem passen. Nachdem ich jahrelang Socken getragen hatte, die so oft gestopft waren, daß ich meine Schuhe mindestens eine Nummer größer tragen mußte, kamen sie mir wie der Gipfel an Luxus vor. Ich bat Nummer 1, mir ein Paar zu kaufen. Er kaufte zwei.

Mutter hatte immer gesagt: »Weit entfernte Verwandte sind nicht so viel wert wie die nächsten Nachbarn«, und sie hatte völlig recht, denn auch unsere Nachbarinnen halfen mir, mich auf mein Exil vorzubereiten. Frau Yan arbeitete bis tief in die Nacht und nähte mir eine wattierte Jacke und Hose.

»Die Farm heißt Da Feng, nicht wahr?« sagte sie. »Da muß es eiskalt sein!« Sie dachte, Da Feng hieße Großer Wind, weil die Worte für Wind und Ernte im Chinesischen beide gleich klingen.

Ying-yings Mutter unterstützte mich ebenso. Sie gab mir zwei Rollen hochwertigen Toilettenpapiers, schneeweiß und weich wie Baumwolle, das sie vor der Kulturrevolution in einem speziellen chinesischen Überseeladen gekauft hatte. Sie sagte, wenn ich meine Tage hätte und viel laufen müßte, sollte ich dieses Toilettenpapier um das rauhe Hygienepapier wickeln.

Großtante war ständig beschäftigt, so beschäftigt, erklärte sie, daß sie keine Zeit hatte, mit mir zu reden. Das war typisch. Immer wenn sie traurig oder wütend war, reagierte sie mit Schweigen. Sie saß vor dem Herd, Stunde um Stunde, Tag für Tag, und röstete im Wok Mehl, rührte es behutsam um, damit es nicht anbrannte. Geröstetes Mehl war billig und praktisch, und wenn man kochendes Wasser dazugab, quoll es auf und füllte den Magen. Mit ein bißchen Zucker wurde es zur Leckerei. Aber die Zubereitung brauchte sehr viel Zeit und Geduld, und ich war schockiert, als ich sah, wieviel Großtante davon für mich vorbereitet hatte. Sie hatte all ihre Essensmarken aufgebraucht und sich noch einige von Nachbarn geliehen. Auch das war typisch.

An den folgenden Tagen und nachts, wenn wir nebeneinander lagen, wartete ich darauf, daß Großtante mir sagen würde, ich solle auf mich aufpassen und daß sie mich vermissen würde. Ich stellte mir vor, daß sie mir plötzlich erklären würde, ich müsse nicht weg, irgendwie würden wir es schon schaffen, ohne meine Studienbeihilfe oder eine Arbeit für Nummer 3. Aber es passierte nichts dergleichen.

Der Tag der Abreise kam, ein typischer Novembertag in

Schanghai, feuchtkalt und bedeckt. Meine beiden Brüder umwickelten meinen Holzkoffer und mein zusammengerolltes Bettzeug schweigend mit dicken Strohseilen für die lange, beschwerliche Reise. Zum Mittagessen kochte Großtante mein Lieblingsgericht, Schweinefleisch nach Schanghai-Art mit grünen Zwiebeln. Nachdem das Geschirr gespült war, erklärte sie uns, sie ginge jetzt zu ihrer üblichen Zeitungslesestunde. Und ohne sich zu verabschieden oder mir eine gute Reise zu wünschen, ohne mich auch nur anzusehen, schloß sie die Tür hinter sich.

Eine Stunde später verließ ich mein Zuhause und fragte mich, ob ich diese drei Zimmer je wiedersehen, ob ich je wieder in Großtantes Bett schlafen oder im Lichthof stehen und zu dem Zimmer hinaufschauen würde, in dem meine Eltern gelebt hatten und gestorben waren. Mit meinen Schwestern und Brüdern trottete ich durch die Gasse des purpurnen Sonnenscheins, in der ich gespielt und Spatzen gejagt hatte, und durch die ich zweimal in weißen Kleidern mit einem Trauerzug gegangen war. Wir kamen vorbei an der Tempelschule am Markt, wo ich gewissenhaft Schlange gestanden hatte, um Reis und Schweineknochen zu kaufen. Auf dem Weg zur Bushaltestelle mußten wir an dem Gebäude vorbei, in dem Großtante ihre Zeitungslesestunde hatte. Ich sah sie weinend in der Tür sitzen. Ich blieb stehen und wollte etwas sagen. Ich wollte ihr sagen, wie sehr ich sie liebte, aber sie schaute weg.

Am Stadion des Distrikts, wo sich die »Schulabgänger« sammelten, die aufs Land gingen, stellten meine Brüder mein Gepäck ab. Meine Schwestern waren verlegen und wußten nicht, was sie sagen sollten. Nummer 5 weinte, Nummer 3 starrte auf das feuchte Trottoir. Ich erfuhr, daß nur die Schüler, die zur Gefängnisfarm fuhren, hinein durften. Mein letzter Augenblick mit meiner Familie war gekommen. Ich schrie laut auf.

»Warum können sie nicht bei mir bleiben, bis ich weg muß?« bettelte ich.
Es hatte keinen Sinn.
In diesem Augenblick rief jemand meinen Namen, und durch meine Tränen sah ich Lehrerin Chen. Sie war gekommen, um sich von mir zu verabschieden. Sie versicherte meinen Brüdern und Schwestern, daß sie bei mir bleiben würde. Feierlich verabschiedete ich mich von ihnen, nahm meine Koffer und ging durch das Tor des Stadions.
Lehrerin Chen überredete den Pförtner, sie mit mir hineinzulassen, und erklärte, sie sei die Vertreterin der Schule. Mehr als dreihundert unglückliche Jugendliche hatten sich bereits mit dicht gepackten und fest verschnürten Bündeln dort eingefunden. Lehrerin Chen erzählte, daß noch vier andere Schülerinnen aus meiner Schule mitfuhren, aber ich kannte sie nicht.
Wir setzten uns und warteten. Meine Lehrerin gab mir ein Stück Brot, das sie für mich gekauft hatte, aber es blieb unberührt. »Du kannst stolz auf dich sein«, sagte sie, bemüht, mich aufzuheitern, »weil du kein Feigling bist.«
Ich fühlte mich alles andere als mutig.
Es wurde schon dunkel, als die Lautsprecher uns zu den wartenden Bussen riefen. Bevor ich in den Bus stieg, preßte Lehrerin Chen meine Hände fest vor ihre Brust. »Xiao Ye«, flüsterte sie, »denk an das alte Sprichwort: ›Zu Hause verlaß dich auf deine Eltern; fern von zu Hause, verlaß dich auf deine Freunde‹. Suche dir Freunde auf der Farm. Sie werden dir helfen.«
Ich wußte, daß sie ein Risiko einging, als sie dieses alte Sprichwort aussprach, denn die meisten alten Redensarten waren als feudalistischer Unsinn verschrien. Alles ist gegen mich, dachte ich, selbst dieses Sprichwort. Ich hatte zu Hause keine Eltern, und die Kulturrevolution, die Freunde aufforderte, sich gegenseitig zu denunzieren, hatte Freund-

schaften zerstört. Offenbar gab es nichts mehr, worauf ich mich hätte verlassen können, nicht einmal meinen Schatten.

Im Bus, dem fünften in der Reihe, waren keine Sitzplätze mehr frei. Ich verstaute mein Gepäck in der Ablage über den Sitzen und blieb im Gang stehen, wischte mir wie die anderen die Augen mit dem Ärmel und starrte aus dem Fenster. Der Bus fuhr durch das Tor auf die Straße, auf der sich Familienangehörige und Verwandte drängten. Vorbeifahrende Autos hupten. Fahrradklingeln schrillten. Leute liefen neben den Bussen her, riefen Namen und weinten. Als die Busse stehenblieben, reckten sich Dutzende Hände durch die Fenster herein und umklammerten die Hände ihrer Lieben. Ich suchte mit Blicken die Menge nach meinen Schwestern und Brüdern ab.

Der Bus setzte sich wieder in Bewegung. Nach und nach zogen sich die Hände aus den Fenstern zurück. Da hörte ich einen verzweifelten Schrei: »Ah Si! Ah Si! Wo bist du?«

Ich drängte und zwängte mich zu einem Fenster, ohne auf die Proteste der Sitzenden zu achten.

»Hier! Hier!« brüllte ich.

Der Bus fuhr schneller. Mein Bruder lief nebenher und streckte die Hand zum Fenster aus. Mehr als alles andere sehnte ich mich nach dieser letzten Berührung. Ich streckte den Arm soweit zum Fenster hinaus, wie ich konnte, öffnete und schloß meine Hand, aber Nummer 1 fiel zurück, und ich spürte nur kalte Luft.

Teil III

Bitterer Wind

(1968–1974)

Kapitel 14

Nach einer nächtlichen Schiffspassage auf *Der Osten ist rot/Nummer 8,* einem altersschwachen Koloß voll unglücklicher Jugendlicher, stieg ich in einen klapprigen Bus, der uns zu dem landwirtschaftlichen Gefängnisbetrieb bringen sollte. Schon bald ließ unser Konvoi die Felder rund um die Stadt Nangtong in der Provinz Jiangsu hinter sich und fuhr durch eine flache Landschaft, über die ein so scharfer Wind pfiff, daß er durch die Fensterritzen in die Busse gelangen konnte. Kilometerweit war kein Baum, kein Haus und keine Menschenseele unter dem grauen Himmel zu sehen. Da ich in einer der größten Städte des Landes aufgewachsen war, kannte ich keine menschenleeren Straßen, nicht einmal mitten in der Nacht. Selbst in der Umgebung von Qingyang, wohin wir vor Vaters Operation einmal im Jahr gefahren waren, um Großvater zu besuchen, hatte ich immer Bauern gesehen, die auf den grünen Feldern arbeiteten oder über die schmalen Deiche der Reisfelder gingen. Selbst im Winter war das dicht bevölkerte Land dort grün, und die Luft von Feuchtigkeit und dem üppigen Duft wachsender Pflanzen erfüllt.

Diese Leere hier konnte nur eins bedeuten: Der Boden eignete sich nicht für die Landwirtschaft.

»Ein Haus, ein Haus!« rief jemand im vorderen Teil des Busses. Seit fünf Stunden schüttelte der Bus uns nun schon durch. Durch das verstaubte Fenster sah ich eine Ansammlung reetgedeckter Häuser. Der Bus bog von der Straße ab und holperte auf einem ausgefahrenen Weg durch ein Dorf.

Nach und nach bogen die Busse vor uns auf schmalere Schotterwege zur Linken und Rechten ab. Meiner rumpelte über eine Holzbrücke und hielt schließlich mitten in einer Gruppe von Häusern aus Flechtwerk, die mit Reisstroh gedeckt waren.

Dann ging die Tür auf, ließ den kalten Novemberwind herein und mit ihm einen Mann mittleren Alters. »Hallo, revolutionäre Genossen«, begrüßte er uns in einem Su-Bei-Akzent. Der Ausdruck war seit Beginn der Kulturrevolution aus der Mode, weil er zu ungenau war. »Willkommen bei der Ersten Brigade der Unterabteilung Xi Min im Arbeitslager Da Feng ... ehm, im landwirtschaftlichen Betrieb Da Feng«, korrigierte er sich hastig. »Mein Name ist Chang Wen, und ich bin der Führer dieser Brigade.«

Zögernd stieg ich mit den anderen aus. Das Begrüßungskomitee bestand aus Changs Assistent, Lao Deng – einem kleinen alten Mann, dessen Mund- und Augenwinkel auch dann nach oben gezogen waren, wenn er nicht lächelte –, ihren Ehefrauen, dem Arzt und dem Buchhalter. Er war ein großer, hagerer Mann, der jedem von uns die Hand gab, sich dabei tief verbeugte und lächelnd seine nikotingelben Zähne zeigte. Händeschütteln war für mich eine neue Erfahrung, die mir zeigte, daß ich jetzt erwachsen war.

Ich sah mich suchend nach Kriminellen mit narbigen Gesichtern, nach hohen Mauern oder soliden Gebäuden mit vergitterten Fenstern um, sah aber nichts Außergewöhnliches, nur ein winziges Dorf mit unbefestigten Wegen. Dr. Wang, der jüngste des Begrüßungskomitees, dessen scharfe, helle Augen mich an meinen Großvater erinnerten, bat die männlichen Schüler, ihm in ihren Schlafsaal zu folgen. Lao Bai, Lao Changs Frau, eine rundliche Person mittleren Alters mit durchdringender Stimme, rief die Mädchen zu sich.

»Hier sollen wir bleiben?« rief jemand aus dem Männerschlafsaal.

Unser Schlafsaal war wie alle Gebäude ein einstöckiges Lehmhaus – ein Geflecht aus Stöcken und Stroh, das mit Lehm und Erde beworfen war – mit Reetdach und Lehmboden. Er lag am Südrand des Dorfes und war durch einen

Fußweg zur Linken vom Männerschlafsaal und durch einen Graben zur Rechten von den leeren Feldern getrennt.
»Kommt«, sagte Lao Bai. »Achtet gar nicht auf ihn. Kommt rein und seht euch um.«
Nacheinander gingen wir durch die schmale Tür. Mein erster Eindruck war der schwere Geruch nach Feuchtigkeit, Kalk, Rauch und faulem Reisstroh. Das Haus war wie ein überdimensionaler Eisenbahnwagen, knapp fünfzehn Meter lang, aber nur etwa fünfeinhalb Meter breit. Obwohl es erst Nachmittag war, kämpften drei nackte Glühbirnen darum, die Dunkelheit zu vertreiben. An jeder Schmalseite befand sich eine Tür, und in jeder Längswand waren drei kleine Fenster. Unzählige Füße hatten den Lehmboden festgetreten. Die Wände waren frisch gekälkt, aber schon jetzt kam überall brauner Lehm durch. An jeder Wand stand ein fortlaufendes niedriges Podest aus rauhen Brettern auf angespitzten Ästen, die in den Boden gerammt waren. Sie waren mit übelriechendem Stroh bedeckt und sollten uns als Bett dienen.
Als habe Lao Bai meine Gedanken gelesen, sagte sie: »Wenn ihr erst mal eure Betten gemacht habt, sieht es gar nicht mehr so schlimm aus. Ihr kommt doch aus der Stadt und könnt es euch sicher schön herrichten. Bald sieht es hier schon aus wie zu Hause.«
Nach kurzem, aber heftigem Gerangel, bei dem alle einen Platz neben ihren Schulkameradinnen oder in der Nähe eines Fensters und fern von der Tür ergattern wollten, hatten wir das Territorium mit unseren Reisetaschen abgesteckt. Lao Bai führte uns in die Kantine am Nordrand des Dorfes, wo wir ein verspätetes Mittagessen bekommen sollten. Bevor ich hineinging, sah ich mich nach einem Wasserkran zum Händewaschen um. Vor einem Häuschen entdeckte ich ein halbes Dutzend Wasserbehälter, die mir fast bis an die Brust reichten und sehr breit waren. Das Wasser schien sau-

ber, obwohl es modrig roch. Dieser Schuppen mußte das Pumpenhaus sein, dachte ich und überlegte, wie ich mir die Hände waschen konnte, ohne den ganzen Behälter zu verschmutzen.

Ein weißhaariger Mann trat hinter der Hütte vor, wo er offenbar gearbeitet hatte, denn er hatte schwarze Hände.

»Kann ich dir helfen?«

Ich erklärte ihm mein Dilemma.

»Komm mit«, sagte er ruhig und führte mich durch die Schuppentür. Auf dem Boden stand eine Schüssel, Seife und Handtuch lagen daneben. Er bedeutete mir, sie zu benutzen, und ließ mich allein. Draußen schöpfte ich eine Schüssel voll Wasser aus einem der Behälter, die ich für den Frischwasservorrat des Dorfes hielt.

Als ich in die Kantine kam, fragten mich mehrere der Schülerinnen, wie ich es geschafft hatte, mich zu waschen. Ich erzählte es ihnen und fügte hinzu, daß sie sicher auch die Schüssel, das Handtuch und die Seife benutzen könnten, da der Alte Onkel einen recht freundlichen Eindruck gemacht habe.

»Mädchen, paß auf, was du sagst«, unterbrach mich Lao Bai scharf. »Du solltest hier niemanden Onkel oder Tante nennen, und ihr solltet auch nicht zu ihren Unterkünften gehen und ihre Sachen benutzen. Überhaupt dürft ihr nur mit denen sprechen, die euch eben begrüßt haben.« Sie senkte dramatisch die Stimme. »Wenn ihr wüßtet, was dieser ›Alte Onkel‹ vor der Befreiung gemacht hat, würdet ihr ihm nicht in die Nähe kommen wollen.«

Ihre Worte jagten mir Angst ein. Hatte ich etwa mit einem der Verbrecher gesprochen? War er ein Mörder?

»Also«, fuhr Lao Bai fort, »haltet euch von ihnen fern. Ihr seid junge Mädchen. Man weiß nie, was diese Schweinehunde im Schilde führen. Wenn es sich nicht umgehen läßt, sagt einfach *Wei* zu ihnen, sonst nichts.«

Wei bedeutet im Chinesischen »He, du!« oder »Hallo«, wenn man sich am Telefon meldet. Unser Leben lang hatte man uns beigebracht, einen Mann Onkel oder Alter Onkel zu nennen, je nach seinem Alter; und eine Frau war Tante oder Alte Tante. Einen Menschen, der älter war als man selbst, nur mit *Wei* anzureden, war respektlos.

Lao Bais Warnung hatte mir den Appetit verdorben. Immer wieder sah ich verstohlen zu den Männern hinter der Theke hinüber, die uns das Essen serviert hatten. Kein Wunder, daß sie dastanden wie die Holzblöcke, völlig regungslos. Kein Wunder, daß sie nichts zu uns gesagt und sogar jeden Blickkontakt vermieden hatten. Aber wenn sie wirklich so gefährlich und wenig vertrauenswürdig waren, wie Lao Bai gesagt hatte, warum sollten wir dann etwas essen, das sie gekocht hatten?

Abends warnte uns Lao Chang, niemals nachts die Gemeinschaftstoilette zu benutzen. Er sagte nicht ausdrücklich, ob er fürchtete, daß wir in die offene Jauchegrube neben der unbeleuchteten Latrine fallen oder von Gefangenen belästigt werden könnten. Seine Warnung trug nicht gerade dazu bei, daß ich besser einschlafen konnte. Um mich herum unterhielten sich die anderen Mädchen, weinten oder schrien im Schlaf. Ich war sehr niedergeschlagen.

Als ich aufwachte, fand ich mich auf dem Platz meiner Nachbarin wieder. Es würde wohl eine Weile dauern, bis wir uns daran gewöhnt hatten, auf einer langen Bank zu schlafen, dachte ich. Ihr Name war Liu Lan-lan – »Orchidee« –, und sie hatte die letzte Klasse der Xiang-Yang-yang-Mittelschule im selben Distrikt abgeschlossen, in dem auch meine Schule lag. An ihren geschwollenen Augen erkannte ich, daß sie auch nicht besser geschlafen hatte als ich. Sobald wir aufgestanden waren, begann sie ihren Platz aufzuräumen und sauberzumachen; sie war groß und dünn und wirkte nervös, als sie vergeblich versuchte, ihr Laken glatt über das Stroh zu breiten.

Meine Nachbarin zur Rechten war, wie sich herausstellte, in dieselbe Schule gegangen wie ich, obwohl ich sie kaum kannte. Jia-ying war eine hübsche Neunzehnjährige mit großen dunklen Augen, einem blassen, ovalen Gesicht und modischer Frisur. Als sie mich mit ihrer sanften Stimme meinen drei anderen Schulkameradinnen vorstellte, klang sie wie die Gastgeberin einer geselligen Einladung. Kurz darauf bat sie mich schüchtern, ein Bettuch hochzuhalten, damit sie sich dahinter umziehen konnte.

Während ich mit dem Laken in Händen auf ihrem Bett stand, hatte ich einen guten Überblick über den langen, schmalen Schlafsaal voller junger Frauen – alle mindestens zwei Jahre älter als ich. Die einen liefen in Unterwäsche herum, andere hockten auf Spucknäpfen, die als Nachttöpfe dienten – eine Szene, die sich in den nächsten Wochen, Monaten und Jahren endlos wiederholen sollte.

Zu Beginn des Tages gab es erst einmal mit den Nachttöpfen einen Marsch zur Latrine, unter dem Gekicher und den sarkastischen Bemerkungen der Jungen und der Gefangenen. Die Wände der Frauenlatrinen bestanden aus Reetmatten, das Dach war strohgedeckt und offensichtlich nicht wasserdicht. In den Lehmboden waren eine Reihe Gruben gegraben, über die wir uns breitbeinig hocken mußten. Eine etwa 2,70 Meter hohe Innenwand trennte unsere Latrine von der der Männer, aus der deutlich Gelächter und Zigarettenrauch herüberdrang.

Ich war in einer Umgebung aufgewachsen, die jegliche persönliche Bedürfnisse als »bourgeoisen Müll« abtat; trotzdem hatte ich mir immer ein gewisses Gefühl für Privatheit bewahrt. Obwohl dies nicht meine erste Erfahrung war, mich öffentlich zu erleichtern – auf der Reise nach Peking war es auch nötig gewesen –, fiel es mir schwer, damit umzugehen. Zögernd ging ich an das Ende einer Grube, die am weitesten von der Männerseite entfernt lag, und war er-

staunt, wie ungezwungen manche Frauen miteinander plauderten, Hereinkommenden etwas zuriefen und sich von denen, die schon fertig waren, verabschiedeten.
Vor dem Frühstück stahl ich mich davon, um mir das Dorf anzusehen. Das dauerte nicht lange. Das Lager bestand aus vier Gebäudereihen. Die ersten beiden waren Wohnhäuser und Schlafsäle, in den anderen beiden Reihen auf der Nordseite der Straße standen die Sanitätsstation, die Verwaltung, Kantinen und Pumpenhäuser und die Scheune für Ackergeräte. Auf drei Seiten war das Dorf von einem breiten Graben umgeben, der teils mit stehendem Wasser und Abfällen gefüllt war und an der vierten Seite in einen Fluß mündete. Der Ort war trist und gesichtslos.
Ich kam gerade noch rechtzeitig in die Kantine, um Lao Changs ersten Vortrag an die Neuankömmlinge zu hören. Er hatte sich in eine verblichene Armeeuniform gezwängt – komplett mit Schirmmütze –, die Hände auf dem Rücken verschränkt und gab sich alle Mühe, offiziell und bedeutend zu klingen. Jeder seiner schwülstigen Sätze wurde unterbrochen von «*zhege . . . nage*« « einer bürokratischen Floskel, die die eigene Wichtigkeit hervorhob. Ständig wanderte mein Blick zu den schmuddeligen Stichen an seinem Ärmel und zu den fünf Knöpfen seines Jacketts, die sich tapfer bemühten, die Jacke zusammenzuhalten.
Lao Chang war ein »Achtunddreißiger«, einer der Männer, die der Kommunistischen Partei 1938 beigetreten waren und am Krieg gegen die japanische Invasion teilgenommen hatten. Ein Achtunddreißiger zu sein bedeutete eine hohe Stellung und Ansehen. Es gab noch andere Honoratioren, wie die Teilnehmer des Langen Marsches (die 1935 mit Mao Ze-dong den berühmten, zwölfeinhalbtausend Kilometer langen Marsch durchgestanden hatten), die Untergrundaktivisten der Weißen Gebiete (Kommunisten, die in einem von der Kuomintang kontrollierten Gebiet im Untergrund ge-

kämpft hatten) und die Arbeiter der Sowjetgebiete (die in den kommunistischen Stützpunkten gearbeitet hatten, die von 1927 bis 1937 während des Zweiten Revolutionären Bürgerkriegs gegen die Kuomintang eingerichtet wurden). Nach meinem Verständnis waren diese Bezeichnungen wie teurer Likör: je älter die Flasche, desto besser.

Lao Chang eröffnete seine Rede mit einer guten Nachricht: Jeder von uns verdiente im Monat 18 Yuan. Ich war begeistert. Nach einem Leben in Armut und Demütigung als Wohlfahrtsempfängerin würde ich endlich eigenes Geld verdienen. Ich konnte sogar meiner Familie etwas schikken.

Als nächstes erzählte Lao Chang uns etwas über die Gefangenen, die Hände immer noch auf dem Rücken und beim Sprechen wippend. Es waren zur Zeit 87 Männer in der Brigade, alle aus Schanghai.

»Wo sind die weiblichen Gefangenen?« unterbrach ihn eine Frau.

»Heißt das, sie können wieder nach Schanghai zurück, wenn sie ihre Zeit abgedient haben?« fragte ein Mann. »Warum können wir dann nicht auch wieder nach Hause?«

Lao Chang konnte seinen Ärger nicht verhehlen, daß man ihn in seiner Rede aus der Bahn geworfen hatte. »Alle weiblichen Gefangenen sind im Unterbetrieb Chuan Dong«, erklärte er streng. »Meiner Meinung nach heißt Männer und Frauen zusammenzubringen nur eins: Ärger.«

Jahre später erfuhr ich, daß Lao Changs Bitterkeit gegen Frauen eigener Erfahrung entsprang. Man hatte ihn bestraft, weil er in seiner Arbeitseinheit ein Verhältnis mit einer verheirateten Frau gehabt hatte, und ihn wegen seiner »verderbten Lebensweise« verbannt. Seine Frau und seine Familie hatten ihn begleitet, denn seine »Versetzung« war zeitlich unbegrenzt.

»Und was dich angeht, junger Mann«, fuhr er fort, »so werde ich auf deinen ungezogenen Einwurf nicht eingehen.« Seine Stimme wurde schrill. »Als ich in eurem Alter war, habe ich mein Leben für unser Heimatland riskiert, damit ihr es jetzt leichter habt. Nehmt euer Glück nicht als selbstverständlich hin.«

Er trat beiseite, um Lao Deng das Wort zu erteilen, der uns mit seiner zittrigen Stimme mitteilte, daß das umliegende Ackerland dem Gelben Meer abgerungen worden sei, und jeden Winter ein massiver Arbeitseinsatz stattfinde, um die Deiche an der Küste zu reparieren und zu verstärken. Der Ackerboden war so alkalihaltig, daß sich nach einem Sommerregen in der Hitze rund um das Dorf Salzberge bildeten. Die nächstgelegene Stadt, knapp fünfzig Kilometer entfernt, hieß sogar Yan Cheng – Salzstadt. Wegen der Bodenqualität hatte man bisher neben etwas Gemüse hauptsächlich Baumwolle und Erdnüsse angebaut. Seit Beginn des Nationalen Programms zur Förderung der Landwirtschaft waren in den letzten Jahren große Anstrengungen unternommen worden, Reis anzubauen, allerdings ohne sonderlichen Erfolg. Dennoch würden diese Bemühungen fortgesetzt, fügte Lao Deng dunkel hinzu.

Das meiste, was er sagte, ging zu einem Ohr hinein und zum anderen wieder hinaus. Ich kam aus der Stadt. Für mich war eine Feldfrucht wie die andere. Doch schon bald sollte ich auf einem harten Weg lernen, daß ich mich irrte.

Endlich hörte Lao Deng auf zu reden, und wir stellten uns an, um unser Frühstück abzuholen. Anschließend mußten wir zwischen den Gefangenen Spießruten laufen, die vor der Kantine warteten, bis sie an die Reihe kamen. Die meisten trugen gefütterte Mützen mit langen Ohrklappen und schäbige Kleidung. Ihre Jacken wurden mit geflochtenen Reisstrohgürteln zugehalten. Die Männer klapperten mit ihren Emailleschalen, johlten und lachten und machten rüde Bemerkungen zu einigen Schülerinnen.

»Erst klaut ihr uns das Haus und jetzt noch unser Essen!« dröhnte einer über das Getöse hinweg.
Offenbar waren sie vorher in den Schlafsälen untergebracht gewesen, in die wir am Vorabend eingezogen waren, und mußten nun in noch weniger einladenden Quartieren wohnen. Ich nahm ihnen ihre Wut nicht übel, und trotzdem machten sie mir Angst.
An jenem ersten Tag begann ich gemeinsam mit meinen neuen Landarbeiterkollegen, die fast alle »nicht-rote« Schüler und Schülerinnen waren, die harte Arbeit. Bald stellte ich fest, daß Frau Yan mit ihrem Irrtum über den Namen der Siedlung – die sie »Großer Wind« statt »Große Ernte« genannt hatte – die Wahrheit nur zu gut getroffen hatte, denn Tag und Nacht pfiff ein eisiger Wind aus Nordwesten. Die Einheimischen hatten einen Vers darauf: An ungeraden Tagen rollte der Wind das Land auf wie eine Decke, an geraden rollte er es wieder aus. Auch wenn das Wasser in den Gräben und den Behältern vor dem Pumpenhaus nur selten fror, sorgte die Nähe zum Meer dafür, daß die eisige Luft ständig schwer und feucht war.
Als erstes lernte ich, Baumwolle zu pflücken – nicht die flauschigen weißen Bälle, denn die hatten die Gefangenen schon vor mehr als einem Monat im Oktober geerntet. Vielmehr mußten wir von Busch zu Busch gehen und die unreifen Samenkapseln von den kahlen, braunen Zweigen streifen. Anschließend mußten wir sie von Hand öffnen, um die klebrige schwarze Masse im Inneren der Kapseln zu gewinnen, die dann zu einer Mühle gebracht und zu Speiseöl gepreßt wurde. Schon bald waren meine Hände wund und rot von der Kälte und den scharfkantigen Kapseln. Als wir mit dieser Arbeit fertig waren, mußten wir die Baumwollpflanzen aus dem Boden reißen – eine Knochenarbeit –, da Lao Deng entschlossen war, im nächsten Jahr Reis anzubauen.

Einige Wochen, nachdem wir mit der Arbeit auf den Feldern begonnen hatten, fand ich Jia-ying leise weinend im Bett.

»Was ist los?« fragte ich.

Sie zeigte mir ihre geschwollenen Finger und ihre wunde, zerkratzte Haut. »Wie soll ich mit diesen Händen je wieder Klavier spielen?«

Ich nahm meine Kissenhülle, ein kleines Handtuch, und schlang es ihr um die Hände. »Sie heilen wieder, Jia-ying. Mach dir keine Sorgen. Unsere Arbeit auf den Baumwollfeldern ist bald vorbei.«

»Vorbei?« schimpfte sie. »Das geht nie vorbei.« Sie bewarf mich mit dem Handtuch und kroch unter ihre Bettdecke.

Obwohl ich daran glaubte, daß Wunden heilen, bezweifelte ich, daß sich unsere unsichtbaren Wunden je wieder schließen würden.

Nach den langen Arbeitstagen auf den kalten, öden Feldern gab es keine Freizeit: Zwischen Abendessen und Lichtausmachen hatten wir im Schlafsaal politischen Unterricht. Meist kam einer der beiden Laos zu uns, um das obligatorische Vorlesen und die Diskussionen zu leiten, während wir auf der Kante unserer Bettstellen saßen und scheinbar interessiert mitmachten. Alle Glieder taten mir weh, ich war müde und versuchte verzweifelt, eine bequeme Position zu finden. An Abenden, an denen die Laos sich nicht blicken ließen, leitete unsere Gruppenführerin die Schulung. Dann krochen wir ins Bett, kuschelten uns in unsere wattierten Decken, und schon bald schweiften unsere Diskussionen vom Thema ab. An solchen Abenden war ich, getrieben von Kälte und Langeweile, zu Scherzen und Albernheiten aufgelegt.

Das harte Leben hatte meinen Sinn für Humor geschärft. Ich hatte immer schon ein scharfes Gespür für Ironien, und die Kulturrevolution lieferte endlosen Stoff. Das verhaßte kleine rote Buch, das für mich mit Leid verknüpft war, erinnerte mich dennoch an die Welt, die ich von zu Hause kannte. Doch obwohl allein schon der Gedanke, mein Leben auf der Gefängnisfarm verbringen zu müssen, mich in tiefe Niedergeschlagenheit stürzte, machten die Briefe von Zuhause mir klar, wie friedlich es hier war – eine vergessene Ecke in einer verrückten Welt, weit fort von den Kämpfen, die immer noch in Schanghai wüteten.

Und so begann das Jahr 1969 in Stille und Einsamkeit.

Kapitel 15

Zur Neujahrsfeier gab Lao Chang Anweisung, ein Schwein zu schlachten, was bei uns strahlende Mienen hervorrief. Wochenlang hatten wir zu unserem Reis nichts anderes bekommen als konserviertes Gemüse und getrockneten Fisch, der so salzig war, daß er mich an die halb verhungerten Soldaten der Roten Armee während des Langen Marsches erinnerte, die Salzblöcke lecken mußten, um bei Kräften zu bleiben.

Schon eine halbe Stunde vor der Zeit fanden wir uns alle in der Kantine ein. Während ich voller Vorfreude auf den köstlichen Duft und den Geschmack des Schweinefleischs in der Schlange wartete, dachte ich an die vielen Male, als Frau Yan mich morgens um vier geweckt hatte, damit wir uns auf dem Markt für ein bißchen Schweinefett anstellen konnten. Für Fett brauchte man weniger Essensmarken als für Fleisch, und Großtante benutzte es gern, um frisch gekochtem Reis mit etwas Salz oder Sojasauce mehr Geschmack zu verleihen. Mein Hunger erinnerte mich auch an den Tag, als ich herausfand, daß Jia-ying von zu Hause Hühnerfett mitgebracht hatte, und ich mir Mühe geben mußte, meinen Neid nicht zu zeigen.

Beim essen ließ ich mir mein Stück Schweinefleisch, das in Sojasauce gekocht war, mit Haut und Fett so langsam wie möglich auf der Zunge zergehen. Es war himmlisch.

Nach dem Essen spülten Jia-ying und ich gerade unser Geschirr, als uns mehrere ausgemergelte, zerlumpte Gefangene plötzlich heftig beschimpften. Zum erstenmal hatte man ihnen zum Neujahrsfest kein Fleisch gegeben; sie hatten Knochen und Innereien essen müssen.

»Ihr nutzlosen Stadtmädchen schnappt uns das Essen vom Munde weg«, knurrten sie. Wir liefen mit unserem Geschirr davon, gefolgt von ihren Verwünschungen.

Zwei Tage später bekamen sie ihre Rache. Man hatte uns zwar wiederholt gewarnt, wir sollten nicht einmal tagsüber allein durchs Gelände gehen, aber ich wollte unbedingt allein zur Latrine, weil ich meine Tage hatte. Die anderen waren zum Dreschplatz gegangen, um frisches Stroh für unsere Betten zu holen. Ich war froh, als ich sah, daß die Latrine leer war.

Kurz darauf hörte ich es rascheln. Ich dachte, daß es eine Fledermaus im Strohdach sei – was recht häufig vorkam –, und hielt mir mit den Händen die Ohren zu, weil es hieß, Fledermäuse würden Menschen gern in den Kopf kriechen. Gleichzeitig schloß ich die Augen, senkte meinen Kopf zwischen die Knie und hoffte inständig, daß niemand hereinkommen und mich in dieser lächerlichen Stellung sehen würde.

»Wie geht's, Schätzchen?«

Erschrocken schlug ich die Augen auf und sah eine Männerhand, die mir über die Trennwand hinweg zuwinkte.

»Warum kommst du nicht rüber, kleines Fräulein? Nach allem, was ich sehe, können wir im Nu Freunde sein.«

Ich wollte schreien, brachte aber keinen Laut heraus. Ich sprang auf und rannte zum Schlafsaal, der an diesem Tag zum Glück nicht abgeschlossen war, weil zwei Mädchen mit Grippe im Bett lagen.

Tränen der Angst liefen mir über die Wangen, als ich ihnen erzählte, was passiert war. Doch schon bald wünschte ich, ich hätte meinen Mund gehalten. Es kam zu einer Untersuchung. Zweimal befragte mich Lao Chang, und jedesmal mußte ich ihm meine peinliche Geschichte erzählen. Dann wurde ich von den Ehefrauen der beiden Laos, vom Arzt und vom Buchhalter befragt. Als meine Mitbewohnerinnen von ihrer Arbeit zurückkamen, wollten auch sie unbedingt Einzelheiten hören. Bald wußten alle, auch die Männer, von dem Vorfall, einschließlich der Tatsache, daß ich bei meiner überstürzten Flucht meine Kleider schmutzig gemacht hatte.

Mein zwar einsames, aber relativ friedliches Leben geriet durcheinander, als ich an einem bitterkalten Tag Mitte Januar einen Brief von Nummer 2 bekam. Endlich hatte man Nummer 3 eine Stelle zugewiesen, wie er schrieb, allerdings nicht in Schanghai. Man hatte sie in eine Fabrik in der Präfektur Songjiang geschickt, wo Kleinteile für elektronische Meßgeräte hergestellt wurden. Sie lag ganz in der Nähe jener Volkskommune, in der ich vor der Kulturrevolution zwei Wochen bei den Bauern gearbeitet hatte. Trotz meines Opfers, freiwillig aufs Land zu gehen, damit meine ältere Schwester in Schanghai bleiben und sich um unsere kleine Schwester kümmern konnte, mußte sie nun die Stadt verlassen und konnte nur an den Wochenenden nach Hause kommen.

»Nummer 3 hat nicht protestiert«, schrieb mein Bruder. »Sie wußte, daß es zwecklos wäre.« Und es war nur gut, daß sie es nicht getan hatte, fuhr er fort. Denn nur eine Woche, nachdem man Nummer 3 ihre Stelle angewiesen hatte, gab Mao Ende Dezember 1968 einen neuen Aufruf heraus, der alle Mittelschulabsolventen aus der Stadt aufforderte, aufs Land zu gehen, das er als »eine weite Welt« bezeichnete, »in der viel zu leisten ist; ein unbegrenztes Feld für Jugendliche, ihre Talente zu nutzen«.

»Die ganze Stadt ist wie ein Leichenhaus für Lebende«, schrieb Nummer 2. »Mao hat ein Netz ausgeworfen, statt den Fisch, wie in deinem Fall, einzeln zu fangen, Ah Si.«

Offenbar hatten andere Briefe bekommen, die das gleiche schilderten, denn sie bewirkten schadenfrohes Gelächter und grimmige Genugtuung. Meist gab es, wenn die Post kam, Tränen des Heimwehs, diesmal jedoch nicht. Wir waren wegen unserer »schlechten Klassenzugehörigkeit« auf diese abgelegene Farm verbannt worden, statt in die zivilisierteren landwirtschaftlichen Betriebe der Insel Chon Ming; jetzt sollten jene, die uns in der Schule und auf den Straßen schikaniert und gedemütigt hatten, das gleiche Schicksal erleiden! Lanlan erzählte mir, daß man zwei ihrer Mitschülerinnen, die ihrer Mutter bei einer Razzia in ihrer Wohnung den Schädel rasiert hatten, in die Provinz Heilongjiang weit im Norden an der russischen Grenze geschickte habe, an einen Ort, wo der Legende nach schwarze Bären an die Tür klopften und der Atem zu Eiszapfen gefror.

»Das geschieht ihnen recht!« meinte sie verbittert. »Ich hoffe, ihnen frieren die Nasen und Ohren ab!«

Am nächsten Morgen wurden wir alle zu einer Massenversammlung in die Scheune bestellt, damit Lao Chang »uns über die neuen Regierungsdokumente informieren« konnte. Mir war aufgefallen, daß Lao Chang diese Versammlungen liebte, weil seiner Meinung nach sein Ansehen allgemein stieg, wenn er Reden vor über sechzig Mittelschulabsolventen hielt. Er hatte Versammlungen über die Bedeutung der Baumwollpflanzen, die Herstellung von Strohmatratzen und das Drehen von Strohseilen gehalten.

Um der Aufforderung des Vorsitzenden Mao nachzukommen, Reis zum Haupterzeugnis der Landwirtschaft zu machen und einen ganzjährigen Anbau für die Eigenversorgung Chinas zu gewährleisten, würden wir einen Großteil der Baumfelder in Reisfelder umwandeln, verkündete er großspurig. Das war nichts Neues; seit einer Ewigkeit rissen wir nun schon mit bandagierten Händen die Baumwollpflanzen aus dem unergiebigen Boden. Unser Buchhalter, Lao Shi, versicherte uns, solange wir eine Reisernte im Jahr einbringen könnten, würden wir Gewinne erwirtschaften, und schüttelte zur Bekräftigung dieser Spekulation seinen Abakus. Gemeinsam mit den anderen applaudierte ich bei dieser Erklärung, weil ich dachte, daß alles

andere leichter zu pflanzen und zu pflegen wäre als Baumwolle.
»Es kommen noch mehr Jugendliche aus der Stadt!« krähte Lao Chang aufgeregt, als er wieder das Wort hatte. »Wir müssen neue Häuser für sie bauen. Sie treffen in vier Wochen ein.«
Alle männlichen Arbeitskräfte einschließlich der Gefangenen sollten auf dem Deich Reet schneiden und auf Wagen, die von Wasserbüffeln gezogen wurden, ins Dorf bringen. Daraus sollten die Frauen Wände und Dächer bauen.
Ich war über die Ankunft neuer Schulabsolventen weniger begeistert als Lao Chang. Sicher waren sie im Gegensatz zu uns politisch korrekte »Rote«, und das konnte nur eines bedeuten: Konflikte und Schikanen.

Kapitel 16

Im März stiegen wieder einmal sechsundfünfzig Jugendliche zu rhythmischen Trommel- und Gongschlägen aus den alten Bussen. Sie wirkten nicht so eingeschüchtert wie wir, als wir damals zum erstenmal den Fuß auf den alkalihaltigen Boden der Gefängnisfarm setzten.

Zwei brandneue Schlafsäle erwarteten sie, die noch nach frischem Reet und frisch gekälkten Wänden rochen. Eigentlich hatten wir gehofft, wir könnten selbst die neuen Unterkünfte beziehen: Die Regenfälle Anfang des Frühjahrs und die anschließende Feuchtigkeit hatten unsere Wände mit grünem Schimmel überzogen. Oft war ich nachts in klammem Bettzeug vom Pling-plong der Regentropfen aufgewacht. Sie tropften durch das Dach in die Reisschalen und Waschschüsseln, die wir überall aufgestellt hatten. Noch öfter fuhr ich jedoch von plötzlichen Schreien auf – meinen eigenen oder denen anderer Mädchen –, wenn in unserem Bettzeug Tiere herum krabbelten. Aber Lao Chang sagte, wir seien inzwischen »Veteranen« und sollten die neuen Schlafsäle den Neulingen überlassen.

Die Neuankömmlinge waren auch nicht so folgsam wie wir anfangs (und auch damals noch). Innerhalb einer Woche sah Lao Chang sich einem neugegründeten Schülerkomitee gegenüber, das ihm mitteilte, er sei nicht mehr für das Wohlergehen der Schüler und Schülerinnen zuständig; von diesem Tag an war er für uns nur noch ein »Produktionsberater«. Das selbsternannte Komitee bestand aus zwei Frauen und drei Männern. Bei der ersten Versammlung stand jeder von ihnen auf und erklärte sich als *sandaihong* – »seit drei Generationen rot« –, also als Mitglied einer alten Proletarierfamilie. Damit waren sie zur Führung der Brigade legitimiert und nahmen sofort Änderungen in Angriff, von der Neuernennung des Kantinenpersonals bis zur Umorganisation unse-

rer Wohnsituation. Die Hälfte meiner bisherigen Mitbewohnerinnen sollte durch rote Schülerinnen ersetzt werden, um »den harten Boden aufzubrechen, indem man ihn mit Sand mischte« – offenbar sollte die Umerziehung jener mit schlechtem Klassenhintergrund weitergehen.
Dieser Plan stammte von Xu Gang, einem gutaussehenden jungen Mann Mitte zwanzig, der eine angesehene Mittelschule besucht hatte. Obwohl ich keine Sympathien für ihn hegte, war mir klar, daß er nicht sonderlich glücklich darüber war, zu diesem landwirtschaftlichen Betrieb verschickt worden zu sein. Er hätte jetzt an der Universität studieren können, was Ruhm für ihn und seine Familie bedeutet hätte. Früher gab es an den Universitäten nur wenige Studenten, die wie er aus der Arbeiterklasse kamen. Ihre Eltern konnten sich keine Nachhilfelehrer leisten, und oft mußten sie zu Hause helfen, während Studenten aus wohlhabenderen Familien sich voll und ganz ihrem Studium widmen konnten, wie man es auch von ihnen erwartete. Und gerade als Leute wie Xu Gang auch endlich zur Universität gehen konnten, brach die Kulturrevolution aus, und der Vorsitzende Mao schickte sie aufs Land.
Xu Gangs Verbitterung war deutlich an seinem Benehmen und an seiner Art zu reden abzulesen. Er unterstrich stets seine Worte, indem er eine Faust schüttelte – und zwar so eindringlich, daß es ihm noch vor Ende der Versammlung den Spitznamen Fünf-nach-zwölf eintrug, weil er während seiner Rede die erhobene Faust in dieser Position hielt.
Jeder neu geordnete Schlafsaal war von nun an ein »Zug« und umfaßte drei Gruppen. Meine Gruppenführerin, Yu Hua, eine hübsche Achtzehnjährige, gehörte natürlich zu den Neuankömmlingen. Stolz erklärte sie uns, daß eine ihrer Schwestern eine Veteranin der Luftwaffe in der Provinz Guangzhou sei. Schon seit der Befreiung war es eine Ehre gewesen, in der Armee zu sein. Und jetzt war das Ansehen

noch mehr gestiegen. Für alle, die politische Beziehungen hatten und nicht wollten, daß ihre Kinder aufs Land mußten, war die Armee der einzige Ausweg. Dabei wurden »Ruhm und Ehre« nur hochgejubelt, um zu rechtfertigen, daß man sich vor Maos Aufruhr letztlich drückte. Sobald diese Leute die Uniform anzogen, freuten sie sich schon auf den Tag, an dem sie drei Jahre später die Armee verlassen und mit der Aussicht auf eine lebenslange Karriere mit hohem Gehalt nach Hause zurückkehren würden.

Die großen Pläne des neuen Komitees, zahlreiche Versammlungen, politische Schulungen mit Selbstberichten und Selbstkritiken abzuhalten, stießen schon bald auf ein erstes Hindernis: die körperliche Erschöpfung.

Baumwollfelder in Reisfelder zu verwandeln war ein gewaltiges Unterfangen und ging nur mühsam und schleppend voran. Zuerst mußte das Land in Parzellen unterteilt und mit niedrigen Dämmen eingedeicht werden, die das Wasser zurückhielten, das auf die Felder gepumpt werden sollte. Dann wurde jede Parzelle zwei oder drei Mal geflutet, um die alkalihaltigen Salze soweit wie möglich auszuwaschen. Als nächstes mußte der Boden verbessert werden, indem man Grünpflanzen und verrotteten Menschendung unterpflügte. Die Grünpflanzen – Gräser und andere Pflanzen, die in der Umgebung zu finden waren – wurden kleingeschnitten und an Schulterstangen auf die Reisfelder getragen. Ein großes Problem war, daß der Frühling nach dem Mondkalender zwar begonnen hatte, davon aber in unserem Dorf nichts zu spüren war. »Die klügste Hausfrau kann keine Mahlzeit ohne Reis kochen«, sagt ein altes Sprichwort, aber die roten Schüler behaupteten, der Mensch könne und werde die Natur besiegen.

Wochenlang verließen wir Tag für Tag mit Schulterstangen und den Netzen aus Strohseilen das Dorf und suchten nach Grünpflanzen aller Art – bis auf Reet, das nicht schnell genug verrottete. Jeder bekam eine Tagesquote vorgeschrieben, die stieg, als das Wetter wärmer wurde. Doch so sehr ich mich auch abmühte und mit bloßen Händen Unkraut, Gras und sogar ein paar Blätter ausrupfte und abriß, ich schaffte es nicht, daß mein Name von der »Versagerliste« verschwand, die jeden Tag mit einem roten Minuszeichen in der Kantine aushing.

Als ich mir eines Abends meine Füße wusch, die voller Blasen waren, und mich bei Jia-ying über mein Dilemma beklagte, lachte sie. »Es ist Zeit, daß du erwachsen wirst und begreifst, wie es in dieser Welt zugeht, Xiao Ye, meinst du nicht? Glaubst du wirklich, daß wir mehr arbeiten als du? Nein, aber wir verstehen es eben, nach den richtigen Regeln zu spielen. Wir bringen nicht nur das Grün mit, sondern auch noch Erde.« Sie lächelte und zeigte ihre Grübchen. »Wenn die Erde gut genug ist, daß Gras darauf wächst, muß sie auch gut für Reis sein!«

Von dem Tag an erfüllte ich mein Soll.

Ich übertrieb es sogar. Typisch, hätte Großtante gesagt. Ich sorgte nicht nur dafür, daß an den Wurzeln der Pflanzen, die ich erntete, dicke Erdklumpen hingen, ich tat noch ein Weiteres und tränkte die Ladung mit Wasser. Die pilzigen Netze klebten am Boden, und ich konnte sie kaum anheben.

Eines Tages Ende April rief man uns von den Feldern zurück und gab Anweisung, uns um die Lautsprecher zu sammeln, die auf einem Mast an der Hauptstraße montiert waren. Bei meiner körperlichen Erschöpfung und geistigen Benommenheit war mir dieser Befehl sehr willkommen, und ich ließ mich mit den anderen auf dem Boden nieder, um die Rundfunkübertragung zu hören. In Peking fand der Neunte Parteitag statt, wie der Rundfunksprecher erklärte, das »größte politische Ereignis im Leben eines jeden«, an dem über fünfzehnhundert Delegierte teilnahmen, die von gewöhnlichen Bürgern »gewählt« worden waren. Seit 1956 hatte es keinen solchen Parteitag mehr gegeben. Doch ich hatte Schmerzen im Rücken und in den Schultern, und meine mageren Beinmuskeln brannten vom Gewicht der schweren Lasten, deshalb war mir das alles völlig egal.

Da wir uns in den folgenden Tagen die Reden anhören mußten, blieb mir zumindest die immer aussichtslosere Suche nach Grünpflanzen und die mühsame Schlepperei erspart. Abends hörte ich zu, wie Komiteemitglieder Dokumente und Zeitungsberichte vorlasen, nahm (auf Befehl) an Diskussionen teil und gab persönliche »Glaubensbekenntnisse« ab.

Der Bericht über Lin Biaos Rede riß alte Wunden auf. Jede Hoffnung, die ich gehegt hatte, daß die Kulturrevolution allmählich dem Ende entgegengehen könnte, wurden durch seine Erklärung, daß »ihre Verdienste sehr groß, ihre Verluste sehr klein sind«, zunichte gemacht. Seine Äußerungen ließen weitere politische Unruhen erwarten. Der Parteitag nahm Maos »Empfehlung« an und ernannte Lin Biao zu seinem Nachfolger. Diese Tatsache stärkte die Stellung der Volksbefreiungsarmee in der Kulturrevolution und legte die Grundlage für die Übernahme fast aller Schlüsselpositionen im ganzen Land durch die Armee – die öffentlichen Sicherheitsorgane, die Volksgerichtshöfe und Staatsanwaltschaften, die höheren Bildungseinrichtungen und sogar die Gefängnisse und Gefängnisfarmen.

Ich war schockiert, daß auf der Liste der neugewählten Mitglieder des Zentralkomitees viele Namen fehlten, auch der von Präsident Liu Shao-qi. Gewählt wurde unter anderem jedoch Maos Frau, Jiang Qing.

Zu aller Überraschung wurde für uns zum Abschluß des Parteitages eine Feier organisiert. Vor dem Abendessen rollten Laster auf das Gelände und brachten rote Stoffbanner, Papierfähnchen und Kisten mit Feuerwerkskörpern in allen Größen. Wider Willen fand ich die Abwechslung aufregend. In Viererreihen marschierten wir unter einem sternenlosen

Aprilhimmel im Schein von Ölfackeln zum acht Kilometer entfernten Unterbetrieb der Farm. Es war der schönste Abend seit meiner Ankunft auf dem Land.

Als das Skandieren von Parolen und die Propagandalieder verstummt waren, erfüllten Geplauder und Gelächter die Dunkelheit, und wir kreischten vor Freude über jeden explodierenden Feuerwerkskörper. Großtante hatte mir einmal gesagt, daß man mit Feuerwerkskörpern traditionell die Teufel vertrieb. Seit Jahrhunderten bildeten sie einen festen Bestandteil der Neujahrsfeiern. An diesem Abend wünschte ich mir bei jedem Feuerwerkskörper, der am Himmel explodierte, mit aller Kraft Glück.

Am nächsten Morgen wurde es endgültig ernst mit der symbolischen Mao-Verehrung. Jeder Schlafsaal bekam zwei Gipsstatuen, roten Stoff und gelbe Papierherzen, auf die das Schriftzeichen *zhong* – »Loyalität« – aufgedruckt war, das Wort, das Nummer 2 sich als neuen Namen ausgesucht hatte. Neben jeder Tür bauten wir einen *zhongzhitai* – einen »Loyalitätsschrein« – auf. Von nun an stellten wir uns allmorgendlich vor den Schrein, hielten unser kleines rotes Buch vor die Brust, baten um Anweisungen und grüßten den Vorsitzenden Mao mit eingeübten Rufen, wünschten ihm »immer und ewig« zu leben und seinem Nachfolger Lin Biao, »unserem geliebten Vizevorsitzenden, immer und immer gute Gesundheit«. Wir durften uns vorher nicht einmal waschen oder vollständig anziehen, denn die Verehrung war die erste und wichtigste politische Aufgabe unseres Lebens, wie man uns sagte.

Wenn ich auf dem Lehmboden oder meinem ungemachten Bett stand, umgeben von winkenden Armen, wanderten meine Gedanken zurück zu meiner Kindheit, als meine Geschwister und ich meinen Großvater in unseren Ahnenhof in Qingyang begleitet hatten. Noch nie hatte ich gehört, daß Menschen einen Schrein für jemanden errichteten, der noch lebte. Selbst ich wußte, daß es Unglück brachte, einen Lebenden zu verehren. Kaum eine halbe Stunde später wiederholten wir dieselben Worte in der Kantine, während wir in der Schlange auf unser Frühstück warteten.

Eines Tages wurden die Schülerinnen zum Dreschplatz beordert, um den »Loyalitätstanz« zu lernen, den uns eigens von der Stadtregierung in Schanghai geschickte Profis beibringen sollten. Während wir uns abmühten, die Schritte zu lernen, sangen wir: »Unser geliebter Vorsitzender Mao, du bist die Sonne, die niemals untergehen wird, und wir sind die Sonnenblumen, die sich immer um dich drehen ...« Die Gefangenen, die uns in den Arbeitspausen zusahen – wenn sie nicht gerade Kuhdung zum Trocknen ausbreiteten, bevor er auf die Reisfelder getragen wurde –, nannten uns bald die »Blumen auf der Kuhscheiße«.

Meine Bemühung, mein tägliches Grünpflanzensoll zu erfüllen, rührte meine Gruppenführerin, Yu Hua. Sie bot mir an, mit mir zusammenzuarbeiten, um mir zu helfen. Da ich damals erst 1,30 Meter groß war und nur etwas über siebzig Pfund wog, konnte ich jede Hilfe brauchen. Yu Hua war eine kräftige, stämmige Achtzehnjährige mit kurzem Haar und nüchterner Einstellung. Ihre Freundlichkeit war der Beginn der ersten echten Freundschaft meines Lebens.

Wir arbeiteten gut zusammen. Ich war flink mit meiner Sichel; sie schleppte die geschnittenen Pflanzen zur Wiegestation. Jeden Tag erfüllten wir unser Soll. Aber die neu angelegten Reisfelder waren unersättliche Monstren, die alles fraßen, was wir schnitten. Schon lange war die Vegetation in der näheren Umgebung des Dorfes abgeerntet, und unsere Wege wurden immer länger.

Einmal packten Yu Hua und ich ein paar Dampfnudeln und sauer eingelegtes Gemüse ein und machten uns gleich nach dem Frühstück auf die Suche. Unsere Schulterstangen hüpften bei jedem Schritt. Wir gingen auf der Hauptstraße nach Norden und sammelten unterwegs Gras und Unkraut. Nach ein paar Stunden entdeckten wir eine sumpfige Senke, wo das Reet geschnitten und mittlerweile frische Schößlinge gewachsen waren. Wir liefen über den schwammigen Untergrund, um uns zu erleichtern. Kurz darauf rief Yu Hua mich zu sich. Sie hatte einen Pfad entdeckt, der über einen Erdwall in einen Platanenhain führte. Neugierig folgte ich ihr.

Yu Hua blieb stehen. »Guck mal, Xiao Ye!«

Ich traute meinen Augen nicht. Zwischen den Bäumen, die gerade junge Blätter trieben, wuchs hohes Gras, ungeschnitten und unberührt.

»Wenn wir das geheimhalten, können wir wochenlang unser Soll erfüllen«, sagte ich.

Sofort machten wir uns an die Arbeit und hatten schon mittags unsere vier Netze gefüllt. Nachdem wir unsere harten Dampfnudeln und das eingelegte Gemüse mit Wasser heruntergespült hatten, schlurfte Yu Hua unter der Last ihrer Schulterstange davon und ließ mich emsig weiter sicheln.

Seit Monaten lebte ich nun schon Tag und Nacht inmitten all der Schülerinnen und des Zirkus der Mao-Verehrung und der Tanzerei, und jetzt war ich plötzlich allein. Ich arbeitete stetig und genoß die Einsamkeit. Eine leichte Brise wiegte das Gras und wisperte in den Zweigen der Bäume. Nach einer Weile setzte ich mich hin, um auszuruhen. Ich lehnte mich an einen Baum und schloß die Augen. Seltsamerweise machte die Abgeschiedenheit mich plötzlich unruhig. Wo blieb Yu Hua nur so lange? Ich beschloß, mich lieber wieder an die Arbeit zu machen, statt nachzudenken. Als ich kurz darauf ein Büschel geschnittenes Gras aufhob, um es zu häufeln, starrte ich plötzlich in die leeren Augenhöhlen eines menschlichen Schädels.

Ich schrie auf, ließ das Gras fallen und stolperte die Böschung hinunter ins Reet. Ich rannte, rutschte auf dem sumpfigen Boden aus, riß mir an den spröden Reetstoppeln Füße und Arme auf und erreichte endlich die Straße. Meine

Arme und Beine bluteten. Mit pochendem Herzen und schwer atmend machte ich mich auf den Weg ins Dorf.

Als ich Yu Hua traf, brach ich in Tränen aus und erzählte ihr atemlos von dem entsetzlichen Schädel. Erst nachdem sie mich beruhigt hatte, fiel mir auf, daß ich meine Sichel und die Schulterstange zurückgelassen hatte und mein Tagessoll nicht erfüllen würde.

»Das ist doch jetzt egal«, sagte Yu Hua. »Du brauchst einen Arzt.«

Der Arzt verband meine Wunden und war fassungslos, wie ein so zierliches junges Mädchen sich solche Verletzungen beibringen konnte. Dann kam Lao Deng mit Yu Hua in die Krankenstation. Ich machte mich schon auf Kritik gefaßt, weil ich mein Werkzeug liegengelassen hatte, und auf die üblichen Bemerkungen, daß wir verwöhnten Bürgerkinder faul und unfähig zu schwerer Arbeit seien.

»Also, Xiao Ye«, begann er jedoch statt dessen. »Laß mal deinen Bericht hören.«

Als ich ihm erzählte, wo Yu Hua und ich Gras geschnitten und was ich gesehen hatte, wirkte er überraschenderweise amüsiert.

»Ihr beide seid ja richtige Detektive, was?« meinte er. »Wie habt ihr denn den Friedhof gefunden? Was – «

»Friedhof?« unterbrach ich ihn. »Habe ich einen Friedhof gefunden? Warum ist er denn nicht eingezäunt, und wo sind die Gräber? Der Schädel lag einfach auf dem Boden.«

»Hör zu, Mädchen, das ist *Wu Mao Yo* – »unmarkierter Friedhof Nummer fünf«, eine Hinrichtungsstätte. Ihr behaltet besser eure Entdeckung und alle Fragen für euch. Das ist ein Befehl. Und geht nie wieder dorthin!«

Zum erstenmal, seit ich auf die Gefängnisfarm Da Feng gekommen war, befolgte ich einen Befehl nur zu gern.

Bevor Lao Deng ging, schrieb er mir noch eine Anweisung für eine neue Sichel und eine Schulterstange.

Kapitel 17

Zwei Dinge trieben die wachsenden Spannungen zwischen den Gefangenen und den Schülern auf die Spitze. Das erste war der Unterschied bei der zugeteilten Arbeit. Während wir Grünpflanzen sammelten, mußten die Gefangenen die schwerere Arbeit leisten: die Reisfelder mit Pflugscharen, die von Wasserbüffeln gezogen wurden, umpflügen und die Grünpflanzen und den verrotteten Dung unter den morastigen Boden mengen. Sie bauten auch die Saatbeete, eine mühsame, anstrengende Aufgabe, da der nasse Boden von Hand geglättet werden mußte, bevor die Samen ausgesät werden konnten. Die Unzufriedenheit der Gefangenen wurde noch verstärkt durch die Lebensmittelknappheit und den Mangel an Speiseöl, worüber es häufig zu Auseinandersetzungen mit ihrem Kantinenpersonal kam.

Als Anfang Juni die smaragdgrünen Setzlinge in die gefluteten Reisfelder gepflanzt werden konnten, wurde ein Kompromiß geschlossen, wonach die Schüler dieselben Arbeitszeiten mit dem gleichen Arbeitspensum einhalten mußten wie die Gefangenen. Sollten wir das nicht schaffen, so hätte dies üble Konsequenzen, warnte uns Lao Chang.

Jeden Tag weckte uns bei Tagesanbruch eine Trillerpfeife, und gleich nach unserer Mao-Verehrung gingen wir auf die Felder. Behutsam zogen wir die Reissetzlinge aus den Saatbeeten, schüttelten die Erde von den Wurzeln, bündelten sie in Stroh und trugen sie auf die Reisfelder, auf denen mit Seilen Reihen abgesteckt waren. Dann wateten wir zwischen den Seilen hindurch und verpflanzten die Setzlinge. Es war eine mühsame Arbeit, bei der es auf Genauigkeit ankam; sechs Setzlinge hintereinander mußten eine gerade Kolonne ergeben, und die Reihen waren jeweils zehn Zentimeter auseinander. Genauigkeit sei die beste Voraussetzung für ein effizientes Jäten und Ernten, instruierte uns Lao Chang. Er

schwenkte eine Meßlatte und warnte uns, daß jede Abweichung von den vorgegebenen Maßen bestraft würde.
Unser tägliches Soll waren sieben 25-Meter-Kolonnen am Tag. Es war die reine Schinderei, sich ständig bücken zu müssen, selbst für jemanden, der so klein war wie ich. Die einzige Erleichterung bot jeweils der kurze Weg von den Saatbeeten zum Reisfeld und zurück. Am Ende eines Tages konnte ich meinen Rücken kaum noch gerade machen. Es dauerte nicht lange, und ich hatte mir die Ellbogen wundgescheuert, weil ich sie während der Arbeit auf die Knie stützte. Meine Hände schwollen an, und ich bekam Blasen vom Ausziehen der Setzlinge und dem kalten Wasser, in das sie getaucht wurden. Beängstigend waren die Blutegel. Sie krochen mir an den Beinen hoch und saugten sich fest; ich mußte richtig fest auf die Haut schlagen, damit sie losließen. Die Wunden bluteten leicht. Die ekelerregenden Viecher erschreckten mich so, daß ich oft rücklings mit dem Hinterteil in das kalte, morastige Wasser fiel.
Lao Chang erklärte, da es beim Reisanbau hauptsächlich auf die richtige Zeiteinteilung ankomme, könne kein Aufschub geduldet werden. Geschwollene Hände und Füße fanden kein Mitleid. Er ging sogar soweit, von seiner Frau jene Mädchen kontrollieren zu lassen, die sagten, sie hätten ihre Periode, weil ihnen nach den Vorschriften dann zwei Tage Arbeit auf trockenem Boden erlaubt wurden. Zum erstenmal im Leben war ich froh, wenn ich meine Tage hatte.
Ich verlor jedes Zeitgefühl und schlief in den Kleidern, sobald ich vom Feld kam; ich war zu müde, mich erst zu waschen, und ließ meine matschbedeckten Waden unter dem Moskitonetz herausbaumeln. Yu Hua kümmerte sich auch weiter um mich, vor allem, nachdem ich ihr erzählt hatte, daß ich Waise sei. »Ich bin deine *Jiejie* – deine ›ältere Schwester‹«, erklärte sie. Obwohl ich mir meiner täglich wachsenden Dankesschuld ihr gegenüber bewußt war,

dachte ich oft, wie recht Lehrerin Chen mit ihrem Rat gehabt hatte, daß eine Freundin von unschätzbarem Wert sei.

Als der Sommer kam, folgte eine stickige Hitzewelle der nächsten und brachte Wolken von Moskitos mit, die es unmöglich machten, abends draußen zu sitzen. In den Schlafsälen herrschten entsetzliche Bedingungen. Zwar ließen wir die Fenster auf, aber aus Angst vor den Gefangenen verschlossen wir die Türen, wenn wir schliefen, und es ging kaum ein Lüftchen. Wir hatten zwar das Komitee zu der Genehmigung überredet, die durchgehenden Bettstellen in separate Doppelbetten aufteilen zu dürfen, damit wir unsere Moskitonetze besser aufhängen konnten, aber gegen die Hitze half das nicht. Fast alle hatten Hitzebläschen und Hautausschläge von den Düngemitteln, die wir von Hand auf die Reisfelder streuten.

Ein Bade- oder Duschhaus gab es nicht, aber ich wusch mich in dem Fluß in der Nähe. Nicht alle taten es mir nach; viele fürchteten den Fluß, weil sie nicht schwimmen konnten. Im warmen Wasser zu baden erinnerte mich an einen Tag im Juli 1966, als die Meldung nach Schanghai kam, daß der damals dreiundsiebzigjährige Vorsitzende Mao im Jangtsekiang geschwommen war. Die Stadtregierung hatte daraufhin mehrmals organisiert, daß die Bürger es Mao gleichtaten und im verschmutzten Huangpu schwammen. Ich hatte mich Nummer 2 und seiner Fabrikmannschaft angeschlossen, aber starken Durchfall bekommen, nachdem ich ein paar Schluck Flußwasser geschluckt hatte. Auf der Farm war ich deshalb vorsichtiger.

Die zweite Angelegenheit, die das heikle Verhältnis zwischen Schülern und Gefangenen verschärfte, war ein Racheakt. Als Belohnung für ihre harte Arbeit beim Umpflanzen der Reissetzlinge hatte Lao Chang den Gefangenen immer erlaubt, einen Teil des modrigen Flusses abzusperren und dort Fische zu fangen. In diesem Jahr bauten sie Anfang August Deiche und schöpften das aufgestaute Wasser mit Holzfässern aus. Gut einen Tag arbeiteten sie rund um die Uhr, bis das Wasser hinter der Absperrung flach genug war, um hineinwaten und die Fische fangen zu können. In diesem Jahr lieferten sie den Fisch jedoch nicht sofort an die Kantine ab, sondern lagerten ihn heimlich in Fässern, bis er zu verderben begann.

Zu unserer Überraschung bekam unsere Kantine eines Tages eine Ladung ausgenommener Fische, die in Salz eingelegt waren. Das Salz sollte sie frisch halten, erklärten die Gefangenen. Unerfahren und unwissend, wie das Personal war, wusch es das Salz ab und ließ verbreiten, abends gäbe es etwas Besonderes. Wir waren begeistert. Fisch ist immer eine Delikatesse; und für uns, die wir nur langweiliges und oft ungenügendes Essen bekamen, schien er ein Geschenk der Götter. Schon bevor die Kantine öffnete, bildete sich eine lange Schlange; einige kauften sich sogar eine Extraportion, um sie für später zu verwahren.

Bis Mitternacht hatten der Arzt und sein Assistent sich schon die Füße wund gelaufen – auf dem Weg von einem Schlafsaal zum anderen, wo sie Erbrochenes wegwischten und sich um die Patienten kümmerten, die sich die Bäuche hielten und auf dem Boden wälzten. Alle waren auf den Beinen, entweder auf dem Weg zur Latrine oder um dem Arzt und den Patienten zu helfen. Als es Morgen wurde, war kaum ein Schüler und eine Schülerin imstande, aufzustehen.

Mich hatte es schwer erwischt. Nachdem ich die ganze Nacht unter heftigen Krämpfen und Erbrechen gelitten hatte und ständig zur Latrine gelaufen war, fühlte sich mein ganzer Körper an wie ein völlig kraftloser Wattebausch. Ich sehnte mich nach Wasser, hatte aber Angst, etwas zu trinken. Mittags kamen die Sanitäter vom Unterbetrieb der Farm und brachten Antibiotika in großen Mengen. Aber es war zu spät. Bald verseuchten die Latrinen unser Trinkwasser, und noch ehe wir uns von der Fischvergiftung erholen konnten, hatten wir uns eine schwere Diarrhö zugezogen. Am fünften Tag hatten drei weitere Mädchen und ich so viel Flüssigkeit verloren, daß man uns auf einem Wagen mit flacher Ladefläche, der von einem Wasserbüffel gezogen wurde, ins sechzehn Kilometer entfernte Farmkrankenhaus brachte. Weil ich das Bewußtsein verlor, erinnere ich mich nicht mehr an die Fahrt. Mein Zustand verschlechterte sich. Ich hatte Schmerzen im ganzen Körper und ständig blutigen Stuhlgang.

Als ein mobiles Sanitätsteam vom Volkskrankenhaus Nummer 1 in Schanghai bei mir Amöbenruhr feststellte, brachte man mich auf schnellstem Weg mit dem Jeep zum Schiff und vom Hafen in Schanghai gleich ins Krankenhaus. Man erklärte mir, daß ich in Lebensgefahr schweben würde, falls ich nicht sofort die entsprechende medizinische Versorgung bekäme. Nach zwei Tagen im Krankenhaus erklärte der Arzt: »Du bist nur knapp dem Tod entronnen. Und es besteht die Wahrscheinlichkeit, daß die Krankheit wieder ausbricht.« Noch eine Woche lang mußte ich ständig zur Toilette, konnte aber nichts essen. Statt dessen bekam ich Glukoseinjektionen. Als man mich entließ, wog ich kaum noch 63 Pfund.

Großtante und Nummer 2 holten mich in einem Taxi nach Hause, ein unerhörter Luxus und die erste derartige Erfahrung meines Lebens. Ich hatte allen Grund, fröhlich zu sein, wenn man bedachte, daß ich noch lebte, aber ich war ernst und traurig. Die ganze Stadt war eine riesige Baustelle, Staubwolken hingen in der Luft, und an allen Straßen häuften sich Schuttberge. Während das Taxi durch die Straßen fuhr, erzählte mein Bruder mir, daß das ganze Land seit den militärischen Zusammenstößen mit der Sowjetunion wegen der Insel Zhenbao – »Schatz« – im Grenzfluß Heilonjiang in

Kriegsvorbereitungen stecke. Jede Arbeitseinheit, jedes Stadtteilkomitee war für seinen eigenen Luftschutzbunker verantwortlich. Mao hatte aufgerufen: »Tief graben [Bunker], massiv sparen [Getreide] und kein Schacher mit den Supermächten [da die USA und die UdSSR beide gegen uns waren]«. Während man die Jugendlichen weiterhin aufs Land schickte, wurden Mitarbeiter staatlicher Betriebe zu Zehntausenden in ländliche Gebiete und abgelegene Provinzen »evakuiert«, um die Industrie zu dezentralisieren, damit sie bei Luftangriffen auf die Städte nicht vollständig zerstört würde.

Nummer 1 und Nummer 5 hatten die Stadt im Juli verlassen. Nummer 5 hatte kaum ein Jahr lang die Mittelschule besucht, als man sie entließ und in ein Urbarmachungsprojekt der Armee in der Provinz Jiangxi, südlich von Schanghai, schickte. Mein ältester Bruder, der Kraftfahrzeugtechnik studiert hatte, wurde einer Werkzeugreparaturwerkstatt in einer Kleinstadt der Provinz Guizhou zugeteilt, damals wie heute eine der ärmsten und rückständigsten Regionen des Landes. Seine Briefe bestätigten die Gerüchte, daß »manche Leute in Guizhou so arm sind, daß die ganze Familie sich eine Hose teilt.«

Wenn ich an Nummer 5 und Nummer 1 dachte, machte mich das nur noch niedergeschlagener. Unsere Familie war nun in alle Winde zerstreut. Bedrückt dachte ich an die Qualen meiner Mutter, als sie entscheiden mußte, welcher ihrer Söhne auf ein Universitätsstudium verzichten sollte. Nummer 1 hatte zwar studiert, war aber nun in die Einöde verbannt.

Und als sei das alles noch nicht genug, erzählte Nummer 2 mir, daß Nummer 3 schon seit Monaten nicht mehr aus Songjiang nach Hause gekommen war.

»Ich muß dir das erklären, bevor du danach fragst«, setzte er an. »In den letzten Monaten ist Großtante regelrecht feindselig und ausfallend gegen Nummer 3 geworden, weil sie dich hat aufs Land gehen lassen. Sie hat Nummer 3 vorgeworfen, sie sei feige und eine ganz schlechte ältere Schwester. Ah Si, wir wissen alle, daß du ein großes Opfer für die Familie gebracht hast, aber Nummer 3 hat es nicht leicht gehabt, seit du fortgegangen bist. Sobald von dir gesprochen wurde, konnte sie kaum die Tränen zurückhalten, und das wird sie für den Rest ihres Lebens ungeheuer belasten, auch ohne Großtantes Vorwürfe. Was für eine Zeit!« seufzte er. »Du kannst nicht nach Hause, wann du willst, und Nummer 3 hat Angst, nach Hause zu kommen!«

Als ich nach fast einem Jahr am ersten Abend zu Hause im Dunkeln lag, war ich hin- und hergerissen zwischen meinen widerstreitenden Gefühlen und weinte in mein Kissen. Zehn Monate hatte ich in einer Umgebung gelebt, in der ich anderen etwas vorspielen und politische Parolen von mir geben mußte, und jetzt mußte ich auch zu Hause meine wahren Gefühle verbergen.

Ein paar Tage später kam Nummer 3 nach Hause. Sie brach in Tränen aus, als ich ihr – abgemagert und geschwächt von der harten Arbeit – die Tür öffnete. »Großtante hat recht gehabt«, rief sie. »Das ist meine Schuld!« Sie stellte mir unzählige Fragen, und ich bemühte mich nach Kräften, sie zu beantworten, ohne auf die schlimmen Details einzugehen.

Ich bemühte mich, Nummer 3 und Großtante zu versöhnen, aber es war vergebens. Großtante ignorierte meine Schwester und vergötterte mich, wusch meine Wäsche, kochte meine Lieblingsgerichte und bot mir Geld an, damit ich ins Kino oder einkaufen gehen konnte. Aber nie setzte sie sich hin und unterhielt sich mit mir. Ständig war sie beschäftigt, beteiligte sich tagsüber an der umfangreichen Grabekampagne und verteilte abends für das Komitee Pestizide gegen Moskitos an Nachbarn. »Das schlimmste Moskitojahr, das ich je erlebt habe«, sagte sie.

Nach vier Wochen, die ich meist allein in unserer Wohnung verbrachte, schrieb der Arzt mich gesund, und Großtante begann wieder Mehl für mich zu rösten. Nummer 2 und Nummer 3 brachten mich zum Hafen, und wieder war ich auf dem Weg zur Gefängnisfarm Da Feng.

Kapitel 18

Als ich Anfang Oktober wieder auf die Farm kam, stellte ich fest, daß die Volksbefreiungsarmee Einzug gehalten hatte – genauer, die Luftwaffe, die loyal zu Maos Nachfolger Lin Biao und seinem Sohn, Lin Liguo, stand, der mit Ende Zwanzig sein stellvertretender Oberbefehlshaber war. Die Armeekader hatten führende Positionen der Farm, der Unterbetriebe und der Brigaden besetzt.

Die beiden Armeekader unserer Brigade waren ein interessantes Pärchen. Beide waren Offiziere, aber damit hörten ihre Gemeinsamkeiten auch schon auf. Cui war etwas über dreißig, schlank, mittelgroß und wirkte vernünftig und redegewandt. Zhao war ungefähr vierzig, stämmig und kräftig. Alles an ihm wirkte kurz, von den Armen und Beinen bis hin zu seinem fast unsichtbaren Nacken. Schon nach einigen Tagen kam ich zu dem Schluß, daß der große Kopf auf seinem Hals hohl war.

Wenn Cui sich die vier Taschen seiner Offiziersuniform durch Charme und Volksschulbildung verdient hatte, so hatte der ungebildete Analphabet Zhao seine mit Schweiß und zwanzig Jahren Blutvergießen erworben. Die beiden erinnerten mich an »Rotgesicht« und »Weißgesicht«, zwei Charaktere aus klassischen Theaterstücken wie der traditionellen Peking-Oper, in denen ein rot geschminktes Gesicht für einen guten Menschen steht und das weiße für das Gegenteil, obwohl sie oft zusammenarbeiteten. Von Anfang an verhielten sich auch Cui und Zhao so.

Zhao bezeichnete sich uns gegenüber als *laodacu* – »alt, dick und unelegant«. Im Gegensatz zu uns, die wir »ein paar Flaschen Tinte getrunken« hätten und daher »mehr Windungen in unserem Hirn als in unseren Eingeweiden« besäßen und schwierig im Umgang seien, sei er schlicht und geradeheraus, betonte er. Dann übernahm Rotgesicht Cui das Wort und erklärte, sein Verstand sei nicht anders als unserer, daher würden wir gut miteinander auskommen. Zhao schrie und brüllte gern, um seinen Äußerungen Nachdruck zu verleihen; Cui sprach leise und machte manchmal Scherze, vermittelte aber im wesentlichen das gleiche.

Einige von uns hatten den Eindruck, die beiden seien ein Komikerduo, aber ihre eingespielte Routine erfüllte mich mit Unbehagen. Warum benahmen sie sich so zweideutig?

Damals hatten die anderen und ich die größtmögliche Achtung vor der Volksbefreiungsarmee. Ihre Mitglieder waren die heldenhaften »Onkel«, die die Befreiung gebracht hatten: aufopfernde Männer und Frauen, die China und den Vorsitzenden Mao liebten. Nicht einmal die Kulturrevolution hatte sie besudelt. Ihre rigiden »drei Hauptregeln und acht Merksätze« kannte jedes Schulkind. (Befehle befolgen; den Bürgern nicht eine einzige Nadel und kein Stück Garn wegnehmen; alles Erbeutete abliefern – das waren die drei Regeln. Höflich sprechen; angemessen für das bezahlen, was man kauft; alles Geliehene zurückgeben; jeden Schaden ersetzen; niemanden beschimpfen oder schlagen; keine Feldfrüchte zerstören; keine Freiheiten gegenüber Frauen herausnehmen; keine Gefangenen mißhandeln – das waren die acht Merksätze.) Vor kurzem erst hatte Mao die ganze Nation aufgerufen, von der geachteten Volksbefreiungsarmee zu lernen. In der folgenden Zeit sollte es mir schwerfallen, das, was ich in der Schule gelernt hatte, mit dem in Einklang zu bringen, was ich mit eigenen Augen sah.

Am Südrand unseres Dorfes wurde ein Backsteinhaus für Cui und Zhao und ihr Büro gebaut. Keine Lehmhütte. Wir weiblichen Arbeitskräfte wurden in Vierergruppen eingeteilt, bekamen einen Handwagen und mußten zur Unterfarm, Steine holen. Der lange Wagen mit flacher Ladefläche, vorspringenden Griffstangen und einem Zugseil hüpfte leicht über die tiefen Furchen, die der letzte Taifun hinterlassen hatte. Doch sobald er mit Steinen beladen war, war er so schwer zu bewegen wie ein störrischer Wasserbüffel. Zwei Frauen nahmen die Handgriffe, eine schulterte das Zugseil und die vierte schob von hinten, und trotzdem waren wir kaum imstande, den Wagen vorwärts zu bekommen, und weinten vor Frustration, wenn die beiden an den Griffen die Gewalt über den Wagen verloren, er hintüber kippte und die Steine auf die Straße fielen. Noch wütender waren wir, wenn wir schließlich ans Ziel kamen und die Maurer mit uns schimpften, weil wir kaum genug Steine für eine dünne Lage mitbrachten.

Sobald unsere Armeekader in ihr auffallendes neues Haus gezogen waren, schickte Lao Chang uns noch am selben Tag auf die Reisfelder, wo die Reispflanzen sich inzwischen goldgelb gefärbt hatten. Zwar hatten unsere Felder keinerlei Ähnlichkeit mit den »wogenden Wellen goldener Ähren«, die in Liedern besungen wurden, aber wir waren trotzdem ganz aufgeregt, weil wir wußten, daß jede einzelne Pflanze durch unsere Hände gegangen war, vom behutsamen Auszupfen der Setzlinge aus dem Saatbeet über das Pflanzen in geraden Reihen bis hin zum endlosen Jäten und Düngen. Jetzt sollte der Reis von Hand geschnitten werden.

Das Wasser war aus den Feldern abgelassen, und die Ernte konnte beginnen. Wieder ermahnte uns Lao Chang, daß alles von der richtigen Zeiteinteilung abhinge. Zwei Wochen arbeiteten wir von Morgengrauen bis zum Einbruch der Dunkelheit. Man brachte uns das Mittagessen auf die Felder, damit wir keine Zeit verloren. In Gummistiefeln (die Felder waren noch morastig) und langärmeligem Hemd, um meine Unterarme gegen die harten Stengel zu schützen, schwang ich Stunde um Stunde meine Sichel, in der Hüfte gebeugt, schnitt die Pflanzen kurz über dem Boden ab und stapelte sie sorgsam auf, damit sie gebündelt und zum Dreschplatz getragen werden konnten.

Jeden Tag mußten wir nach der schweren Knochenarbeit weiterhin abends noch politische Schulungen über uns ergehen lassen. Cui und Zhao, die wir tagsüber nie zu sehen bekamen – sie rasten in ihrem Jeep von einer Sitzung zur anderen, oft begleitet von zwei glücklichen, meist gutaussehenden Schülerinnen, die für sie Notizen machen mußten –, tauchten zur politischen Schulung unweigerlich auf.
Im November fing das Dreschen an. Das war für mich eine neue Erfahrung, die sich bald als Alptraum erwies. In diesem Jahr hatten die Frauen keine Hilfe, denn die Männer, einschließlich der Gefangenen, waren zum Neubau der Hauptstraße abkommandiert. »Befehl Nummer 1« hatte die Farm erreicht, wie Zhao uns bei einer Versammlung mitteilte: »Unser großer Führer, Vorsitzender Mao, lehrt uns: ›Seid auf Krieg und Naturkatastrophen vorbereitet.‹ Und die jetzige Straße ist nicht für Militärfahrzeuge geeignet.«
Während Lastwagen mit Ladungen voll Kies und Zement kamen und leer wieder fuhren, arbeiteten wir auf dem Dreschplatz, einer großen Fläche mit verdichtetem Boden, auf dem nichts wuchs. Sechs horizontale Dreschwalzen wurden von einem Elektromotor über lange Riemen angetrieben. Außen waren die Walzen mit langen, scharfen Metallzähnen besetzt. Ich mußte ein Bündel Reis von oben auf die sich drehende Trommel halten, damit die Zähne die Ähren herausreißen konnten. Eine unvorsichtige Bewegung, und die Walze hätte mir die Hand in Fetzen gerissen. Noch schlimmer wäre es gewesen, wenn ich gegen die sich schnell drehende Trommel gefallen wäre.
Die gedroschenen Bündel Reisstroh wurden gelagert, um sie später für den Hausbau, für Seile oder sonstiges verwenden zu können. Auf der anderen Seite der Walzen, wo die Ähren herunterfielen, harkten Arbeiterinnen die Spreu weg. Sie diente als Brennmaterial. Alle trugen Baumwollmasken ge-

gen die Staubwolken, die so dick in der Luft hingen, daß sie fast die Lampen der Abendschicht verdunkelten.

Es war mir nahezu unmöglich, das Reisbündel in der vorgeschriebenen Weise gegen die Walze zu halten, weil meine »Streichholzarme« nicht kräftig genug waren und die Walze mir oft das Bündel aus der Hand riß. Das versuchte ich zu verhindern, indem ich mir das Bündel um die Arme wickelte und fest gegen die Brust drückte. Doch bei dieser Methode mußte ich mich näher an die wirbelnden Zähne beugen. Noch schlimmer war, daß Lao Chang mir wegen mangelnder Größe befahl, mich auf einen Strohhaufen zu stellen, was es mir noch schwerer machte, das Gleichgewicht zu halten.

In den ersten Nächten hatte ich Alpträume, in denen ich gegen die Walze fiel und in blutige Fetzen gerissen wurde. Ich weiß nicht, ob es an meinen Bitten lag oder an der Tatsache, daß ich oft das Bündel nicht halten konnte und zusehen mußte, wie es mir aus den Händen gerissen und unter die Walze gezogen wurde – was den gesamten Arbeitsprozeß lahmlegte –, jedenfalls teilte Lao Chang mich schließlich dazu ein, die gedroschenen Bündel aufzustapeln.

So ging mein erster Jahrestag auf der Farm vorüber.

Ich hatte Großtante nie abgenommen, daß ich unter einem schlechten Stern geboren sei, aber jetzt machte ich mir manchmal schon Gedanken darüber. An einem sonnigen Tag brach ich während der Mittagspause auf dem Dreschplatz mit einem stechenden Schmerz im Unterleib zusammen. Die Schmerzen wurden schnell schlimmer, und ich rollte mich schweißgebadet ein wie eine Krabbe. Sofort schickte Yu Hua jemanden zur Baustelle der Straße, um Dr. Wang zu holen. Lao Chang kam herbei, konnte aber nichts weiter tun, als dazustehen und Vermutungen darüber anzustellen, was mir fehlte. Kurz darauf kam Dr. Wang angelaufen, mit zwei jungen Männern, Xiao Zhu und Xiao Qian, die eine Trage mitbrachten. Der Arzt brauchte mir nur ein paarmal auf den Bauch zu drücken, um eine akute Blinddarmentzündung festzustellen.

»Du mußt operiert werden«, drängte er. »Sofort. Wir müssen dich ins Krankenhaus bringen.«

Xiao Zhu und Xiao Qian wickelten mich in Decken und legten mich auf einen Handwagen, wie wir ihn benutzt hatten, um Steine zu holen. Weder in unserem Dorf noch auf der Unterfarm gab es geeignete medizinische Einrichtungen; und da an der Straße gebaut wurde, konnte das Farmkrankenhaus auch keinen Krankenwagen schicken. So übernahm Dr. Wang die Führung, und die beiden jungen Männer zogen und schoben mich mit dem Wagen auf der ausgefurchten Landstraße zum Sanglong – zum »Drachenfluß« –, an dessen Ufer in knapp zwei Kilometer Entfernung eine Volkskommune lag. Der Weg kam mir endlos quälend vor, da mir bei jedem Holpern und Rütteln des Wagens ein stechender Schmerz durch den Unterleib schoß. Immer wieder wischte Yu Hua, die neben dem Wagen herlief, mir den kalten Schweiß von der Stirn.

Der Sanglong war knapp fünfzig Meter breit, breiter und sauberer als der Nebenfluß, der an unserer Straße entlangfloß, und markierte die Grenze der Volkskommune. Wegen der ständigen Überfälle von Gefangenen, die Gemüse und Vieh stahlen, um ihre karge Verpflegung aufzubessern, war das Dorf wie ein Militärlager eingezäunt.

Als wir den Fluß erreichten, war es etwa zwei Uhr nachmittags. Dr. Wang und die beiden Männer riefen um Hilfe. Keine Antwort. Yu Hua lief am Deich entlang und rief mit ihrer erstaunlich tiefen Stimme über den Fluß: »Wir haben einen Notfall! Bitte helft uns!«

Mein Gesicht und meine Kleider waren schweißgebadet. Voller Angst kämpfte ich gegen die Übelkeit und die stechenden Schmerzen an. Yu Huas Rufen und die Aufregung des Doktors trugen nicht gerade dazu bei, meine Ängste zu zerstreuen.

Endlich drang eine Stimme über den Fluß. »Wartet! Wir schicken ein Boot rüber.«

Xiao Qian und Xiao Zhu trugen mich mit der Trage auf einen Kahn, und nachdem auch der Arzt und Yu Hua zugestiegen waren, stakte man uns hinüber. Am anderen Ufer wurde ein Wagen aufgetrieben, und das schmerzliche Geholpere begann von neuem. Als ich endlich im Operationssaal lag, war es schon dunkel. Dr. Wang stand neben mir. Ich wünschte verzweifelt, daß jemand von meiner Familie bei mir wäre. Ich wußte nichts über Blinddarmentzündung und ihre möglichen Komplikationen. Ich wußte nur, daß Dr. Wang mir den Bauch aufschneiden würde und ich sterben könnte.

Man hatte mir nur eine örtliche Betäubung gegeben, und so bekam ich alles mit, was mit mir geschah. Sehen konnte ich allerdings nur die Decke. Es waren noch zwei weitere Ärzte da, die Dr. Wang ständig Fragen stellten und ihm Vorhaltungen wegen der Verzögerung machten.

Nach einer Weile wurde alles schwarz. Buchstäblich.

Flüche hallten durch die pechschwarze Finsternis. Füße schlurften.

»Doktor, ich kann nichts mehr sehen!« schrie ich.

»Ruhig, Xiao Ye«, sagte Dr Wang. »Der Strom ist ausgefallen. Mach dir keine Sorgen, die Schwestern holen Taschenlampen. Gott sei Dank habe ich deinen entzündeten Blinddarm schon herausgenommen.«

Stromausfälle waren weder für mich noch für sonst jemanden in China etwas Neues. Selbst in Schanghai wurde an manchen Tagen der Strom in den Wohnvierteln abgeschaltet, um Energie zu sparen. Manchmal schickten Fabriken eine Schicht nach Hause, vor allem im Sommer, wenn der

Stromverbrauch sehr hoch war. Aber gewöhnlich erhielt man vorher Bescheid.
Bald kamen die Schwestern wieder, kaum zu erkennen hinter den tanzenden Kreisen ihrer Taschenlampen. Ich schloß die Augen, völlig erschöpft, um sie gleich wieder aufzureißen, als ein stechender Schmerz mir durch den Bauch schoß und mein rechtes Bein hochschnellte. Die Betäubung hatte nachgelassen. Jemand schob mein Bein wieder nach unten, und die Operation ging weiter. Ich schrie, als mich erneut ein heftiger Schmerz durchzuckte.
»Was ist los? Was macht ihr mit mir?«
»Schon gut«, sagte eine der Schwestern ruhig, »der Arzt näht dich zu. Es dauert nicht mehr lange.«
Ich schrie nach einer neuen Betäubung.
»Unmöglich«, erklärte Dr. Wang. »Wir müßten die Spritze ins Rückgrat setzen, aber wir können dich nicht umdrehen.«
Eine Schwester leuchtete mit der Taschenlampe in ihr kleines rotes Buch und fing an, mir aus den Worten des Vorsitzenden Mao vorzulesen. »Fürchtet keine Härten; fürchtet nicht den Tod«, las sie.
Während der Vorsitzende Mao diesen Rat niederschrieb, wurde er wohl kaum ständig von einer Nähnadel durchstochen! Ich biß die Zähne zusammen.

Kapitel 19

Nach einer Woche wurde ich aus dem Krankenhaus entlassen und bekam eine leichte Arbeit in der Kantine. Ich war froh, im Haus arbeiten zu können, denn es wehte wieder ein scharfer, kalter Nordwestwind, und die Feuchtigkeit kroch einem in die Knochen. Die Männer arbeiteten immer noch an der Straße, und die Frauen errichteten mit schweren, eisernen Rechen Dämme für die Reisfelder. Wenn die Dämme nicht richtig angelegt waren, traten Cui oder Zhao sie flach, und sie mußten von vorn anfangen.

Wer sein Soll nicht erfüllte, bekam nicht mehr nur ein einfaches Minuszeichen auf der ausgehängten Liste. Es galt jetzt als politisch motiviert, und das bedeutete Ärger. Seit der Ankunft der Volksbefreiungsarmee lief alles militärisch ab. Wir durften nicht mehr einzeln zur Kantine gehen »wie ein Teller voll losem Sand«, wie Cui es nannte. Wie »richtige Soldaten« mußten wir in Reih und Glied marschieren, die Schalen in unserer linken Hand, die rechte im Gleichschritt schwenkend. Schüler aus guten Familien mußten eine Miliz bilden, täglich trainieren und unter Zhaos Anleitung Schießübungen machen. Die Miliz stand rund um die Uhr in Alarmbereitschaft.

Alarmbereitschaft wofür? Ich hatte mich zwar nie übertrieben für Nachrichten interessiert, aber ich war auch noch nie so schlecht informiert gewesen wie auf der Farm. Es gab keine Zeitung, und Transistorradios, die damals selten und teuer waren, brachten nur immer dieselbe Propaganda. Es bedarf keiner Erwähnung, daß das auch für die Lautsprecher im Dorf galt. Es kam zwar zweimal wöchentlich Post, doch jeder wußte, daß es in derart gefährlichen Zeiten dumm gewesen wäre, etwas schwarz auf weiß festzuhalten. So wußte ich nur, was in unserem kleinen Dorf vorging.

Wie ich während meiner Krankheit in Schanghai gesehen

hatte, baute man im ganzen Land Luftschutzbunker wegen der wachsenden Spannungen mit der Sowjetunion. Aber wozu brauchte unsere Farm eine »kriegsgerechte« Straße, die breit und stabil genug war, daß zwei Panzer nebeneinander fahren konnten, wie Zhao sagte? Und wozu brauchten wir eine Miliz? Welche strategische Bedeutung sollte unser Dorf haben, das fernab von allem in einer Ebene lag, die nur kärgliche Ernten hervorbrachte?

Als der Winter vorrückte, freuten wir uns auf ein paar relativ ruhige Monate, bevor es im Frühling wieder mit dem Reisanbau losgehen würde. Es wurde so kalt, daß das Wasser in den Behältern morgens manchmal gefroren war. Um uns nachts warmzuhalten, hatten Yu Hua und ich unser Bettzeug zusammengelegt, wie es auch andere taten.

Doch oft wurden wir vom grellen Schrillen der Klingeln aus dem Schlaf gerissen, die uns zu Militärübungen riefen. Ob Milizionäre oder nicht, alle mußten hin. Wir sprangen aus den Betten in die eisige Kälte, zogen uns mit klammen Fingern hastig an, stürmten zum Dreschplatz, nur um uns von Cui und Zhao schikanieren zu lassen, die in ihren warmen Armeemänteln dastanden und auf ihre Stoppuhren schauten. Die schwere körperliche Arbeit hatte ich schon lange akzeptiert, aber die »Kriegsvorbereitungen« waren mir verhaßt.

Eines Abends unterhielten sich ein paar Frauen bei unserer üblichen politischen Schulung über die Kosten der neuen Straße und tauschten Gerüchte und Klatsch aus.

»Die ganzen Mühen und Kosten, nur um eine Straße zu bauen, die kein Mensch benutzt«, scherzte ich. »Schade, daß wir nicht die Hälfte der Zeit und des Geldes dafür benutzen konnten, Schlafsäle mit dickeren Wänden zu bauen.«

Diesen Scherz sollte ich noch schwer bereuen.

Als der Februar näherkam, waren die Schüler und Schülerinnen gehobener Stimmung, denn es war Zeit für *tanqin* – den staatlich festgesetzten, zweiwöchigen, bezahlten Heimaturlaub für alle Mitarbeiter staatlicher Betriebe. Die Arbeitseinheit übernahm die Reisekosten. Lao Chang hatte uns vor langer Zeit gesagt, wir könnten unseren Heimaturlaub jederzeit während des Jahres nehmen, nur nicht während der Hauptsaison, aber Cui hatte das geändert und erklärt, wir müßten alle zur gleichen Zeit nach Hause fahren.

Ich machte mir große Sorgen um Nummer 5. In ihren Briefen klang sie immer so mutlos. Jeder Brief von ihr tat mir in der Seele weh. Ich hatte vorgehabt, meinen Heimaturlaub erst im Juli gemeinsam mit ihrem Urlaub zu nehmen. Cuis neue Politik machte meine Pläne zunichte.

Als ich Yu Hua fragte, was ich tun sollte, schlug sie vor, Cui und Zhao die Sache zu erklären. »Du hast vernünftige Gründe für eine Ausnahme«, meinte sie. »Ich bin deine Gruppenführerin. Ich gehe mit und rede mit ihnen.«

Noch am selben Abend gingen wir in das Backsteinhaus. Das Büro der Armeekader war von zwei nackten Glühbirnen an der Decke beleuchtet. Cui und Zhao saßen an ihren Schreibtischen und tranken mit ausdruckslosen Mienen Tee.

Ich war so nervös, daß ich mich beim Sprechen verhaspelte und Yu Hua einspringen und erklären mußte, daß meine Eltern tot seien und ich gehofft hätte, meinen Urlaub gemeinsam mit meinen Geschwistern nehmen zu können. »Sie sind alle irgendwohin verstreut«, schloß sie, »und möchten sich gern sehen, wenn es geht.«

»Wenn ich meine zwei Wochen Urlaub später nehmen darf, verspreche ich, umso härter zu arbeiten, wenn ich zurückkomme«, erklärte ich kleinlaut.

Cui und Zhao saßen schweigend da und ignorierten uns völlig. Mir fiel ein, wie gedemütigt ich mich gefühlt hatte, als ich unzählige Male mit Mutter die ungerührten Fabrikdirektoren aufsuchte, die uns keinerlei Hilfe gewährten. Plötzlich vermißte ich meine Eltern schrecklich und fing an zu weinen.

Cui stand auf und kam um seinen Schreibtisch herum. Ein kaltes Lächeln huschte über sein Gesicht. »Warum weinst du denn?« fragte er barsch. »Wir haben doch noch kein Wort gesagt, oder?«

Er grinste Zhao an, der das Meldebuch mit unseren Namen und sämtlichen Familienangaben durchblätterte.

»*Tanqin* ist für Genossen, die verheiratet sind und fern von ihren Ehegatten arbeiten, und für Unverheiratete, damit sie ihre Eltern besuchen. Stimmt's?«

»Ja, Kader Zhao«, murmelte ich.

»Bist du verheiratet?« fragte er mit geheuchelter Höflichkeit. Cui grinste.

»Nein, Kader Zhao.«

»Dann hast du ja keinen Mann zu besuchen, nicht wahr? Und deine Eltern sind tot. Wie es aussieht, hast du gar keinen Anspruch auf Heimaturlaub«, schloß er.

Mir wurde kalt vor Angst. Ich würde meine Brüder und Schwestern und Großtante nie wiedersehen.

Zhao stand auf, immer noch mit ruhiger Miene, und sagte beherrscht: »Es gibt Millionen Brüder und Schwestern, die an verschiedenen Orten unserem Heimatland dienen. Warum solltest du eine Sonderbehandlung bekommen? Ausgerechnet du«, fügte er als Anspielung auf meine schlechte Klassenherkunft hinzu.

Meine Lippen bebten. Ich sah meine Freundin an. Yu Huas Miene zeigte mir, daß sie ebenso fassungslos war wie ich.

»Bitte«, brachte ich mühsam heraus, aber Cui schnitt mir lachend das Wort ab.

»Wir geben dir Bescheid. Du hast es ja nicht eilig. Schließlich willst du deinen Besuch ja auf später verschieben. Und deine Eltern haben es wohl auch nicht eilig.« Er lachte noch lauter. »Ihr beide könnt gehen.«

Ich hatte solche Angst, daß ich nicht einschlafen konnte. Am nächsten Morgen versuchte Yu Hua, mich zu trösten, was ihr jedoch nicht gelang. Plötzlich strahlte sie: »Xiao Ye, ich habe eine Idee. Laß uns zur Verwaltung der Unterfarm gehen und die Sache klären. Cui und Zhao sind schließlich Armeekader. In diese Angelegenheit sollten sie sich überhaupt nicht einmischen.«

Wieder einmal war ich dankbar für den klaren Kopf meiner Freundin. Nachdem wir in aller Eile unser Soll an neuen Dämmen für die Reisfelder erfüllt hatten, baten wir Jia-ying, unser Abendessen abzuholen und im Schlafsaal für uns aufzubewahren, und machten uns auf den Weg zur Unterfarm. Bis wir dort ankamen, war es bereits dunkel. Als ich sah, daß das Büro schon geschlossen hatte, sank mir der Mut.

»Gib nicht auf«, drängte Yu Hua. »Vielleicht sind sie beim Abendessen.«

Wir suchten die Kantine und fragten uns bei einigen Leuten durch, die uns an einen großen Mann mittleren Alters verwiesen, der allein an einem der Tische aß. Kader Huang hatte ein freundliches Gesicht und große, intelligente Augen. Als er den Grund für unseren Besuch erfuhr, führte er uns in sein Büro.

An seinem Akzent war zu hören, daß er aus der Provinz Zhejiang kam. Er bot uns einen Platz an, und seine Höflichkeit machte mich zuversichtlich. Meine ursprüngliche Bitte, meinen Heimaturlaub zu verschieben, erwähnte ich nicht; ich erklärte ihm meine Sorge, daß die Armeekader mir die Heimfahrt überhaupt nicht erlauben würden. Kader Huang holte seine Personalunterlagen hervor, blätterte sie durch, legte sie mir vor und bat mich, ihm meinen Namen zu zeigen. Mit zitternden Fingern tat ich es. Er las die Eintragungen über meine Familie, schloß das Buch und schaute auf.

»Das ist kein Problem«, sagte er und erklärte weiter, daß die staatliche Urlaubsregelung für jeden gelte. Während er

sprach, schlich sich ein wütender Unterton in seine Stimme. »Es ist schon tragisch genug, daß du beide Eltern verloren hast. Wie konnten diese beiden – « Er brach ab.
Erleichtert verließ ich das Büro.
Auf unserem Rückweg ins Dorf trafen wir Xiao Zhu, Xiao Qian und Xiao Jian, drei Freunde von Yu Hua. Zhu und Qiang hatten mir damals bei meiner Blinddarmentzündung geholfen, und alle drei hatten mich mit Yu Hua im Krankenhaus besucht. Ihre Freundlichkeit hatte mir immer gutgetan. Ebenso wie Yu Hua waren sie älter als ich und sahen trotz ihres politisch korrekten Klassenhintergrunds nicht auf mich herab.
Xiao Jian, unser Buchhalter, schlug vor, wir sollten mit in sein winziges Büro neben der Kantine kommen, wo er unser Abendessen aufwärmen könnte. Während ich aß, unterhielt ich mich lachend mit den anderen, glücklich, daß mein Problem gelöst war.
Am nächsten Abend wurden Yu Hua und ich zu Cui und Zhao ins Büro zitiert. Kaum waren wir eingetreten, brüllte Zhao uns an.
»Wir könnt ihr es wagen, hinter unserem Rücken Mätzchen zu versuchen! Wie könnt ihr es wagen, über unsere Köpfe hinweg zu handeln!«
Fluchend und schimpfend, die Armeemütze schief auf dem Kopf, beschuldigte er uns, die Volksbefreiungsarmee zu unterminieren. Cui saß an seinem Schreibtisch, spielte mit einem Stift und sagte während der ganzen Tirade kein Wort, bis er uns schließlich mit einer Handbewegung entließ.
Wir schlichen davon. Wir hatten keine Ahnung, was wir falsch gemacht hatten, aber als ich eine Woche später das Schiff nach Schanghai bestieg, war mir das Herz schwer von bösen Vorahnungen. Mir war klar, daß Cui und Zhao mich fortan nicht in Ruhe lassen würden.

Kapitel 20

Pier 16 im Hafen von Schanghai war schwarz von Menschen. Freudenschreie wurden rund um mich laut, als meine Mitarbeiterinnen von der Farm sich ihren Müttern und Vätern in die Arme warfen. Von meiner Familie war niemand gekommen, um mich zu begrüßen. Großtante war mit ihren mittlerweile sechzig Jahren zu alt, um sich durch Menschenmengen zu kämpfen. Nummer 1 und Nummer 5 hatten zu der Zeit keinen Heimaturlaub. Nummer 2 würde zwar bald nach Hause kommen, aber an diesem Tag grub er mit seinen Arbeitskollegen Luftschutzbunker in der Vorstadt. Nummer 3 konnte erst am Sonntag, ihrem freien Tag, in die Stadt kommen.

Da ich wußte, daß ich die Wohnung still und leer vorfinden würde, hatte ich es nicht eilig, in einen der überfüllten Busse zu steigen. Zudem war mir klar, daß ich mich verstellen mußte, sobald ich zur Tür hereinkam, da ich niemanden mit meinen wahren Erlebnissen und meiner Einsamkeit auf der Farm belasten durfte.

Erst als Nummer 3 sonntags kam, hob sich meine Stimmung.

»Ah Si, du siehst toll aus«, rief sie. »Als ich dich das letztemal gesehen habe, warst du noch stockdürr!«

Sie war mit ihren neunzehn Jahren eine hübsche junge Frau und wohnte mit drei anderen unverheirateten Frauen in einem Zimmer des Wohnheims der Fabrik – keine ideale Regelung, aber ihre Stelle gewährleistete ihr, daß sie nicht aufs Land geschickt wurde, und sie konnte daran denken, sich zu binden.

Beim Tee, den Großtante zubereitet hatte, plauderten wir munter.

»Ich habe noch keinen Freund gefunden, aber ich halte die Augen offen«, scherzte Nummer 3. »Guck mal.« Stolz zeigte sie mir ein Foto, auf dem sie in Armeeuniform mit einem Gewehr über der Schulter zu sehen war.

»Du bist in der Miliz?« fragte ich und reichte das Foto an Großtante weiter.

»Ich bin Gruppenführerin.«

»Bis Nummer 3 ihr Gewehr angelegt hat, haben die Russen die Fabrik schon eingenommen«, meinte Großtante bissig.

»Es wundert mich, daß sie die Tochter eines Kapitalisten angenommen haben«, sagte ich.

»Ach, das kümmert sie nicht. Ich mache keine Schwierigkeiten. Essen, schlafen und arbeiten, das ist mein Motto.«

Als ich Nummer 2 ein paar Tage später erzählte, daß man mir beinahe meinen Heimaturlaub gestrichen hätte, erklärte er mir das neue politische Klima, und nun wurden mir einige merkwürdige Vorgänge auf der Farm klar. Als Mao die Volksbefreiungsarmee in die Arbeitseinheiten beordert hatte, um sie gegen weitere Unruhen und zivile Kämpfe zu stabilisieren, war geplant, daß sie Dreiergremien aus Vertretern der Massen, revolutionären Kadern und der Volksbefreiungsarmee bilden sollten. Seitdem hatte die Armee in landwirtschaftlichen Betrieben, Fabriken und Verwaltungen immer mehr Macht an sich gerissen. Es begann eine Säuberungsaktion gegen Kräfte, die gegen eine Beteiligung der Streitkräfte waren. Da die stärkste Opposition gegen die Volksbefreiungsarmee aus Universitäten und Instituten kam, »entdeckte« man konsequenterweise eine »konterrevolutionäre« Gruppe an der berühmten Universität Fudan in Schanghai. Mitglieder wurden konsequent verfolgt.

Wie ich viele Jahre später erfahren sollte, war die Lage noch weitaus komplizierter, weil Lin Biao seit langem insgeheim den Sturz Maos und die Machtübernahme im Land vorbereitete. Da Lin Biao die vollständige Kontrolle über die Luftwaffe und große Teile der übrigen Streitkräfte besaß, brachte er Männer, die loyal zu ihm standen, in Schlüsselpositionen. Er hatte vor, Mao Ze-dong im geeigneten Moment zu ermorden und die Macht zu übernehmen. Rückblickend wurde nun auch der Grund für die neue Straße zu unserer Farm klar. Sie war keineswegs eine Vorbereitung gegen eine sowjetische Invasion, sondern sollte einen möglichen Rückzug der Truppen Lin Biaos unterstützen.

Damals ahnte natürlich keiner etwas von Lin Biaos Plan. Nummer 2 wußte lediglich, daß die Volksbefreiungsarmee in China größere Macht errungen hatte und jede Opposition aufstöberte. Er warnte mich, mich vor jedem Konflikt zu hüten, besonders wenn es um die Armeefunktionäre ging.

Weder ihm noch mir war klar, was mein Besuch beim Armeevertreter Huang in der Unterfarm und die Intervention dieses netten Mannes in meiner Sache bedeutet hatte. Der Verwaltung der Unterfarm waren, wie allen Arbeitseinheiten, Vertreter der Volksbefreiungsarmee zugewiesen worden: das war die Funktion Huangs. Allerdings gehörten die Armeekader der Unterfarm der Garnison Schanghai an, die wiederum dem Militärbezirkskommando Nanjing unterstand, einer Truppe, die loyal zum Vorsitzenden Mao stand und Lin Biao daher eher feindlich gesinnt war. Indem Yu Hua und ich über Cuis und Zhaos Köpfe hinweg zu Huang gegangen waren, hatten wir uns also an ihre Feinde gewandt.

Anfang März, am Abend nach meiner Rückkehr auf die Farm, wurde eine dringende Versammlung in der Scheune einberufen. Wir hatten Anweisung, keine Stifte, Notizblökke und Schemel mitzubringen – eine Ankündigung, die es noch nie gegeben hatte und die mich nervös machte. Damals war alles Außergewöhnliche ein schlechtes Omen.

Die Scheune war mit politischen Parolen geschmückt. »Nie

den Klassenkampf vergessen!« »Vergessen heißt Verrat!« »Hoch lebe die Volksbefreiungsarmee!« »Wir zerschmettern jeden, der der Armee entgegenzutreten wagt!« An den kämpferischen Ton der Spruchbänder war ich durchaus gewöhnt, doch das letzte machte mir einen ungewöhnlich bedrohlichen Eindruck.

Man befahl uns, uns in der kalten, feuchten Scheune auf den frostigen Betonboden zu setzen. Cui war in Hochform. Die Faust in der Luft, stimmte er Maos Parole an: »Führt den Klassenkampf, und alle Probleme lassen sich lösen!« Mit jeder Wiederholung wurde lauter skandiert. Als der Raum von den abgedroschenen Worten widerhallte, traten zwei weißgekleidete Mitarbeiter der Kantine mit einem riesigen Wok nach vorn. Feierlich stellten sie ihn vor Cuis Füße.

Mit einer Handbewegung gebot Cui Ruhe, zog an seinen Rockschößen und sagte: »Kader Zhao und ich haben den Eindruck, daß es in unserer Brigade an Bewußtsein für den Klassenkampf fehlt. Der Vorsitzende Mao hat uns gelehrt, daß der Klassenkampf weitergehen muß! Um die Große Proletarische Kulturrevolution zu Ende zu führen, ist es notwendig, daß wir alle uns an die Entbehrungen des Proletariats vor der Befreiung erinnern.«

Ich beäugte den Wok, aus dem sich ein unangenehmer Geruch in der Kälte der Scheune ausbreitete.

»Wir werden jetzt eine besondere Mahlzeit einnehmen«, fuhr Cui fort und deutete auf den Wok, »damit wir uns an die Leiden der Vergangenheit erinnern und das gute Leben von heute zu würdigen wissen. Ich warne euch, Kader Zhao und ich werden genau aufpassen, daß alle sich beteiligen. Jeder Täuschungsversuch wird als politisch motiviert eingestuft.«

Nacheinander gingen wir nach vorn, um unsere Portion der »Mahlzeit« in Empfang zu nehmen. Als ich an der Reihe war, bekam ich einen faustgroßen Ball aus einem übelriechenden, lauwarmen, grünen Zeug ausgehändigt. Ich kehrte auf meinen Platz zurück und betrachtete das abstoßende Ding, das mich den Armen aus der Zeit vor der Befreiung näherbringen sollte. Der Ball war schwer und roch nach Erde und Gras. Verstohlen sah ich zu Yu Hua hinüber, die die Achseln zuckte und sich bemühte, ihren Ekel nicht zu zeigen. Ich brach den Ball in zwei Hälften, die aber von den langen grünen Fäden zusammengehalten wurden.

»Los!« hörte ich Zhao. »Seid keine Feiglinge. Denkt daran, eure Vorfahren hatten noch weniger zu essen. Andere hatten natürlich ein leichtes Leben und saugten die Armen bis aufs Blut aus!«

Ich hielt den Atem an, schloß die Augen und nahm einen Bissen. Der Ball hatte eine sandige, zähe Konsistenz und schmeckte nach bitterem Gras und fauliger Erde. Offenbar war er aus Unkraut gemischt mit Weizenspreu gemacht. Die zähen Fäden und der schreckliche Gestank ließen mich würgen.

Die arme Jia-ying, die neben mir saß, mußte sich übergeben und besudelte ihre Jacke und den Betonboden vor sich. Der Geruch ihres Erbrochenen machte es mir nicht eben leichter.

Yu Hua beugte sich zu mir herüber. »Brich mit dem Fingernagel kleine Stücke ab und schluck sie runter. Nicht kauen.«

Jia-ying weinte vor Hilflosigkeit. Jedesmal, wenn sie den stinkenden Ball an den Mund führte, mußte sie wieder erbrechen. Sie bat Zhao vergeblich um etwas Wasser. Bei mir funktionierte Yu Huas Methode, und nach einer Weile hatte ich die Stückchen hinuntergewürgt. Ich rutschte näher zu Jia-ying hinüber und sagte ihr, wie sie es machen sollte.

Als wir die Scheune verließen, mußten wir an zwei Posten vorbei, die uns aufforderten, den Mund aufzumachen, die Zunge zu heben und unsere Taschen auf links zu drehen. Ich

war überzeugt, daß Cui und Zhao mit dieser sadistischen Demonstration nur eines bezweckten: Sie wollten uns zeigen, daß sie mit uns machen konnten, was sie wollten.
Die ganze Nacht über warf ich mich vor Bauchschmerzen hin und her, bis uns beim Morgengrauen eine dröhnende Stimme aus den Lautsprechern weckte und das gesamte Lager zu einer weiteren Versammlung nach dem Abendessen beorderte. Auf dem Weg zur Kantine kamen wir an einer Gruppe Gefangener vorbei. Mit Gras und Strohhalmen im Mund lachten und feixten sie uns an. Einer lag zuckend auf dem Boden, als hätte er einen epileptischen Anfall.
»Ignoriert sie«, forderte Cui uns auf. »Wenn ihr sie anseht, seht ihr gar nichts.«
In mancher Hinsicht hatten die Gefangenen mehr Freiheiten und ein leichteres Leben als wir, fand ich, denn sie brauchten nicht an der Kulturrevolution teilzunehmen. Und wenn sie ihre Zeit abgesessen hatten, konnten sie wieder zurück zu ihren Familien. Mein Urteil lautete: lebenslänglich, endgültig. Einige der Schüler waren von der Farm weggelaufen, in der Hoffnung, sie würden erwischt und zu den Gefangenen gesteckt, aber man hatte sie wieder zur Brigade zurückgebracht. Für mich gehörte es zum Irrsinn der Kulturrevolution, daß Gesetzesbrecher besser dran waren als Menschen, die nichts getan hatten.
An diesem Abend schlug Zhao bei der Versammlung einen anderen Kurs ein. Er ging uns um den Bart und bat demütig um unsere Hilfe. »Kader Zhao und ich sind relativ neu hier und in dieser Art von Arbeit unerfahren«, sagte er mit vorgetäuschter Aufrichtigkeit. »Wir sind mit gebildeten Jugendlichen aus der Stadt nicht vertraut. Bitte helft uns, indem ihr uns eure Kritik und eure Vorschläge aufschreibt. Seid völlig offen und aufrichtig. Auf diese Weise könnt ihr uns eure Unterstützung für die Volksbefreiungsarmee zeigen.«
Eingedenk der Warnungen von Nummer 2 war ich fest ent-

schlossen, nichts zu tun und zu sagen. Ich riet Yu Hua, es genauso zu machen. Aber sie war geködert. Sie schrieb eine Kritik an Cui und Zhao, in der sie ihnen vorwarf, sie hätten sich in der Behandlung meiner Bitte, meinen Heimaturlaub zu verschieben, unfair benommen.

Drei Tage später bewiesen die beiden Armeevertreter, wie viel sie 1957 bei der Bewegung »Laßt Hundert Blumen blühen« gelernt hatten, als Mao all jene aufspürte, die naiv ihre Kritik geäußert hatten. Sie benutzten in ihren Wandzeitungen sogar Maos Worte: »Die Schlange hat ihren Kopf aus dem Loch gesteckt: Was sollen wir mit ihr machen?« »Wer versucht, die Volksbefreiungsarmee zu stürzen, wird nicht gut enden!« Andere *dazibao* ermunterten die Schüler, alle bloßzustellen, die gegen Cui und Zhao opponiert hatten.

Niedergeschlagen und entmutigt versuchte ich, mich innerlich gegen die Angriffe, Verdächtigungen und Denunziationen zu wappnen, die unweigerlich kommen würden.

Kapitel 21

In unserer Produktionsbrigade begannen die Verfolgungen. Es wurde ein achtköpfiger »Klärungs- und Überprüfungsausschuß« aus »roten« Schülern und Schülerinnen gebildet, die von allen anderen Arbeiten freigestellt waren. Sie sollten Cui und Zhao helfen, die Säuberungsaktion durchzuführen. Die drei weiblichen Ausschußmitglieder waren Boulette, Dickmops und Lulatsch, die ihre Spitznamen, wie viele von uns, nach ihrem Aussehen bekommen hatten. Boulette, die die dicksten Brillengläser trug, die ich je gesehen hatte, war stolz auf ihren Vater, der als Schneider die Kostüme für das moderne Ballett »Die weißhaarigen Mädchen« nähte, eins von nur acht Theaterstücken, deren öffentliche Aufführung Jiang Qing erlaubte. Dickmops erwähnte oft die revolutionäre Abstammungstheorie, »der Sohn eines Drachen ist ein Drache«. Es versteht sich von selbst, daß in ihren Adern reines Blut floß. Lulatsch, ein großes, schlankes Mädchen mit großem, flachem Kopf, arbeitete hart und hielt sich für sich. Sie hatte ihre gesamte Familie denunziert, nachdem ihr Vater in den fünfziger Jahren als Rechter entlarvt worden war, und galt seitdem als Musterjugendliche. Lulatsch hatte sogar auf ihren Heimaturlaub verzichtet und sich geweigert, ihre »wirrköpfige Mutter« zu besuchen. Die übrigen Mitglieder des Ausschusses kannte ich nicht sonderlich gut, stellte aber bald fest, daß sie ebenso bösartig waren.

Ich war entsetzt, als ich erfuhr, daß der »Schlangenkopf«, der laut Cui und Zhao aus seinem Loch gekrochen war, aus den vieren bestand, die sich mit mir angefreundet und die mir schon mehrfach geholfen hatten. Es waren meine Freundin und Beschützerin Yu Hua sowie Xiao Zhu, Xiao Qian und Xiao Jin. Alle vier hatten den richtigen Klassenhintergrund und waren Gruppenführer. Aber alle vier waren naiv.

Sie hatten ihre Kritiken und Vorschläge, wie Cui es verlangt hatte, aufgeschrieben und eingereicht.
Auf der nächsten Kampfversammlung mußten meine Freunde vor uns stehen, während Cui die Menge anfeuerte, zu schreien, die Fäuste zu schwenken und von ihnen zu verlangen, daß sie ihre Vergehen gestanden.
»Sie haben sich hinter einem Vorhang versteckt!« schrie er. »Sie und jeder, der zu ihrem konterrevolutionären Komplott gehört, müssen entlarvt werden!«
Das folgende Gebrüll, an dem ich mich nicht beteiligte, ließ fast mein Trommelfell platzen. Meine Freunde standen mit gesenkten Köpfen da und wirkten gedemütigt und schuldbewußt. Es war einfach lächerlich zu glauben, daß diese vier Jugendlichen geplant hätten, die Revolution und die Volksbefreiungsarmee zu unterwandern.
Es wurden noch mehr Parolen und Aufforderungen gebrüllt, die Schlangen und alle, die mit ihnen unter einer Decke steckten, zu enthaupten, und dann beendete Cui die Versammlung mit der Mitteilung, daß die vier ab sofort unter Hausarrest stünden. Pflichtschuldig johlte und stampfte die Menge. Am Boden zerstört wurden meine Freunde aus der Scheune geführt, jedem folgte ein »Aufpasser«, der ständig bei ihm bleiben mußte.
Schnell ging ich in meinen Schlafsaal, wo Yu Hua bereits ihre Sachen packte. »Yu Hua, wo bringen sie dich hin?«
»Halt den Mund, sonst mußt du die Konsequenzen tragen, daß du mit einer Konterrevolutionärin gesprochen hast!« schrie Dickmops, ihre Aufpasserin.
Mit großen, angsterfüllten Augen schüttelte Yu Hua den Kopf, um mir zu bedeuten, daß ich still sein solle. Ich beobachtete, wie Yu Hua in das Backsteinhaus geführt wurde.
Jia-ying kam zu mir. »Wein doch nicht, Xiao Ye«, flüsterte sie. »Die Armeevertreter töten nur ein Huhn, um den Affen Angst einzujagen. Wenn du aufwachst, ist Yu Hua bestimmt

wieder da.« Ich wünschte, ich könnte ihre Zuversicht teilen.

Jemand weckte mich unsanft aus einem unruhigen Schlaf.
»Ye Ting-xing! Wach auf! Steh sofort auf!«
Lulatsch und Dickmops standen neben meinem Bett, im Dämmerlicht kaum zu erkennen.
»Was ist? Wie spät ist es?«
Reihauf, reihab reckten sich Köpfe hoch, Mädchen stützten sich auf ihre Ellbogen und starrten zu uns herüber.
»Es ist ein Uhr«, sagte Jia-ying, während Dickmops mir meine wattierte Jacke ins Gesicht warf.
»Beeil dich«, befahl Lulatsch. »Die Kader wollen dich sehen. Sofort!«
Benommen schlüpfte ich in meine wattierte Hose und meine Socken und nahm die Jacke. »Was wollen sie von mir, mitten in der Nacht?«
»Beeil dich«, sagte Lulatsch wieder. »Draußen wartet keine Sänfte auf dich, Fräulein! Trödel nicht so.«
Die beiden trieben mich hinaus in die dunkle Kälte. Immer wieder stolperte ich, weil ich in der Eile die Brille von Nummer 2 nicht aufgesetzt hatte. Am Backsteinhaus standen ein paar Leute vor der Tür. Alle Lampen waren an, und das Radio plärrte Lieder und Mao-Zitate. Lulatsch stieß mich hinein.
Cui und Zhao saßen wie üblich an ihren Schreibtischen. Zitternd vor Angst blieb ich vor ihnen stehen.
»Weißt du, warum du hier bist?« begann Zhao.
Ich schüttelte den Kopf und blinzelte, bis meine Augen sich an das helle Licht gewöhnten.
Zhao sprach ganz ruhig. »Wir haben in dieser Brigade eine konterrevolutionäre Gruppe aufgedeckt, wie du ja heute abend schon gehört hast. Wir möchten etwas über ihre Treffen wissen, an denen du teilgenommen hast. Über jedes Treffen, jedes Wort, Zeit und Ort.«

»Ich verstehe nicht, was du meinst«, stammelte ich.
»Keine Spielchen«, erwiderte Zhao, immer noch völlig ruhig. »Wir wissen, was hier läuft. Wir tun dir sogar einen Gefallen, indem wir dir diese Chance geben, dich zu entlasten.«
Meine Angst wuchs. »Wovon entlasten? Ich weiß nichts von irgendwelchen Treffen.«
Zhao schlug mit beiden Händen auf den Tisch und sprang mit wutverzerrtem Gesicht auf. »Unsere Geduld hat Grenzen«, schrie er. »Keine Ausflüchte! Das ist deine letzte Chance. Sei kooperativ, bevor es für dich zu spät ist!«
Auch Cui stand auf, kam um den Schreibtisch herum und klopfte Zhao auf die Schulter. Zhao setzte sich wieder hin.
Mit falschem Lächeln sagte Cui geduldig: »Sieh mal, deine Freunde stehen unter Hausarrest. Dich behandeln wir anders, weil wir darauf vertrauen, daß du uns hilfst. Denk darüber nach«, drängte er und deutete auf die Aktenschränke hinter sich. »Du weißt, daß deine Akte da drin ist, und du weißt, was drinsteht: deine Familiengeschichte über drei und mehr Generationen. Eine Familie von Grundbesitzern und Kapitalisten.«
Ich begriff, was Cui meinte. In China hatte jeder eine Akte; welchen Einfluß sie hatte, wußte ich schon lange. Sie diente nicht nur dazu, jemanden zu brandmarken, sondern enthielt auch jede vernichtende Information, die irgend jemand über einen gesagt hatte. Die Roten Garden hatten Hunderttausende Dossiers mit Haßtiraden und falschen Informationen zusammengestellt.
Nun wurde mir klar, was Cui und Zhao vorhatten. Sie hielten mich ebenfalls für ein Mitglied der konterrevolutionären Gruppe – einer Fünfer-, keiner Vierergruppe. Doch weil ich die einzige mit einem schlechten Klassenhintergrund war, und weil ich die jüngste, unerfahrenste und verwundbarste war, dachten sie, ich würde zuerst zusammenbrechen und

die Gelegenheit ergreifen, mich zu retten, indem ich gegen die anderen aussagte.

Zitternd ballte ich die Fäuste und preßte die Lippen aufeinander. Cui befahl Dickmops, mich ins Nebenzimmer zu bringen und zu bewachen, während ich ein Geständnis schrieb.

»Kein Geständnis, kein Schlaf«, schrie er, als Dickmops mich hinausführte.

In dem kleinen Zimmer, das spärlich von einer einzigen Glühbirne an der Decke erhellt wurde, standen zwei Tische und zwei Stühle. Auf einem der Tische lag ein Stoß Papier und ein Stift. Dickmops stieß mich auf einen Stuhl.

»Schreib alles über die Treffen mit den anderen auf, auch deine schlechten Gedanken. Denk daran, was der Vorsitzende Mao gesagt hat: ›Milde gegen jene, die ihre Verbrechen gestehen, Strenge gegen jene, die sich weigern.‹«

Sie ging hinaus und schlug die Tür hinter sich zu. Stundenlang, wie es mir vorkam, saß ich zitternd da und starrte auf das Papier und den Stift.

Lange Zeit später erschien Dickmops' Gesicht dicht vor meinem. Sie schrie mich an. Ich war wohl eingeschlafen. Auch andere aus dem »Klärungs- und Überprüfungsausschuß« brüllten herum und beschimpften mich wegen meiner mangelnden Kooperationsbereitschaft. Schließlich verließen alle bis auf Dickmops und Lulatsch den Raum.

Bis zum Morgengrauen bewachten die beiden mich abwechselnd und weckten mich jedesmal, sobald ich den Kopf auf den Tisch legte.

Schließlich schrieb ich einen einzigen Satz: »Ich, Ye Tingxing, bitte um Entschuldigung, weil ich respektlos gegen die Kader Cui und Zhao war, und nehme ihre Strafe bereitwillig an.«

Dickmops riß mir das Papier aus der Hand und brachte mich zum Frühstück. Mechanisch schob ich mir das Essen in den

Mund, während meine Bewacherin mir schweigend zusah. Sofort danach übernahm mich Boulette, damit Dickmops etwas schlafen konnte, und brachte mich aufs Feld. Ich durfte nicht schlafen.

Mittlerweile fühlte ich mich entsetzlich. Eine schlaflose Nacht war schon schwächend genug, aber die Angst und die Anspannung hatten mir zusätzlich jede Kraft geraubt. Wieder war ich der Kritik und dem Spott ausgesetzt. Großtantes Spruch fiel mir ein: »Wir sind dem bitteren Meer entronnen, nur um ins Maul des Tigers zu fallen.« Ich arbeitete neben Yu Hua und errichtete mit einem langen, schweren Rechen im kalten Märzregen Dämme für die Reisfelder, während unsere Bewacherinnen unter Regenschirmen saßen und plauderten. Wir durften weder mit den anderen arbeiten noch miteinander sprechen. Ich machte mir Sorgen um Yu Hua. Sie war in sich gekehrt, hatte geschwollene Augen und schien über Nacht gealtert zu sein. Ich fragte mich, ob ich genauso schlecht aussah.

Abends fand eine weitere Kampfversammlung in der Scheune statt. Als ich, gefolgt von Dickmops, hineinkam, sprach niemand mit mir. Alle, an denen ich vorbeiging, schauten fort. Sobald ich mich in die erste Reihe gesetzt hatte, rief jemand von hinten: »Bringt die Konterrevolutionäre!« Erst da bemerkte ich die beiden Zellen aus Bambusstöcken und Reetmatten, die an jedem Ende der Scheune neu installiert waren. Hinter einer kam Yu Hua hervor. Xiao Jian, Xiao Qian und Xiao Zhu wurden in die Reihe hinter mir gesetzt.

Die gleiche Stimme von hinten stimmte Parolen an, in die die Menge einfiel: »Nieder mit den Konterrevolutionären! Nieder mit allen, die es wagen, gegen die Volksbefreiungsarmee zu opponieren! Wer gegen die Volksbefreiungsarmee ist, ist gegen die Kommunistische Partei!« Bei jedem ohrenbetäubenden Schrei sanken meine Schultern ein Stück weiter nach unten. Verstohlen sah ich zu meinen Freunden hinüber, die elend und erschreckt aussahen. Die ganze Szene erinnerte mich an die Übergriffe der brüllenden Roten Garden in den Straßen.

Die nächste Phase der Kampfversammlung bestand in einer offenen Aufforderung an alle, aufzustehen und über »Verbrechen« zu berichten, die wir fünf begangen hätten. Meine Freunde wurden nacheinander beschuldigt, ihre Klasse verraten und eine geheime konterrevolutionäre Gruppe gegründet zu haben.

Als ich an die Reihe kam, hörte ich von hinten: »Ye Ting-xing hat keinen Respekt vor ihrem Heimatland! Sie macht sich über alles lustig!« »Ye Ting-xing sieht auf die Volksbefreiungsarmee herab«, rief eine Frau und spielte darauf an, daß ich abends im Schlafsaal Zhaos Sichuan-Akzent nachgeahmt hatte. Mein Scherz über die neue Straße wiederum beweise, daß mein Haß auf die geliebte Volksbefreiungsarmee in dem schlechten Blut verwurzelt sei, das seit der Geburt in meinen Adern fließe, warf mir eine andere vor. »Ihre Eltern waren Kapitalisten, die die Arbeiterklasse bis aufs Blut ausgesaugt haben«, schrie eine vierte.

Die Schmähungen, Flüche und Beleidigungen gingen immer weiter, und mit jeder grausamen Lüge und falschen Anschuldigung wurde meine Demütigung größer. Wie konnten mich nur alle so hassen? Das waren Frauen, mit denen ich zusammen gearbeitet, gegessen und im gleichen Schlafsaal gelebt hatte. Am liebsten hätte ich meinem Leben auf der Stelle ein Ende gesetzt.

Schließlich stand Zhao auf. Er teilte der Menge mit, daß wir fünf in Xiao Jings winzigem Buchhalterbüro Geheimsitzungen abgehalten hätten. »Ihr alle wißt, wie groß der Raum ist«, schnaubte er. »Stellt euch nur vor, wie eng die fünf zusammengedrängt waren. Glaubt ihr wirklich, daß sie nur zu Abend gegessen und geredet haben?« Er grinste, dann zeigte

er plötzlich auf Yu Hua und mich. »Und ihr beiden! Man hat ständig gesehen, daß ihr nachts unter einer Decke liegt.« Er wandte sich an die Zuhörer. »Ich frage mich, ob der einzige Grund wohl war, daß ihr warm werden wolltet.«
Schallendes Gelächter beantwortete seine Bemerkung. Aus den Augenwinkeln sah ich, daß Yu Hua angefangen hatte zu weinen. Ich wußte damals noch nichts von Lesbierinnen, aber Zhaos Bemerkung war eindeutig gemein und obszön, und ich hatte das Gefühl, nie wieder erhobenen Kopfes einhergehen zu können.

Kapitel 22

Zwei Tage später bekam ich ebenfalls Hausarrest. Zhao war mit meinem Geständnis nicht zufrieden. Boulette schob mich in dasselbe Zimmer, in dem ich den Satz geschrieben hatte, stieß mich hinter denselben Tisch und befahl mir wieder, meine sämtlichen Verbrechen zu gestehen und über die konterrevolutionären Ideen, Worte und Taten meiner Freunde Bericht zu erstatten.

Anfangs machte es mir nichts aus. In den letzten beiden Tagen hatte ich nicht unter Bewachung gestanden, weil ich »unter Aufsicht der mobilisierten Massen« stand, wie Cui es ausdrückte. Die Gefangenen machten sich über mich lustig, die anderen Schüler und Schülerinnen senkten die Augen, wenn ich vorbeiging, oder sie kritisierten mich unverhohlen. Ich fühlte mich wie eine Aussätzige.

In dem Zimmer gab es zwei Betten, eins für mich und eins für Boulette. In der ersten Nacht wiederholte sich die Prozedur des ersten Verhörs: Sobald die Müdigkeit meinen Nackenmuskeln jede Kraft raubte, wurde ich angebrüllt, gestoßen und geschlagen. Dickmops, Lulatsch und Boulette wechselten sich dabei ab.

Ich schrieb ein paar Sätze mehr. Ich gab zu, die Armeevertreter übergangen zu haben, und übte dafür Selbstkritik. Um Mitternacht durfte ich mich vollständig angezogen aufs Bett legen. Doch schon Minuten später, wie es mir vorkam, wurde ich wieder wachgerüttelt und an den Tisch geschleift.

»Nicht gut genug«, stellte Boulette fest. »Hör mit den Ausflüchten auf! Die Kader sagen, das reicht nicht. Du mußt ein umfassendes Geständnis ablegen.«

»Aber ich habe doch nichts getan«, wiederholte ich so oft, daß es zur Litanei wurde. »Und meine Freunde haben auch nichts getan. Wir sind keine Konterrevolutionäre!«

Brüllen, Ohrfeigen, Kritik, Beschimpfungen. Wieder ins Bett.

Wieder geweckt. An den Tisch gezerrt. Gebrüll, Forderungen.
Jeden Morgen ging ich auf die Reisfelder. Jeden Abend gab es eine Kampfversammlung, auf der ich und die anderen vier »Konterrevolutionäre« verteufelt wurden, bevor man mich wieder in den Raum schleifte. Erschöpft, verwirrt und unter Schlafentzug schrieb ich schließlich eine umfassende Selbstkritik, in der ich schilderte, wie wir zur Unterfarm gegangen waren und was Kader Huang über meinen Heimaturlaub gesagt hatte. Mehrere Seiten füllte ich und schrieb, soviel ich konnte, um sie zufriedenzustellen. Alles, nur um schlafen zu dürfen.
Es reichte nicht. Wieder weckten sie mich mit Fußtritten. Ich konnte nicht mehr einschätzen, wie lang sie mich hatten schlafen lassen. Waren es vier Stunden oder vier Minuten gewesen? Ich verlor den Überblick, wie viele Tage seit Beginn des Verhörs vergangen waren. Boulette schleifte mich auf den Stuhl. Dann kam Zhao herein, die Uniformjacke aufgeknöpft, schlappende Plastikschuhe an den Füßen. Er setzte sich neben mich, sehr dicht, und strich mir mit der Hand über den Hinterkopf. Sein Atem roch nach grünem Tee und Zigaretten.
»Dein Haar muß gewaschen werden«, stellte er fest. Er sprach leise, fast sanft im Gegensatz zu meinen Wächterinnen. Er erklärte mir, mein Geständnis sei ein guter Anfang, wirklich, sehr gut – aber es ginge nicht weit genug.
»Du hast uns gesagt, was du getan hast. Aber du mußt dein Denken untersuchen. Was war dein Motiv? Was hast du wirklich zu tun versucht? Ihr habt doch sicher nicht nur über deinen Heimaturlaub geredet, oder? Steckte da nicht mehr dahinter? Denk darüber nach.«
Er ging und schloß leise die Tür. Ich starrte auf das Papier und kämpfte mühsam darum, die Augen offen zu halten. Als eine Hand neben meinem Ohr auf die Holzplatte schlug, fuhr ich hoch.

»Wach auf, du elternloses Miststück! Wer hat dir erlaubt zu schlafen?«

»Laß mich in Ruhe«, schrie ich.

Boulette schlug mir ins Gesicht. Meine Wange brannte vor Schmerz, und ich weinte ob dieser Demütigung.

Sie brauchten vierzehn Tage, mich zu brechen: Zwei Wochen, in denen ich zehn Stunden am Tag arbeitete, jene Ecken der Reisfelder pflügte, die der Pflug nicht erfaßt hatte, zwei Wochen voller Kampfversammlungen, zwei Wochen nächtelanger Verhöre, in denen sich Boulettes wütendes Gebrüll mit Zhaos sanften Überredungsversuchen abwechselten. Zwei Wochen ohne Ruhe. Ich durfte mich weder waschen noch umziehen. Mein Körper stank; mein Haar war mit Morast verklebt; der Stoff meiner Hosenbeine wurde morsch vom alkalihaltigen Wasser der Reisfelder. Manchmal wußte ich nicht mehr, wo ich war oder wie spät es war.

Schließlich sagte Zhao eines Abends: »Möchtest du nicht endlich schlafen, Xiao Ye? Möchtest du nicht, daß das hier vorbei ist?«

»Sag mir, was ich schreiben soll«, sagte ich. »Ich mache es.«

Zu meiner immerwährenden Schande füllte ich zwei Seiten mit Unwahrheiten und Übertreibungen. Ich schrieb, daß Armeevertreter Huan Cui und Zhao kritisiert habe, was der Wahrheit entsprach. Ich schrieb, daß meine Freunde und ich Treffen abgehalten und die Volksbefreiungsarmee kritisiert hätten, was nicht stimmte. Meine beschriebenen Blätter wurden noch in der Nacht zu Cui und Zhao und wieder zurück gebracht. Sie strichen einiges aus, schrieben Kommentare an den Rand, und ich schrieb das Geständnis nach ihren Wünschen neu. Als es schon so aussah, als würden sie endlich meine Folter durch Schlafentzug beenden, bestand Cui noch darauf, daß ich alles festhielt, was Yu Huas Schwester, die bei der Luftwaffe war, über ihr Leben beim Militär gesagt habe. Yu Hua hatte mir erzählt, daß ihre Schwester sich oft über die schlechte Qualität der neuen Rekruten beklagt und Lin Biaos Sohn als Frauenheld bezeichnet hatte. Bei Morgengrauen befahlen sie mir, die Blätter zu unterschreiben.

Noch heute kann ich mir nicht verzeihen, daß ich die einzigen Kollegen im Dorf denunzierte, die mir Freundschaft erwiesen hatten. Wir wurden ausgesucht, damit Cui und Zhao beweisen konnten, daß sie eine konterrevolutionäre Verschwörung in ihrer Mitte entdeckt und ausgemerzt hatten. Warum fiel die Wahl auf uns und nicht auf andere? Damals hatte ich keine Ahnung, aber rückblickend wird mir klar, daß Yu Hua und ich mit unserem Gang zur Verwaltung der Unterfarm Cui und Zhao ein Mittel an die Hand gegeben hatten, die Garnison Schanghai zu untergraben, indem sie dem Armeevertreter Huang Fehler nachwiesen.

Nachdem ich mein Geständnis unterzeichnet hatte, wurden meine Freunde freigelassen. Aber man hielt uns getrennt. Cui und Zhao sagten, sie hätten ihre Strafempfehlung an höhere Stellen weitergeleitet. Wahrscheinlich würden wir ins Gefängnis kommen; nur über die Höhe der Strafe müsse noch entschieden werden.

Ich stand nicht mehr unter der Aufsicht von Boulette oder einer anderen Wächterin, aber ich mußte mich jeden Morgen vor einer lebensgroßen Statue des Vorsitzenden Mao, die mitten im Dorf an der Kreuzung stand, verbeugen. Ich versuchte zwar jedesmal, gelassen zu bleiben, aber hinterher war ich immer in Tränen aufgelöst. Bis zu meinem Hausarrest und den Verhören hatte ich geglaubt, Demütigungen ertragen zu können. Schließlich hatte ich jahrelang die abgelegten Kleider meiner Brüder aufgetragen, die alte Brille von Nummer 2 geerbt, mit meiner Mutter die Bittgänge durchgestanden, von der Wohlfahrt gelebt und die Beleidigungen der Roten Garden über mich ergehen lassen. Doch an die un-

menschliche Behandlung durch Cui, Zhao und ihre Helfer reichte all das bei weitem nicht heran.
In einer sehr schwülen Julinacht, ein paar Tage nach meinem achtzehnten Geburtstag, lag ich stundenlang schlaflos und niedergeschlagen da. Schließlich kam ich zu dem Schluß, daß es nur einen Ausweg gab. Ich schob das Moskitonetz beiseite, stand leise auf und stahl mich aus dem Schlafsaal. Wie in Trance schlich ich durch die feuchte Dunkelheit zum Ufer des Sanglong, kletterte die Böschung hinunter und watete ins Wasser.
Der Fluß war tief, seine Oberfläche glatt und schwarz wie Tintenstein. Zwischen meinen Zehen drückte sich der kühle Schlamm des Grundes hoch, und die starke Strömung zerrte an meinen Knien. Ich stand und sog die Stille und den schweren Geruch nach Wasser und Erde von den Reisfeldern in mich auf.
Ich brauchte mich nur in die Strömung fallen zu lassen, meinen Kopf unterzutauchen und das Wasser tief in meine Lungen zu saugen, dachte ich. Es wäre ganz schnell vorbei.
Bis zur Hüfte stand ich im Wasser, als aus einiger Entfernung Stimmen zu mir herüberwehten. Offenbar hatte die schwüle Nacht noch andere herausgelockt. Als ich mich anschickte, unterzutauchen, stieg eine Erinnerung in mir auf. Vor Jahren hatte ich die Leiche eines Ertrunkenen gesehen, den man in der Nähe unserer Wohnung aus der Suzhou-Bucht gezogen hatte; sie war so aufgedunsen, daß das Hemd auf dem Rücken gerissen und die Nähte der Hosenbeine geplatzt waren.
Ich stellte mir meine Leiche vor, die wie ein Stück Treibholz am Flußufer liegen würde, die Glieder aufgedunsen wie Würstchen, das Gesicht teigig. Fremde würden meine Leiche anfassen und mich auf einen Wagen werfen, um mich fortzuschaffen.
Ich drehte mich um und kämpfte mich gegen die Strömung

zum Ufer zurück, überzeugt, daß das Leben ein Gefängnis war und nicht einmal der Tod einen Ausweg bot.

Waren die Gefangenen zu Beginn meiner Verhöre gemein und grausam zu mir gewesen, so bemühten sich nun manche von ihnen, dies wiedergutzumachen. Sie warfen mir mitleidige Blicke zu. Immer wenn ich mich oder meine Wäsche wusch, gab mir der gebeugte weißhaarige alte Onkel, der im Pumpenhaus arbeitete, einen Gummischlauch, der direkt an die Pumpe angeschlossen war, damit ich das Wasser nicht aus den Behältern schöpfen mußte. Jedesmal bedankte ich mich, erfuhr aber nie seinen Namen. Wenn ich zu spät kam, um meine Thermoskanne an der Versorgungshütte mit kochendem Wasser füllen zu lassen, nahm einer der Gefangenen sie mit und füllte sie in ihrer Hütte auf. Mein Trinkgeld lehnte er immer ab. »Dir geht's jetzt auch nicht mehr besser als uns«, sagte er. Ich wußte zwar seine Freundlichkeit zu schätzen, aber oft weinte ich bei dem Gedanken, daß ich inzwischen auf der gleichen Stufe stand wie ein Krimineller.

Die geschäftige Pflanzzeit war vorüber, und noch immer war keine Nachricht über mein Gefängnisurteil gekommen. Niemand schien sich sonderlich darum zu kümmern. Einige der Schüler und Schülerinnen waren freundlich, aber distanziert. Mit Yu Hua hatte ich seit unserer Verhaftung nicht mehr gesprochen, nicht einmal, wenn wir uns zufällig über den Weg liefen. Es war uns verboten, Kontakt zu haben, aber das Verbot hätten wir leicht umgehen können. Unser Verhältnis hatte sich jedoch verändert. Unsere Freundschaft war der Säuberungsaktion zum Opfer gefallen. Mehr als alles andere wünschte ich mir, ihr zu sagen, was ich getan hatte, und sie um Verzeihung zu bitten.

Ich zog mich in mich zurück. Wenn ich nicht auf den Reisfeldern arbeitete, hielt ich mich auf meinem Bett auf, abgeschirmt durch das Moskitonetz. Anfang August, als die Arbeitsbelastung nachließ und ich etwas aufatmen konnte, bekam ich Malaria, eine Krankheit, die so verbreitet war wie Erkältungen im Winter. Obwohl Jia-ying ihre Decke mit mir teilte, kroch mir die Kälte in die Knochen, und ich rollte mich zusammen wie eine Katze, bis meine Kleider schweißnaß waren. Zwischen den Anfällen wartete ich schwach und erschöpft auf den nächsten Schub. Es erkrankten so viele von uns, daß Ärzte aus Schanghai auf die Farm kamen, bevor die Malaria außer Kontrolle geraten konnte. Man riet uns, jeden Moskito unter unseren Netzen zu töten, bevor wir uns schlafen legten.

Der Sommer schleppte sich dahin. Im Herbst beriefen Cui und Zhao eine Versammlung ein, um die Urteile bekanntzugeben, die über uns »konterrevolutionäre Verschwörer« verhängt worden waren. Jeder von uns bekam zwei Jahre. Wir könnten von Glück sagen, erklärte Cui, denn er und Zhao hatten fünf Jahre empfohlen. Das Urteil war »vorläufig« und mußte erst noch vom Büro für Umerziehung durch Arbeit in Schanghai bestätigt werden, das damals dem Luftwaffenkommando vier unterstand.

Als ich am selben Abend nach Hause schrieb, um meiner Familie mitzuteilen, daß ihre Ah Si ins Gefängnis mußte, unterhielten sich die Mädchen im Schlafsaal über eine noch größere Tragödie. Xiao Jian, einer der ebenfalls verurteilten jungen Männer, war der Sohn eines Mannes, der am legendären Langen Marsch teilgenommen hatte. Als dieser Mann erfuhr, daß man seinen Sohn als Konterrevolutionär gebrandmarkt hatte, befahl er der Familie, jeden Kontakt zu ihm abzubrechen. Er hatte beim langen Marsch eine Verwundung erlitten, doch nun erklärte er, Xiao Jian habe »sein linkes Auge blind gemacht«. In ihrer Trauer und Scham erhängte sich Xiao Jians Mutter in einem Wandschrank.

Bald darauf erfuhr ich, wie meine »Verbrechen« sich auf meine Familie auswirkten. Seit zwei Jahren hatte Nummer 2 sich um Aufnahme in die Kommunistische Partei bemüht. Er war der Partei dankbar für ihre Hilfe während der Spaltungskämpfe unter den Arbeitern in Schanghai, bei denen er nur knapp dem Strang entronnen war. Endlich hatte man seine Bewerbung angenommen, und er dachte, er würde nun dem Makel unseres schlechten Klassenhintergrunds entkommen. Als jedoch herauskam, daß er eine konterrevolutionäre Schwester hatte, platzte seine Hoffnung wie eine Seifenblase. Die Partei lehnte seine Aufnahme ab. Er war wütend auf mich.

»Ich habe dich vor Ärger gewarnt«, schrieb er. »Offensichtlich hast du nicht auf mich gehört, und ich muß für deine Fehler büßen.« Wenn schon mein eigener Bruder und Ratgeber meinen Beschuldigern mehr glaubte als mir, was würde dann wohl meine »revolutionäre« Großtante sagen? Ich fühlte mich von meiner eigenen Familie verlassen.

Weil ich noch auf die endgültige Entscheidung über mein Urteil warten mußte, wurde mir in diesem Februar der Heimaturlaub gestrichen. »Ich fürchte, diesmal kann Kader Huang dir nicht helfen«, schnaubte Cui, als ich sein Büro verließ.

Der Gedanke, ins Gefängnis zu müssen, erschien mir so grauenhaft, daß ich Nummer 1 und Nummer 5 nichts davon schrieb. Bevor ich auf die Farm gekommen war, hatte ich noch nie einen richtigen Sträfling gesehen. Als Kind hatte ich mir Kriminelle wie Ungeheuer mit grünen Gesichtern und langen Zähnen vorgestellt. Wie sollte ich jetzt meinem ältesten Bruder und meiner kleinen Schwester, die ihre eigenen Probleme hatten, sagen, daß ich bald selbst hinter Gitter mußte?

Kapitel 23

Als das Frühjahr 1971 kam, war ich seltsam friedlich. Für Leute wie Boulette, Lulatsch und Dickmops war ich eine Ausgestoßene. Für andere existierte ich gar nicht. Und für viele war ich nur eine Mahnung an die Regel: »Friß oder stirb.«

Im Frühjahr machte ein Gerücht die Runde. Drei Schülerinnen aus unserer Produktionsbrigade wurden, hübsch frisiert und angezogen, in einem Jeep fortgebracht. Unter dem Vorwand, talentierte junge Frauen für Sing- und Tanzgruppen zu rekrutieren, trommelte die Luftwaffe attraktive Mädchen als *feizhi* – »kaiserliche Konkubinen« – für Lin Li-guo, den einzigen Sohn Lin Biaos, zusammen. Wie ein Kaiser und – so erfuhr ich viele Jahre später – wie Mao selbst umgab sich Lin Li-guo mit Jungfrauen.

Es war eine Art Schönheitswettbewerb. Die Kandidatinnen jeder Brigade wurden von den Armeevertretern begutachtet, nachdem man ihren politischen Hintergrund überprüft hatte. Politische Reinheit war das oberste Kriterium; als nächstes kam Schönheit. Die drei jungen Frauen aus unserer Brigade kamen am folgenden Nachmittag niedergeschlagen zurück. Sie waren durchgefallen.

Sobald an diesem Abend die politische Schulung beendet war, umringten die Frauen in meinem Schlafsaal eine von ihnen, Xiao Hong, wie ein Schwarm Spatzen. Wohin hatten die Soldaten sie gebracht? Was war passiert? Hatte sie wirklich Lin Li-guo gesehen?

Eine siebenköpfige Jury hatte sie in Augenschein genommen. »Alle in Uniform«, erzählte sie. »Sie haben mir gesagt, ich sei zu dick und zu groß, und meine Füße wären zu lang und zu breit! Wie können sie erwarten, daß wir kleine Füße haben, wenn wir mehr als sechs Monate im Jahr barfuß in den Reisfeldern arbeiten müssen?« jammerte sie. »Warum

ziehen sie überhaupt kleine Füße vor? Ist das nicht eine feudalistische Vorstellung, die schon vor langer Zeit verurteilt wurde? Seht euch doch nur die Frauen überall auf den Plakaten an. Die sind doch auch alle groß und stark, oder?«
Xiao Hong bestätigte die Gerüchte, daß es bei der Rekrutierung gar nicht um Singen und Tanzen ging. »Aber wie können unsere Führer Konkubinen rekrutieren?« flüsterten die Frauen um sie herum. »Wie kann die ruhmreiche Volksbefreiungsarmee sich zu so was hergeben?«
Ich lag im Bett und hörte diese Unterhaltung mit an. Früher hätte es mich auch schockiert, zu hören, daß die Volksbefreiungsarmee sich auf solch üble Machenschaften einließ, aber das Verhalten von Cui und Zhao hatte mich eines Besseren belehrt. Doch die Führer – das vernichtete den Rest an Idealismus, der mir noch geblieben war. Wenn schon die Führer so korrupt, so heuchlerisch waren, wie sollte dann noch jemand sicher sein?
»Weißt du was, Xiao Ye?« raunte Jia-ying mir aus dem Nachbarbett zu. »Wenn du aus einer ›roten‹ Familie kämst, wärst du eine perfekte Kandidatin gewesen.«
»Sei nicht albern!« erwiderte ich, obwohl ich mich ein bißchen geschmeichelt fühlte.
Ich fragte mich, wie viele der Frauen auf der Gefängnisfarm die Gelegenheit beim Schopf ergriffen hätten, in die Zivilisation zurückzukehren, elegante, teure Kleider zu tragen, reichlich und gut zu essen und ohne politische Schikanen zu leben. Eine *feizhi* war nicht dasselbe wie eine heimliche Geliebte. In der Vergangenheit konnte ein chinesischer Mann, der reich genug war, neben seiner offiziellen und mächtigsten Ehefrau noch Nebenfrauen oder Konkubinen haben, die eine hochangesehene und beneidete Stellung im Haus einnahmen. Mein Großvater hatte drei Frauen. Diese Sitte hatte mit der Befreiung aufgehört, und nun galten Männer, die Beziehungen zu mehr als einer Frau hatten, offiziell als

ausschweifend und verkommen. Das hatte man uns zumindest beigebracht.
»Wenn du die Chance bekämst, würdest du gehen?« drängte Jia-ying.
Obwohl ich bereits achtzehn war, hatte ich immer noch keine Ahnung von dieser Art Beziehung zwischen den Geschlechtern. Wie viele Frauen meines Alters wußte ich nichts über Geschlechtsverkehr und darüber, wie Babys empfangen oder geboren wurden. Mir war klar, daß es ausschweifend wäre, Lin Li-guos Konkubine zu sein, aber was eine solche Rolle mit sich brachte, wußte ich nicht.
»Also, würdest du?«
Soweit ich wußte, gab es nur drei Möglichkeiten, einem lebenslangen Exil in dieser von Kampf geprägten Einöde zu entkommen: Selbstmord, Gefängnis oder die Position einer *feizhi*. Das erste hatte ich versucht. Das zweite stand mir bevor.
»Ja«, flüsterte ich.
»Ich auch«, sagte Jia-ying.

Seit Jia-ying im letzten Februar von ihrem Heimaturlaub zurückgekommen war, wirkte sie verändert. Sie war forscher – die einzige, die offen mit mir sprach –, und nichts schien sie einzuschüchtern, nicht einmal Cui und Zhao. Als sie in den Gemüsegarten versetzt wurde, einen Arbeitsbereich, der für uns das Paradies bedeutete, ahnte ich schon, daß etwas in der Luft lag. Dieses Privileg bekamen gewöhnlich nur die Lieblinge der Armeevertreter.
Ein paar Monate später tauchte Jia-yings Mutter auf der Farm auf, was alle schockierte, da Elternbesuche noch nie vorgekommen waren. Sie ließ bald durchblicken, daß ihre jüngere Schwester, Jia-yings Tante, mit Li Zheng-dao (im Westen als Lee Tsung-dao bekannt) verheiratet war, einem chinesisch-amerikanischen Wissenschaftler, der 1957 ge-

meinsam mit dem chinesisch-amerikanischen Wissenschaftler Yang Chen-ning den Nobelpreis für Physik bekommen hatte. In der ersten Phase der Kulturrevolution hatte sich diese »Auslandsverbindung« sehr zum Nachteil von Jia-yings Familie ausgewirkt und ihr unsägliches Leid gebracht. Da sich aber das Verhältnis zwischen China und den Vereinigten Staaten seit Präsident Nixons Besuch verbessert hatte, hatte sich auch das Blatt für die Familie gewendet, die nun in die Wohnung zurückgekehrt war, aus der man sie vor sieben Jahren vertrieben hatte.

Dieselbe Regierung, die die Roten Garden ermuntert hatte, Familien wie die von Jia-ying auszuplündern, zu foltern und umzubringen, war jetzt wegen der veränderten Beziehungen zu den Vereinigten Staaten entschlossen, »nach vorn zu sehen und die Vergangenheit zu vergessen«. Obwohl Jia-ying meine Freundin war und ich mich für sie freute, beneidete ich sie auch um ihr Glück.

Etwa eine Woche später sprach sich herum, daß eine Frau aus der Zweiten Brigade von der Jury, die Jungfrauen für Lin Li-guo suchte, ausgewählt worden war. Nach einer großen Abschiedsfeier fuhr man sie in einem Jeep von einem Dorf zum anderen, und sie winkte der Menge zu wie eine Königin. Dann wurde sie nach Guangzhou gebracht, wo Lin lebte.

»Ich hab's dir doch gesagt«, erklärte Jia-ying während dieser Parade. »Nur in der Zeit der Tang-Dynastie galten große, kräftige Frauen als schön. Deshalb haben sie Xiao Hong abgelehnt.«

Ich wünschte, ich hätte die Brille von Nummer 2 dabei, um zu sehen, weshalb um sie so viel Aufhebens gemacht wurde. So erkannte ich lediglich eine zierliche junge Frau in einer blauen Mao-Jacke, die eingezwängt zwischen zwei Offizieren auf dem Rücksitz eines Jeeps saß. Nicht viele Frauen hatten einen Spiegel, in dieser Gesellschaft, in der Schönheit offiziell als bourgeois galt, Weiblichkeit verurteilt wurde und Frauen und Mädchen blaue, braune oder graue Mao-Anzüge und kurz geschnittenes Haar trugen (bis auf ganz kleine Mädchen) und sich sehr bemühten, revolutionär auszusehen. Wenn ich mir die Haare flocht, tat ich das vor der Fensterscheibe.

Großtante hatte einmal gesagt: »Ein Mensch braucht feine Kleider, wie eine Buddhastatue Gold braucht, um ihre Herrlichkeit zu betonen.« Aber ich war in den schäbigen Kleidern meiner Brüder aufgewachsen. Wieso sollte ich gut aussehen, wie Jia-ying gesagt hatte? Sonst hatte noch nie jemand eine Anspielung gemacht, daß ich attraktiv sei.

An jenem Abend borgte ich mir Jia-yings Spiegel. Draußen betrachtete ich mich lange im Dämmerlicht, sorgsam darauf bedacht, daß niemand mich beobachtete. Ich sah eine junge Frau mit pechschwarzen Zöpfen, ovalem Gesicht, regelmäßigen Zähnen und großen Augen mit Lidfalte. Lidfalten fand man sowohl in China als auch in Japan schön.

Die Frau, die mir aus dem kleinen Spiegel entgegenblickte, sah vielleicht ganz nett aus, bestimmt nicht so häßlich wie Dickmops und Boulette. Aber nicht anmutig.

Ich drehte den Spiegel um. Was spielte es schon für eine Rolle? Eine Frau mit meiner Herkunft konnte so schön sein wie eine Göttin, und doch würde sich niemand darum scheren.

Als ich im Sommer 1971 neunzehn wurde, hatte sich Lin Liguos Lasterhaftigkeit auch unter den Armeevertretern ausgebreitet.

Als wir auf der Farm eintrafen, hatte uns Lao Chang noch gewarnt, daß Rendezvous verboten seien; und auch unter Cui und Zhao wurde jede Art von Beziehung, selbst Freundschaft, verfolgt. Männer und Frauen durften sich nicht in ihren jeweiligen Schlafsälen besuchen. Wenn die Hitze uns abends nach draußen trieb, schickten die Armeevertreter

Suchtrupps unter die Brückenpfeiler und Büsche, um Paare aufzustöbern. Alle, die sie fanden, stellten Cui und Zhao vor der gesamten Brigade bloß, demütigten und kritisierten sie.

Bei einer dieser Versammlungen las Cui einen Brief Zhen Baos an ihren Freund, Wang Hua-shan, vor, dessen Bruder mit Zhens Schwester verheiratet war. Man hatte Wang den Brief gestohlen und Cui übergeben, der ihn mit einer hohen Falsettstimme, schmachtenden Blicken und Grimassen vorlas, die in der Menge verächtliche Bemerkungen und Gelächter auslösten. »Gott sei Dank habe ich gestern meine Tage bekommen«, las er. Die Frauen in meiner Umgebung schreckten bei dieser peinlichen Verlautbarung zusammen, aber kurz darauf riefen wir alle, wie man es von uns erwartete: »Nieder mit dem Rüpel Wang Hua-shan!« Am nächsten Tag wurde Wang auf eine andere Unterfarm versetzt.

Ein paar Wochen später zitierte man uns wieder zu einer Versammlung, und wir mußten auf dem Weg in die Scheune einzeln an einem Tisch vorbeigehen, auf dem eine Schale und ein Schild mit der Aufschrift »nicht berühren« standen. In der Schale lag ein kleines formloses Ding, das aussah wie ein Luftballon ohne Luft. Neben dem Tisch stand Yang, der größte Mann des Dorfes, mit gesenktem Kopf. Bei der Versammlung nannte Zhao Yang einen widerlichen Schweinehund, weil er ein Kondom besaß. Yangs Freundin wurde öffentlich genannt und heruntergeputzt. Am nächsten Tag versuchte sie erfolglos, sich das Leben zu nehmen.

Diese moralische Rechtschaffenheit von Cui und Zhao war jedoch reine Heuchelei. Oft sahen wir durch die offenen Fenster und Türen des Backsteinhauses, wie sie auf dem Rücken lagen und Mädchen ihnen mit zwei Aluminiummünzen Haare aus dem Kinn zupften. Beide Armeevertreter tändelten und schmusten unverhohlen mit willigen Schülerinnen herum. Mehr als einmal wurde eine Frau fortge-

schickt. Später hörten wir dann, daß diese Frauen als »Belohnung«, weil sie hatten abtreiben lassen und den Mund hielten, ihr Wohnrecht in der Stadt wiederbekommen hatten.
Ich lebte unterdessen immer noch in Ungewißheit, wo ich meine Gefängnisstrafe würde absitzen müssen. Eines Tages kam die Entscheidung. Wir fünf konterrevolutionären Verschwörer wurden zu den Armeevertretern zitiert. Es war ein schwülheißer Julitag, und der Ventilator über Cuis Schreibtisch rotierte vergebens. Yu, Zhu, Qian, Jian und ich standen mit gesenktem Kopf vor Zhao, der salbungsvoll die Nachricht vorlas.
»Wegen Bildung einer konterrevolutionären Clique und des Versuchs, die Volksbefreiungsarmee zu unterwandern, wurdet ihr zu zwei Jahren verurteilt. Der Strafvollzug erfolgt unter Aufsicht der Massen.«
Ich traute meinen Ohren kaum. Fest preßte ich die Lippen aufeinander, um nur ja keine Erleichterung zu zeigen, und kämpfte gegen den Wunsch an, meine Freunde anzusehen. Die Anspannung war endlich vorbei. Ich mußte nicht ins Gefängnis. Die Anklage und das Urteil würden in meiner Akte vermerkt. Zwei Jahre lang würde ich keinen Heimaturlaub bekommen, und das war schlimm. Aber »unter Aufsicht der Massen« bedeutete, daß alles so weitergehen würde, wie seit meinem Verhör – ich würde wie gewöhnlich unter der normalen Aufsicht aller anderen arbeiten. Die Empfehlung der Armeevertreter, uns ins Gefängnis zu sperren, war von höherer Ebene abgelehnt worden.
Meine vier Freunde wurden in andere Brigaden versetzt. Ich durfte mich nicht einmal von ihnen verabschieden. Wäre Jia-ying nicht gewesen, ich hätte mich vollends allein gefühlt.

Kapitel 24

Cui sagte oft, es sei besser, »proletarisches Unkraut zu ernten als kapitalistische Saat zu säen«. In diesem Herbst bekam er, was er wollte. Die Reisernte war so spärlich, daß Lao Chang bemerkte, es hätte den Staat weniger gekostet, uns herumsitzen und nichts tun zu lassen, da der Ertrag kaum die Kosten für Saatgut, Geräte und Düngemittel einbrachte, ganz zu schweigen von unseren Löhnen und monatelanger Arbeit.

Für mich machte jedoch eine gute Nachricht die schlechte Ernte mehr als wett. Der 24. September 1971 war ein typischer frischer Herbsttag, eine willkommene Abwechslung nach der lang anhaltenden feuchten Hitze. Als ich an jenem Morgen aufwachte, hörte ich draußen vor dem Schlafsaal jemanden rufen.

Ich rieb mir den Schlaf aus den Augen und stürmte hinaus. Ein junger Mann stand vor dem Backsteinhaus der Armeevertreter, hielt die Hände vor den Mund und brüllte: »Sie sind weg! Sie sind weg!«

Alle liefen zu ihm hin. Ich blieb zurück aus Angst, daß es eine Falle sein könnte. Doch als sich die anderen neugierig um das Haus sammelten, gesellte ich mich auch zu ihnen. Das Gebäude war leer, keine Möbel, keine Plakate mehr, nicht einmal ein Foto von Mao und Lin Biao. »Wo sind sie hin?« fragten alle, aber niemand wußte es. Viele stellten Vermutungen an. Ich hielt entschlossen den Mund.

Eine Woche lang hielten sich Spekulationen und Gerüchte, bis eines Tages, als wir auf die Felder gingen, Kader Huang von der Garnison Schanghai in einem Jeep mit einem Offizier, den wir noch nie gesehen hatten, vorfuhr. Huang bat uns alle – bis auf die Gefangenen –, sofort zu einer wichtigen Versammlung in die Scheune zu kommen.

Dort erklärte Huang unumwunden:

»Der Verräter Lin Biao, seine Frau und sein Sohn sind tot. Das Flugzeug, das sie für ihre Flucht in die Sowjetunion organisiert hatten, ist in der Äußeren Mongolei abgestürzt.«
Keiner sagte ein Wort. Wir waren alle wie vor den Kopf geschlagen. Wieder einmal wurde jemand, den zu verehren wir gelernt hatten, als stinkender Haufen Mist bezeichnet.
Wie wir erfuhren, war Lin Biao vor drei Wochen geflohen, als sein Komplott, Mao zu ermorden und die Regierung in einem Militärputsch zu übernehmen, aufgedeckt wurde.
Huang mahnte uns, nicht über diese Ereignisse zu sprechen. Premierminister Chou En-lai führe persönlich eine offizielle Untersuchung durch. Und da unsere Farm Lian Biao unterstellt gewesen war und als Stützpunkt eine große Rolle in seinen Plänen gespielt hatte, stand das politische Leben einiger Leute auf dem Spiel. Als er das sagte, sahen viele mich an. Ich starrte geradeaus, benommen vor Angst.
Und so begann eine weitere Kampagne. Wir verbrachten unsere Abende mit politischen Schulungen, bei denen wir Schriften lasen und diskutierten, die Lin Biao und seine konterrevolutionären Machenschaften anprangerten. Sämtliche Dummheiten der Kulturrevolution – von der Vernachlässigung der Felder bis zu den Denunziationen von Freunden untereinander – wurden Lin Biao und unseren verschwundenen Armeevertretern angelastet. Selbst Lulatsch verkündete großspurig, sie habe an den Kadern gezweifelt, als sie an den Verhören gegen mich und meine Freunde teilnehmen mußte. Innerlich kochte ich vor Wut über diese Heuchelei. Nicht Lin Biao, sondern die Leute um mich herum hatten mich verfolgt.
Letzten Endes brachte man meine Freunde und mich zur Rehabilitation auf der Unterfarm zusammen. Man gab dem Toten die Schuld an unserer schrecklichen Behandlung. Doch der Freispruch schmeckte schal wie Asche. Unsere Un-

schuld, unsere Freundschaft und unser Vertrauen waren verloren. Keiner von uns sprach über das, was passiert war oder was wir unter der Folter gesagt und geschrieben hatten. Mehr als einmal hätte ich Yu Hua, Xiao Jian, Xiao Qian und Xiao Zhu gern gesagt, was ich getan und geschrieben hatte, um die Atmosphäre zu reinigen. Ich sehnte mich nach ihrer Vergebung, obwohl ich mich inzwischen kaum noch daran erinnern konnte, was ich eigentlich »zugegeben« hatte.

Als ich in diesem Winter nach Hause fuhr, kaufte Nummer 2 mir ein Kurzwellenradio und ein paar neu erschienene Englischlehrbücher. Diese Geschenke waren seine Art, mir sein Mitgefühl mit dem, was ich durchgemacht hatte, zu zeigen und sich für den Brief zu entschuldigen, in dem er mich kritisiert hatte.

»Der Rundfunksender Schanghai sendet mittlerweile als positives Signal an die Vereinigten Staaten Englischkurse«, sagte er. »Du hast Englisch doch immer gemocht, Ah Si, vielleicht kannst du ein bißchen weiterlernen.«

Ich hielt die Bücher in der Hand und brachte vor Rührung über seine Großzügigkeit kein Wort heraus. Ich wußte, daß er immer noch die Kredite abzahlte, die er aufgenommen hatte, um Nummer 5 und mich für die Übersiedlung aufs Land auszustatten.

Gleichzeitig war ich jedoch auch sehr traurig, weil ich mich nicht durchringen konnte, ihm in allen Einzelheiten zu erzählen, was ich durchgemacht und meinen Freunden angetan hatte. Auch Großtante war keine Hilfe. Selbst sie sagte, daß sie immer ein schlechtes Gefühl wegen Lin Biaos »geheimniskrämerischer Art« gehabt habe. »Er hat ausgesehen wie ein Geist«, behauptete sie, »mit diesen winzigen dreieckigen Augen unter den buschigen Brauen. Bei seinem bleichen, grinsenden Gesicht habe ich immer eine Gänsehaut bekommen.«

Wie kann die Erinnerung doch trügen!

Zwei Monate nach meiner Rückkehr auf die Farm traf die Nachricht ein, daß es in Schanghai an Arbeitskräften fehle, von Verkäufern bis hin zu Straßenkehrern, von Gefängniswärtern bis hin zu Lehrern. Das Chaos der Kulturrevolution hatte viele durch Schlägereien, Kämpfe oder Selbstmord das Leben gekostet und Hunderttausende waren aufs Land geschickt worden. Als deshalb einige von uns ausgewählt werden sollten, in die Stadt zurückzukehren, herrschten auf der ganzen Farm Aufregung und Spekulationen. Jeder bemühte sich vergebens, seine Hoffnungen in Schach zu halten. Wie wir alle aus leidvoller Erfahrung wußten, war Hoffnung die Mutter der Enttäuschung. Um mich herum fanden einige, ich hätte durchaus Chancen, Lehrerin zu werden, weil für diese Aufgabe ironischerweise kein makelloser Klassenhintergrund erforderlich war. Yu Hua wurde als Gefängniswärterin ausgewählt. Da auch Jian, Qian und Zhu Lehrerstellen bekamen, schöpfte ich ernstlich Hoffnung. Außer sich vor Freude packten sie ihre Sachen und verließen die Farm für immer.

Aber alle vier waren »rote« Schüler gewesen, und ich nicht. Unser neuer Armeevertreter, Meng, teilte mir mit, daß ich auf der Farm bleiben müsse. Er erklärte, ich bräuchte noch mehr Härte, um meine »bourgeoise Schwäche« zu überwinden.

Im Laufe des Jahres 1972 übernahm eine neu gebildete zivile Verwaltung die Leitung der Farm und ersetzte die Funktionäre der Volksbefreiungsarmee und die selbsternannten Schülerkomitees. Wir zogen auf die andere Seite der Brücke in Häuser mit Steinmauern und Reetdächern – eine erhebliche Verbesserung zu den feuchten Lehmbauten, in denen ich die letzten vier Jahre gelebt hatte.

Die wenige Freizeit, die man uns ließ, verbrachte ich auf meinem Bett, hörte Radio und lernte Englisch. Ich war zwar verletzt, verbittert und einsam, doch ich erlangte trotzdem einen gewissen inneren Frieden. Meine Zimmergenossinnen machten sich über mich lustig, weil ich »Wasser in einem Bambuskorb schöpfte« – meine Zeit mit dem Studium einer nutzlosen Sprache vergeudete. Sie konnten nicht verstehen, daß ich für mich bleiben und keinen Ärger bekommen wollte. Und sie ahnten nicht, wie sehr ich mich nach Liebe und Freundschaft sehnte.

Etwa einen Monat, nachdem meine vier Freunde fort waren, bekam ich einen Brief von Xiao Qian, der eine Ausbildung zum Sportlehrer machte. Es war ein Liebesbrief. Er liebe mich seit Jahren, schrieb er, und da er jetzt das Glück habe, wieder in Schanghai zu leben und das Wohnrecht in der Stadt zu besitzen, habe er das Gefühl, es mir sagen zu können. Einerseits war ich bestürzt, zumal wenn ich an die schrecklichen Dinge dachte, die passiert waren, wenn auf der Farm eine Beziehung ans Tageslicht kam. Andererseits war ich so verdreht, daß ich seine Erklärung instinktiv als eine Art Chauvinismus auffaßte. Erst jetzt, da es ihm wirtschaftlich und sozial besser ging als mir, konnte er seine Liebe zu mir zeigen. Ich brauchte sein Mitleid nicht. Ich beantwortete den Brief nicht, bewahrte ihn aber auf.

Als ich im Januar 1973 in Schanghai war, besuchte Xiao Qian mich zu Hause und drängte mich, seine Verlobte zu werden. Ich erklärte ihm, daß wir Freunde bleiben könnten, mehr aber nicht. Er sei bereit, seine Lehrerstelle aufzugeben, versicherte er mir, und auch sein Wohnrecht in der Stadt, um mit mir auf die Farm zurückzugehen, wenn ich dann zufrieden sei. Ich sagte immer noch nein. Ich war noch nicht bereit für eine Beziehung.

»Was willst du denn noch?« fragte er.

»Ich weiß nicht, was ich will.«

Nachdem Xiao Qian gegangen war, schimpfte Großtante mit mir. Sie fand, daß er ein großartiger Junge sei. Seit er wieder in Schanghai war, hatte er sie zweimal besucht und ihr die süßesten Datteln mitgebracht, die sie seit Jahren gegessen hatte.

»Was ist los mit dir, Ah Si?« fragte sie. »Wo findest du denn heute noch so einen Mann – gutaussehend und höflich? Überleg doch nur, was für ein Opfer er für dich bringen will.«

Tag und Nacht redete sie auf mich ein, nannte mich ein seltsames Wesen, das richtig und falsch, gut und schlecht nicht zu unterscheiden wisse. Schließlich hatte ich genug.

»Warum nimmst du ihn nicht, wenn du ihn so sehr magst?« schrie ich.

»Ich hab's gewußt, ich hab's gewußt! Als du damals vor fünf Jahren zur Tür hinausgegangen bist, habe ich gewußt, daß ich dich für immer verlieren würde. Die Farm hat dich nur mit Elend und Haß erfüllt, und jetzt denkst du, daß du andere genauso behandeln kannst. Wart nur ab, du wirst als alte Jungfer enden wie –«

Sie brach ab. Hinter ihrem Rücken nannte man Großtante in unserer Gasse »die alte Jungfer«, und sie war sich dieser Kränkung schmerzlich bewußt.

Vielleicht hat sie ja recht, dachte ich. Ich hatte mich verändert. Ich war ein kaltes, unsensibles Wesen geworden, das für diese Welt nicht taugte. Nach all den Verfolgungen, Kränkungen, nach Lug und Trug wußte ich einfach nicht, wie ich mit Gefühlen wie Liebe und Vertrauen umgehen sollte.

Ein paar Tage später holte ich Nummer 5 am Bahnhof ab. Wir waren beide an einem Tiefpunkt unseres Lebens angelangt. Wir saßen auf dem Land gefangen und schauten hilflos zu, wie unsere Arbeitskolleginnen eine nach der anderen durch Beziehungen oder durch das »Verdienst« ihrer guten politischen Herkunft in der Stadt Stellen und Wohnrecht bekamen. Trotzdem beschlossen wir, unseren zweiwöchigen Aufenhalt möglichst fröhlich zu gestalten, vor allem, da

Nummer 1 heiraten wollte. Es war unser erstes großes Familientreffen, seit ich 1968 in die Verbannung gegangen war.
Die Heirat von Nummer 1 war durch Ehevermittler und Briefe zustandegekommen. Es machte mich traurig, daß mein ältester Bruder seinen Glauben an die Liebe aufgab. Ich hatte noch ein Gespräch in Erinnerung, das er in seinem ersten Studienjahr mit meiner Mutter führte, die heimlich eine Ehe für ihn arrangiert hatte. Nummer 1 war sehr wütend geworden und hatte gesagt, die Zeiten hätten sich geändert, der Staat sei für die Aufgabe feudalistischer Sitten wie arrangierter Ehen. Er würde sich seine Frau selbst aussuchen, schwor er damals, und sie aus Liebe heiraten.
Dann aber hatte Nummer 1 sein Wohnrecht in Schanghai verloren und war in eine abgelegene, rückständige Bergregion der Provinz Guizhou geschickt worden, um in einer Werkzeugreparaturwerkstatt zu arbeiten. Dort wurde er endgültig mit der Wirklichkeit konfrontiert. Wenn er eine Einheimische heiratete, würde er für den Rest seines Lebens dort bleiben müssen und seine Kinder ebenfalls. Er würde uns nicht mehr wiedersehen, weil die Heimaturlaubsregelung dann für ihn nicht mehr galt. Also willigte er ein, per Brief und Foto mit einer jungen Frau namens Yu-qin Kontakt aufzunehmen, die in Schanghai wohnte. Das ganze Arrangement war ein Glücksspiel. Niemand wußte, wann das junge Paar zusammenleben können würde, und ob überhaupt je. Aber eine Einwohnerin von Schanghai zu heiraten, war die einzige Chance für Nummer 1.
Die Hochzeitsfeier fand zu Hause statt und bestand in einem gemeinsamen Essen beider Familien. (In China ist es Sache des Bräutigams, die Hochzeit auszurichten und zu bezahlen). Ich konnte mich nicht erinnern, wann bei uns zuletzt soviel Essen auf dem Tisch gestanden hatte. Es gab Hühnchen in Brühe, Ente in Sojasoße, gedünsteten Fisch und geschmorte Schweinefüße mit gebratenem Gemüse, Sachen,

die Nummer 3 überwiegend auf dem Schwarzmarkt in Songjiang besorgt hatte. Die Ente und das Hühnchen mußten als Symbol für die Einheit der neuen Familie ganz zubereitet und serviert werden, hatte Großtante verlangt. Es war ein glücklicher Tag, aber insgeheim war ich bekümmert und hatte zwiespältige Gefühle. Nummer 1 hatte seinen Traum aufgegeben und um des Vorteils willen geheiratet. Welchen Vorteil mochte diese Ehe für Yu-qin, seine junge Frau, haben, überlegte ich. Sie machte einen recht angenehmen Eindruck, wenn sie auch etwas laut und aufdringlich schien. Offenbar wiederholte sich die Geschichte. Mein Vater und meine Mutter hatten nach ihrer Heirat lange Zeit getrennt gelebt. Als ich meinen lächelnden ältesten Bruder anschaute, wurde ich plötzlich sehr traurig.

Ein paar Monate später schrieb Nummer 1 mir eine gute und eine schlechte Nachricht. Yu-qin war schwanger, aber sie stand auf der Liste derjenigen, die zur Arbeit in eine Kleinstadt der Provinz Anhui nordwestlich von Schanghai geschickt wurden, einem weiteren unterentwickelten Gebiet des Landes.

Wie so vielen Menschen damals hatte das Schicksal auch meiner neuen Schwägerin einen üblen Streich gespielt. Yuqins Eltern waren beide Arbeiter. Nachdem sie die unteren Klassen der Oberschule besucht hatte, entschloß sie sich, eine Handelsschule zu besuchen, die in eine Fabrik integriert war. Eine solche Entscheidung bot sich für all diejenigen an, die nicht an einer normalen Oberschule angenommen wurden, bedeutete allerdings für den Schüler und seine Familie einen erheblichen Gesichtsverlust. Doch diese Demütigung zahlte sich aus, als Yu-qin miterlebte, wie Gleichaltrige, die die Aufnahme in gute Schulen geschafft hatten, nacheinander aufs Land geschickt wurden, während sie als Arbeiterin höher bewertet wurde und in Schanghai bleiben konnte.

Doch dieser Segen war von kurzer Dauer. Jetzt, wo sie verheiratet und schwanger war und ihr Mann in Guizhou lebte, wurde sie an eine Fabrik der dritten Linie versetzt. Sie konnte ihre Abreise hinausschieben, bis das Kind geboren war, doch dann fuhr sie mit ihrem Sohn Ye Xiang nach Anhui. Als sie ihn zehn Monate später abgestillt hatte, brachte sie ihn wieder nach Schanghai und ließ ihn in Großtantes Obhut. Nummer 1 hatte seinen Sohn bis dahin noch nie gesehen.

Und so begann Großtante, die inzwischen dreiundsechzig Jahre alt und mit zu hohem Blutdruck belastet war, für die vierte Generation der Familie Ye zu sorgen, von der sie vor über vierzig Jahren aufgenommen worden war. Mittlerweile war die Familie Ye jedoch in alle Winde zerstreut, und sie kümmerte sich allein um das Baby.

Kapitel 25

Im März 1973 kam Deng Xiao-ping, der jahrelang in Ungnade gefallen war, wieder als Vizepremierminister an die Macht. Innerhalb eines Monats gab das Zentralkomitee die »Vorschläge zur Einschreibung an der Universität« heraus. Deng erkannte den Bedarf an gebildeten jungen Leuten, der entstanden war, nachdem das gesamte Bildungssystem jahrelange Unruhen erlebt hatte. Bis dahin konnte jemand, der mindestens zwei Jahre als Arbeiter in einer Arbeitseinheit verbracht und eine Empfehlung von der Leitung und den Kollegen seiner Einheit bekommen hatte, ohne Aufnahmeprüfung die Universität besuchen. Das waren die »Arbeiter-Bauern-Soldaten-Studenten«. In Dengs Erklärung hieß es nun, daß Arbeiter-Bauern-Soldaten-Kandidaten Aufnahmeprüfungen abzulegen hätten, obwohl ihre Prüfungsergebnisse nicht die einzigen Aufnahmekriterien sein sollten: Für die Aufnahme an der Universität zählte zudem auch die politische Korrektheit.

Ich nahm das als Zeichen, daß allmählich wieder Normalität einkehren würde, und fühlte mich zu meinem Englischstudium ermutigt, obwohl ich nicht zu hoffen wagte, daß ich je eine Chance bekäme, an die Universität zu gehen. Ein paar Wochen zuvor hatte man meine Bewerbung als Taxifahrerin in Schanghai abgelehnt. Der neue zivile Leiter der Farm, Sun, sagte mir, als jüngste der erfahrenen Arbeiterinnen der Produktionsbrigade sollte ich erst ältere Männer und Frauen in die Stadt zurückgehen lassen. Statt dessen ernannte er mich zur »älteren Schwester« einer Gruppe von Siebzehnjährigen, die neu eingetroffen waren und die ich in ihr zukünftiges Leben einführen sollte. Tage- und nächtelang lief ich wie ein Feuerwehrmann von einem Zimmer zum nächsten, nur löschte ich keine Flammen, sondern trocknete Tränen. Die unglücklichen Jugendlichen waren etwa im gleichen Alter, in dem ich auf die Farm gekommen war, und ebenso niedergeschlagen, ängstlich und voller Heimweh. Ich tat mein Bestes, ihnen alles zu erklären, von den Unterschieden zwischen Reissetzlingen und Gras bis hin zur besten Art, seine Kleider aufzuhängen, um sie vor Ungeziefer zu schützen. Daß ich meine fünfjährige Erfahrung nutzen konnte, um ihnen zu helfen, tat mir gut.

Im Mai des folgenden Jahres erfuhr ich, daß man unserer Farm zehn Studienplätze an der Universität zugewiesen hatte. Einer davon galt für ein Englischstudium.

Mein Herz tat einen Sprung. War das endlich meine Chance? Im vorigen Sommer hatte ich mich beworben, an der Universität Fudan Spanisch zu studieren, aber meine Arbeitseinheit hatte meine Bewerbung abgelehnt und wieder einmal ältere vorgezogen.

Der Zeitpunkt schien diesmal jedoch günstiger zu sein. Ich war mittlerweile fast sechs Jahre auf der Farm, und falls ich Erfolg hatte, konnte ich nach den geltenden Vorschriften meinen Lohn an der Universität weiterbeziehen. Ich müßte meine Familie nicht um Unterstützung bitten. Also füllte ich den Bewerbungsbogen für die Kandidatur aus unserer Brigade aus.

Die Stimmen der jungen Mädchen, denen ich als ältere Schwester geholfen hatte, gaben den Ausschlag für mich. Mein überraschender Erfolg, diese erste Hürde genommen zu haben, bereitete mir schlaflose Nächte. Das nächste Hindernis war die Auswahl: Die Farm bestand aus dreißig Produktionsbrigaden, und jede hatte einen Kandidaten benannt. Von diesen dreißig würde die Verwaltung fünfzehn für die medizinische Untersuchung auswählen, die anschließend die Aufnahmeprüfung ablegen sollten.

Mut machte mir die Tatsache, daß Kader Huang, der meine Bewerbung abgelehnt hatte, als Lehrerin nach Schanghai zurückzugehen (vermutlich weil er herausgefunden hatte, was ich in meinem Geständnis über ihn geschrieben hatte), mit dem jetzigen Auswahlverfahren nichts zu tun hatte.

Also wartete ich, bemühte mich, nicht daran zu denken, und legte mich auf den Reisfeldern doppelt krumm. Eines nachmittags, als ich mir gerade den Morast von Füßen und Beinen wusch, hörte ich, daß die Ärzte auf der Unterfarm eingetroffen seien. Ich ging in den Schlafsaal, setzte mich aufs Bett und bat ein Mädchen, mir das Abendessen aus der Kantine mitzubringen: Ich wollte im Schlafsaal sein, falls man mich rufen ließ. Stunden vergingen, und niemand kam. Im Dorf wurde es dunkler und stiller, und jedesmal, wenn ich Schritte hörte, schlug mein Herz schneller. Aber es kam keine Nachricht.

Morgens wachte ich vollständig angezogen und mit starken Kopfschmerzen auf. Ich hatte es wieder nicht geschafft. Ich wollte mir die ganze Sache aus dem Kopf schlagen, aber es war hart. Mühsam stand ich auf und ging auf die Reisfelder.

Ich schleppte gerade Bündel Setzlinge an meiner Schulterstange, als ein Mann, der vom Laufen völlig außer Atem war, nach mir rief.

»Xiao Ye, es hat jemand von der Unterfarm angerufen«, platzte er heraus. »Sie fragen, warum du nicht zur medizinischen Untersuchung gekommen bist. Die Ärzte wollen gleich wieder fahren und – «

Ich warf meine Schulterstange weg und lief zu dem Reisfeld, auf dem Brigadeführer Sun arbeitete. Sobald er mich sah, schrie er:

»Ahjaa! Ich habe ganz vergessen, dir zu sagen – «

»Wie konntest du das vergessen! Wie konntest du nur?« schrie ich.

Sun und ich liefen in sein Büro, wo er den Telefonhörer schnappte und hektisch an der Kurbel drehte. Er bat die Frau bei der Vermittlung, sie solle die Ärzte aufhalten.

»Wir sind schon unterwegs«, sagte er und legte auf. »Komm, Xiao Ye, wir nehmen mein Fahrrad!«
Auf dem Gepäckträger von Suns Fahrrad holperte ich über die Feldwege und fand mich schließlich in der Klinik wieder, Füße, Beine und Hände noch mit dem Morast der Reisfelder verklebt. Die weißgekleideten Ärzte taten ihr Bestes, um mich zu beruhigen, und untersuchten mich dann.
Am nächsten Tag sollte mir eine Blutprobe für den Hepatitistest entnommen werden. Das war eine weitere Hürde. Hepatitis war im ganzen Land sehr verbreitet, auch bei uns. In den letzten Jahren hatten die Fälle wegen verseuchten Wassers und der beengten Wohnverhältnisse zugenommen. Als ich früh am nächsten Morgen aufstand, nachdem ich anweisungsgemäß über Nacht nichts gegessen und getrunken hatte, überschütteten mich die anderen mit Ratschlägen.
»Meine Mutter sagt, Zucker macht die Leber weicher«, meinte Xiao Jiang, eins der neueren Mädchen. »Deshalb bekommen Hepatitispatienten Zuckermarken extra.«
Ich trank die Tasse Zuckerwasser, die sie mir reichte, und hatte sofort ein schlechtes Gewissen wegen des Täuschungsversuchs. Als der Arzt mir das Blut abnahm, gestand ich es ihm.
»Mach dir keine Gedanken«, meinte er. »Ich habe zwei Töchter, und eine von ihnen ist in deinem Alter. Sie arbeitet auf einer Farm in der Provinz Heilongjiang. Ich hoffe, sie bekommt eines Tages so eine Chance wie du.« Ob das Zuckerwasser mir helfen würde oder nicht, sagte er nicht.
Und wieder warten. Die bevorstehende Prüfung machte mir Sorgen. Ich war zwar recht zuversichtlich, daß ich bestehen konnte, nachdem ich mit Hilfe der Bücher soviel gelernt und mir die Englischkurse im Radio angehört hatte; aber anscheinend war nie etwas einfach oder klar. Ich hatte von Zhang Tie-sheng gehört, einem jungen Mann, der bei seiner

Aufnahmeprüfung vor einem Jahr aus Protest ein leeres Blatt abgegeben hatte. Seitdem erschienen ständig Artikel und Kommentare, die sein Vorgehen lobten und das wiedereingeführte Prüfungssystem als »bourgeoise Konterattacke« gegen die Kulturrevolution anprangerten, die echte Bauern und Proletarier von der höheren Bildung ausschließe. (Mit Unterstützung von Jiang Qing wurde Zhang später ein hoher Funktionär im Bildungswesen seiner Region. Als Jiang Qing entmachtet wurde, verlor auch er sein Amt.)

An einem Nachmittag im August holte man mich wieder von den Reisfeldern und schickte mich in die Verwaltung der Unterfarm. Diesmal dachte ich daran, mir in einem Graben den Morast abzuwaschen. Xiao Zhao, ein junger Mann, der in der Kantine arbeitete, fuhr mich auf seinem Fahrrad hin. Ich sollte nur einen Kugelschreiber mitbringen.

Auf der Unterfarm war es ruhig, wie immer am Nachmittag eines Arbeitstages. Ich hüpfte vom Fahrrad, bedankte mich bei Xiao Zhao und ging ins Büro. Der Tag, an dem ich die Aufnahmeprüfung für die Mittelschule abgelegt hatte, kam mir in den Sinn. Damals flatterten vor dem Gebäude Fahnen im Wind, Hunderte Schüler und Schülerinnen drängten sich auf den Bürgersteigen, und in dem stickigen Klassenzimmer standen unzählige Tischreihen. Damals lebte Mutter noch, und mich hatte am meisten die Frage beschäftigt, auf welche Mittelschule ich kommen würde. Jetzt, mit zweiundzwanzig, stand ich vor der wichtigsten Prüfung meines Lebens. Erfolg bedeutete eine bessere Zukunft; ein Scheitern hieß im gleichen Elend verharren.

Ich trat in den kleinen Raum, in dem zwei Frauen mittleren Alters mit schlichten Haarschnitten an ihren Schreibtischen saßen und sich Kühlung zufächelten. Es war heiß und stikkig. Vor den beiden Frauen stand ein einzelner Tisch mit einem Stuhl; die Bambusrollos waren gegen die Nachmittagssonne heruntergelassen. Die Prüferinnen standen auf.

»Sonst ist niemand da«, sagte eine, die wohl in die Fünfzig sein mochte. Sie lächelte. »Du bist die einzige, die geprüft wird.«

In meiner Nervosität entging mir völlig, was das bedeutete.

»Ich bin Dozentin Chen von der Universität Peking«, fuhr sie fort. »Dozentin Xu ist von der Universität Qinghua.«

Ich nickte der jüngeren, streng wirkenden Frau zu.

»Wir rekrutieren die Studenten aus Ostchina«, erklärte Dozentin Chen.

Allmählich fing mein Gehirn an zu arbeiten. »Ihr meint, ihr seid nur für eine einzige Kandidatin hergekommen?«

»Das heißt durchaus nicht, daß du bestehen wirst«, fiel Dozentin Xu ein und bedeutete mir, Platz zu nehmen. »Also, fangen wir an.«

Sie reichte mir ein Blatt Papier, auf dem ein paar Passagen in klassischem Chinesisch gedruckt waren. »Bitte übersetz das in die Umgangssprache.«

Ich holte meinen Stift heraus und fing an. Es war nicht schwer; solche Übungen hatte ich in meinem ersten Halbjahr an der Mittelschule ständig gemacht. Klassisches Chinesisch ist kryptisch und komprimiert, idiomatisch und voller Metaphern. Ein Wort enthält einen ganzen Satz; ein Satz kann im modernen Chinesisch mehrere Sätze ausmachen. So heißt zum Beispiel der Ausdruck *zoumakanhua* »Pferd reiten, Blumen ansehen« oder »auf dem Rücken eines Pferdes Blumen ansehen« und bedeutet »etwas oberflächlich tun« oder »einer Sache nicht die nötige Aufmerksamkeit schenken«. Nach etwa einer Stunde war ich mit dem Text fertig.

Als nächstes kam eine mündliche Prüfung. Dozentin Chen gab mir einen englischen Text mit der Überschrift »We Have Friends All Over the World« und bat mich, ihn laut vorzulesen. Ich brauchte ihn nicht zu übersetzen, nur vorzulesen. Es war ein Text, den ich schon oft abends unter meinem Moski-

tonetz gelesen hatte, weil er in einem der Bücher stand, die Nummer 2 mir geschenkt hatte.
Endlich zahlten sich meine einsamen Studien aus. Laut und deutlich las ich den Text vor. Dozentin Chen konnte ihre Freude kaum verhehlen. Dozentin Xu blieb ernst und tat kund, daß ich meine Sache zwar gut gemacht habe, meine Aufnahme aber damit noch nicht entschieden sei.
»Ein rotes Herz, zwei Vorbereitungen«, mahnte sie – ein guter Mensch sollte sich immer gleichermaßen auf das Scheitern wie auf den Erfolg vorbereiten –, in den Prüfungszeiten ein gängiger Spruch an Schulen.
Ich stand auf und zwang mich, ihr fest in die Augen zu sehen. »Bitte«, stammelte ich, »bitte laßt mich an die Universität gehen. Ich bin seit sechs Jahren hier und arbeite in den Reisfeldern. Glaubt ihr nicht, daß ich genug Umerziehung bekommen habe, wie der Vorsitzende Mao es wünscht? Ich verspreche euch, wenn ihr mich annehmt, werde ich euch nicht enttäuschen.«
Als ich mich umdrehte und aus dem Raum ging, kam Dozentin Chen mir nach. Sie sah mir in die Augen und drückte mir fest die Hand.

Kapitel 26

Damals »ging« ich schon ein paar Monate mit Xiao Zhao, dem jungen Mann aus der Kantine – die früheren Verbote waren gelockert worden. Für uns beide war es die erste Freundschaft, obwohl er bei den hübschen Frauen unseres Dorfes sehr begehrt war. Xiao Zhao war drei Jahre älter als ich, das siebte von acht Kindern in seiner Familie und hatte wegen seines guten Aussehens den Spitznamen *Wang Di* – König. Seine Mutter war an einem Herzinfarkt gestorben, als er sieben war, und sein Vater hatte wieder geheiratet.
Wie meine Eltern waren auch seine früher Geschäftsleute in Schanghai gewesen. Obwohl wir also aus ähnlichen Verhältnissen stammten und am selben Tag auf der Farm eingetroffen waren, hatten wir recht unterschiedliche Wege eingeschlagen. Während sich die meisten von uns, vom Nordwestwind gebeutelt, auf den Reisfeldern abplackten, hatte er von Anfang an in der Kantine gearbeitet – ein Posten, der in der Produktionsbrigade zu den Rosinen im Kuchen zählte. Xiao Zhao hatte im Gegensatz zu uns anderen mit schlechtem Blut nicht unter Verfolgung zu leiden gehabt. Unter Zhao und Cui war er sogar alljährlich als »Fünf-Gut-Arbeiter« ausgezeichnet worden – ein Lob, das Arbeiter erhielten, die in fünf festgelegten Bereichen politischer Korrektheit herausragende Leistungen erbrachten.
Ich war mit Xiao Zhao erstmals in Kontakt gekommen, nachdem mein Hausarrest aufgehoben wurde. Man hatte mich ins Backsteinhaus zitiert, und Cui hatte mir mitgeteilt, daß ich mich auf eine weitere Kampfversammlung am Abend vorbereiten sollte. Als er mich gehen ließ, war das Abendessen schon vorbei. Ich ging mit meinem Eßnapf zur Kantine und klopfte in dem dunklen Saal an einer der Durchreichen. Xiao Zhao öffnete das Fenster, nahm meine

Blechdose und kam kurze Zeit später wieder; er hatte sich sogar die Mühe gemacht, mein Essen aufzuwärmen. Das fand ich sehr nett von ihm und bedankte mich.
»Glaubst du wirklich, das, was du durchmachst, ist der Mühe wert?« fragte er, als er mir das Essen durch die Durchreiche schob. »Warum tust du nicht einfach, was sie wollen? Hör auf mich, stemm dich nicht gegen den Wind.«
In den nächsten zwei Jahren hatte ich keinen besonderen Kontakt mit ihm, doch dann passierte etwas Merkwürdiges. Ich war zu Hause, und mein zweiwöchiger Heimaturlaub neigte sich dem Ende zu. Nummer 3 stöberte mich in einem Geschäft in der Nähe auf, wo ich rasch noch etwas für meine Rückreise besorgte.
»Bei uns zu Hause ist ein alter Mann«, rief sie, »und er hat ein großes Paket bei sich. Er sagt, er möchte, daß du es mit auf die Farm nimmst und seinem Sohn gibst.«
Ich hatte keine Ahnung, wer das sein mochte. Mich hatte niemand um eine Gefälligkeit gebeten.
»Er ist gut angezogen«, erzählte Nummer 3, »und spricht einen starken Ningbo-Akzent. So wie er redet, wette ich, daß er früher mal was zu sagen hatte.«
Ich ging rasch nach Hause und begrüßte den Mann. Er zeigte mir einen Zettel mit meiner Adresse und sagte, sein Sohn, Xiao Zhao, habe ihm geschrieben und ihn gebeten, mich aufzusuchen und um eine Gefälligkeit zu bitten. Er wußte, daß sein Sohn mir nichts davon gesagt hatte.
Auf der Farm holte sich Xiao Zhao sein Paket in meinem Schlafsaal ab. Er bat um Entschuldigung, daß er mich nicht vorher um diesen Gefallen gebeten hatte. Ich war zu verwirrt und zu schüchtern, um ihn zu fragen, woher er meine Adresse wußte.
Im folgenden Frühjahr fing er mich eines Tages, als ich zum Mittagessen von den Reisfeldern kam, an meiner Zimmertür ab.

»Hast du noch frisches Wasser?« erkundigte er sich. »Die Pumpe geht nicht.«
Von da an kam er mehrmals wöchentlich abends in unseren Schlafsaal. Viele der Mädchen freuten sich ihn zu sehen und verwöhnten ihn mit Tee und Plätzchen. Doch nach und nach verbrachte er immer mehr Zeit mit mir, und bald wurde klar, daß seine Besuche mir galten.
Zum erstenmal hatte ich jemanden, mit dem ich mich unterhalten konnte. Zögernd fragte Xiao Zhao mich nach meinem Hausarrest, aber ich erzählte ihm keine Einzelheiten. Ich schämte mich immer noch und hatte beschlossen, meine Schande mit ins Grab zu nehmen. Die meisten wollten gar nicht mehr an diese Zeit denken. »Sieh nach vorn«, sagten sie, »es hat keinen Sinn, alten Reis aufzuwärmen.« Trotzdem war ich dankbar für sein Interesse.
Xiao Zhao war ein guter, einfühlsamer Zuhörer, und unsere Gespräche bildeten den Anfang unserer Beziehung. Ich fühlte mich geschmeichelt, daß er sich für mich entschieden hatte, doch anfangs zögerte ich dennoch, mit ihm zu »gehen«, und sagte ihm das auch.
»Ist es, weil du Qian noch nicht auf seinen Brief geantwortet hast?«
»Woher weißt du davon?«
Er lachte. »Ich habe Freunde in der Poststelle.«
Seiner Familie sagte er nichts von unserer Beziehung. Er fürchtete, daß seine Eltern, vor allem sein Vater, etwas dagegen hätten. Herr Zhao, ein streng traditioneller chinesischer Vater, dessen Autorität sich auf alle Lebensbereiche seiner Kinder erstreckte, besonders aber auf die Wahl ihrer Ehepartner, hatte darauf bestanden, daß Xiao Zhao keine Beziehung einging, bevor er nicht die Farm verlassen habe.
»Du hast mich interessiert, seit ich dich zum erstenmal gesehen habe«, sagte er mir.
»Warum hast du dann so lange gewartet, es mir zu zeigen?«

»Naja«, antwortete er, »du hast ständig in irgendwelchen Schwierigkeiten gesteckt.«
Obwohl das nicht gerade die Antwort war, die ich hören wollte, akzeptierte ich sie. Zumindest war er offen zu mir.
Auch ich erzählte meiner Familie nichts von ihm. Ich wußte nicht, wie lange unsere Beziehung halten würde; die meisten Freundschaften auf der Farm waren von kurzer Dauer. Außerdem wollte ich Großtante nicht noch einmal Grund geben, sich aufzuregen.
Am Tag meiner Aufnahmeprüfung kam Xiao Zhao abends zu mir. Wie üblich setzten wir uns draußen vor den Schlafsaal. Ich war sehr müde, aber ruhig und gelassen. Xiao Zhao war ungewöhnlich still. Schließlich meinte er: »Sag, läßt du mich fallen wie einen Sack Kartoffeln, wenn du an die Universität gehst?«
»Natürlich nicht!« antwortete ich. »Warum sprichst du überhaupt davon? Das solltest du nicht! Es bringt Unglück, im voraus über etwas zu sprechen.« Großtantes Aberglaube war nicht spurlos an mir vorübergegangen, und einen Moment lang dachte ich, er wolle meine Chancen mit einem Fluch belegen, indem er Erfolg voraussagte, bevor die Ergebnisse bekanntgegeben wurden. Ich hoffte, meine rasche Antwort würde ihn bewegen, das Thema fallenzulassen.
Aber er ignorierte meine Worte. »Du wirst an der Bei Da in Peking studieren, einer der besten Universitäten in China. Und ich bleibe vermutlich für den Rest meines Lebens hier als Bauer.« Das letzte Wort betonte er, obwohl er doch genau genommen gar kein Bauer war.
»Hör auf davon«, sagte ich. »Ich möchte nicht mehr darüber reden. Wir können darüber sprechen, wenn es soweit ist.«
»Nein«, beharrte er. »Dann ist es zu spät. Ich möchte, daß du mir die Wahrheit sagst, heute abend. Wirst du mich verlassen oder nicht?«

»Du hast die Antwort schon.« Ich stand auf und ging in den Schlafsaal.

In dieser Nacht fand ich keinen Schlaf. Ohne jede Vorbereitung hatte Xiao Zhao mich plötzlich gezwungen, mich ernsthaft zu binden. Schon oft hatte ich andere Mädchen herzzerreißend schluchzen hören, wenn ihre Freunde mit »Stadtwohnrecht« sie verlassen hatten, und gemeinsam mit den anderen hatte ich die Untreue des Geliebten verurteilt. Jetzt wurde mir klar, daß mir keine Wahl blieb, falls ich an der Bei Da angenommen würde, zumindest nicht, solange Xiao Zhao noch auf der Farm war. Das Pflichtgefühl verbot es mir jedoch, nun noch mit ihm zu brechen.

Zehn Tage später kam die Nachricht. Ich war gerade im Schlafsaal, um mir meinen Eßnapf zu holen, als Sun an der Tür klopfte und hereinkam.

»Xiao Ye, ich habe gerade einen Anruf bekommen.«

Meine Kehle wurde trocken. »Was haben sie gesagt?«

Ein Strahlen breitete sich über Suns schmalem Gesicht aus. »Du bist angenommen. Du sollst morgen zur Unterfarm gehen und die Anmeldeformulare ausfüllen.«

Ich mußte mich setzen, legte den Kopf auf den Tisch und verschränkte die Arme darüber. Ich durfte studieren. Plötzlich ließ ein heller Sonnenstrahl meine Zukunft aufleuchten, unfaßbar. Ich wünschte, meine Eltern könnten das erleben. Als ich an sie dachte, weinte ich still vor mich hin. Jetzt konnte Großtante stolz auf mich sein. Nummer 3 würde endlich die Last von ihren Schultern genommen, daß ich an ihrer Stelle aufs Land gegangen war. Jetzt würde ich meiner kleinen Schwester helfen können.

»Herzlichen Glückwunsch, Xiao Ye«, sagte Sun und zog die Tür hinter sich zu.

Es sprach sich schnell herum, und alle überschütteten mich mit Glückwünschen. Aus unserer Brigade war ich die erste, die an die Universität ging. Nach einer schlaflosen Nacht ging ich am nächsten Morgen zur Verwaltung der Unterfarm. Meine Hände zitterten, als ich meinen Namen auf das Anmeldeformular schrieb. Ich erfuhr, daß die Mitteilung über meine Annahme an der Universität schon seit der Aufnahmeprüfung in einer Schreibtischschublade lag, aber niemand sich die Mühe gemacht hatte, mir Bescheid zu geben.

Ich konnte es kaum fassen, daß meine Tage als landwirtschaftliche Arbeiterin auf den unergiebigen Reisfeldern vorbei waren. Außer Xiao Zhao und einigen Freundinnen, die mich unterstützt hatten, gab es niemanden, von dem ich mich verabschieden mußte. Die rauhe, unwirtliche Landschaft und den Nordwestwind würde ich sicher nicht vermissen. Die arme Jia-ying fiel mir ein. Kurz nach ihrer Versetzung in den Gemüsegarten hatte ihr Bruder sie besucht, und die beiden hatten den ganzen Nachmittag allein im Schlafsaal verbracht. Das brachte einige andere Mädchen dazu, hinter ihrem Rücken über sie zu tratschen, während einige Männer ihr ins Gesicht gelacht und sie des Inzests beschuldigt hatten. Die Schande und die Demütigung hatten ihr seelisch derart zugesetzt, daß man sie nach Schanghai zurückgeschickt hatte. Ich dachte auch an meine vier »konterrevolutionären« Freunde und an die Qualen, die uns auseinandergerissen hatten; an die Tage unverdienter Ächtung und Schmach; an die Kampfversammlungen und natürlich an die Tausenden von Stunden harter Knochenarbeit.

Mittlerweile war ich zweinundzwanzig Jahre alt. Bisher hatten Schicksal, politische Unruhen und Verluste mein Dasein bestimmt. Vielleicht konnte ich nun selbst das Ruder in die Hand nehmen und mein Lebensschiff aus dem bitteren Wind herauslenken.

Gleich nach meiner Rückkehr nach Schanghai wollte ich ein Familientreffen zur Feier meiner guten Neuigkeiten organisieren. Ich freute mich schon darauf, die ganze Familie in der elterlichen Wohnung beisammen zu haben. Doch als ich unsere Treppe hinauflief, um Großtante zu begrüßen, mußte ich feststellen, daß niemand zu Hause war. Nummer 2 lag im Krankenhaus, und Großtante war bei ihm.

Ein paar Tage vorher war Nummer 2 auf der Ladefläche eines falsch beladenen Lasters mitgefahren. In einer Kurve war die Ladung verrutscht und hatte Nummer 2 vom Laster geworfen, was einen mehrfachen Beinbruch zur Folge hatte. Als ich ins Krankenhaus kam, war gerade die dritte Operation vorbei. Nummer 2 hatte starke Schmerzen und viel Blut verloren.

Ich wollte ihm von meinen guten Neuigkeiten erzählen und ihm danken, weil das Radio und die Englischbücher mir zu meinem Erfolg verholfen hatten, doch als ich sein Bein an einem Gestell über dem Bett hängen, und sein hübsches Gesicht bleich vor Schmerz sah, hielt ich mich zurück.

Jeden Morgen stand Großtante schon vor dem Morgengrauen auf, um sich für Schweineknochen anzustellen, aus denen sie eine milchige Brühe für Nummer 2 kochte. Wie sie sagte, würde das helfen, seine Knochen zu heilen.

Ich hatte unterdessen nur zehn Tage Zeit, meine Abreise nach Peking vorzubereiten. Xiao Zhao und ich hatten uns mit dem feierlichen Versprechen *shan meng hai shi* – »vor den Bergen und dem Meer als Zeugen« – getrennt, daß wir uns immer lieben würden. Er hatte mir einen Brief mitgegeben, den ich einwerfen sollte, sobald ich nach Schanghai kam, und in dem er seinem Vater seine Beziehung zu mir, einer künftigen Studentin, mitteilte. Offenbar war es in Ordnung, jetzt die Wahrheit zu sagen. Er hatte auch ein Datum angegeben, wann ich seinen Vater und seine Stiefmutter besuchen und ihnen zwei lebende Hühner als Geschenk von ihm bringen sollte.

Die Hühner hatte Xiao Zhao von den Bauern der Volkskommune Sanlong gekauft, und ich hatte sie mitgenommen; sie reisten auf dem Dach des Busses, in der Kabine des Schiffes und auf dem Gang des Stadtbusses, bevor sie vorübergehend in die Gasse des purpurnen Sonnenscheins einzogen. Sie Xiao Zhaos Eltern zu bringen, war mir eher eine Erleichterung als ein Vergnügen.

Am festgesetzten Tag stand ich auf dem Flur vor ihrer Wohnung – die Roten Garden hatten sie gezwungen, ihr eigenes Haus aufzugeben und in eine Wohnung zu ziehen, die unserer recht ähnlich war. Ich war ziemlich nervös: Ich wußte, daß Xiaos Familie früher reich gewesen war, und hatte Angst, daß sie auf mich herabsehen würden. Zudem wußte ich, daß Herr Zhao seinem Sohn verboten hatte, eine Beziehung einzugehen, solange er auf der Farm war.

In jeder Hand hielt ich ein kreischendes Huhn an den Füßen, die Köpfe hingen nach unten. Noch bevor ich klopfen konnte, ging die Tür auf, und eine modisch gekleidete, attraktive Frau Ende Dreißig ließ mich hinein. Flüchtig sah ich mich in der Wohnung um, die vollgestopft war mit teuren Möbeln.

»Du mußt Xiao Ye sein«, sagte die Frau. »Ich bin Xiao Dis älteste Schwester. Mutter macht gerade Besorgungen, aber Vater ist da.«

Xiao Zhao wurde von seiner Familie Xiao Di – »jüngster Bruder« – genannt. Sein weißhaariger Vater sah immer noch sehr gut aus und hatte etwas Strenges, Gebieterisches an sich. Er begrüßte mich förmlich, und wir unterhielten uns ein paar Minuten über Belanglosigkeiten, bis Lao Zhao sagte, ich müsse müde sein von meiner Fahrt durch die Stadt – ein Zeichen, daß der Besuch beendet war. Meinen Tee hatte ich kaum angerührt.

Wochen später, als ich schon in Peking war, schrieb Xiao Zhao mir in einem Brief, sein Vater habe einen positiven Eindruck von mir gewonnen. »Nicht schön, aber sieht gut genug aus; gute Manieren, aber nicht elegant oder damenhaft; anscheinend intelligent und mit raschem Auffassungsvermögen; ihre klare Aussprache verspricht Erfolg beim Sprachstudium. Aber sei dir darüber im klaren«, zitierte Xiao Zhao seinen Vater weiter mit verblüffender Unsensibilität, »daß ihre Familie im Gegensatz zu den Familien der Ehepartner deiner Geschwister ihr in finanzieller Hinsicht keinerlei Unterstützung geben kann.«

Die Sache mit den Hühnern war nur ein Vorwand gewesen, damit Xiao Zhaos Eltern mich kennenlernen und ein Urteil abgeben konnten. Als ich den Brief las, fühlte ich mich, als hätte man mich ohne meine Einwilligung zur Versteigerung angeboten. Ich dachte an die steife Unterhaltung mit seinem Vater und daran, daß ich auch noch meinen Mund hätte aufmachen und ihn meine Zähne hätte zählen lassen sollen. Ich hätte ihm sagen sollen, daß der Barfußzahnarzt der Farm mir versehentlich einen gesunden Backenzahn gezogen hatte, statt des Zahns, der mir wehgetan hatte. Auch die Bemerkung über die finanzielle Lage meiner Familie kränkte mich. Und ich beschloß, der Familie Zhao eines Tages zu zeigen, daß es Besseres und Wertvolleres gab als Geld.

»Ah Si aus der Familie Ye geht an die Bei Da, um eine fremde Sprache zu lernen.« Die Neuigkeit verbreitete sich wie ein Lauffeuer in der Gasse des purpurnen Sonnenscheins. Alte Nachbarn kamen zu uns, um mir zu gratulieren, und neue staunten, was für ein Glück ich hatte. Eine alte Frau aus dem Nachbarhaus, die alle die »alte Nachttopfreinemachfrau« nannten, erklärte, sie habe immer schon an der Form meiner Stirn gesehen, daß mir eine strahlende Zukunft bevorstünde.

Die einzige, die nicht begeistert war, war Großtante. Da sie stets der Ansicht gewesen war, daß Lesen und Schreiben Sache der Männer sei, beeindruckte sie die Aussicht, daß ich an der Universität studieren sollte, kein bißchen. Sie wurde älter und schwächer und wollte nur noch, daß die Tochter, die sie nie gehabt hatte, nach sechs Jahren wieder zu ihr nach Hause käme.

Bevor ich fuhr, besuchte ich Nummer 2 noch einmal im Krankenhaus. Er lächelte matt und reichte mir ein gebrauchtes Lexikon, den *Oxford English-Chinese Dictionary.*

»Ich habe ihn aus einem Abfallhaufen gezogen, als die Roten Garden überall Bücher verbrannten.«

Wie typisch für meinen Bruder, der gern lernte, sich für ein Wörterbuch in Gefahr zu bringen!

Nummer 3 brachte mich zum Bahnhof. Wir umarmten uns.

»Ich bin nicht mehr auf der Farm, Ah Sei«, sagte ich. »Das heißt, du bist jetzt auch frei.«

Weinend und erleichtert umarmte Nummer 3 mich noch einmal.

Als der Zug in Wuxi hielt, um Passagiere aus- und einsteigen zu lassen, dachte ich betrübt an meine Eltern. Ich konnte ihr Grab nicht besuchen; Tante Yi-feng hatte mir geschrieben, daß die Bauern, seit die Roten Garden damals den Grabstein umgeworfen und zerbrochen hatten, die Teile weggekarrt und zum Bauen benutzt hatten; die Grabstelle sei inzwischen eingesät und nicht mehr zu finden. Ich fragte mich, ob meine Eltern wohl stolz auf mich wären, und schwor mir, eines Tages ins Fisch- und Reisland zu fahren, ihr Grab zu suchen und einen neuen Stein zum Andenken an sie zu errichten.

Teil IV

Wind des Wandels

(1974–1978)

Kapitel 27

Ende August 1974 kam ich zum zweitenmal in meinem Leben nach Peking. Es war warm, und ich machte mich mit meiner Reisetasche und meiner Schultasche im Bus auf die zweistündige Fahrt durch die Stadt zu den Vororten im Nordwesten. Ich konnte es immer noch nicht richtig fassen, daß mein Traum wahr geworden war. Ob ich mit den Anforderungen des Studiums Schritt halten konnte? Oder hatten mich die sechs Jahre auf dem Land so weit ins Hintertreffen gebracht, daß der Versuch, studieren zu wollen, sinnlos war?

Der Campus der berühmten Universität sah anders aus als die Bilder, die ich als Kind von ihm gesehen hatte. Im Namenlosen See spiegelte sich ein Turm, der leblos unter einem hellen Herbsthimmel stand. Die gepflegten zinnoberroten Gebäude mit ihren anmutigen Dächern und den geschwungenen Traufen wirkten wie verwundete Soldaten, die von oben bis unten mit Wandzeitungen zugepflastert waren. Selbst die majestätischen steinernen Löwen, die den Haupteingang bewachten, hatten ihre heroische Haltung verloren und wirkten traurig und schutzlos.

In der Halle der Meldestelle ganz in der Nähe des Südtores sah es aus wie in einem Waschsalon – mit unzähligen Reihen von Spruchbändern, die an Wäscheleinen hingen. An einer frisch asphaltierten Straße, die von französischen Platanen und *dazibao* gesäumt war, fand ich das Gebäude, in dem der Fachbereich für westliche Sprachen und Literatur untergebracht war. Mein Wohnheim lag gleich gegenüber. Vor der Tür verkündete ein riesiges Plakat: »Geht zur Universität; leitet die Universität; gestaltet die Universität mit marxistisch-leninistischen Mao-Ze-dong-Ideen!«

Das Wohnheim war in keinem besseren Zustand als die übrigen Gebäude. In der Eingangstür war das Glas zerbrochen und durch Sperrholzplatten ersetzt worden. Im Inneren deckte die grellweiße Kalktünche kaum die politischen Graffitis an den Wänden ab. Im dritten Stock, wo die Studentinnen wohnten, gab es zehn Zimmer und einen Waschraum mit Toilettenkabinen, Kaltwasserhähnen und Betonbecken. Mein Zimmer war lang und schmal, an den Wänden standen vier zweistöckige Etagenbetten. In der Mitte waren sechs kleine Tische aneinandergereiht. Zwei der Betten dienten als Stauraum für Gepäck, Bücher und sonstige Habseligkeiten. Das kleine Fenster ging nach hinten auf einen leeren, unkrautüberwucherten Platz hinaus.

Ich zwängte mich zwischen Betten und Tischen hindurch und warf mein Bettzeug auf eins der oberen Betten am Fenster, da die unteren alle schon belegt waren. Ich sah mich um. Mein neues Zuhause gefiel mir. Der ungestrichene Betonboden, die tristen Wände und der winzige Heizkörper kamen mir im Vergleich zu meiner Unterkunft auf der Farm geradezu luxuriös vor.

In der Nähe des Wohnheims entdeckte ich ein Gebäude, das auffiel, weil an seiner Fassade nicht ein einziges Plakat hing. Neugierig stieß ich die Tür auf, deren Verglasung unversehrt war, und wurde sofort von einem Wachposten aufgehalten. »Kein Zutritt«, sagte er kurz angebunden. Es war das Wohnheim der ausländischen Studenten, das niemand ohne Erlaubnis betreten durfte. Ich war ganz aufgeregt, als ich erfuhr, daß auf dem Campus auch Ausländer lebten. Ich hatte noch nie einen Ausländer gesehen oder einen Muttersprachler Englisch reden hören.

Voller Hoffnung und Lerneifer begann ich ein paar Tage später mein Studium. Im Fach Englische Sprache und Literatur gab es etwa sechzig Studienanfänger, die in vier Klassen unterteilt waren. Wie in China üblich gab es in jeder Klasse einen Vorsteher, einen Schüler mit besonderem Status, der das Bindeglied zum Fachbereich war, und einen Parteisekretär, der als Führer der Parteimitglieder in der Klasse den Parteifunktionären auf dem Campus unterstellt war. Dieses seit langem bestehende »duale Organisationssystem« gab es in jeder Arbeits- und Studieneinheit im ganzen Land. Im Rang stand der Parteisekretär über dem Schüler.

Etwa die Hälfte unserer Klasse waren Arbeiter-Bauern-Soldaten-Studenten aus örtlichen Fabriken, Behörden und Kommunen, die nach beendetem Studium wieder in ihre Arbeitseinheiten zurückkehren würden. Wir übrigen kamen aus allen Teilen Chinas. Über die Stellen, die uns später zugewiesen werden würden, war ebenfalls bereits entschieden, aber man würde uns erst nach dem Studium mitteilen, wohin wir kämen.

Ich brannte darauf, zu studieren und die verlorenen Jahre auf der Farm aufzuholen, um meiner Familie Ehre zu machen und meinen kleinen Teil dazu beizutragen, daß das Land wieder einen soliden Kurs einschlug. Aber ich war zutiefst enttäuscht, als ich merkte, daß ich von einem Schlachtfeld aufs andere geraten war.

Die Kampagne »Lin Biao und Konfuzius kritisieren« war in vollem Gange. Sie war Teil des Machtkampfes zwischen Kräften wie Deng Xiao-ping und Chou En-lai, die die Ordnung in China wiederherstellen wollten, und Kräften unter der Führung von Jiang Qing, die wollten, daß die von ihnen angefangene Kulturrevolution weiterging, damit sie an der Macht blieben. Und das Bildungswesen stand in vorderster Front. Die Universitäten waren die Wiege der Kulturrevolution und allen voran die Universität Peking.

Ich hatte keine Ahnung, warum ein Lehrer und Gelehrter wie Konfuzius, der seit über zweihundert Jahren tot war, mit dem Verschwörer Lin Biao in Verbindung gebracht wurde. Konfuzius war dafür eingetreten, Herrschern zu gehorchen und seine Staatsbürgerpflicht zu erfüllen; Lin Biao hatte Maos Theorie unterstützt, daß die politische Macht aus den Gewehrläufen kommt, und hatte dann versucht, auf eben diesem

Weg die Macht zu ergreifen. Trotzdem fiel häufig der Unterricht für Versammlungen, Bekanntmachungen und Diskussionen aus, und ich wanderte mit dem Auftrag über den Campus, die *dazibao* zu lesen – mittlerweile besaß ich übrigens eine eigene Brille – und eine eigene Wandzeitung zu schreiben.

Meine anfängliche Hoffnung, daß ich ausländische Studenten kennenlernen und mit ihnen reden könnte, erwies sich als Illusion. Die meisten kamen aus anderen sozialistischen Staaten, entweder aus »Bruderländern« wie Albanien, Nordkorea und Jugoslawien oder aus Dritte-Welt-Ländern Afrikas, die China unterstützte, damit sie sich von der Sowjetunion fernhielten. Verbündete oder nicht, wir hatten mit ihnen wenig zu tun.

Eines Morgens stellte Lao Lu, ein Französischdozent, der für ausländische Studenten zuständig war, unserer Klasse Alina vor, eine Nichte des kambodschanischen Exilprinzen Sihanouk. Er und seine Familie lebten seit seinem Sturz 1970 in China. Alina sollte mit uns Englisch studieren, erklärte Lao Lu.

Unter den Frauen in meiner Klasse – in ihren geschlechtslosen Mao-Jacken und Hosen in Grau, Blau oder Armeegrün – wirkte Alina wie von einem anderen Stern. Ihr langes schwarzes Haar fiel lose auf die Schultern, eine Frisur, die die meisten Mädchen gern getragen hätten, wenn sie nicht als politisch inkorrekt gegolten hätte. Sie trug eine helle, engsitzende Bluse mit großem, spitzen Kragen und eine merkwürdige Hose mit weit ausgestellten Beinen, die so lang waren, daß der Saum beim Gehen über den Boden schleifte.

Eine von uns sollte dazu ausgewählt werden, mit Alina das Zimmer zu teilen, wie es das chinesische Gemeinschaftssystem – *peizhu* – verlangte, eine Beschönigung für gegenseitige Bespitzelung. Ich hoffte, daß ich zu den Kandidatinnen gehören würde. Schließlich hatte mich das Englischstudium unter anderem gereizt, weil ich so gerne etwas über die Welt und die Menschen außerhalb von China erfahren wollte.

Aber ich hätte es besser wissen sollen. Xiao Shi, unsere Monitorin, gab bekannt, daß man Xiao Guo ausgewählt hatte, die ihr Leben lang Bäuerin gewesen war. Der »ungesunde bourgeoise Lebensstil« einer ausländischen Studentin sei eine Versuchung, erklärte sie, der nur eine Studentin mit makellosen politischen Referenzen widerstehen könne.

Ich schaffte es jedoch, bei denen zu sein, die Xiao Guo abends beim Umzug in Alinas Wohnheim halfen. Ich wollte mich nur einmal umschauen und vielleicht mit einigen Ausländern reden. Als Alina uns die Tür öffnete und uns mit Guos Bettzeug, Koffer und Büchern im Flur stehen sah, verriet ihre Miene, wie schockiert sie war. Mit Gesten bedeutete sie uns, daß sie uns nicht ins Zimmer lassen wolle, das sie bisher ganz allein bewohnt hatte. Während die vergeblichen Verhandlungen mit Händen und Füßen weitergingen, versammelten sich immer mehr Studentinnen auf dem Flur, bis Lao Lu kam und allein mit Alina sprach. Kurz darauf ließ sie Guo hinein, und wir anderen wurden weggeschickt.

Am nächsten Tag zeigte Xiao Guo mir einen Zettel, auf den Alina in Englisch geschrieben hatte: »I want privacy.« Xiao Guo bat mich, ihr den Satz zu übersetzen, und ich suchte vergeblich nach einem geeigneten chinesischen Ausdruck, da es in unserer Sprache kein Wort für Privatheit oder Privatleben gibt.

»Sie möchte für sich bleiben«, versuchte ich.

Der Zettel wurde als grob und unfreundlich aufgefaßt, als typische Äußerung einer verwöhnten jungen Ausländerin. Alina blieb distanziert und abweisend, sprach mit niemandem und saß in der Klasse allein an einem Tisch. Eine andere ausländische Kommilitonin, die Tochter des albanischen Botschafters in China, zog in aller Stille vom Campus fort und wurde jeden Tag von einem Chauffeur zum Unterricht gebracht und abgeholt.

Kapitel 28

Meine Sorge, daß ich womöglich mit meinen Studienkommilitonen nicht mithalten konnte, erwies sich als unbegründet – nicht weil ich besondere Talente besessen hätte, sondern weil viele noch weniger Vorbildung mitbrachten als ich. Die meisten hatten nur ein Jahr lang die Oberschule besucht, einige hatten nicht einmal die Volksschule abgeschlossen und ein paar waren fast Analphabeten. Dengs Prüfungssystem, das ich bestanden hatte, war offenbar zusammengebrochen, vor allem auf dem Land.

»Laßt keinen einzigen Klassenbruder und keine Klassenschwester zurückfallen« lautete eine neue Parole – eine ironische Ermahnung, da unser Studium ständig für politische Schulungen unterbrochen wurde. Man stellte uns nach unseren Fähigkeiten zu Paaren zusammen, damit wir uns gegenseitig helfen konnten. Meine Partnerin war Xiao Shi, die Monitorin. Unsere Parteisekretärin, Xiao Liu, erklärte mir: »Xiao Shi ist ein langjähriges Parteimitglied aus einer armen Bauernfamilie. Sie wird dir helfen, politisch zu wachsen, und du kannst ihr bei ihrem Englischstudium behilflich sein.«

Ich war bereit zu helfen, hatte allerdings etwas dagegen, daß ich dabei nichts mitzureden hatte. Schlimmer war, daß Dozentin Chen, die mich auf der Farm geprüft hatte, in meiner Akte vermerkt hatte, daß ich auf eigene Faust dort Englisch gelernt hatte. Das brandmarkte mich als Studentin, die sich nur für akademische Studien, nicht aber für Politik interessierte – eine Todsünde während der Kulturrevolution. Im Laufe der Zeit geriet ich unter Beschuß, weil ich nebenher las, und meine »unnötigen« Bibliotheksbesuche wurden gemeldet. Immer wieder zogen Xiao Shi und andere mir die Kopfhörer ab, um zu überprüfen, ob ich keinen »feindlichen Radiosender« hörte – etwa The Voice of America oder BBC.

Es war zwar nicht mehr verboten oder konterrevolutionär, diese Sender zu hören, aber es wurde nicht gern gesehen. Xiao Shi hatte die Parolen der Partei verinnerlicht, daß akademische Leistungen suspekt, unwissend zu bleiben jedoch tugendhaft sei. »Besser rot als Experte« war ein verbreitetes Schlagwort.

Xiao Shis Einstellung spiegelte sich bald auch bei der Universitätsleitung wider. Nach einigen Wochen stellte der Leiter unseres Fachbereichs, Funktionär Gao, diesen Punkt weiter in den Vordergrund. Gao war ein ehemaliger Offizier der Volksbefreiungsarmee, der an die Universität versetzt worden war, um die »Linke« zu unterstützen. Als die Universitäten 1971 wiedereröffnet wurden, rückte er zum »Vormann« des Fachbereichs auf. (Den Begriff »Dekan« hatte man abgeschafft, um sich revolutionär-egalitär zu geben.)

In seiner Begrüßungsansprache an uns Studienanfänger warnte Gao uns davor »neue Schuhe zu tragen, aber alte Pfade zu gehen«, und legte uns nahe, daß es ihm lieber wäre, wenn wir den Campus in vier Jahren als Revolutionäre statt als »Sklaven des Wissens« verließen. Diesen Platitüden fügte er hinzu: »Ohne ein starkes proletarisches Bewußtsein könntet ihr diesem Land sehr schaden, denn wenn ihr euch entschließen solltet, es zu verraten, brauchtet ihr keinen Dolmetscher.« Die unausgesprochene Botschaft war beängstigend und weitreichend: Aus Angst vor Kritik zögerten die Dozenten, ihren Studenten etwas beizubringen, und die Studenten, etwas zu lernen.

Ich war also gezwungen, auf Umwegen zu lernen. Während der Woche bemühte ich mich, mit meinen Kommilitoninnen zusammenzubleiben, nahm an endlosen Diskussionen teil und war kaum in der Bibliothek. Doch sobald die Studenten aus Peking am Wochenende nach Hause fuhren, verbrachte ich den ganzen Tag in der Bibliothek, um die verlorene Zeit wettzumachen. Dabei hüllte ich meine Bücher in die roten

Plastikumschläge der Ausgewählten Werke Mao Ze-dongs. Diese Taktik funktionierte. Meine Partnerin Xiao Shi lobte mich vor der ganzen Klasse wegen meines gestiegenen politischen Bewußtseins.

Im Herbst verlegte eine höhere Landwirtschaftsschule in der Provinz Liaoning im Nordosten Chinas den Lehrbetrieb aufs Land, um den Bauern näher zu sein, von ihnen zu lernen und ihnen zu helfen. Im ganzen Land stellten Jiang Qing und die Radikalen diese überaus »korrekte« Vorgehensweise als vorbildlich hin und riefen zu einer nationalen Bewegung auf, dem Beispiel zu folgen. Vormann Gao begann zu planen, und schon bald verkündete er, daß unser Fachbereich für »imperialistische Sprache und Literatur« in die Berge außerhalb der Stadt verlegt und einen »historischen Einfluß auf die Geschichte des modernen chinesischen Bildungswesens« nehmen würde.

Gao nannte den Ort, gab aber nur wenige Einzelheiten bekannt. Das brauchte er auch nicht: Die meisten unserer Dozenten kannten den Ort, weil man sie in den Jahren, als die Universität geschlossen war, zur »Umerziehung« dorthin geschickt hatte. Das Leben dort war für sie ein Alptraum gewesen. Es handelte sich um ein kleines, schmales Tal mit ein paar reetgedeckten Häusern und einer kleinen Wiese mit Apfelbäumen.

Ich war am Boden zerstört. Das Ganze ergab für mich keinen Sinn. Wie sollten wir in einem Arbeitslager studieren? Warum bot die Universität überhaupt an, Fremdsprachen studieren zu können, wenn das so schlimm war? Es war einfach absurd.

Wie sich herausstellte, war das Lager zu klein, um den ganzen Fachbereich aufzunehmen, und ein paar Tage lang hegte ich schon die Hoffnung, daß man den ganzen lächerlichen Plan aufgeben würde. Aber Gao war fest entschlossen. Fürs erste sollten nur die Studenten des ersten Studienjahres und unsere Dozenten hingehen und das Lager ausbauen, damit auch die anderen Platz hatten. Allerdings dürften die ausländischen Studenten so lange die Klassen des zweiten Studienjahres besuchen, da sie von der Arbeit befreit waren. Wir sollten zu Fuß gehen, um »den Geist des Langen Marsches zu erneuern«. Ein Plan für den Marsch hing bereits aus.

Als der Tag des Aufbruchs näherrückte, erkrankte ich an einer Lungenentzündung und mußte ins Krankenhaus. Ich hatte inzwischen eine neue Freundin gefunden. Sie hieß Chang-hong – »Regenbogen« – und besuchte mich, um mir zu sagen, daß ich nicht an dem Marsch teilzunehmen brauchte.

»Ich wünschte, ich könnte von dem ganzen blödsinnigen Unternehmen befreit werden«, sagte ich.

Chang-hong war ein Jahr älter als ich und vom Fremdenverkehrsbüro Peking, wo sie arbeitete, an die Bei Da geschickt worden. Ihre Eltern waren alte Kommunisten, und ihr Vater hatte eine leitende Position beim Amt für öffentliche Sicherheit – der Polizei. Chang-hong war fürsorglich und großzügig, besonders denjenigen gegenüber, die nicht aus Peking kamen. Stundenlang half sie Studentinnen, die keine gute Vorbildung mitbrachten. Sie ignorierte auch, daß ich aus einer politisch unzuverlässigen Familie stammte – im Gegensatz zu vielen anderen, die jede Gelegenheit nutzten, mich herumzukommandieren. Sie erinnerte mich an meine vier Freunde auf der Farm.

Ein paar Abende nach meiner Entlassung aus dem Krankenhaus hielt Vormann Gao eine flammende Ansprache vor den versammelten Dozenten und Studenten, die jeder einen Rucksack mit genügend Wasser- und Essensvorräten für den Marsch zum Dorf dabeihatten.

»Genossen«, rief er, »unser großer Führer, der Vorsitzende Mao, hat uns gelehrt, daß das Volk die Geschichte schreibt, und heute abend werden wir eine neue Seite beginnen.« Und dann zogen sie dahin durch die dunklen Straßen. Sie mußten

um Mitternacht aufbrechen, weil tagsüber und am frühen Abend auf den Straßen zu viel Verkehr für einen solchen Aufmarsch herrschte.
Ich fuhr mit anderen, die zu alt oder zu schwach für den Marsch waren, und den landwirtschaftlichen Geräten und Lehrmitteln am nächsten Morgen im Bus los. Er setzte uns zwei Stunden später in dem kleinen Dorf Tai Ping östlich von Peking ab. Heftige Regenfälle hatten die Straße zu unserem Lager, der Kaderarbeitsschule der Universität Peking, weggespült.
Das Lager bestand aus fünf einstöckigen Backsteinhäusern mit jeweils einem Raum, die verstreut auf der Kuppe eines steinigen, baumlosen Hügels standen und durch einen schmalen Fußpfad miteinander verbunden waren. Alle Gebäude waren in schlechtem Zustand und hatten schwarze Reetdächer. Hinter dem Hügel ragten die Berge in den Himmel. Ich suchte das Gebäude, das der Englischdozentin und den Studentinnen zugewiesen war, und schob vorsichtig die Tür auf. Die schlafenden Frauen lagen vollständig angezogen auf den hölzernen Bettstellen, ihre Koffer, das Bettzeug und Kisten und Kästen stapelten sich auf dem nackten Lehmboden.
Ich schloß die Tür und folgte dem Pfad weiter hügelaufwärts zu einer ungepflegten Obstwiese. Dort setzte ich mich auf einen Felsen. Ringsum lagen faulende Äpfel im ungeschnittenen Gras. Die tragische Ironie dieses Anblicks – eine vernachlässigte Obstwiese und ungeerntete Früchte in der Nähe eines Dorfes, in dem Bauern kurz davor waren, zu verhungern – deprimierte mich zutiefst. Eine Absurdität kam zur anderen. Man hatte mich an einer Universität aufgenommen, aber ich wurde dazu angehalten, nicht zu studieren; ich war an einem Fachbereich für Fremdsprachen eingeschrieben, in dem jeder, der eine Fremdsprache sprechen oder lesen konnte, des Landesverrats verdächtigt wurde.

Und nun hatte man mich in ein Dorf geschickt, in dem die Bauern gezwungen wurden, Politik zu machen und dafür ihre Felder zu vernachlässigen.
Ich vermißte meine Schwestern und Brüder und machte mir Gedanken über Großtantes Gesundheit. Ich wünschte Xiao Zhao wäre bei mir und könnte meinen Problemen, Zweifeln und Ängsten zuhören. Seit ich die Farm verlassen hatte, standen wir in regelmäßigem Briefkontakt. Ironischerweise rechneten meine revolutionären Kommilitonen mir die Tatsache, daß ich mit einem »Bauern« verlobt war – eine der letzten Eintragungen in meiner Akte – als revolutionäres Verdienst an. Ich fragte mich, ob Xiao Zhaos Vater, der es gutgeheißen hatte, daß ich Sprachen studierte, seine Einstellung wohl ändern würde, wenn er wüßte, daß ich wieder einmal in der Verbannung war.
Der Gedanke an Xiao Zhao bestärkte mich in der Überzeugung, daß das Schicksal mir übel mitspielte. Kurz vor meiner Abreise aus Peking hatte ich einen Brief von ihm bekommen. Man hatte ihn nach Schanghai versetzt, wo er jetzt als Kohlenträger im Hafen arbeitete. Wie er schrieb, war es die schwerste Arbeit, die er bisher gemacht hatte, staubig und schmutzig, aber er war glücklich. Er lebte zu Hause bei seiner Familie und hatte sein Wohnrecht in der Stadt wiederbekommen. Inzwischen waren fast alle alten Kollegen von der Farm wieder zurück, und manche hatten geheiratet und eine Familie gegründet.
Vielleicht hätte ich die Chance, in Peking zu studieren, ablehnen sollen, dachte ich. Dann wäre ich jetzt womöglich auch wieder zu Hause und könnte mich um Großtante kümmern.
Gao hatte einen Arbeitsplan aufgestellt, der jeweils einen halben Tag Studium und einen halben Tag körperliche Arbeit vorsah. Unter Anleitung der örtlichen Bauern begannen wir Englischstudenten, die gut sechs Dutzend vernachlässigte Apfelbäume zu beschneiden und zu kultivieren. In Eimern,

die an Schulterstangen hingen, schleppten wir Wasser und Dung den steilen Hang hinauf. Die Studenten anderer Sprachen legten Terrassenfelder an, wo Gemüse gezogen werden sollte, holten Erde vom Brachland der Hügel, schleppten sie auf die neu angelegten Felder und mischten sie mit kompostiertem menschlichem Dung. Gaos Ziel war, uns innerhalb von zwei Jahren zu Selbstversorgern in Sachen Gemüse zu machen. Ich hatte meine Zweifel, ob ihm das gelingen würde, da jeder Regen die neu angelegten Felder größtenteils wieder wegspülte, und wir mit der Arbeit von vorn anfangen mußten.

Klassenzimmer gab es natürlich nicht. Unser Unterricht fand entweder im Schlafsaal statt – wir rollten unser Bettzeug zusammen, um auf den Bettstellen sitzen zu können, oder wir setzten uns ins Freie, wenn das Wetter es zuließ.

Unsere Dozentinnen lehrten uns Vokabeln, die unsere tägliche Arbeit und unsere Umgebung widerspiegelten. Doch wie das alte Sprichwort sagt: »Wer einmal von einer Schlange gebissen wurde, betrachtet selbst ein aufgerolltes Seil mit Mißtrauen.« Einen Lehrplan oder ein umfassendes Konzept gab es nicht: Die Dozentinnen hatten gelernt, daß ein schriftlich niedergelegter Lehrplan gegen sie verwendet werden könnte. Es widerstrebte ihnen, Druck auf langsame Studenten auszuüben, und all jene, die mehr lernen und schneller vorankommen wollten, wurden bewußt gebremst. Gao hatte jeder Klasse mit fünfzehn Studenten nur einen Kassettenrecorder erlaubt – für Sprach- und Verständnisübungen; unserer war so gefragt, daß wir ihn in feuchte Tücher wikkeln mußten, damit er nicht heißlief.

Meine Klasse war in drei kleinere Gruppen eingeteilt, die jeweils nach Klassenherkunft und Parteizugehörigkeit gemischt zusammengesetzt waren. In diesen Gruppen sollten wir *fangpinwenkuo* – die Bauern zu Hause besuchen und ihr hartes Leben teilen. Meine Gruppe war der Familie Hai zugeteilt.

Das Dorf Tai Ping war eines der ältesten in diesem Teil Chinas. Vor langer Zeit hatten die Einwohner als Zwangsarbeiter am Bau der Großen Mauer mitgearbeitet. Später wirkten sie als Steinmetze und Handwerker am Bau der Grabstätten für die Kaiser mit. Die etwa achtzig Familien hatten die Kämpfe zwischen Nationalisten und Kommunisten mehr oder weniger gut überlebt.

Der Versuch, uns von den armen und mittleren Bauern lernen zu lassen, scheiterte kläglich. In Wahrheit lehnten die Bauern uns ab. Unsere Anwesenheit »nahm ihnen ihre Reisschale weg«, behaupteten sie und meinten damit, daß es ohnehin schon schwer genug sei, dem unfruchtbaren Boden Nahrung abzuringen, auch ohne daß sie sie mit uns Eindringlingen teilen mußten. Wenn wir uns mit ihnen unterhalten wollten, empfanden sie dies als Zeitverschwendung, was ich ihnen nicht übelnehmen konnte. Die nächste Absurdität: Wir wollten nicht dort sein, sie wollten uns nicht bei sich haben. Aber Vormann Gao hielt, unterstützt von Jiang Qings Gruppe, an seinen Plänen fest.

Die Studenten aus Peking durften an jedem Wochenende nach Hause fahren, und oft lud Chang-hong mich zu sich ein. Ihre Eltern waren sehr nett zu mir. Sie sahen nicht nur über meine Herkunft hinweg, sondern zeigten auch aufrichtiges Mitgefühl für die Tragödien meiner Familie. Doch wenn ich bei Chang-hong zu Hause war, konnte ich nicht umhin, neidisch auf sie zu sein, deshalb fuhr ich nur selten mit. Daß sie bei ihrer Familie war, daß es ihnen gut ging und sie alle zusammen sein konnten, rief schmerzliche Erinnerungen und unerfüllbare Sehnsüchte in mir wach.

Deshalb blieb ich zurück, wenn die anderen auf den Laster kletterten, obwohl es keine Bibliothek, nicht viel zu lernen und sonntags nur zwei Mahlzeiten gab. Doch an das Alleinsein hatte ich mich schon lange gewöhnt.

Im Juni blühten die Apfelbäume, und ich freute mich schon,

daß wir nun sicherlich weniger Arbeit und mehr Unterricht haben würden, da man die Bäume während der Blüte in Ruhe lassen mußte. Es gab jedoch keine Pause. Wir wurden in zwei Schichten aufgeteilt und begannen, eine neue Straße zum Lager zu bauen. Das Zweischichtsystem war notwendig, weil wir zu wenig Werkzeug und Geräte hatten. Eine Gruppe arbeitete in den kühlen Morgenstunden, die zweite abends, denn tagsüber war es extrem heiß und trocken. Der Unterricht fand in der Mittagszeit statt.

Wieder sollte politischer Eifer die Inkompetenz wettmachen. Gao verstand nichts vom Straßenbau; die Felsen und Steine, die wir zu einer Trasse aufschütteten, wurden durch nichts zusammengehalten, und sobald ein Laster darüber fuhr, zerbröckelte die Straße unter seinen Reifen.

Kapitel 29

Ende Juli stieg ich in den Zug nach Schanghai. Ich freute mich auf die längsten Ferien, die ich seit vielen Jahren haben sollte, auf das Zusammensein mit Großtante und meinem neuen Neffen und auf die Gespräche und den Rat von Nummer 2. Auch Xiao Zhao wollte ich sehen und ihm mit meinen Problemen und Schwierigkeiten in den Ohren liegen.

Wir hatten uns regelmäßig geschrieben, und er hatte oft seine Lebensphilosophie wiederholt: Schwimm mit dem Strom; wenn du in Rom bist, so verhalte dich wie die Römer. Bei ihm hatte diese Einstellung sein Leben lang gut funktioniert, aber ich schaffte es nicht immer, mich derart passiv zu verhalten.

Xiao Zhao hatte mir geschrieben, wenn ich nach Hause käme und seine Eltern träfe, sollte ich nichts von meiner Versetzung und dem Halbtagsunterricht sagen. Ich sollte so tun, als studiere ich weiterhin ganztags an der Bei Da. Das bestätigte meine Vermutung, daß ich für seine Eltern eine Studentin war, die eines Tages eine gute Stelle bekommen würde, von der auch ihr jüngster Sohn profitieren könnte – ein Ziel, das sich nicht erreichen ließ, wenn ich Apfelbäume pflegte. Außerdem befürchtete Xiao Zhao, daß ich über Politik reden könnte. Ich ärgerte mich über seine Ermahnungen und fühlte mich bevormundet. Während der Zug nach Süden fuhr, überlegte ich, ob ich wohl von jetzt an immer den Erwartungen seiner Eltern gerecht werden müßte.

Wie sich herausstellte, waren die Besuche bei Xiao Zhaos Eltern doch nicht so schlimm. Mit seiner Stiefmutter unterhielt ich mich gut und erfuhr, daß sie selbst eine Hochschule besucht hatte, was zu ihrer Zeit eine Seltenheit für eine Frau gewesen war. Als selbständige Geschäftsfrau hatte sie später an der Börse zu tun gehabt, in dieser Männerwelt ein Phänomen wie »Schnee im Juni«, sagte sie. Sie war alleinstehend geblieben, bis sie mit Anfang Vierzig Lao Zhao heiratete. Während der Übergriffe der Roten Garden hatte man sie gedemütigt und gezwungen, ihr Schließfach bei der Bank von China zu öffnen und ihren Schmuck, Auslandsaktien, Wertpapiere und Bargeld abzuliefern. Sie hatte sogar noch mehr durchgemacht als ihr Mann.

In diesem Sommer fand meine Beziehung zu Xiao Zhao offiziell die Billigung seiner Eltern. Und noch Tage, nachdem ich Großtante Xiao Zhao vorgestellt hatte, konnte sie ihr Strahlen nicht verhehlen. In Anbetracht seines Wohnrechts in der Stadt bestanden gute Aussichten, daß ihre Ah Si wieder zu ihr zurückkommen könnte.

Als ich Ende August wieder ins Lager fuhr, um bei der Apfelernte zu helfen, war es ein gutes Gefühl, daß unsere Mühe sich gelohnt hatte. Wir waren die ersten, die die köstlichen Früchte probierten. Gao hatte uns zwar an die drei Hauptregeln und die acht Merksätze der Volksbefreiungsarmee erinnert, aber alle, einschließlich der Parteimitglieder und Dozenten, ignorierten ihn. Wenn jemand einen Apfel aß, sahen die anderen einfach weg. Nach unserer Rückkehr an die Uni lobte Gao in seiner Rede die eiserne Disziplin der Englischstudenten. Ich konnte mir das Lachen kaum verkneifen.

Wir kehrten nicht in unser früheres Wohnheim an der Bei Da zurück, sondern wohnten jetzt in einem vierstöckigen Plattenbau in der Nähe des alten Südtores. Zu beiden Seiten der langen, feuchten Korridore lagen zwölf Zimmer und an den Enden jeweils Toiletten und Waschräume. Die Räume waren dunkel und trist, aber nachdem wir mit dreißig Personen in einer Hütte mit Lehmboden gewohnt hatten, kam es mir vor wie das Paradies.

Eine der Errungenschaften der Kulturrevolution war, daß das chinesische Volk miterleben durfte, wenn seine Führer wie die Karussellpferde aufstiegen und fielen. Im November dieses Jahres schlug Jiang Qings Gruppe zurück und wieder einmal wurde Deng Xiao-ping angeprangert.

Wie üblich waren wir gezwungen, uns an den Phrasen und Schmähungen zu beteiligen, doch da die Revolution nun schon ins neunte Jahr ging und zehn relativ friedliche und stabile Monate hinter uns lagen, hatten die meisten mehr als genug davon. Manche lasen ganz unverhohlen während der politischen Schulungen, andere plauderten oder dösten sogar. Ich nutzte die Gelegenheit, neue Vokabeln zu lernen. In der ganzen Studentenschaft breitete sich eine gelöstere Stimmung aus, und wir gingen rücksichtsvoller miteinander um. Allmählich ließ die ständige Spannung nach. Die Situation erinnerte mich an eines der Newtonschen Bewegungsgesetze: Für jede Aktion gibt es eine gleich starke entgegengesetzte Reaktion.

Offenbar hatte sich selbst das Wetter geändert. Der Winter 1975 brach früh und kalt herein, mit eisigen Winden, die von Sibirien herüberwehten und die Plakatwände mit den *dazibao* umrissen, die seit Beginn der Kulturrevolution auf dem Campus gestanden hatten. Wochenlang hielten sich die Temperaturen unter dem Gefrierpunkt. Als ich bei Chang-hong zu Hause Klöße für das Neujahrsfest 1976 vorbereitete, beklagte sich ihre Großmutter, sie könne sich nicht erinnern, wann es in Peking zuletzt so kalt gewesen sei; sie habe das unheimliche Gefühl, daß das neue Jahr, das Jahr des Drachen, viele Härten mit sich bringen würde. Ihre dunklen Vorahnungen brachten mir Großtantes ständiges Gerede in Erinnerung, daß ich unter einem ungünstigen Stern geboren sei.

Schon eine Woche später bestätigten sich die Weissagungen von Chang-hongs Großmutter. Ich hatte gerade die obligatorische Gruppengymnastik auf dem Sportplatz hinter mich gebracht und lief mit kalten Atemwolken vor dem Mund zurück ins Wohnheim. Die Gänge waren seltsam leer, aber aus den Zimmern hörte ich Stimmen und eine Radiosendung. Die Kälte hatte wohl viele Studenten von ihrer Morgengymnastik abgehalten, dachte ich, während ich die Treppe hinaufging. Laute Trauermusik ließ mich innehalten. Premierminister Chou En-lai, den viele sehr schätzten, war nach langem Krebsleiden gestorben. Ich hatte ihm immer mit gemischten Gefühlen gegenübergestanden. Oft war ich wütend, wenn ich in Zeitungen und Fernsehberichten sah, wie er sich mit Rotgardisten und Rebellen traf, ihnen Anweisungen gab und ihren Eifer lobte. Während sich für andere führende Politiker das Personalkarussell drehte, blieb er stets im Amt. Andererseits war mir klar, daß das Land noch mehr gelitten hätte und wir womöglich in einen Bürgerkrieg geraten wären, wenn Premierminister Chou En-lai nicht die Zügel in die Hand genommen hätte. Naiv fragte ich mich, ob dem Premierminister wohl klar gewesen sein mochte, daß er es mit Teufeln zu tun hatte, und daß der größte von ihnen der Vorsitzende Mao war.

Chou En-lais Tod ließ die Zukunft in noch düstererem Licht erscheinen. In meinem ganzen Leben hatte ich noch nie eine derartige Woge öffentlicher Trauer erlebt. Aus Angst, daß Chous Tod die Opposition stärken könnte, erließ die Regierung sofort Vorschriften für die Trauerbekundungen, die über Lautsprecher auch auf dem Campus verkündet wurden. Private Trauerbekundungen waren verboten; niemand durfte schwarze Armbinden tragen. Fernseh- und Rundfunkberichte wurden eingeschränkt. Jiang Qing hatte an der Bei Da viele Anhänger, die sich in der letzten Kampagne gegen Deng Xiao-ping aktiv hervorgetan hatten. Jiang Qing war selbst häufig auf dem Campus erschienen und hatte behauptet, sie käme auf Anweisung des Vorsitzenden Mao. Sie stand nun auch hinter dem Bemühen, die Reaktion auf den Tod von Premierminister Chou En-lai so gering wie möglich zu halten.

Doch anscheinend kümmerte sich niemand mehr darum. Trotz einer gegenteiligen Anweisung der Universitätsleitung fiel der Unterricht aus. Chang-hong und ein paar andere sammelten von den Studenten aus Peking Baumwollmarken und kauften in einem Stoffgeschäft in der Nähe schwarzen Stoff für Armbinden. Andere machten Papierkränze und schrieben Gedichte auf Plakate, in denen sie ihrer Trauer Ausdruck verliehen. Ein Hörsaal wurde in eine Trauerhalle verwandelt.

Jeden Abend ging ich mit vielen anderen in den Fernsehraum und sah mir die Berichte über die Menschenmengen an, die vor dem Krankenhaus warteten, um dem Premierminister die letzte Ehre zu erweisen, und später die Berichte über die führenden Politiker, die in einem Pavillon westlich der Verbotenen Stadt an Chou En-lais Sarg vorbeidefilierten. Mao war nicht zu sehen. Vor dem Sarg stand Chous Witwe, die viele Jahre mit ihm in einer kinderlosen Ehe gelebt hatte.

Als die Kamera zeigte, wie Jiang Qing an den Sarg trat, ging eine Woge der Entrüstung durch den Raum, weil sie ihre Armeemütze trug. Dies galt als ein Zeichen der Respektlosigkeit. Einige Studenten gingen hinaus, um keinen Ärger zu bekommen, doch andere brüllten und schwenkten die Fäuste, was damals, als bereits die leiseste Andeutung von Kritik an Jiang Qing Gefängnis bedeutete, durchaus gefährlich war.

Für den 15. Januar wurde eine äußerst wichtige Fachbereichsversammlung einberufen, an der wir alle teilnehmen sollten. Auf dem ganzen Campus hingen Plakate mit der selben Aufforderung an alle Fachbereiche. Dann bekamen wir auch heraus, warum: Für den 15. Januar war die Beisetzung von Premierminister Chou En-lai geplant, und der Trauerzug sollte durch die ganze Stadt zum Krematorium ziehen. Trotz meiner gemischten Gefühle wollte ich jenem Mann die letzte Ehre erweisen, der in seinem letzten Willen gewünscht

hatte, man solle seine Asche über die Flüsse und Berge Chinas verstreuen, statt sie neben seinen revolutionären Genossen auf dem Friedhof der acht Schätze beizusetzen.
Chang-hong und ich heckten am Abend zuvor einen Plan aus, und am nächsten Morgen brachen wir getrennt zu unserem Morgenlauf auf. Statt jedoch wie üblich über den Campus zu joggen, liefen wir auf die Straße. Zwei Bushaltestellen ließen wir links liegen, weil wir dort Studentenvertreter stehen sahen, die jeden zurückschickten, der gegen die Anweisung der Universität verstieß. Wir brauchten fast drei Stunden, um in den überfüllten Bussen zum Changan-Boulevard zu gelangen.
Dort hatten sich bereits Zehntausende unter einem kalten, bedeckten Himmel versammelt. Es waren auch Mütter mit Kleinkindern da, die sie fest auf dem Arm hielten oder in Kinderwagen fuhren. Alte Menschen lehnten an Metallpfosten, die die Bürgersteige zur Straße hin abgrenzten, oder an Baumstämmen, die sie ein wenig vor dem eisigen Nordwestwind schützten. Es herrschte das mächtigste Schweigen, das ich je erlebt hatte.
Stunden später kam der Trauerzug näher, und mit feuchten Augen verfolgte ich den mit schwarzen und gelben Rosetten bedeckten Leichenwagen. Es war vermutlich die größte nicht organisierte Trauerfeier der chinesischen Geschichte, an der über eine Million Menschen teilnahmen.
Als Chang-hong und ich zum Campus zurückkehrten und uns zu den vielen anderen gesellten, die sich nicht an die Vorschriften gehalten hatten, war es bereits dunkel. Sämtliche Tore, die normalerweise selbst nach der Sperrstunde noch offen standen, waren geschlossen. Jetzt müssen wir für unseren Ungehorsam bezahlen, dachte ich. Mit dreiundzwanzig behandelte man mich immer noch wie ein Kind. Einige klopften an die Tore, andere kletterten über die hohe Mauer. Eine halbe Stunde später ging eine Seitentür auf. Während

wir einzeln an der Pförtnerloge vorbeigingen, mußten wir unseren Ausweis zeigen und unsere Namen notieren lassen. Anschließend wurden wir nach Fachbereichen in Gruppen zusammengefaßt und – in unserem Fall – zu Vormann Gao, Meister Wang und Dozent Lu gebracht, dem ehemaligen stellvertretenden Fachbereichsleiter. Alle drei sahen uns streng an. Gao kochte vor Wut.

»Wenn ihr glaubt, daß ich nichts gegen euch unternehmen kann, dann irrt ihr euch gewaltig«, drohte er. »Wartet nur, bis ihr mit dem Studium fertig seid, junge Männer und Frauen. Ich hoffe, daß ihr euch dann an diesen Augenblick erinnert. Falls nicht, werde ich dafür sorgen, daß ihr es tut, und zusehen, wie ihr nutzlose Tränen vergießt.«

Bevor er uns gehen ließ, befahl er uns, ihm persönlich am nächsten Tag unsere Selbstkritik abzugeben und auf weitere Strafen zu warten.

Da saß ich nun, kritisierte mich wieder einmal schriftlich selbst, verurteilte mich für ein Verhalten, auf das ich meiner Ansicht nach ein Recht gehabt hatte. Ich hatte Xiao Zhaos Rat ignoriert, mit dem Strom zu schwimmen. Chang-hong sagte, sie mache sich keine Sorgen wegen Gao. Sie wußte, daß sie nach dem Studium zu ihrer Arbeitseinheit, dem Fremdenverkehrsbüro Peking, zurückkehren würde. Aber mich hatte Gaos offene Drohung zutiefst beunruhigt. Offensichtlich hatte er durch unseren Ungehorsam, mit dem wir seine Autorität in Frage stellten, sein Gesicht verloren, und seine Rachegelüste hingen dräuend wie eine dunkle Wolke über mir. Ich erzählte weder Xiao Zhao noch meiner Familie etwas von diesem Vorfall.

Kapitel 30

In diesem Frühjahr gingen in Peking viele furchterregende Gerüchte um. Die meisten Leute wußten nicht viel über den neuen Premierminister, Hua Guo-feng. Auch ich hatte noch nie zuvor von ihm gehört. Chang-hong, die dadurch, daß ihre Mutter und ihr Vater beim Amt für öffentliche Sicherheit arbeiteten, immer Bescheid wußte, erzählte mir, Hua sei Maos Kompromiß, um die Spannungen zwischen den Gemäßigten und Jiang Qings Radikalen zu mildern.

Wie ich von Chang-hong erfuhr, war der Vorsitzende selbst seit einigen Jahren schwer krank und lag im Sterben. Seit Jahren ging das Gerücht, Mao sei zu krank zu sprechen und »flüstere« seine Anweisungen einer Vertrauten zu, die angeblich die einzige sei, die ihm die Worte von den Lippen ablesen könne. Seine Kommentare, die er, wie es seit Jahren seine Art war, an den Rand von Partei- und Regierungsdokumenten schrieb, könne man kaum entziffern, da er an der Parkinsonschen Krankheit leide.

Während Maos Krankheit häuften sich weiterhin die Absurditäten der Kulturrevolution. Damals suchte das Amt für öffentliche Sicherheit auf Anweisung des Zentralkomitees zum Beispiel die ganze Stadt nach Exemplaren einer Biographie über Jiang Qing ab, geschrieben von Roxane Witke, einer amerikanisch-chinesischen Historikerin, die Jiang Qing 1972 heimlich und ausgiebig interviewt hatte. Der Titel des Buches lautete *Comrade Chiang Ch'ing,* doch in der chinesischen Übersetzung hieß es *Kaiserin in der roten Hauptstadt.* Offiziell wurde die Linie vertreten, das Buch existiere gar nicht, es handele sich um üble westliche Propaganda gegen unsere geliebte Führerin.

Wieder einmal war eine großangelegte Verfolgung im Gange, und wieder hetzte man Freunde, Kollegen und Familienangehörige gegeneinander auf. Diesmal war es eine Jagd auf

»Gerüchte«. Während auf dem ganzen Campus Wandzeitungen gegen Jiang Qing auftauchten, die sie für ihre Enthüllungen gegenüber einer westlichen Autorin kritisierten, wurden Studenten und Dozenten aufgefordert, jeden zu melden, von dem sie wußten, daß er Gerüchte über das Buch verbreitete. Es fanden unzählige Versammlungen statt. »Habt ihr von dem Buch gehört? Wo habt ihr davon gehört?« wurden wir immer wieder von nervösen Funktionären gefragt.

Ich mußte ein »vertrauliches Gespräch« mit meiner »Partnerin« Xiao Shi und der Parteisekretärin unserer Klasse, Xiao Liu, führen.

»In letzter Zeit warst du politisch ziemlich aktiv«, meinte Shi. Sie spielte darauf an, daß ich dem Trauerzug für Chou En-lai beigewohnt hatte.

Ich antwortete nicht.

Als nächstes versuchte es Li. »Hast du Gerüchte über unsere geliebte Genossin Jiang Qing gehört?« – eine lächerliche Frage, da Jiang und ihr Buch das Tagesgespräch auf dem Campus war.

»Nicht viel«, sagte ich.

»Du hast aber von dem Buch gehört, oder?«

»Ich habe etwas darüber gehört.«

»Wo hast du etwas darüber gehört?« Das war es, was sie eigentlich interessierte, wie ich wußte. Natürlich bekam ich meine sämtlichen Informationen von Chang-hong.

»Ich habe im Bus etwas mitangehört, als ich zum Einkaufen fuhr.«

Und damit war die Unterredung beendet. Liu schloß das Gespräch, in dem sie die Parteilinie verkündete: So ein Buch gebe es nicht, das ganze sei nur westliche Propaganda, ein Komplott, um unsere geliebte Führerin zu verleumden.

Für mich bestätigte dieses Gespräch zweierlei: Das Buch existierte wirklich, und die Angst vor Jiang Qing war tief verwurzelt und groß. Seit wann schenkte China westlicher Propaganda solche Beachtung? Die Jagd ging weiter, und viele Freundschaften unter den naiveren Studenten gingen in die Brüche. Wieder einmal war das Wetter das einzig sichere Gesprächsthema.

Die Trauer um Premierminister Chou En-lai ließ nicht nach. Mitte März, Wochen vor *Qing Ming,* dem Fest zu Ehren der Toten, legten Einwohner von Peking allen staatlichen Verboten zum Trotz zu Ehren Chous Kränze am Fuß des Denkmals für die Helden des Volkes am Tiananmen-Platz nieder. Von Tag zu Tag kamen mehr Menschen auf den Platz, Zehntausende, die zum Gedenken an Chou En-lai sangen, Gedichte vortrugen und Reden hielten. In symbolischen und verschlüsselten Worten brachten sie ihren seit langem aufgestauten Haß gegen Jiang Qing und ihre Anhänger zum Ausdruck. Jeden Abend fuhren Lastwagen vor, um die Kränze zu beseitigen. Am nächsten Tag wurden sie durch neue ersetzt.

Eine derart spontane Massenaktion hatte es seit Gründung der Volksrepublik 1949 nicht mehr gegeben. Auch ich wollte daran teilnehmen. Doch bevor Chang-hong am Samstagnachmittag, dem Tag vor *Qing Ming,* nach Hause fuhr, warnte sie mich davor, auf den Tiananmen-Platz zu fahren.

»Bitte hör diesmal auf mich, Xiao Ye«, bat sie eindringlich. »Mutter und Vater haben mir gesagt, daß seit Tagen überall Polizisten in Zivil herumlaufen, und auf dem ganzen Platz sind Überwachungskameras installiert. Wenn du auf den Fotos bist, werden sie dich dein Leben lang verfolgen.« Chang-hong erzählte mir außerdem, daß ihr Vater seit Tagen nicht nach Hause gekommen, und die Miliz und die Volksbefreiungsarmee in der Großen Halle des Volkes stationiert sei. »Da ist was Großes im Gange, Xiao Ye, und ich habe Angst. Bleib weg.«

Sie hatte recht. Am 5. April wurde der Tiananmen-Platz zum

Schlachtfeld. Tausende Polizisten, Milizionäre und Soldaten stießen mit den Demonstranten zusammen. Tausende wurden geprügelt, Hunderte verhaftet. Das Denkmal war mit frischem Blut bespritzt. Am nächsten Tag rechtfertigte die Regierung die Schlägereien und Verhaftungen mit den üblichen Phrasen. Die Massendemonstrationen zu Ehren von Premierminister Chou En-lai wurden als »konterrevolutionäre Zwischenfälle auf dem Tiananmen-Platz« abgestempelt, und man beschuldigte Deng Xiao-ping, sie inszeniert zu haben.

Anschließend wurden wir, wie vorherzusehen gewesen war, mit politischen Schulungen überschwemmt: Wir mußten Zeitung lesen und endlose »Diskussionen« führen, in denen niemand seine persönliche Meinung sagte. Wie wurden gezwungen, schriftliche Stellungnahmen zu verfassen, in denen wir unseren persönlichen Standpunkt darlegten, und wie alle anderen schrieb ich das, was meine Führer lesen wollten.

Als ich Wochen später hörte, daß wir Englischstudenten im zweiten Studienjahr mit unseren Dozenten Kurse außerhalb des Campus geben sollten, war mir diese Nachricht sehr willkommen. Immer mehr Touristen kamen nach Peking, doch die Sprachbarriere war ein großes Problem. Ich hatte gehört, daß Ausländer mit den Armen wedelten, um deutlich zu machen, daß sie ein Taxi zum Flughafen wollten, und Enten nachahmten, um zu zeigen, daß sie ein Restaurant suchten, in dem sie Pekingente essen konnten. Vormann Gao sagte, das sei unsere Gelegenheit, dem Land und dem Volk zu dienen. Ich fragte mich, ob ihm klar war, daß wir wegen seiner radikalen Haltung gegen Bildung nicht viel zu bieten hatten.

Nach Gaos Plan sollte etwa die Hälfte von uns am Flughafen von Peking Flugbegleiter unterrichten, während die andere Hälfte einer Schule für Taxifahrer zugewiesen wurde. Wir sollten umziehen, unseren eigenen Unterricht fortsetzen und gleichzeitig Englischkurse geben. Chang-hong kam an den Flughafen, und ich machte mich auf den Weg in einen Vorort im Nordwesten der Stadt, zwei Busstunden entfernt. Dort lag die Taxifahrerschule, umgeben von hohen Pappeln auf einem gut einen Hektar großen Gelände.

Im Vergleich zu der angespannten Atmosphäre auf dem Campus war es in der Anlage mit ihren schattigen Bäumen und den blühenden Wildblumen regelrecht friedlich. Lao Hua, der Direktor, war begeistert, daß wir seinen Taxifahrern Englisch beibringen wollten. Nach dem Funkeln seiner Augen zu urteilen, erwartete er wahre Wunder von uns.

Er gab sich große Mühe, uns den Aufenthalt so angenehm wie möglich zu machen. Zehn Kommilitonen teilten sich einen Raum, der dreimal so groß war wie unser Zimmer im Wohnheim (in dem wir zu sechst lebten). Die Klassenzimmer waren geräumig und hell und hatten frisch gestrichene Wände. Doch das Befriedigendste war der Respekt und die Herzlichkeit, mit der uns unsere lernbegierigen Schüler begegneten. Es waren ausnahmslos junge Männer von Anfang Zwanzig, die fast alle als Fahrer in der Armee gedient hatten.

Meine Partnerin Xiao Shi und ich wurden drei Fahrern zugeteilt und trafen uns fortan jeden Nachmittag mit ihnen zum Englischkurs. Als erstes mußten wir ihnen den Satz »Long live Chairman Mao« (»Lang lebe der Vorsitzende Mao«) beibringen und dann »Serve the people whole-heartedly« (»Diene von ganzem Herzen dem Volk«). Dann gingen wir zu praktischeren Sätzen über wie »Chinese drivers don't accept tips« (»Chinesische Fahrer nehmen kein Trinkgeld«).

Es machte mir Spaß diese Sprache zu unterrichten, die ich so liebte und auf deren Aneignung ich soviel Zeit verwendet hatte. Ich bereitete die Übungen sorgfältig vor, und war froh über die Gelegenheit, nun auch andere Vokabeln lernen und die nutzlosen politischen Floskeln vernachlässigen zu können. Als Gegenleistung für unsere Mühe arrangierte Lao Hu, daß wir mit dem Wagen zum Campus oder nach Hause gefahren wurden, wenn es nötig war. Er organisierte für uns auch Ausflüge zu Sehenswürdigkeiten wie der Großen Mauer und den Ming-Gräbern.

Jedesmal, wenn ich an den Blumenbeeten entlangschlenderte, die unser Quartier umgaben, oder an den Keramikbekken, in denen Goldfische unter Seerosen herschwammen, fragte ich mich, wie Vormann Gao wohl auf eine derart »unrevolutionäre« Umgebung reagieren würde. Nach seiner Theorie hätten wir alle inzwischen zu bourgeoisen Reaktionären verkommen sein müssen. In Wahrheit kümmerte sich hier, fernab von den ständigen politischen Versammlungen und Diskussionen, die an der Bei Da täglich stattfanden, jede um ihre eigenen Angelegenheiten. Selbst die Parteimitglieder waren milder gestimmt.

Kapitel 31

Die Zeit fliegt wahrhaftig vorbei wie ein Pfeil, besonders wenn man zufrieden ist. Mitte Juli buchte ich meinen Zugfahrschein nach Schanghai und fing an, die Tage bis zu meiner Abreise am neunundzwanzigsten zu zählen.

Zwei Tage vor meiner Abfahrt schnappte ich nach dem Abendessen auf dem Gelände der Taxifahrerschule noch etwas frische Luft, denn es war ein für Peking typischer heißer Tag gewesen. Eine leichte Brise raschelte durch die Pappeln, und Grillen zirpten im Dunkeln. Ich stellte mir vor, wie Xiao Zhao mich in Schanghai am Bahnhof abholen, und ich zu Hause am Tisch sitzen und mit Großtante plaudern und meinen Neffen auf den Knien schaukeln würde. Schließlich machte ich mich auf den Weg zum Wohnheim. An einem der Wasserbecken sprang ein Goldfisch hoch in die Luft, fiel auf die Bodenplatten und zappelte hilflos herum. Schnell warf ich ihn wieder ins Becken. Erst da fiel mir auf, daß noch weitere Fische auf den Steinen lagen, einige zappelnd, andere völlig reglos. Aber ich dachte nicht weiter darüber nach.

In dieser Nacht träumte ich, ich säße im Zug nach Schanghai. Während der Zug nach Süden fuhr, schaukelte er gleichmäßig hin und her, und das einschläfernde Rattern der Räder lullte mich ein. Plötzlich jedoch schwankte der Zug heftig, und Schreie gellten durch den Wagen, gefolgt von lautem Donnern. Jemand schrie meinen Namen.

»Xiao Ye! Xiao Ye! Komm raus!«

Das erste, was ich sah, als ich die Augen aufschlug, war ein riesiger Riß im Dach und darüber ein roter Himmel. Dann gab es einen lauten Donnerschlag. Ich sprang aus dem schwankenden Bett. Die Erde bebte so heftig, daß ich auf die Knie fiel. Ich schnappte Hose und Hemd und lief über die bebenden Bodendielen zur Tür. Als ich in den strömenden Regen hinaustrat, bäumte sich der Boden auf und warf mich

der Länge nach in eine Pfütze. Zwei meiner Zimmergenossinnen zogen mich zitternd wieder auf die Füße.
Wie ein Tobsüchtiger brüllte der donnernde Himmel, von Blitzen zerrissen. Regenschauer peitschten über den Hof. Wir sammelten uns in der Mitte des Basketballfeldes, weitab von den Gebäuden, und kauerten uns verängstigt unter Tafeln zusammen, die aber kaum Schutz vor dem heftigen Regen boten, der aus dem gespenstisch roten Himmel niederprasselte.
Bis zum Morgengrauen hörten die schrecklichen Erdstöße auf, aber es regnete weiter wie aus Kübeln. Kurz nach Einbruch der Dämmerung kam Lao Hu völlig durchnäßt angeradelt. Er berichtete uns, daß das Erdbeben Peking, Tianjin und Tangshan, eine Stadt östlich von Peking, erschüttert habe.
Wir durften in unsere Zimmer gehen, aber nur um unsere Sachen herauszuholen. Zur Universität sollten wir auch nicht gehen, da die Gebäude stark beschädigt waren und als einsturzgefährdet galten, vor allem Plattenbauten wie mein Wohnheim. Die Universitätsklinik war überfüllt mit Verletzten, von denen die meisten in Panik aus den Fenstern gesprungen waren, als das Erdbeben sie aus dem Schlaf gerissen hatte. So verließen wir eine nach der anderen die Taxifahrerschule und gingen nach Hause.
Im Laufe des Tages bestätigten Radiomeldungen, daß Tangshan im Epizentrum des Bebens gelegen hatte, das eine Stärke von 5,6 auf der Richterskala gehabt hatte. Wenn ich mir die Schäden in Peking ansah, konnte ich mir vorstellen, daß die Verwüstungen in der ebenfalls dicht besiedelten Stadt Tangshan verheerend sein mußten. Die Bevölkerung von Peking wurde dringend aufgerufen, Ruhe zu bewahren und keine Hamsterkäufe zu tätigen – was sie natürlich gerade auf die Idee brachte.
Nachmittags beschloß ich, zu Chang-hong zu gehen, da sie

in der Nähe des Hauptbahnhofs wohnte und ich am nächsten Tag nach Schanghai fahren wollte. Chang-hong war mit ihrer Mutter zu Hause. Ihr Vater und ihr Bruder hielten sich seit dem Beben im Büro auf und würden noch auf unbestimmte Zeit dort bleiben. Abends saßen wir drei im Hof, hörten den Regen auf unsere Schirme tröpfeln, unterhielten uns und beobachteten nervös die leeren Flaschen, die Chang-hongs Mutter als primitives Frühwarnsystem kopfüber auf die Fliesen gestellt hatte. Wir hatten Angst, warteten auf die Nachbeben, die Gerüchten zufolge noch schlimmer sein konnten als das eigentliche Beben. Obwohl in diesem Viertel der Strom bereits wieder eingeschaltet war, hatten die Leute aus irgendeinem Grund Angst, das Licht anzumachen.

Der BBC meldete, das Beben habe die Stärke 8 auf der Richterskala gehabt, und brachte wesentlich mehr Informationen über betroffene Orte, geschätzte Todesopfer und Verletzte. Die Schätzungen lagen darüber hinaus erheblich höher als die von den chinesischen Medien veröffentlichten. Vor Ort wurde die Katastrophe in jeder Hinsicht heruntergespielt, und nach wie vor widmeten unsere Medien den politischen Attacken gegen Deng Xiao-ping noch sehr viel Zeit und Raum. Als ich die BBC-Nachrichten hörte, wurde ich wütend. Wenn die Regierung schon über die Stärke des Bebens Lügen verbreitete, die sich an anderen Orten überprüfen und international entlarven ließen, welche Lügen würde sie dann wohl aus politischen Gründen verbreiten?

Chang-hong brachte mich zum Bahnhof und half mir mit meinem Gepäck – meiner Reisetasche und einem Netz voller Wassermelonen, die ich morgens gekauft hatte, da es sonst auf dem Markt nichts mehr gab. Wir waren eine Stunde zu früh da, weil wir gehört hatten, daß seit dem Erdbeben alle Züge nach Süden völlig überfüllt waren, ob die Passagiere nun Fahrkarten hatten oder nicht. Der Bahnhofsvorplatz sah aus wie ein Flüchtlingslager; Tausende Männer, Frauen und Kinder saßen inmitten ihrer Bündel und ihres zusammengerollten Bettzeugs. Chang-hong und ich setzten uns in einer Ecke des Wartesaals auf den Marmorboden und unterhielten uns. Plötzlich sprangen rund um uns die Leute auf und strömten in Panik nach draußen. Die Fenster schepperten, und der Aschenbecher neben uns klapperte ganz von allein. Bevor wir uns jedoch aufraffen und hinauslaufen konnten, war das Beben schon vorbei. Dennoch waren die Nerven der Menschen zum Zerreißen gespannt.

Mein Zug hatte Verspätung. Als ich schließlich einstieg, schob ich die vier Wassermelonen vorsichtig unter meinen Sitz, der zum Glück am Fenster war. Die Waggons waren zum Bersten voll: Passagiere ohne Platzreservierung standen in den Gängen und sogar in den Toiletten.

Nach einer halben Stunde fuhr der Zug im Bahnhof Tianjin ein, wo eine verzweifelte Menschenmenge auf die noch fahrenden Wagen zu drängte. Offensichtlich hatte es Tianjing stärker getroffen als Peking, und angesichts zahlreicher Nachbeben fürchteten die Menschen um ihr Leben. Sie wollten unter allen Umständen die Stadt verlassen, die meisten ohne Gepäck, bettelten verzweifelt um Einlaß, klopften an die Fenster und traten gegen die Wände der Wagen. Nach endlosen zwanzig Minuten schob sich der Zug im Schrittempo aus dem Bahnhof.

Etwa sechsundzwanzig Stunden später traf ich um Mitternacht in Schanghai ein. Ich hatte weder etwas gegessen noch getrunken, obwohl mir die saftigen Wassermelonen unter meinem Sitz keine Sekunde aus dem Sinn gegangen waren. Ich hatte jedoch nicht gewagt eine anzuschneiden. Wie hätte ich vor den Augen der anderen hungrigen Menschen allein essen sollen? Und wie hätten so viele Menschen von vier Melonen satt werden sollen?

Xiao Zhao lachte, als er mein Gepäck sah. »Wassermelo-

nen? Die hast du den ganzen Weg mit hergebracht?« Er lachte sogar noch lauter, als er sah, daß sie weich und matschig waren.
»Das ist gar nicht lustig«, wehrte ich mich schwach. »Ich wünschte sogar, ich hätte noch mehr gekauft, dann hätte ich sie nicht unter dem Sitz verstecken müssen.«
Großtante war erleichtert, als ich gesund und munter nach Hause kam. »Ah Si«, sagte sie, »ist dir klar, daß wir das Jahr des Drachen haben? Seit Anfang dieses Jahres ist ein Unglück nach dem anderen passiert. Zuerst ist Premierminister Chou gestorben, dann Marschall Zhu De und jetzt dieses Erdbeben. Ich weiß nicht, ob es damit vorbei ist. Es ist genau wie dein Leben: Man weiß nie, was als nächstes passieren wird.«
Ich fragte mich, was sie wohl gedacht hätte, wenn sie gewußt hätte, daß der Vorsitzende Mao im Sterben lag.
Ebenso wie während der großen Hungersnöte Anfang der sechziger Jahre verbreitete die Regierung auch jetzt weiterhin Lügen über die Folgen des Bebens in Tangshan. Und wo es an Information fehlte, füllten Gerüchte die Wissenslükken. Im ganzen Land riet man den Menschen, Tiere und Insekten genauestens zu beobachten, da sie bevorstehende Erdbeben spüren würden. Da jedoch Familien in der Stadt keine Haustiere halten durften, drängte sich nun ständig eine gewaltige Menschenmenge vor dem Blumen- und Vogelgeschäft in der Innenstadt von Schanghai. Das schlimmste Gerücht sagte voraus, daß Schanghai ein großes Erdbeben erleben und die ganze Stadt von der nachfolgenden Flutwelle erfaßt würde. Überall wurden Erdbebenbohrungen durchgeführt. Jeder Marktstand vor der Gasse des purpurnen Sonnenscheins war schon lange vor Sonnenuntergang von Leuten besetzt, die Angst davor hatten, im Haus zu schlafen. Großtante bestand darauf, meinen kleinen Neffen nachts in unsere Holzbadewanne zu legen und sie unter

den schweren Mahagonitisch zu schieben. Ich war froh, daß sie keine Ahnung hatte, was eine Flutwelle war.

Aber ich war glücklich, zu Hause zu sein. Mittlerweile war ich vierundzwanzig, hatte noch zwei Jahre bis zum Studienabschluß und begann allmählich darüber nachzudenken, wo ich wohl leben, und welche Stelle man mir zuteilen würde. Ich schlief immer noch in Großtantes Bett, wenn ich zu Hause war.

Xiao Zhao und ich verbrachten soviel Zeit miteinander, wie seine Schichtarbeit auf den Kohlendocks zuließ; wir aßen bei seinen Eltern zu Abend oder unterhielten uns bei mir zu Hause unter Großtantes wachsamen Augen, die uns nicht allein lassen wollte. Wie die meisten Pärchen gingen wir nachts oft auf die Straße, wo es kühler war und die Dunkelheit es uns leichter machte, uns vorzugaukeln, wir seien allein. Für sich zu sein war für Liebespaare immer ein Problem, da die gesellschaftlichen Sitten es verboten und die beengten Wohnverhältnisse dem entgegenkamen.

Unsere Gespräche drehten sich häufig um meinen Studienabschluß, um die Stelle, die man mir zuweisen würde, und um meinen Wohnort.

»Ich hoffe, du bekommst eine Stelle in Peking«, sagte Xiao Zhao eines Abends zu meiner Verwunderung. »Vater und ich haben darüber gesprochen, und wir glauben, daß Studenten mit abgeschlossenem Fremdsprachenstudium sehr gefragt sein werden. Du bekommst sicher einen guten Posten.«

»Aber dann müßten wir aus Schanghai weg.«

»Ja, aber Vater meint, das macht ihm nichts aus, solange du deine Position nutzen kannst, um mir eine bessere Stelle zu besorgen. Dann würde es mir auch nichts ausmachen, aus Schanghai wegzugehen.«

Aber mir, dachte ich. Ich hatte beschlossen, alles zu versuchen, wieder hierher zurückzukommen und mich um Groß-

tante zu kümmern, auch wenn es ein Opfer verlangen würde. Aber diesen Vorsatz behielt ich für mich, weil ich meinen Verlobten und seinen Vater nicht verärgern wollte.
Drei Wochen nach Beginn meiner Sommerferien kam ein Telegramm, das mich sofort nach Peking zurückbeorderte, und ich verabschiedete mich in aller Eile von Xiao Zhao und meiner Familie. Mein Fachbereich stellte einen Hilfstrupp nach Tangshan zusammen.

Kapitel 32

Ich traf am 29. August in Peking ein. Zwei Wochen später sollten wir nach Tangshan aufbrechen. Ein Datum für unsere Rückkehr war noch nicht festgesetzt – kein gutes Zeichen. Jiang Qing hatte die Bei Da besucht und Studenten und Dozenten aufgerufen, in Tangshan einen »sinnvollen Beitrag« zu leisten. Vormann Gao konnte es gar nicht abwarten, dieses weitere Edikt der Frau des Vorsitzenden auszuführen, und so wurden die Studenten des dritten Studienjahres im Fachbereich für westliche Sprachen und Literatur wieder einmal zu Schachfiguren in seinem Spiel um politische Macht..

Während einige Kommilitonen Lebensmittel, Kochgeschirr und Werkzeug organisierten, half ich, Teile für »Kaninchenställe« zu bauen, wie ich sie nannte: Diese vorgefertigten Hütten aus Spanplatten waren knapp 14 Meter lang, 5 Meter breit und 2,30 Meter hoch. Sie hatten weder Boden noch Fenster, nur an jedem Ende eine Öffnung. Jede Hütte faßte dreißig zweistöckige Betten, fünfzehn auf jeder Seite. Mit unseren eigenen Unterkünften und unserer eigenen Ausrüstung würden wir »der Bevölkerung von Tangshan kein bißchen zur Last fallen«, prahlte Gao. In diesem Sinne hatten Jiang Qing und ihre Bande auch die Hilfe der Vereinten Nationen und anderer Länder abgelehnt. Sie hatte Angst, China würde das Gesicht verlieren, oder Spione könnten unser Land unter dem Deckmantel von Hilfseinsätzen auskundschaften.

Gao betonte weiter, daß niemand Bücher oder Unterrichtsmaterial mitnehmen dürfe – bis auf die *Ausgewählten Werke Mao Ze-dongs* natürlich. Wir müßten unsere Ernsthaftigkeit und unseren revolutionären Geist unter Beweis stellen, erklärte er streng. Während ich mir diese lächerlichen Vorschriften anhörte, wurde mir immer klarer, daß Menschen wie Gao lediglich jämmerliche Possenreißer waren. Ich fragte mich, ob er bewußt seine Seele verkaufte, um seinen politischen Ehrgeiz zu befriedigen, oder ob er einfach nur dumm war. Glaubte er wirklich, die armen Erdbebenopfer in Tangshan würden sich darum kümmern oder verletzt reagieren, wenn wir uns etwas zu lesen mitbrächten?

Inmitten unserer hektischen Vorbereitungen riefen uns die Lautsprecher, die über den ganzen Campus dröhnten, am Nachmittag vor unserer Abreise wieder einmal zu einer Versammlung: Alle sollten in ihre jeweilige Mensa gehen, wo es eine »sehr wichtige« Bekanntmachung zu hören gäbe. Da der Ausdruck »sehr wichtig« ständig überstrapaziert wurde, bedeutete er für uns genau das Gegenteil: Manche saßen herum, unterhielten sich oder spielten Schach, andere lasen und einige strickten.

Doch diesmal erwies sich die Bekanntmachung tatsächlich als folgenschwer. Aus dem Lautsprecher drang ein Brummen, gefolgt von Trauermusik. Dann hallte eine finstere, monotone Stimme durch den Speisesaal: »Eine Botschaft an die ganze Partei, die ganze Armee und das Volk des Heimatlandes! Das Zentralkomitee der chinesischen kommunistischen Partei, der Ständige Ausschuß des Nationalen Volkskongresses und der Staatsrat der Volksrepublik China geben mit tiefem Bedauern bekannt, daß unser großer Führer, der Vorsitzende Mao Ze-dong, am 9. September 1976 um zehn Uhr morgens in Peking verstorben ist.«

Für mich war die Nachricht, daß unser »geliebter Großer Steuermann« tot war, zwar ein Schock, aber sie kam nicht völlig unerwartet. Obwohl die Presse an der offiziellen Linie festgehalten hatte, Mao sei gesund und wohlauf und habe sich sogar persönlich um die Hilfseinsätze in Tangshan gekümmert, hatten sich viele nicht täuschen lassen. Jetzt war Mao gestorben – die letzte Buddhastatue war aus einem Tempel entfernt, den er selbst geschaffen hatte.

Schon oft hatte der Tod in mein Leben eingegriffen, doch diesmal wußte ich nicht, wie ich reagieren sollte. Der Mann – fast schon ein Gott –, den zu verehren man mir seit meiner Geburt beigebracht hatte, den zu sehen ich vor Jahren nach Peking gefahren war, der immer über den politischen Unruhen gestanden zu haben schien, war zugleich auch die schwarze Hand, die das Chaos und die Mißerfolge der Kulturrevolution gelenkt hatte. Ich hatte ihn nie verehrt und würde nicht um ihn trauern.

Herzzerreißendes Schluchzen riß mich aus meinen Gedanken und erinnerte mich daran, daß ich einen entsprechend traurigen Eindruck machen mußte. Ich senkte den Kopf, putzte mir die Nase und rieb mir die Augen.

Der Hilfseinsatz in Tangshan wurde verschoben: Die ehrfürchtige Verehrung unseres verstorbenen Führers war eindeutig wichtiger als den notleidenden Erdbebenopfern zu helfen. Einer unserer Speisesäle wurde in einen Trauersaal umfunktioniert, Papierkränze hingen an den Wänden, schwarze Tücher an der Decke. An der Stirnseite des Saales wurde ein Sarg aufgestellt und mit einer Flagge der Kommunistischen Partei bedeckt, auf der sich Hammer und Sichel gelb vor einem roten Hintergrund abhoben. Rund um die Uhr sollten Studenten eine Ehrenwache halten, jedem sollte die »Ehre« zuteil werden, dort in einer Uniform der Volksbefreiungsarmee mit einem Gewehr in der Hand zu stehen.

Der Gedanke, so zu tun, als läge Mao in dem leeren Sarg, verschaffte mir eine Gänsehaut, und ich hoffte inständig, daß ich tagsüber an die Reihe käme. Aber Xiao Shi und ich wurden zwei Tage später für die Schicht ab acht Uhr abends eingeteilt.

Wir kamen vorschriftsmäßig zehn Minuten zu früh in die Mensaküche und erhielten jede eine zerknitterte Armeeuniform. Die Beine meiner Uniformhose schleiften über den Boden; die Ärmel der Jacke reichten mir bis über die Hände;

der Mützenrand rutschte mir über die Ohren und behinderte meine Sicht. Ich krempelte Hosenbeine und Ärmel auf, versuchte, die Mütze hinter den Ohren festzuklemmen und nahm meine Position ein. Der abgelöste »Wachposten« reichte mir ein schweres altes Gewehr, das ich gegen meine Rippen lehnte, weil ich nicht wußte, wie ich es halten mußte.

Ich muß ausgesehen haben wie die verrückteste Soldatin der Welt. Stillzustehen und geradeaus zu schauen war gar nicht so einfach, nicht einmal für eine halbe Stunde. Ständig rutschte mir die Mütze über die Augen. Im fahlen Licht wanderte mein Blick immer wieder zu dem Foto von Mao auf der gespenstischen Kiste, die in schwarzes Tuch gehüllt war. Ich fragte mich, wie ein Mensch mit einem so gütigen Lächeln so vielen Menschen in den letzten zwei Jahrzehnten so viel Leid hatte bringen können. Schon das Leid, das Mao über mich und meine Familie gebracht hatte, war eine enorme Bürde. Und das gesamte Leid des chinesischen Volkes war kaum auszudenken.

Die halbe Stunde kroch dahin. Der Student, der mich ablöste, sah mich an und lachte laut auf. Dann schlug er schnell die Hand auf den Mund, als ihm die stille Würde des Ortes bewußt wurde, aber seine Augen blitzten. Ich reichte ihm das Gewehr und ging schnell hinaus.

Xiao Shi kritisierte mich, als wir ins Wohnheim zurückgingen. »Wie konntest du nur so einen blöden Fehler machen! Hast du nicht oft genug Bilder von Soldaten mit Gewehren gesehen?« Doch dann mußte sie gegen ihren Willen selbst lachen.

Ich hatte das Gewehr mit dem Lauf nach unten gehalten. Kein Wunder, daß es so schwer gewesen war.

Kapitel 33

Einen Tag nach der staatlichen Trauerfeier für Mao verkündete Gao am 18. September, es sei an der Zeit, »unsere Trauer in Stärke zu verwandeln« und nach Tangshan zu fahren.
Tangshan, die Hauptstadt der Provinz Hebei, lag etwa 150 Kilometer südöstlich von Peking in der nordchinesischen Ebene. Nach chinesischen Maßstäben war es eine relativ junge Stadt, die sich rund um ihre Kohlengruben entwickelt hatte. Nach der Befreiung hatte sie sich zu einem großen Industriezentrum vornehmlich für Stahlproduktion gemausert. Da man jedoch die neueren Gebäude – vornehmlich Hochhaussiedlungen – meist als gigantische Plattenbauten in kürzester Zeit hochgezogen hatte, waren die Verwüstungen hier besonders schlimm. Noch schlimmer war, daß die 1,4 Millionen Einwohner dicht gedrängt auf knapp 13 000 Quadratkilometern lebten.
Die Nacht des Erdbebens war ungewöhnlich heiß und extrem feucht gewesen. Als um 3.42 Uhr die erste Schockwelle kam, brach die Stadt Tangshan einfach zusammen, zerbröckelte in einer gigantischen Wolke aus Staub und Schutt zu Boden, als habe man sämtliche Häuser gleichzeitig in die Luft gesprengt. Das geschah innerhalb weniger Augenblicke: Die meisten der 242 419 Toten hatten keine Zeit, aus den Häusern zu laufen. Sie stürzten im Schlaf über ihnen ein. Jeder dritte öffentliche Bedienstete kam unter den Trümmern zu Tode.
Von den 16 458 Schwerverletzten starben viele, weil keine medizinische Hilfe zu ihnen durchkommen konnte: Die Straßen waren unter den Trümmern der Häuser begraben. Ohnehin existierte das größte Krankenhaus der Stadt nicht mehr. Weitere 360 000 Menschen hatten ernste Verletzungen davongetragen. In den regnerischen Tagen nach dem ersten Beben bargen Rettungsmannschaften 16 400 Überle-

bende und 70 000 Tote. Wegen des Gesundheitsrisikos, das von den Leichen ausging, sammelte man sie am Stadtrand und verbrannte sie. Tausende Tote wurden jedoch nie geborgen – all das wurde erst Jahre später bekannt.

Bevor wir in die Militärlaster stiegen, die uns nach Tangshan bringen sollten, bekam jede von uns einen Strang Knoblauchknollen. »Davon eßt ihr jeden Tag ein paar Zehen gegen Durchfall«, befahl Gao.

Durchfall! Mir fiel wieder ein, wie knapp ich damals auf der Farm dem Tod entronnen war. Ich erinnerte mich an die eindringliche Warnung des Arztes, daß die Amöbenruhr unter geeigneten Bedingungen sehr leicht wieder auftreten könne. Ob Knoblauch, den ich nicht mochte, mir wirklich dagegen half? Gao ermahnte uns auch, unsere jeweilige »Partnerin« genauestens im Auge zu behalten. Wir durften keine Fotos, Notizen oder Aufzeichnungen machen und keine Tagebücher führen.

Ich hatte so gut wie keine Ahnung, was uns erwartete. In den letzten sechs Wochen hatten uns die staatlichen Nachrichtenorgane mit unzähligen Artikeln und Sendungen gefüttert, die berichteten, wie sich die Bevölkerung von Tangshan im heldenhaften Kampf gegen die Katastrophe als »Herrin über die Natur« erwies. Inoffizielle Besucher hatte man nicht in die Stadt gelassen, und unversehrte Einwohner durften nicht heraus.

Die Plane des Lasters war eingerollt; das offene Stahlgestänge ließ das Fahrzeug wie ein grünes Tier mit skelettierten Rippen aussehen. Ich kletterte auf die Ladefläche und hielt mich an einer der Stangen fest: Wir waren so viele, daß wir die ganze Fahrt über stehen mußten.

Unser Konvoi fuhr an baufälligen, provisorischen Hütten vorbei, die Einwohner von Peking errichtet hatten. Nach etwa einer Stunde sahen wir nur noch eingestürzte Mauern und Häuser. Langsam holperte der Laster weiter, bis er die

Außenbezirke von Fengtai erreichte, einer Kleinstadt zwischen Tianjin und Tangshan, die es am zweitstärksten getroffen hatte. Hier stand kein einziges Haus mehr; wir befanden uns in einer Wüste aus Schutt, Backsteinen und zerbrochenen Dachziegeln.

Obwohl ich bereit war, zu tun, was ich konnte, packte mich bei diesem Anblick die Angst. Was würde Gao von mir verlangen? Ob ich einem Suchtrupp zugeteilt würde, der die Ruinen nach Leichen absuchen mußte? Und was war mit unserer Grundversorgung? Man sagte, daß nach Überschwemmungen oder Erdbeben häufig Seuchen ausbrechen würden: Ob wir verseuchtes Wasser zu trinken bekämen?

Seit einer Weile war es schon wieder trocken und extrem heiß. Hupende Fahrzeuge verstopften die nach den Erdbebenschäden nur unzureichend ausgebesserte Straße. Unser Laster kroch mit der Schlange weiter. Ich schwitzte, meine Füße taten weh, und der feine Staub, der sich wie ein Film auf Haut und Kleider legte, trocknete mir die Kehle aus. Aber ich konnte den Blick nicht von der gespenstischen Landschaft wenden. Endlich hielten wir am Ostrand von Tangshan. Mit steifen Beinen kletterte ich von der Ladefläche.

Meine gesamte Vorstellungskraft hatte nicht ausgereicht, um mich auf die Verwüstungen vorzubereiten, die ich nun sah. Entgegen den Meldungen in den Nachrichten hatte das Erdbeben die gesamte Stadt dem Erdboden gleichgemacht. Die Zwischendecken der Hochhäuser hatten sich übereinandergelegt wie die Falten einer Ziehharmonika, da die Außenwände weggebrochen waren. Große Betonplatten ragten aus Bergen von Steinen und Mörtel, die Stahlbewehrungen waren verbogen und verdreht. Hier und da stand noch eine Seitenwand, die Fenster zerborsten, Dach und Zwischendecken zertrümmert. Die Verwüstungen erstreckten sich bis zum Horizont – Tangshan sah aus wie eine Stadt am Morgen nach einer flächendeckenden Bombardierung.

Was konnten wir hier schon ausrichten, ein paar Studenten fast ohne Gerätschaft, nur mit den bloßen Händen? Die heiße, trockene Luft roch nach Staub und Pulver. Immer noch schockiert schickte ich mich an, beim Ausladen zu helfen, eine Küche aufzubauen und unsere Quartiere aufzustellen. Ein paar Stunden später standen unsere »Kaninchenställe«, sie wirkten inmitten der eingestürtzten Häuser seltsam fehl am Platz.
Die sanitären Einrichtungen teilten wir uns mit einer Gruppe Odachloser, die auf einem eingezäunten Gelände in der Nähe kampierten. Drei Wasserleitungen ragten an einem Pfad, der zwischen den beiden Lagern durchführte, aus dem Boden. Neben unseren Hütten diente ein Lagerhaus mit beschädigten Außenwänden und eingestürztem Dach als Waschhaus. Da überall Schilder hingen, die vor dem Betreten der noch stehenden Gebäudereste warnten, und die Nachbeben die Erde immer noch zittern ließen, wuschen wir uns und das Geschirr mit großer Hast und trotteten dann zurück in unsere Quartiere.
Müde von der langen Fahrt legte ich mich auf mein Feldbett, doch die grauenhaften Bilder hielten mich noch stundenlang wach. Klamm und frierend wachte ich auf. Im Mondlicht, das durch die Ritzen im Dach hereinfiel, sah ich, daß mein Atem eine dichte Wolke bildete. Die Temperatur war extrem gesunken. Noch vor Stunden hatte ich ein dünnes Baumwollhemd getragen; jetzt fror ich unter meiner Bettdecke.

Während ich am nächsten Morgen mit den anderen an einem offenen Feuer hockte, über dem der Koch einen großen Topf Maisbrei umrührte, kaute ich pflichtschuldig meine erste Knoblauchzehe. Der scharfe Knoblauch verursachte mir Brechreiz. Ich behielt die restlichen Zehen in der Hand, bis die Schleimsuppe fertig war, um sie dann unzerkaut damit hinunterzuspülen.

Noch einmal wies man uns an, auf direktem Weg zu dem uns zugewiesenen Arbeitsplatz zu gehen und dort auf jeden Fall zu bleiben. Dann wurden wir in Fünfergruppen aufgeteilt und durch die Mondlandschaft aus Schutt, Gebäudetrümmern und verschütteten Straßen geführt. Straßenschilder oder sonstige Wegmarkierungen gab es nicht mehr.
Meine Klasse hatte eine hübsche junge Frau von Anfang zwanzig als Führerin. Sie hieß Zhang. Aus den Gesprächen mit ihr erfuhr ich manches, was Vormann Gao uns nicht gesagt hatte. Unser Lager lag – etwa achthundert Meter vom Epizentrum des Bebens entfernt – in einem früheren Industriegebiet der Stadt. Ganz in der Nähe hatten die bekannte Stahlfabrik Tangshan und eine große Textilfabrik gestanden. Westlich davon war die Zementfabrik und eine Porzellanfabrik, in der Xiao Zhang zwei Jahre lang gearbeitet hatte. Die Geschäfte, Hotels und das allgemeine Krankenhaus der Zechenverwaltung Kai Luan, das größte Krankenhaus der Stadt, hatten im Stadtzentrum gestanden.
Xiao Zhang war in dem Viertel geboren und aufgewachsen, in dem wir stationiert waren. Ihre vierköpfige Familie lebte in einem einstöckigen Haus, das aus Stein und Holz gebaut war und die Katastrophe wie durch ein Wunder überstanden hatte. Im Vergleich zu den meisten anderen Familien hätten sie Glück gehabt, erzählte sie uns, doch als sie uns durch ihr verwüstetes Viertel führte, standen ihr Tränen in den Augen.
Wir sprachen über das merkwürdige Wetter. Sie erzählte, daß in den Tagen nach dem Erbeben schwere Regenfälle mit brütender Hitze abgewechselt hatten, was die Einwohner bewog, mehr Wasser zu verbrauchen. Da aber das Trinkwasser verseucht war, hatte nur die Ankunft medizinischer Hilfskräfte die rasche Ausbreitung von Seuchen verhindert. Xiao Zhang deutete auf einige Hydranten und erzählte, daß man an ihnen Plünderer festgebunden und in der extremen Hitze sterben gelassen hatte.

Unser Arbeitsplatz war ein Schuttberg aus zerbrochenen Betonplatten, Steinen und Dachziegeln. Während die Morgensonne den Frühnebel rasch auflöste, begannen wir, die noch brauchbaren Steine und Dachziegel auszusortieren und zu stapeln. Bald war ich völlig durchgeschwitzt und hatte wundgescheuerte Hände. Hin und wieder stieß ich auf ein Spielzeug, einen Kochtopf oder ein zersplittertes Möbelstück – das einzige, was noch daran erinnerte, daß hier einmal Menschen gelebt hatten. Immer wenn ein grau gefärbter Körperteil – eine Hand, ein Fuß oder staubverkrustetes Haar – unter dem Schutt und Staub auftauchte, lief ich erschrocken fort. Manchmal war der Gestank verschütteter Leichen unerträglich.

Wir trugen keine Schutzmasken, wir hatten keinerlei Sicherheitsausrüstung. Jede Gruppe besaß nur einen Spaten, eine Schulterstange und einen Weidenkorb. Steine und Dachziegel sammelten wir von Hand auf. Am Ende des Tages bluteten meine Hände. Ich beklagte mich ebensowenig wie die anderen: Inmitten solcher Verwüstungen wäre es uns schäbig vorgekommen, die Aufmerksamkeit auf persönliche Wehwehchen zu lenken. Vor meiner Abreise aus Schanghai hatte Großtante mir ein paar Arbeitshandschuhe eingesteckt, aber ich traute mich nicht, sie anzuziehen und erwähnte sie auch nicht, als die Dozentin mir die Hände verband. Ich wollte nicht, daß man mich kritisierte, weil ich vor Härten zurückschreckte, was gleichbedeutend war mit einer unrevolutionären Einstellung. Erst nachdem man Gao überzeugt hatte, daß wir bald alle arbeitsunfähig sein würden, erlaubte man uns offiziell, Handschuhe zu tragen. Wie sich herausstellte, hatten fast alle Handschuhe dabei.

Als wir ein paar Tage später schwitzend und schmutzig auf unser Abendessen warteten, das aus Kohlsuppe und Dampfnudeln bestand, bot Xiao Zhang uns an, uns später die Fabrik zu zeigen, in der sie gearbeitet hatte. Nach dem Essen

holten wir die Erlaubnis des Parteisekretärs ein. Nach einem Fußweg von zwanzig Minuten standen wir vor einem grauen, einstöckigen Gebäude, das in diesem Ödland wie ein Fremdkörper wirkte. Die eigentliche Fabrikhalle war zwar dem Erdboden gleichgemacht, aber ein Lagerhaus, das die Russen in den fünfziger Jahren gebaut hatten, stand bis auf die zerbrochenen Fensterscheiben noch unversehrt da.
In der hohen Halle waren Reihen an Reihen von Tellern, Tassen, Untertellern und Reisschalen aus Porzellan unversehrt geblieben. Seit unserer Ankunft hatten immer wieder Nachbeben weitere Zerstörungen und Panik ausgelöst. Und trotzdem bot sich hier im bleichen Licht der summenden Neonröhren ein so unerwartetes Bild von Frieden und Behaglichkeit, daß ich weinen mußte.
Niemand sagte ein Wort.

Nach einigen Tagen deprimierte mich die Sinnlosigkeit unserer schweren Plackerei bereits sehr. Sie schien inmitten eines so ausgedehnten Trümmerfeldes nichts zu bewirken. Die Abende verbrachten wir mit politischen Schulungen. Das schlimmste war, daß ich keine Ahnung hatte, wie lange wir würden bleiben müssen. Am 1. Oktober, dem chinesischen Nationalfeiertag, hatten wir unseren ersten freien Tag nach zwei Wochen. Ich verbrachte ihn damit, meine schmutzige Wäsche zu waschen.
Zwei Tage später rückte unser Trupp weiter nach Westen vor, nur ein paar Blocks von einem zerstörten städtischen Gästehaus entfernt. Während der Mittagspause bat ich Xiao Shi, unsere Gruppenleiterin, um Erlaubnis, einen Spaziergang um den Block machen zu dürfen. Eigentlich hatte ich mit einer Ablehnung gerechnet, aber sie sagte, ich könne gehen, wenn Xiao Yu, ein Student, mich begleitete: die übliche »Überwachungspaarung«.
Ich war sogar froh, daß Xiao Yu, ein bodenständiger junger

Mann aus einer Volkskommune am Rande Pekings, mitkam, denn ich bezweifelte, ob ich diesen schrecklichen Anblick allein ausgehalten hätte. In der Innenstadt, die es am schlimmsten getroffen hatte, waren achtzig Prozent der Bevölkerung zu Tode gekommen, hauptsächlich wegen der schlechten Qualität der Bauten. In diesem Gebiet hatten mehrere Gästehäuser gestanden, die mit Geschäftsreisenden ausgebucht waren. Das riesige Krankenhaus mit einem fünfstöckigen Hauptgebäude und einem siebenstöckigen Westflügel hatte erst einige Monate zuvor eröffnet. Bis auf den Westflügel, wo noch ein paar Zimmer an den Überresten einer dreistöckigen Außenmauer hingen, war die gesamte Klinik eingestürzt und hatte ein Trümmerfeld von der Größe mehrerer Fußballplätze hinterlassen. Meine Betroffenheit schlug in Wut auf einen Staat um, der eine so unzulängliche Bauweise zuließ. Im ganzen Land wurde nicht anders gebaut, auch mein Wohnheim an der Bei Da war nicht besser.

Wenn ich mich je geärgert hatte, daß ich Unterricht und Studienzeit versäumte, weil ich an diesen grauenvollen Ort mußte, war ich jetzt froh, helfen zu können. Auch wenn mein Beitrag nur ein winziger Tropfen in einem weiten Meer war. Zum erstenmal war ich mit einer von Gaos Entscheidungen einverstanden, ganz gleich, welche eigentlichen Motive er verfolgen mochte.

Als ich vier Tage später wieder einmal verschwitzt und staubig zu unserem Lager zurücktrottete, erfuhr ich, daß man Gao in einem Militärjeep weggebracht hatte. Man hatte ihm nicht einmal erlaubt, seine Sachen zu packen. Einige Tage nach seinem abrupten Verschwinden bekamen wir die Anweisung, wegen einer wichtigen Bekanntmachung im Lager zu bleiben.

Gerüchte verbreiteten sich wie Lauffeuer. Vielleicht war Krieg mit den Sowjets ausgebrochen! Vielleicht hatte Chiang Kai-shek das chinesische Festland von seinem Stützpunkt auf Formosa aus angegriffen! Nach zehn Jahren Kulturrevolution war China völlig geschwächt und anfällig für Übergriffe aus der einen oder anderen Richtung.

Ein dünner, asketischer Mann von der Uni Peking kletterte auf eine Kiste in der Nähe des Küchenfeuers und bat um Aufmerksamkeit. »Die Viererbande ist zerschlagen worden!« rief er in triumphierendem Ton. »Sie wurden ohne Widerstand verhaftet! Vormann Gao ist seines Amtes enthoben.« Er informierte uns, daß unser Einsatz in Tangshan ein Irrtum sei, ein Beispiel für Gaos kriecherische Haltung gegenüber Jiang Qing und ihren Komplizen. (Dagegen hatte ich es für die erste gerechtfertigte Unterbrechung unseres Studiums gehalten.) Schon am nächsten Tag sollten wir auf den Campus zurückkehren. In seiner Ansprache sagte er kein anerkennendes Wort über unsere harte Arbeit und unseren Hilfseinsatz. Seiner Ansicht nach hatten wir Tadel verdient; schließlich hatten wir die Arbeit der Bande getan. Es war wie immer in der Politik: Plötzlich war falsch zu richtig und richtig zu falsch geworden.

Meine Freude über den Sturz von Jiang Qing und ihrer Millionen Anhänger war getrübt. Meine Hoffnung, daß dies das Ende der schrecklichen und destruktiven politischen Bewegung bedeuten könnte, die vor zehn Jahren begonnen hatte, wurde durch das Wissen geschmälert, daß man meinen kleinen Hilfsbeitrag in Tangsham nicht würdigen würde.

Am nächsten Morgen verabschiedeten wir uns unter Tränen von Xiao Zhang und vielen anderen dankbaren Überlebenden, die gekommen waren, um uns Lebewohl zu sagen. Sie und ich versprachen uns, in Kontakt zu bleiben. Unsere Baracken, das Kochzelt und die Vorräte ließen wir zurück und stiegen wieder auf die Laster. Von der Ladefläche aus beobachtete ich die Hilfstrupps, die weiter in den Trümmern und Schuttbergen der völlig zerstörten Stadt arbeiteten. Ich hatte keinerlei Zweifel, daß Tangshan eines Tages besser und moderner wieder auferstehen, und seine Zerstörung nur noch eine traurige Erinnerung sein würde. Allerdings war ich mir keineswegs sicher, daß die Zerstörungen, die die Kulturrevolution hinterlassen hatte, je wiedergutzumachen waren.

Kapitel 34

In Peking herrschte Festtagsstimmung. Überall hingen neue *dazibao,* und Menschen marschierten mit Bannern und Papierfähnchen durch die Straßen – die gleichen Rituale, die auch die Kulturrevolution gepflegt hatte. Nur die Parolen und die Namen der Verteufelten hatten sich geändert.

Ich hatte zwar nicht mit einer triumphalen Rückkehr aus Tangshan gerechnet, war aber doch wütend über die Kälte, mit der wir empfangen wurden. In den Augen der neuen Wortführer an der Universität hatte unser Hilfseinsatz lediglich Jiang Qings politischen Ambitionen gedient, nach dem Tod ihres Mannes die Macht zu ergreifen.

Tag um Tag, Woche um Woche wurden wir überschwemmt mit Versammlungen und Diskussionen, die die nächste Gruppe gestürzter Politiker anprangerten. Anstelle der Namen von Deng Xiao-ping und seinen Anhängern prangten nun überall die Namen von Jiang Qing und ihren zahlreichen Gefolgsleuten. Sie waren mit großen schwarzen X-Zeichen durchgestrichen. Jedes Unrecht der vergangenen zehn Jahre wurde der Viererbande angelastet, für jeden Mißstand im Fachbereich wurde Gao verantwortlich gemacht, der für immer aus unserem Leben verschwunden war.

Ich freute mich mit den Menschen im ganzen Land, daß der Wahnsinn nun hoffentlich endlich hinter uns lag. Allerdings konnte ich nicht umhin mich zu fragen, wie diese Gruppe von vier Personen, die vor zehn Jahren kaum einer gekannt hatte, ein Land von 900 Millionen Einwohnern ganz allein hatte in den Ruin treiben können. Hatten sie etwa keine Anhänger gehabt? Hatten nur sie von der radikalen Politik profitiert? Ihr Sturz war kurz nach Maos Tod erfolgt. War es nicht in Wirklichkeit eine Fünferbande, keine Viererbande gewesen? Mir fiel ein Sprichwort ein, das ich in der Volksschule gelernt hatte: *Shudaohusunsan* – »Wenn der Baum fällt, stieben die Affen in alle Richtungen«. Erst Maos Tod hatte es möglich gemacht, gegen die vier vorzugehen, aber bei allen Versammlungen und Diskussionen, an denen ich teilnehmen mußte, war niemand bereit, diese Frage mit all ihren Konsequenzen anzuschneiden. Statt dessen gab die neue Führung unter Leitung des neuen Premierministers bekannt, daß am Tiananmen-Platz ein Mausoleum für die sterblichen Überreste Maos gebaut werden sollte. Was für ein Betrug! Einerseits gab die Regierung der Viererbande die Schuld an allen Übeln des letzten Jahrzehnts, andererseits verklärte sie ihren wahren Anführer weiterhin mit ewigem Ruhm und hielt an dem politischen System fest, das die Kulturrevolution erst möglich gemacht hatte.

Die politische Wende, die den Campus erfaßte, hatte unmittelbare Auswirkungen auf mein Studium. Man versicherte uns, daß es keine Orientierungslosigkeit, keinen Unterricht der offenen Tür, keine Militärübungen oder Einsätze in Volkskommunen und Fabriken mehr geben werde. Zu meiner Verwunderung und Freude durfte ich sogar ausländische Literatur lesen, auch wenn das meiste gekürzt war. Noch immer schlotternd vor Angst verteilten die Dozenten Dickens' *Große Erwartungen* und *Harte Zeiten* und Dreisers *Schwester Carrie*. Solche Bücher waren relativ ungefährlich, weil sie die dunkle Seite der westlichen Gesellschaft zeigten. In anderen Seminaren lasen wir *Jane Eyre* und *Rebecca*, allerdings mit der unvermeidlichen, politisch gefärbten Interpretation: Jane war das Opfer der Bourgeoisie, und die junge Heldin in *Rebecca* wurde von einer reichen bourgeoisen Lady ausgebeutet. Über die romantischen Aspekte dieser Bücher sprachen wir nie, nur darüber, daß in der westlichen Gesellschaft zu Dickens' Zeiten ebenso wie heute alles vom Geld beherrscht war. Daß solche Bücher allerdings überhaupt offen auftauchten, zeugt von der Geschwindigkeit und dem Ausmaß der Veränderung.

Die Bibliothek öffnete ihre Geheimgewölbe und machte den Studenten und Dozenten sämtliche Bücher zugänglich. Aktuelle ausländische Zeitschriften und Fremdsprachenlexika standen wieder in den Regalen, wenngleich überall an den Wänden große Hinweistafeln verkündeten: »Präsenzexemplar« oder »Mit Vorsicht vor bourgeoiser Sichtweise zu lesen«.

An einem Nachmittag Anfang November fing mich die Sekretärin des Fachbereichs auf dem Weg in die Bibliothek ab.
»Xiao Ye«, sagte sie, »da war ein Anruf für dich.«
Eine Frau, die sich als meine nahe Verwandte bezeichnet hätte, hätte mich für sieben Uhr abends ins Qian-Men-Hotel eingeladen. Ihren Namen hatte die Anruferin nicht genannt.
Das muß ein Irrtum sein, dachte ich. Unsere Armut und die Tatsache, daß meine Geschwister und ich Waisen waren, hatten die meisten unserer Verwandten abgeschreckt, weil sie fürchteten, daß wir finanzielle Ansprüche an sie stellen könnten. Als die Roten Garden uns angegriffen hatten, war uns niemand zu Hilfe gekommen. Immer hatten wir das Gefühl gehabt, auf uns allein gestellt zu sein. Wer war also diese Verwandte, die in einem vornehmen Hotel abstieg, das den Mächtigen und Reichen vorbehalten war? Es war nach *Qian Men* – dem Haupttor der befestigten Stadt – benannt und lag südlich des Tiananmen-Platzes.
Neugierig, aber auch argwöhnisch machte ich mich auf die zweistündige Fahrt in die Innenstadt und war eine halbe Stunde zu früh dran. In der Mitteilung hatte es geheißen, ich solle mich am Haupteingang des Hotelgeländes mit meiner mysteriösen Verwandten treffen, da man mich allein auf keinen Fall hineinlassen würde. Alle Hotels – überhaupt alle öffentlichen Gebäude – waren von Mauern umgeben, und

außer hohen Funktionären und ihren Gästen kam niemand an den Pförtnern vorbei.
Ich wartete auf dem Bürgersteig der belebten Straße, dem schönen alten Gebäude gegenüber. Die Straße war nur spärlich beleuchtet, doch durch die Glastüren sah ich im hellen Licht zahlreiche Hotelgäste. Ich hoffte inständig, daß die Nachricht, die ich erhalten hatte, nicht auf einem Irrtum beruhte, denn nur zu gern hätte ich zum erstenmal in meinem Leben ein Hotel von innen gesehen. Um sieben Uhr überquerte ich die Straße und zeigte dem Portier die Nachricht, die die Sekretärin mir aufgeschrieben hatte. Er warf nicht einmal einen Blick auf den Zettel.
»Glaubst du wirklich, daß ich auf so einen alten Trick reinfalle?« schnaubte er.
Ich erwiderte die Beleidigung mit einem gelassenen Blick.
»Glaubst du wirklich, daß ich zwei Stunden Bus fahre, nur um dich reinzulegen?«
Er ließ mich durch, verlangte aber, daß ich am Fuß der breiten Treppe vor dem Hotel wartete, damit er mich im Auge behalten konnte. Oben an der Treppe stand eine recht kleine, grauhaarige Frau. Sie starrte mit entgegen. Nach ihrem glatt geschnittenen Haar, das hinter die Ohren frisiert war, und dem modischen, aber zu großen Armeemantel zu urteilen, den sie über die Schultern gelegt hatte, war sie eine bedeutende Person. Ich hatte sie noch nie gesehen. Von ihr konnte die Nachricht also nicht stammen. Gerade als ich mich wieder umdrehen wollte, sprach die Frau mich an.
»Xiao Ye?«
Verdutzt blieb ich stehen.
»Ah Si?«
Wie merkwürdig, den Rufnamen, den nur meine Familienmitglieder kannten, von fremden Lippen zu hören! Ich merkte, daß der Portier neben mich getreten war.
»Schon gut, alter Genosse«, sagte die Frau. »Ich glaube, das

ist meine Enkelin Ah Si, die ich bisher nur von Fotos kenne.«

»Na schön«, meinte der Mann ohne sonderliche Begeisterung und ging wieder an seinen Posten.

Großmutter, dachte ich verwundert. Meine Großmütter waren beide schon vor meiner Geburt gestorben, und wie meine Stiefgroßmutter aussah, wußte ich.

»Ich bin deine Yi Po, Ah Si.« *Yi Po* bedeutet »Großtante«. »Ich bin die jüngere Schwester deiner Großmutter väterlicherseits. Früher habe ich auch in Qingyang gelebt.«

»Du bist unsere rev-, ehm, unsere Tante aus der Provinz Jiangxi?« Fast wäre ich damit herausgeplatzt, wie wir sie normalerweise nannten, wenn wir über sie sprachen: unsere »revolutionäre Tante«. Sie war schon immer ein loyales, aktives Parteimitglied gewesen, war von Qingyang fortgelaufen, um einer arrangierten Heirat zu entgehen, und hatte sich später an der kommunistischen Revolution beteiligt.

»Das bin ich«, sagte sie lächelnd. »Die Yi Po aus Jiangxi, wo deine kleine Schwester ist.«

»Wie geht es Nummer 5? Hast du sie in letzter Zeit gesehen?«

In den letzten Jahren hatte ich mir nach wie vor Sorgen um Nummer 5 gemacht. Ihre Briefe klangen stets sehr deprimiert, und seit ich selbst das Glück hatte, in Peking studieren zu können, ging es ihr noch schlechter.

Nummer 5 hatte in ihren Briefen erwähnt, daß sie unsere Großtante ausfindig gemacht und sie und ihre Familie in Nanchang besucht hatte. Yi Pos Mann war vor der Kulturrevolution stellvertretender Gouverneur der Provinz Jiangxi gewesen und mittlerweile aus Gesundheitsgründen bei vollem Gehalt pensioniert. Yi Po hatte ihre Führungsposition im Frauenverband ihrer Provinz wiedererlangt. Als Nummer 5 sie und ihren Mann gebeten hatte, sie von der Farm wegzuholen, hatten sie zwar behauptet, sie hätten keinen

Einfluß. Doch ihre eigenen drei Kinder waren alle an die Universität gegangen, nachdem sie das vorgeschriebene Minimum von zwei Jahren in landwirtschaftlichen Betrieben ihres Heimatortes gearbeitet hatten.

Ihre Weigerung, meiner Schwester zu helfen, die nun schon seit sieben Jahren auf dem Land arbeitete, hatte mich damals sehr wütend gemacht. Oft hatte ich mir gewünscht, unsere revolutionäre Tante zu treffen und ihr zu sagen, was ich von ihr hielt. Aber jetzt zügelte ich meine Wut und meine Ablehnung. Vielleicht konnte ich sie ja doch überreden, meiner Schwester zu helfen. Schließlich hatte sich die Lage geändert.

Sie führte mich ins Hotel, in dem es von Funktionären staatlicher Behörden – wie dem Frauenverband, dem Landwirtschaftsministerium und dem Unterministerium für Maschinenbau – nur so wimmelte; sie erklärte mir, alle seien zu wichtigen Besprechungen hier. *Boluanfanzheng* – »das Chaos ordnen und falsche Urteile revidieren« – sei ihr Ziel, sagte sie und benutzte tatsächlich diese altmodische und mittlerweile leere Floskel. In dem riesigen, prunkvollen Speisesaal voller großer runder Tische, die mit Leintüchern gedeckt waren, auf denen Platten mit duftenden Gerichten standen, plauderte Yi Po über ihre Arbeit. Eingeschüchtert durch die luxuriöse Umgebung hörte ich kaum zu. Die Gäste im Lokal widersprachen dem Motto, das ich mein Leben lang gehört hatte: »Jeder nach seinen Fähigkeiten, jedem nach seinen Bedürfnissen.« Diese Leute schlangen das Essen nach den Fähigkeiten ihres Magens hinunter.

Nach dem Essen führte Yi Po mich nach oben und stellte mich ihren vielen Genossinnen als ihre Enkelin vor, die an der Bei Da Englisch studiere, was mich ziemlich ärgerte. Ich war nicht ihre Enkelin und würde es auch nie werden. Sie benutzte mich, um ihren Ruhm zu mehren, weil sie damit zu verstehen gab, daß sie wichtig war und genügend *guanxi* –

Beziehungen – hatte, um mich an eine der besten Universitäten Chinas zu bringen.
Als die große Vorstellungsrunde beendet war, hatte ich eine trockene Kehle, und mein Gesicht tat weh vom falschen Lächeln. Yi Pos Einladung wunderte mich nach wie vor. Doch mehr noch kochte ich innerlich vor Ärger. Ich wollte endlich mit ihr allein sein, um über meine Schwester zu sprechen!
Yi Po teilte mir mit, sie habe arrangiert, daß ich über Nacht bei ihr bleiben könne. Ich willigte ein. Sie nahm mich mit in den dritten Stock, in die eleganteste Suite, die ich je gesehen hatte. Das große Wohnzimmer hatte einen polierten Hartholzboden und war mit einem Plüschsofa möbliert. Auf einem Tisch in der Ecke stand ein großes Fernsehgerät. Hinter schweren Vorhängen lag das Schlafzimmer, mit zwei Doppelbetten und passenden Nachttischchen. Der handgewebte Wollteppich war fast so dick wie meine Bettdecke im Zimmer des Wohnheims.
Yi Po stellte mich ihrem Gast vor, einer großen, kräftigen Frau etwa in ihrem Alter. »Ah Si, das ist meine Freundin Lao Bai.«
»Nenn mich Mama Bai«, sagte die Frau in einem starken Peking-Akzent – ein merkwürdiges Angebot an jemanden, den sie gerade erst kennenlernte.
Yi Po fragte, ob ich ein Bad nehmen wolle, ein Luxus, dem ich nicht widerstehen konnte. Eine Dusche auf dem Campus war vor allem bei kaltem Wetter sehr unangenehm, da man vorher lange Schlange stehen mußte, und die Warmwasserversorung sehr unzuverlässig war. Hier gab es ein geräumiges Bad mit einer großen, schimmernden Wanne, glänzenden Wasserhähnen und einem Spiegel. Das beste war, daß ich mich ganz allein im heißen, schaumigen Wasser aalen konnte.
Während ich badete, überlegte ich, wie ich Yi Po um Hilfe

bitten sollte. Wenn nötig würde ich ihr erzählen, daß meine Schwester seit langem an starken Depressionen litt und ich um ihre Sicherheit fürchtete, obwohl dieses Eingeständnis für Nummer 5 einen Gesichtsverlust bedeutete.

Eine halbe Stunde später kam ich aus dem dampfenden Badezimmer. Die beiden Frauen plauderten über alte Zeiten.

»Sieh sie dir an«, sagte Yi Po und zog mich neben sich. »Sie ähnelt meiner Schwester.«

Mir fiel auf, daß Yi Po noch kein Wort über meine Eltern gesagt hatte, eine Unterlassung, die von sehr schlechten Manieren zeugte. Meine Großmutter, ihre Schwester, war seit langem tot. Ich kannte sie nur von vergilbten Fotos, die die Roten Garden jedoch bei ihrer Hausdurchsuchung beschlagnahmt hatten.

Ich sah verstohlen auf die Uhr und wünschte, die beiden Frauen würden endlich aufhören zu reden. Vor Ungeduld wurde ich ganz zappelig. Um halb elf lud Yi Po Lao Bai ein, ebenfalls in der Suite zu übernachten. Da konnte ich mich nicht länger zurückhalten.

»Was ist mit Nummer 5, Yi Po?« platzte ich heraus. »Jetzt, wo die Viererbande gestürzt ist, wirst du ihr da helfen? Es ist ja wohl keine so große Mühe, sie aus diesem Loch herauszuholen, oder?«

Wohl wissend, daß meine letzte Bemerkung sehr rüde gewesen war, verstummte ich. Tränen schossen mir in die Augen. Warum konnte ich nicht diplomatischer sein? Lao Bai war völlig überrumpelt von meinem Ausbruch.

Yi Po tätschelte mir den Rücken. »Beruhige dich, beruhige dich«, beschwichtigte sie mich. »Deiner Schwester geht es gut. Sie hat uns oft besucht und nie irgendwelche Probleme erwähnt oder uns um Hilfe gebeten. Ich begreife gar nicht, warum du dir solche Sorgen um sie machst.«

All diese Lügen waren für Lao Bai bestimmt. Meine Schwester war so verzweifelt, daß sie immer wieder mit dem Ge-

danken an Selbstmord spielte. Aber Yi Po versicherte Lao Bai weiter, sie habe sich nach Kräften bemüht, Nummer 5 zu helfen, doch leider vergebens. An der Art wie sie sprach wurde mir klar, daß ich von ihr keine Hilfe erwarten konnte. Außerdem hatte ich Angst, daß ich zu weit gegangen war und alles für Nummer 5 verdorben hatte. Ich wollte gehen, obwohl es schon so spät war, aber es fuhren keine Busse mehr in den Westen der Stadt.
Beide Frauen boten mir an, mit ihnen ein Bett zu teilen, aber ich lehnte ab. Ich rollte mich in eine Decke und legte mich auf den Teppich, so weitab von den beiden wie ich konnte. Sobald das erste Morgenlicht durch die Ritzen der schweren Vorhänge drang, ging ich, ohne sie aufzuwecken.
Im Bus machte ich mir wieder große Vorwürfe. Es war meine Schuld, wenn Nummer 5 nun für den Rest ihres Lebens auf dem Land bleiben mußte. Zwei Tage später kam wieder ein Anruf mit der Nachricht, ich solle mich im Hotel melden. Ich zerriß den Zettel. Ich hatte immer noch keine Ahnung, warum unsere revolutionäre Tante sich plötzlich mit mir in Verbindung gesetzt hatte, obwohl sie für den Rest meiner Familie nur Verachtung übrighatte. Aber es war mir auch egal.

Kapitel 35

Noch rätselhafter wurde es, als Lao Bai mich kurze Zeit später an einem Sonntag anrief. Sie erzählte mir, meine Yi Po habe Peking verlassen und sei enttäuscht gewesen, daß ich mich nicht mehr im Hotel gemeldet habe. Sie selbst sei eine einsame Witwe, sagte sie, und hätte gern etwas Gesellschaft. Wenn ich einverstanden sei, werde sie mich mit dem Wagen des Ministeriums abholen lassen.

Die Verlockung war groß. Ich hatte bei ihrem Gespräch mit Yi Po mitbekommen, daß sie die Witwe eines hohen Beamten im Eisenbahnministerium war und in einem großen Haus in der Stadt wohnte. Ich war noch nie in einem Regierungsfahrzeug gefahren, und die Aussicht, das Wochenende in einem schönen Haus zu verbringen, gefiel mir. Neben diesen Verlockungen bestand zudem die Möglichkeit, daß vielleicht Mama Bai Nummer 5 helfen würde, wenn Yi Po es schon nicht tat.

Statt mich zu einem der Hochhäuser an der Changan-Straße zu bringen, in denen viele hochrangige Regierungsbeamte und Parteifunktionäre wohnten, wie Chang-hong mir erzählt hatte, bog der Wagen des Ministeriums in einen *hutong* und hielt vor einem einstöckigen Haus, von denen es in diesem ruhigen Viertel etwa ein Dutzend gab. Jedes hatte geflochtene Reetwände und ein Reetdach, eine merkwürdige Bauweise für die Stadt, fand ich. Der Fahrer begleitete mich an die Tür, und ein Dienstmädchen mittleren Alters, das sich als Ah Yi vorstellte, führte mich ins Haus und verschwand dann in der Küche.

Mama Bai begrüßte mich herzlich mit tiefer, ernster Stimme. Obwohl sie ihr kurzes Haar in dem unweiblichen Stil der hohen Funktionärinnen hinter die Ohren gesteckt hatte, trug sie ein modisches graues Jackett statt der allgegenwärtigen Maojacke. Sie zeigte mir das Haus, das drei Schlafzimmer, ein Wohnzimmer und einen Eßbereich hatte – ein unerhörter Luxus in einem Land, in dem die meisten Familien in einem kleinen Zimmer lebten und sich mit anderen eine Küche teilten. Der polierte Hartholzboden und die Kacheln in Bad und Küche waren wunderschön. Mir fiel auf, daß Decke und Wände verputzt waren, und ich fragte sie, wie das möglich sei, da das Haus doch aus Lehm und Stroh gebaut sei. Sie lachte. Das Haus habe Backsteinmauern und ein Ziegeldach, erklärte sie mir. Das Flechtwerk an den Fassaden und das Reetdach auf den Ziegeln hielten das Haus im Sommer kühl und im Winter warm. Und daß das Haus auf diese Art wesentlich weniger prunkvoll wirke, als es in Wirklichkeit sei, wäre durchaus von Vorteil, fügte sie mit breitem Lächeln hinzu. Tatsächlich, so konnte ein hoher Funktionär im Luxus leben und das Gegenteil vortäuschen.

»Selbst du als Studentin bist darauf hereingefallen«, lachte Mama Bai. »Es funktioniert, nicht wahr?«

Beim Tee in dem behaglichen Wohnzimmer erzählte Mama Bai mir von ihrer Familie. Ihr ältester Sohn war Berufsoffizier und lebte mit seiner Frau in Nanjing, dem Zentrum einer der zehn Militärregionen Chinas. Jianguo, ihr jüngerer Sohn, dessen Name »Bau das Land auf« bedeutete, war Zugführer bei der Garnison Peking. Da er in einem östlichen Vorort stationiert war, konnte er manches Wochenende zu Hause verbringen. Jianguo hatte seine Entlassung aus der Armee beantragt. Und als Offizier würde er die Streitkräfte mit anderen Voraussetzungen verlassen als ein einfacher Soldat. Offiziere vollzogen einen sogenannten *zhuanye,* einen Berufswechsel, wie unser ehemaliger Vormann Gao, und bekamen garantiert eine gute staatliche Stelle. Als Parteimitglied sah Jianguo einer leuchtenden, einträglichen Zukunft entgegen.

Obwohl ich Mama Bais Stolz auf ihren Sohn verstand, ärgerte mich ihre Angeberei. Entweder war ihr nicht klar, was ich und die Mehrheit der Menschen im Alter ihres Sohnes durchgemacht hatten und immer noch durchmachten, oder es war ihr egal. Allmählich bedauerte ich schon, daß ich eingewilligt hatte, ihr das ganze Wochenende über Gesellschaft zu leisten.

Während wir uns unterhielten, war Ah Yi pausenlos in der Küche beschäftigt, als bereite sie ein Festessen vor. Warum machte sie sich mit dem Abendessen für nur drei Personen solche Mühe? Die Antwort auf meine Frage bekam ich, als zu meinem Erstaunen plötzlich ein junger Mann in Uniform ins Zimmer trat. Ich war sicher, daß Mama Bai mir am Telefon gesagt hatte, sie sei das ganze Wochenende allein.

»Wie lange hast du schon gewartet, Xiao Ye?« Er begrüßte mich mit einem breiten Strahlen.

»Gewartet?« fragte ich verdutzt.

Schnell reichte er mir die Hand. »Ich bin Jianguo, der jüngste Sohn der Familie. Wahrscheinlich hat meine Mutter dir schon viel von mir erzählt. Ich freue mich, dich hier zu sehen.«

»Es ist mir eine Ehre, einem Angehörigen unserer geliebten Volksbefreiungsarmee die Hand zu schütteln. Offensichtlich brauche ich dir nicht zu sagen, wer ich bin.«

Jianguo war ein Jahr älter als ich, ein nett aussehender Mann mit rundem Gesicht und rosigen Wangen. Während ich sein Babygesicht betrachtete, fragte ich mich, wie er in der Armee wohl die Autorität über seine Untergebenen bewahrte.

Nach dem Abendessen, bei dem wir über Belanglosigkeiten sprachen, zog Mama Bai sich zurück und sah in ihrem Schlafzimmer fern. Obwohl Jianguo und ich uns um ein freundschaftliches Verhältnis bemühten, verlief unser Gespräch so, als ob zwei Wagen in die entgegengesetzte Richtung fuhren – eine ganz natürliche Folge unserer unterschiedlichen Herkunft und Erziehung. Das einzige gemeinsame Thema, das wir fanden, war unser Haß auf die Viererbande, besonders auf Jiang Qing. Mir fiel auf, daß die hohen Funktionäre sie sogar noch mehr verabscheuten als die einfachen Leute, obwohl diese nach meiner Ansicht wesentlich mehr unter ihr zu leiden gehabt hatten. Mao Ze-dong erwähnten wir mit keinem Wort.

Ich verbrachte eine schlaflose Nacht mit Mama Bai. Die weiche Matratze und die federleichte Decke waren ein Luxus, der mir ebenso fremd war wie der Umstand, das Bett mit jemand anderem als Großtante zu teilen. Nach dem Frühstück bestand Jianguo darauf, mich zur Bushaltestelle zu bringen. Es war ein kalter Tag, aber der Himmel war klar und blau. Wir schlenderten eine Weile schweigend den *hutong* entlang, bis er plötzlich vor mich hintrat.

»So, und was hältst du jetzt von mir?« fragte er eifrig.

Verblüfft lachte ich. »Ich finde dich nett.«

»Ich mag dich auch, weißt du«, sagte er hastig und schaute mir in die Augen. »Ich habe das Gefühl, dich schon lange zu kennen. Soviel ich weiß, bist du etwa in einem Jahr mit dem Studium fertig. Bis dahin bin ich aus der Armee ausgeschieden. Wahrscheinlich machst du dir Gedanken, welche Stelle man dir zuteilt. Aber keine Sorge, Mutter kann dir sicherlich eine Stelle in Peking besorgen.«

Es war, als hätte er mir eine Tasse kaltes Wasser ins Gesicht geschüttet. Mit einem Schlag wurde mir alles klar. Ich war zwei Heiratsvermittlerinnen in die Hände gefallen. Wie bei so vielen Dingen in meinem Leben lag auch hierin eine ungeheure Ironie: Zwei eingefleischte Kommunistinnen, die angeblich alle feudalistischen Sitten und Gebräuche ablehnten, versuchten mich mit diesem netten jungen Mann zu verheiraten, der die ganze Zeit gedacht hatte, ich wüßte Bescheid.

Wie hatte ich so dumm und naiv sein können, das nicht zu merken? Und wie konnten die beiden alten Damen mich so behandeln? Eine Waise wie mich mit einem reichen Mann wie Jianguo zu verheiraten, der die besten Beziehungen besaß, war für sie, als ob sie eine Ratte in eine Reisdose würfen: Ich könnte gar nicht anders als mich vor Dankbarkeit zu überschlagen und ihnen zu gehorchen. Doch was hatte Jianguos Familie dabei zu gewinnen? Warum sollten sie mich einer jungen Frau mit guten Beziehungen vorziehen? Nun, zum einen hatte ich keine Eltern mehr, um die ich mich kümmern mußte, und würde mich daher voll und ganz Jianguos Mutter widmen können, zum zweiten hielten Menschen aus dem Norden wie Mama Bai Frauen aus Schanghai für kultivierter als die einheimischen Mädchen, und drittens war ich gebildet.

»Englisch ist zur Zeit ein sehr begehrter Abschluß«, plapperte Jianguo weiter, als könne er meine Gedanken lesen, »und deine berufliche Qualifikation wird sehr gefragt sein. Wir könnten hier bei Mutter wohnen oder uns nach der Hochzeit eine eigene Wohnung suchen. Was dir lieber ist.«

»Heirat? Hat meine liebe Yi Po dir nicht erzählt, daß mein Vater ein verdammter Kapitalist war, und ich sein vergiftetes Blut geerbt habe? Hat man dir nicht gesagt, daß ich in Schanghai einen Freund habe?«

Jianguo ließ sich nicht beirren. »Das weiß ich alles. Ich habe deine Yi Po getroffen. Sie hat mir alles über deine verstorbenen Eltern erzählt, und es tut mir leid für dich. Aber da deine Eltern schon so viele Jahre tot sind, glaube ich, daß dein Klassenhintergrund bei all den derzeitigen Veränderungen kein Hindernis darstellt. Und was deinen Freund angeht: Er ist doch nur ein Freund, oder? Du bist schließlich nicht verlobt.«

Ich wurde noch wütender. Yi Po hatte zwar mit mir kein Wort über meine verstorbenen Eltern oder über das Wohlergehen meiner Geschwister gewechselt, sich jedoch das Recht genommen, ausführlich mit Fremden über sie zu reden. Obwohl sie selbst vor einer arrangierten Heirat geflohen war, hatte sie keinerlei Skrupel, mich zu benutzen, um sich bei Mama Bai, ihrer einflußreichen Kampfgenossin, noch beliebter zu machen.

Als ich in Jianguos harmloses, eifriges Gesicht sah, konnte ich nicht böse auf ihn sein. Aber ich war zu stolz, um eine Beziehung zu ihm auch nur in Erwägung zu ziehen.

»Tut mir leid«, murmelte ich, »ich glaube nicht, daß es richtig wäre, meinen Freund so einfach im Stich zu lassen.« Hastig verabschiedete ich mich und fuhr zurück zur Universität.

In Wahrheit fühlte ich mich durch meine Beziehung mit Xiao Zhao zugleich geschützt und eingeschränkt. Sobald man in China mit jemandem »ging«, war man vergeben. Es gab keine graduellen Unterschiede in den Beziehungen zwischen den Geschlechtern. Alle wußten, daß man ein Paar war, und faßten dies als deutliches Signal auf. Da ich an einen Mann in Schanghai gebunden war, war ich vor den Avancen anderer Männer sicher. Die meisten Frauen heirateten den ersten Mann, mit dem sie ausgingen, wie meine Mutter es getan hatte und all meine Geschwister es tun würden. Eine Frau, die einen festen Freund hatte, galt als Flittchen, wenn sie sich auch noch mit anderen Männern anfreundete. Selbst Frauen, die sich von ihren Freunden trennten, wurden von Familienangehörigen und Bekannten von oben herab angesehen, wenn sie sich sofort mit einem anderen Mann einließen. Das hatte sich seit der Feudalgesellschaft gehalten, in der man von einer Frau, deren Mann gestorben war, erwartete, daß sie für den Rest ihres Lebens allein blieb, ganz gleich wie alt sie war.

Dennoch hatten die westlichen Romane, die ich gelesen hatte, in mir eine neue Vorstellung von Liebe aufkeimen lassen, so sehr ich mich auch bemühte, dies zu leugnen. Ich fragte mich, wie es wäre, eine tiefe, romantische Liebe zu erleben, die nicht von Pflichtgefühl, Regeln und Vernunftgründen bestimmt war.

Mama Bai rief mich noch mehrmals an und lud mich ein, aber ich ging nicht darauf ein. Als ich mich an einem Sonntagmorgen zwei Wochen später auf den Weg zur Bibliothek machte, wartete Jianguo vor unserem Wohnheim auf mich. Er wollte mit mir sprechen – nur so, wie er sagte, und meinte damit, er würde nicht über unsere Beziehung reden. Ich nahm ihn mit ins Wohnheim, zeigte ihm meine Lehrbücher und spielte ihm eine Sprachkassette vor. Er war sehr interessiert an meiner Arbeit, und im Laufe des Gesprächs gefiel er mir immer besser.

In den letzten zwei Wochen hatte ich viel nachgedacht. Wenn ich mich von Xiao Zhao trennen und Jianguo heiraten würde, stünde mir eine helle, gesicherte Zukunft in einer schönen Wohnung und ohne Geldsorgen bevor. Da ich mein bisheriges Leben in Armut und destruktiven politischen Bewegungen verbracht hatte, sehnte ich mich natürlich nach einem soliden, friedlichen Dasein. Und es schmeichelte mir gewaltig, daß ein junger Mann wie Jianguo mich anziehend fand. Er machte einen intelligenten und aufmerksamen Eindruck. Zudem war mir klar, daß ich den Einfluß seiner Familie nutzen konnte, um meinen Geschwistern und Großtante zu helfen: Mit Sicherheit würde ich Nummer 5 von dieser schrecklichen Farm wegholen können.

Aber ich hatte einen Freund in Schanghai. Und ich hatte versprochen, ihn nicht zu verlassen. Wir waren zwar meist getrennt, aber Xiao Zhao und ich liebten uns. Wenn wir zusammen waren, sprachen wir nicht viel über unsere gemeinsame Zukunft, aber es war uns und allen um uns herum klar, daß wir eine gemeinsame Zukunft hatten. Die Pflicht zwang mich, bei ihm zu bleiben.

Daher bat ich Jianguo, mich nicht mehr zu besuchen, als ich ihn später an den Haupteingang der Universität brachte. Er ließ den Kopf hängen, willigte aber ein.

Kapitel 36

Im Frühjahr 1977, meinem dritten Jahr an der Universität, bekamen wir einen jungen britischen Dozenten zugeteilt, der uns mit einem Konversationskurs helfen sollte, uns auf das Praktikum der Abschlußklasse vorzubereiten. Dieses Projekt wurde von Fremdenverkehrsbüros koordiniert, die Studenten in Zweier- und Dreiergruppen als Führer und Dolmetscher für Touristen einsetzten. Michael, wie wir ihn nennen sollten (statt *Lai Shi* – Dozent), war groß, Ende Zwanzig, hatte eine große rote Nase und ein lebhaftes Gesicht. Stolz bezeichnete er sich als Freund des chinesischen Volkes und erzählte uns, daß seine Eltern in London eine Buchhandlung besäßen, in der chinesische Bücher und Zeitschriften verkauft würden.

Michael war schon unser zweiter ausländischer Dozent. Vor ihm hatten wir bereits eine amerikanische Dozentin, die einen chinesischen Arzt namens Ye geheiratet hatte. Sie bat uns, sie Ye Ma Xi-li zu nennen, eine chinesische Variante ihres englischen Vornamens Marsha. Weil sie und ich den gleichen Familiennamen hatten, der in Nordchina wenig gebräuchlich war, zog sie mich in der Klasse oft von meinem Stuhl, tanzte mit mir durch den Gang oder wirbelte allein herum, wenn ich ihre Aufforderung ablehnte. Meine Kommilitonen und ich fragten uns, ob wohl alle Amerikaner so fröhlich und unbeschwert, wenn auch vielleicht ein bißchen verrückt sein mochten. Wahrscheinlich verhielten sich Ausländer eben so, vermutete ich.

Doch Michael erwies sich als sehr schüchtern; er sprach leise, war höflich und förmlich. Im Gegensatz zu chinesischen Männern hielt er den Studentinnen die Tür auf und bestand darauf, uns den Vortritt zu lassen. Er lobte unsere Bemühungen im Studium und bedankte sich sogar für falsche Antworten. Erstaunlicherweise entschuldigte er sich, wenn er nieste, während manche meiner Klassenkameraden nicht einmal etwas dabei fanden, auf den Boden zu spucken. Sein Verhalten war mir neu. Ich war in einer Umgebung aufgewachsen, in der ohne Geschrei und Gebrüll scheinbar nichts zu erreichen war und in der Höflichkeit und gute Umgangsformen als aufgesetzter bourgeoiser Unsinn galten.

Sein Unterricht machte mir bewußt, wie unzureichend unser Englisch war, vor allem im Mündlichen. Ich hatte das Gefühl, daß mein Wissen wie »gekochte Klöße in einem Wasserkessel« war – servierfertig, aber unmöglich durch den Hals zu bekommen. Michaels Unterricht erstreckte sich auch auf die Bibliothek und den Speisesaal, wo er uns praktische Lektionen erteilte. Einige von uns lud er sogar in das Freundschaftshotel ein, in dem er und die meisten anderen ausländischen Dozenten wohnten. Es bestand aus einem weitläufigen, ummauerten Komplex mit einem Dutzend Gebäude und lag nur vier Bushaltestellen von der Bei Da entfernt. Dort servierte er uns den Tee auf englische Art.

Erstaunt sah ich, wie groß seine Wohnung war und wie viele Bücher er besaß, Regalreihe um Regalreihe voller Romane. Er hatte einen eigenen Kassettenrecorder und ein Radio. Das Überraschendste war für mich jedoch die Art, wie Michael und andere Ausländer miteinander umgingen. Sie waren sehr offen, tauschten freimütig Gedanken und Ansichten aus, lachten und machten Witze. Sie wirkten selbstbewußt und angstfrei und müssen uns alle für kindisch und rückständig gehalten haben. Wir kauerten schüchtern in unseren Sesseln, und manche kicherten verlegen. Doch von Kindheit an hatte ich gelernt, meine Gedanken sorgsam für mich zu behalten, außer einer engen Freundin wie Chang-hong gegenüber. Die vergangenen zehn Jahre hatten uns alle gelehrt, daß sich jeder, selbst Freunde und Familienangehörige, gegen uns wenden könnte.

Kurze Zeit später wurde ich mit zwei anderen Studentinnen

ins Büro des neuen Fachbereichsleiters Han gerufen, der uns über den Besuch ausfragte. Welche Fragen hatte Michael uns gestellt? Welche Themen hatten ihn am meisten interessiert? Was hatten wir geantwortet? Was hatten die anderen, die mitgegangen waren, Michael erzählt?

Schließlich sagte er uns, Michael sei angeblich auf der Suche nach einer chinesischen Ehefrau; daher seien unsere Besuche in seiner Wohnung unschicklich und müßten aufhören, obwohl immer auch männliche Studenten dabei waren.

Seine Worte waren zwar beunruhigend, aber für mich keineswegs überraschend. Ausländer, zumal wenn sie aus dem Westen kamen, hatten bislang nie als den Chinesen ebenbürtige Menschen gegolten. Man behandelte sie entweder als Meister der Wissenschaft und Technik oder als Teufel, die unser Land eroberten und demütigten. Unter Mao wurden alle Ausländer als unsere Feinde dargestellt, obwohl China mit ihnen Bündnisse schloß. Vor allem während der Kulturrevolution verfolgte man gnadenlos alle, die Kontakt zu Ausländern hatten, auch wenn einige dieser Kontakte für die Arbeit, die man für den Staat leistete, notwendig waren. Selbst nach dem Sturz der Viererbande herrschte im Reich der Mitte weiterhin die Wahnvorstellung, daß alle anderen Völker Barbaren seien. Unter der revolutionären Doktrin hatte man uns eingeimpft, daß die meisten Ausländer Gegner des Kommunismus seien, die uns ständig zu unterwandern suchten. Da Ausländer keine »sozialistische Moral« hätten, sollten wir Frauen ihnen gegenüber reserviert und distanziert bleiben.

Die wenig subtile Warnung von Han erfüllte ihren Zweck. Von nun an hielten sich alle Studentinnen von Michael fern und vermieden es, mit ihm im Klassenzimmer allein zu sein. Wir wußten, daß jede Anschuldigung gegen uns verheerende Folgen haben würde. Das Ende des Studiums rückte näher, und keine wollte ihre Chancen auf einen guten Posten vertun.

Michael durfte keine Studentenwohnheime und Mensen mehr betreten. Es tat mir sehr leid für ihn. Offenbar spürte er, daß etwas nicht stimmte, aber er stellte keine Fragen. Er hatte sich solche Mühe gegeben, ein guter Lehrer zu sein, war uns offen begegnet und hatte uns mit seinem Unterricht sehr geholfen. Und als Lohn wurde er gemieden und geächtet, obwohl die Universitätsleitung ihm das nicht offiziell mitteilte. Die chinesische Höflichkeit verbot Aufrichtigkeit.

Ein paar Monate später hörte ich, daß Michael eine Japanerin aus dem Fremdspracheninstitut Peking geheiratet hatte, offenbar war Hans Warnung also unbegründet gewesen – vermutlich eine Lüge, um zu verhindern, daß wir uns zu sehr mit einem Ausländer anfreundeten. Michael unterrichtete zwar weiter an der Bei Da, aber er hielt sich von uns fern. Ich konnte es ihm nicht verübeln.

Die Warnung vor den Ausländern wurde wiederholt, als ich im Juni zum Praktikum eingeteilt wurde und für eine Gruppe amerikanischer Touristen dolmetschen sollte. Wie üblich hatte ich als Partnerin und Aufpasserin eine Kommilitonin aus meiner Klasse zur Seite. In den drei Tagen, die wir mit den Amerikanern zusammen waren, schienen wir beide unzertrennlich, lehnten jedes Angebot ab, uns im Bus neben einen Touristen zu setzen, und mieden jede Gelegenheit, mit einem männlichen Touristen allein zu sein. Als ich für meine sorgfältig vorbereitete Einführung in den Sommerpalast Applaus von der Gruppe bekam, wußte ich nicht, ob ich meinen Stolz zeigen sollte, wie ich es gern getan hätte, oder mit Bescheidenheit reagieren sollte, wie die Tradition es verlangte. Statt ihnen also für ihr Kompliment zu danken, schüttelte ich den Kopf und sagte: »Nein, nein, ich bin nicht gut genug.«

Die dreitägige Erfahrung mit den Amerikanern überzeugte mich, daß die sicherste Laufbahn für mich die als Englischlehrerin sein würde, weil ich dann keinen Kontakt zu Ausländern hätte und die ständigen Spannungen, die Überwachung und die Gefahren umgehen konnte, die eine derart exponierte Stellung unweigerlich mit sich brachte.

In diesem Sommer entdeckten Xiao Zhao und ich einen besonderen Ort, an dem sich abends junge Liebespärchen trafen. Am Südrand der Stadt hatte man eine neue Straße, Zhao Jia Bang, angelegt und dazu ein Bachbett aufgefüllt. Der breite Boulevard besaß in der Mitte eine Grünanlage mit Blumenbeeten und hohen Sträuchern, und in diesem Gebüsch standen die Pärchen beisammen, flüsterten, schmusten und knutschten. Die Straßenlaternen hatten dort eine recht geringe Lebenserwartung, sie fielen den Steinschleudern glühender Verehrer zum Opfer. Zum erstenmal in meinem Leben erlebte ich, daß sich die Leute nur um ihre eigenen Angelegenheiten kümmerten und nicht darauf achteten, was ein paar Meter von ihnen entfernt vorging.
Ab und an scheuchten uns städtische Arbeiter mit Taschenlampen auf, doch sobald sie fort waren, kehrten die Liebespärchen wieder ins Gebüsch zurück. Ich fand, diese kleinen Abenteuer machten meine Treffen mit Xiao Zhao aufregender – nur mußten wir manchmal nach einer langen Busfahrt feststellen, daß es auf dem dunklen Boulevard keinen Platz mehr für uns gab.
Als ich nach den Sommerferien im September 1977 wieder an die Bei Da zurückkehrte, bereitete sich die Universität auf die Wiedereinführung der landesweiten Aufnahmeprüfungen vor. Deng Xiao-ping, der im Juli wieder einmal an die Macht gekommen war, hatte verkündet, die schulischen Leistungen seien das einzige Kriterium für die Aufnahme von Studenten. Diese folgenschwere Entscheidung setzte der Ära der Arbeiter-Bauern-Soldaten-Studenten ein Ende.
Ich stand der Änderung mit gemischten Gefühlen gegenüber.

Einerseits bewunderte ich Dengs Mut und Entschlußfreudigkeit (sein eigener Sohn war ein Arbeiter-Bauern-Soldaten-Student), die Ordnung im Land wiederherzustellen, indem er den politischen Kampagnen und sinnlosen politischen Schulungen ein Ende setzte. Doch andererseits erfüllte mich eine so grundlegende Veränderung, die mit erheblichem öffentlichem Aufsehen einherging, mit unguten Gefühlen hinsichtlich meiner eigenen Zukunft. Obwohl ich auf der Farm eine Aufnahmeprüfung abgelegt hatte, galt ich als Arbeiter-Bauern-Soldaten-Studentin. Und so wie bisher alles von einem Extrem ins andere umgeschlagen war, befürchtete ich, daß ich nach der Wiedereinführung der Prüfungen nun als Studentin zweiter Klasse gelten könnte. Wir Arbeiter-Bauern-Soldaten-Studenten wären dann wie die Kinder von Konkubinen: weniger privilegiert in der Familie als die Kinder der legalen Ehefrau.

Meine Sorge erwies sich als durchaus begründet. Als die neuen Studenten im Herbst eintrafen, verwandelte sich der Campus in ein Pulverfaß, und ständig kam es zu Konflikten zwischen den alten und den neuen Studenten, die unterschiedliche politische Epochen repräsentierten. Man verspottete die Arbeiter-Bauern-Soldaten-Studenten als Ignoranten und unverdiente Nutznießer der verhaßten Kulturrevolution, während die neuen Studenten sich als ihre Opfer hinstellten. Speisesäle, Klassenzimmer und die Bibliothek hallten von brisanten Auseinandersetzungen wider. Doch auch jetzt gab niemand Mao Ze-dong die Schuld.

Als man den Studenten meines Jahrgangs mitteilte, daß wir unseren Abschluß schon im Februar machen sollten, war ich gleichermaßen erleichtert wie besorgt. In ein paar Monaten würde über meine Zukunft entschieden. Stimmte es immer noch, daß über die Stellen, die den Studenten zugeteilt wurden, schon entschieden war, bevor sie überhaupt einen Fuß in die Uni setzten?

Ich beschloß, es herauszufinden. Einer meiner Dozenten konnte mir vielleicht weiterhelfen. Dozent Nie war mit einer warmherzigen Frau verwandt, die in der Gasse des purpurnen Sonnenscheins in Schanghai lebte. Er war ein gebildet wirkender Mann mittleren Alters und ein gescheiter und sachkundiger Lehrer, der sich sehr um seine Studenten kümmerte. Er sagte, er wolle sich bemühen, die Antwort auf meine Frage herauszufinden. Als sie kam, wünschte ich, ich hätte nicht danach gefragt.

»Herzlichen Glückwunsch, Xiao Ye«, sagte er. »Ich glaube, da deine Akte schon weitergereicht wurde, kann ich dir sagen, daß du dem Zhong Diao Bu zugeteilt worden bist! Du kannst sehr stolz auf diese Stelle sein, denn dich erwartet bestimmt eine glanzvolle, einträgliche Zukunft.«

Man hatte mich der Geheimpolizei zugeteilt, dem Nachrichtendienst der Kommunistischen Partei!

Ich hörte Dozent Nie kaum noch zu, als der begeistert weiter über meine Karriere redete. Das war einfach verrückt. Es mußte ein Irrtum sein. Ich, eine Tochter aus der verhaßten Kapitalistenklasse, der man ihr Leben lang ihr vergiftetes Blut vorgeworfen und die man auf der Farm wegen einer konterrevolutionären Verschwörung zu Gefängnisstrafe verurteilt hatte, sollte in Chinas Geheimdienst arbeiten, einer Organisation, die nur mit den Reinsten der Reinen besetzt war und ihre Bürger ausspionierte, einschließlich der Regierungs- und Parteifunktionäre im In- und Ausland!

Als ich Chang-hong die unglaubliche Neuigkeit erzählte, konnte sie sich vor Aufregung kaum fassen. Auch ihre Eltern freuten sich sehr für mich. Meine lebenslange Unsicherheit und mein Leid würden endlich ein Ende haben, versicherten sie mir, sobald ich erst einmal hinter die hohen Mauern des Komplexes gekommen sei, der Xi Yuan genannt wurde.

»Aber warum haben sie ausgerechnet mich dazu ausgesucht?« fragte ich Chang-hongs Vater.

»Vielleicht weil du eine Waise bist und sie glauben, daß du deshalb weniger Verpflichtungen gegenüber deiner Familie hast und dich voll und ganz der Organisation widmen kannst«, meinte er. »Außerdem hat sich die politische Lage geändert, und viele, die früher verfolgt wurden, sind heute rehabilitiert.«

Xi Yuan, was Westhof bedeutet, war der Hauptsitz des Nachrichtendienstes und lag nicht weit von der Uni entfernt. Die meisten Leute hatten keine Ahnung, wo genau, aber Chang-hongs Vater kannte es. Xi Yuan war ein ausgedehnter, völlig autarker Komplex mit Bürogebäuden, Wohnanlagen für Bedienstete und ihre Familien, Geschäften, Postamt und anderen Einrichtungen wie Schulen und Theater. Die militärischen Übungsplätze und Schießstände lagen in Nan Yuan am Südrand von Peking.

Der Geheimdienst unterstand der direkten Kontrolle des Zentralen Parteikomitees. Seine drei- bis vierhundert gut ausgebildeten und hochmotivierten Mitglieder hatten sich als tödliche Waffen in jenen politischen Kampagnen erwiesen, die das totalitäre Regime und die Diktatur in China festigten. Während der Kulturrevolution hatte man von dort aus Agenten in alle Teile des Landes geschickt, um die Spaltungskämpfe anzuheizen. Getarnt als Rotgardisten in verblichenen Uniformen oder als revolutionäre Rebellen in Arbeiteroveralls hatten sich die Mitglieder an Schlägereien, Prügeleien und Plünderungen beteiligt. Der Nachrichtendienst, der über zahlreiche Kräfte mit guten Fremdsprachenkenntnissen verfügte, schickte zudem versierte Geheimagenten in die chinesischen Botschaften auf der ganzen Welt, die unter anderem auch das Botschaftspersonal überwachten. Von Chang-hongs Vater hatte ich erfahren, daß jemand, der einmal vom Nachrichtendienst angenommen wurde, dort sein Leben lang blieb. Immer wieder betonte er, was für eine ausgezeichnete Stellung das sei und daß man mich bestimmt sehr bald in die Partei aufnehmen würde.

Erwarteten die Kommunisten etwa, daß ich meine elenden Erinnerungen einfach auswischte wie die Schrift auf einer Tafel? Hatten sie überhaupt eine Vorstellung davon, daß für mich die Parteimitgliedschaft durchaus keine Ehre, sondern ein verachtenswerter Fluch wäre?

Zum erstenmal in meinem Leben beschloß ich, direkten Einfluß auf die Gestaltung meiner Zukunft zu nehmen. Einfach ablehnen konnte ich die zugewiesene Stelle beim Geheimdienst nicht: In China durfte sich niemand seinen Arbeitsplatz aussuchen. Alljährlich stellte die Staatliche Planungskommission den Bedarf aller staatlichen Behörden und Betriebe fest, und dann war es Aufgabe des Bildungsministeriums, die entsprechenden Leute zu finden. Die Wünsche eines einzelnen wurden nur selten berücksichtigt, es sei denn, er oder sie hatte *guanxi* – »Beziehungen«. Wenn ein Hochschulabsolvent sich weigerte, eine zugewiesene Stelle anzunehmen, bot man ihm keine andere an – und das bedeutete lebenslange Arbeitslosigkeit, Armut und Abhängigkeit von anderen. In meinem Fall würde ich nicht nach Schanghai zurückkehren können, um mich um Großtante zu kümmern – meine vordringliche Verpflichtung –, da ich dort kein Wohnrecht bekommen würde. Ich wußte, daß ich mich bemühen mußte, diesen Fluch abzuwehren, aber dazu mußte ich behutsam vorgehen.

Also ging ich zu Dozentin Chen, deren nette, freundliche Art mich vor drei Jahren auf der Farm sehr berührt hatte.

»Ich weiß nicht, welchen Rat ich dir geben soll«, meinte sie. »Ich denke, es würde nicht schaden, wenn du ihnen von deinen Sorgen erzählst. Es kann sein, daß sie auf dich hören. Vielleicht aber auch nicht. Zumindest kannst du dir dann sagen, daß du es versucht hast. Wenn jemand für seine kranken Eltern sorgen muß, hat das immerhin manchmal Auswirkungen auf die Entscheidung.«

Ich beschloß, selbst nach Xi Yuan zu gehen, um mir persönlich einen Eindruck zu verschaffen. Da meine Personalakte bereits dort war, fand ich, daß ich dazu ein Recht hatte. Chang-hong, die mich für völlig verrückt hielt, weil ich mich um eine Anstellung drücken wollte, die sie selbst nur zu gern gehabt hätte, willigte ein, mitzukommen. Sie war neugierig. An einem kalten Dezembernachmittag machten wir uns zu Fuß von der Uni auf den Weg und standen eine Dreiviertelstunde später vor Xi Yuan. Es sah aus wie ein Universitätscampus, mit einem Haupteingang und mehreren Nebeneingängen, aber damit hörte die Ähnlichkeit auch schon auf. Die Mauern waren ungewöhnlich hoch, es gab kein Schild, auf dem der Name der Organisation gestanden hätte, und die Pförtnerloge befand sich außerhalb der Mauern statt innen. Mit dem Gefühl, daß jede unserer Bewegungen beobachtet wurde, traten wir näher und klopften.

In der Loge saßen zwei Männer an einem kleinen Ofen und ein dritter saß an einem Schreibtisch am Fenster. Der Mann am Schreibtisch antwortete mit finsterer Miene auf unseren Gruß.

»Wer seid ihr? Was wollt ihr hier?« fragte er. »Wieso schnüffelt ihr hier rum?«

»Wir suchen Zhong Diao Bu, und ich –«, stammelte ich, und merkte, daß die beiden Männer am Ofen uns anstarrten.

»Wer hat euch herbestellt und in welcher Sache?« fragte einer von ihnen.

»Niemand hat uns herbestellt. Wir wollten uns nur umsehen.«

Chang-hong kam mir zu Hilfe. »Sie hat ein Anliegen, Genosse. Sie fängt hier in einem Monat an zu arbeiten. Dann ist sie nämlich mit dem Studium an der Bei Da fertig. Sie will nur mit dem Zuständigen für die Personalabteilung sprechen, wenn das möglich ist.«

Obwohl die Initiative zu diesem Ausflug von mir ausgegan-

gen war und ich mich innerlich unzählige Male auf diesen Augenblick vorbereitet hatte, brachte ich wieder einmal im entscheidenden Moment keinen Ton heraus. Ich warf Chang-hong einen dankbaren Blick zu.
Der Mann hinter dem Schreibtisch war schockiert. Kopfschüttelnd kam er mit einem dünnen Lächeln auf mich zu. »Du wirst hier arbeiten, wie sie sagt?«
Ich nickte.
»Aber du willst mit jemandem aus der Personalabteilung sprechen?« fragte er skeptisch. »Das ist mir in meiner ganzen Laufbahn noch nicht vorgekommen, daß jemand einen von da drinnen sprechen will, bevor er dazugehört.«
Ich schwieg beharrlich.
»Die Zeiten müssen sich wohl geändert haben«, meinte er und schob mir Papier und Stift zu. »Schreib deinen Namen und deine Adresse auf.«
Er führte uns in einen anderen Raum, wo wir uns auf eine Bank setzten. Kurz darauf hörte ich ihn telefonieren. Nervös drückte ich Chang-hong die Hand.
Nach einer Weile kam der Mann wieder. »Genossin Ye, im Augenblick kann niemand mit dir sprechen. Lao Liang meint, wenn du was zu sagen hast, sollst du es schriftlich machen. Er läßt dir ausrichten, daß du nicht persönlich hättest herkommen sollen. Und komm nicht ohne Aufforderung wieder.«
Ich war enttäuscht, daß wir nicht hineindurften, zugleich aber auch erleichtert, weil mir alles, was ich hatte sagen wollen, vor Aufregung entfallen war. Ich fragte den Mann nach der Postanschrift. Er wechselte einen Blick mit seinen beiden Kollegen und grinste.
»Bestimmt nicht«, sagte er. »Du mußt mir den Brief schon geben.«
Dann muß ich ja wohl doch nochmal herkommen, dachte ich.

Kapitel 37

Die ganzen nächsten Abende schrieb ich an dem Brief, von dem ich wußte, daß es der wichtigste war, den ich je schreiben würde. Ich dankte Lao Liang für das Vertrauen, das die hochgeachtete Organisation in mich setzte, und für die große Gelegenheit, die man mir bot, Volk und Heimatland zu dienen – Floskeln, die mir mühelos von der Hand gingen. Leider sähe ich mich jedoch vor ein unüberwindbares Problem gestellt, schrieb ich weiter. Als Kind habe man mir beigebracht, daß es die Pflicht und Schuldigkeit eines jeden moralischen Staatsbürgers sei, die Alten zu respektieren und sich um die Schwachen zu kümmern. Meine Großtante, eine Proletarierin und kinderlose Arbeiterin, sei allein und krank, leide an Bluthochdruck und Arthritis, und von meiner ganzen Familie habe nur ich die Möglichkeit, für sie zu sorgen. Nachdem sie fünf elternlose Kinder großgezogen habe und sich seit geraumer Zeit um meinen vierjährigen Neffen kümmere, brauche sie nun selbst dringend Hilfe. Ich betonte die besondere Beziehung zwischen mir und meiner Großtante, die allen in der Nachbarschaft bekannt sei. Mein bevorstehender Studienabschluß sei die einzige Hoffnung, auf die sie zählen könne. Die Sorge um meine Großtante würde sicherlich meine Aufmerksamkeit ablenken und meine Hingabe an die Arbeit des Nachrichtendienstes beeinträchtigen. Sofern meine Dienststelle nicht bewirken könne, daß meine jüngere Schwester vom Land nach Schanghai versetzt werde, fügte ich hinzu, denn damit sei mein Problem gelöst und meine Sorge behoben.

So pathetisch der Brief auch klingen mochte, er entsprach der Wahrheit: Nummer 1 und Nummer 3 wohnten nicht in Schanghai; Nummer 5 war immer noch auf dem Land. Nummer 2 hatte jahrelang bei Großtante gelebt, doch nachdem er geheiratet hatte, war eine bittere Kluft zwischen ihnen entstanden, weil Großtante eifersüchtig war, sich beiseitegeschoben fühlte und seine Frau Dong-lan nicht akzeptieren konnte. Als die Frau meines Bruders mit in unsere Wohnung zog, nahmen die Spannungen derart zu, daß Nummer 2 die Wohnung unterteilt hatte und Großtante außer ihrem ursprünglichen Zimmer nur noch ein weiteres blieb. Dann tauschte er die andere Wohnungshälfte sogar noch mit einer anderen Familie. Ich war wütend auf meinen Bruder, nicht nur, weil er Großtante im Stich gelassen hatte, sondern auch weil er unser Zuhause aufgeteilt hatte – obwohl ich mir auch vorstellen konnte, wie sehr Großtante ihm und seiner Frau das Leben schwer gemacht haben dürfte.

Voller Sorge über meine Kühnheit ging ich wieder nach Xi Yuan und gab meinen Brief ab. Anschließend schrieb ich an Xiao Zhao und bat ihn, meiner Großtante zu sagen, daß jemand sie oder das Stadtteilkomitee aufsuchen und meine Angaben über sie überprüfen könnte. Dann wartete ich ab.

Die Wochen schleppten sich dahin. Nach einem Monat hatte ich immer noch keine Nachricht. Mitte Februar nannte Fachbereichsleiter Han allen Studienabsolventen die Stellen, die man ihnen zugeteilt hatte. Die meisten kamen an verschiedene Ministerien in der Hauptstadt, einer ging nach Tibet, einige in die Hauptstädte anderer Provinzen. Mein Name war nicht aufgeführt. Ich war die einzige, die keine Stelle zugeteilt bekam. Das konnte nur eins bedeuten: Es war dabei geblieben. Da ich zum Geheimdienst kam, durfte niemand etwas davon erfahren.

Ich war krank vor Sorge. Mein Brief mußte sie wütend gemacht haben, oder er war auf taube Ohren gestoßen. Unter vier Augen bestätigte mir Fachbereichsleiter Han mein »Glück«.

Zwei Tage, nachdem die anderen Absolventen den Campus verlassen hatten, kam endlich Bescheid von Xi Yuan. Es sei noch keine Entscheidung gefallen. Ich solle meine Sachen in der Uni lassen und zu meinem einmonatigen Urlaub nach Schanghai fahren. Mit einer kleinen Reisetasche stieg ich in den Zug. Unter anderem waren zwei Porzellantassen darin, die Xiao Zhang aus Tangshan mir geschickt hatte; beide hatten ihren Nachnamen eingebrannt. Sie schrieb mir, daß sie zu den ersten gehörten, die in der wiederaufgebauten Fabrik produziert worden waren. Tangshan war im Begriff, sich aus der Asche zu erheben.

Xiao Zhao war begeistert, als er aus meinem Brief erfuhr, daß man mich zur *Te Wu* – »Spezialagentin« – ernannt hatte; er freute sich schon darauf, seine Arbeit als Schauermann im Hafen von Schanghai aufgeben und nach Peking ziehen zu können, wo meine neue Stellung ihm einen leichteren und angeseheneren Posten einbringen würde. Erst als ich nach Schanghai kam, sagte ich ihm, daß ich um Befreiung gebeten hatte. Er war am Boden zerstört.

»Du meinst, du hast eine so tolle Stelle abgelehnt? Ah Si, du bist verrückt. Schreib ihnen sofort, daß du einen Fehler gemacht hast!«

»Ich habe Großtante versprochen, nach Schanghai zurückzukommen, und mich um sie zu kümmern. Außerdem ist mir der Gedanke verhaßt, mit solchen Leuten zu arbeiten.«

Xiao Zhaos Familie, besonders sein Vater, fand ebenfalls, daß ich mit meinem »vorschnellen und gedankenlosen Verhalten« eine goldene Reisschale zerbrochen hätte. Er ließ durchblicken, daß ich ohne eine Stellung nicht länger seine Einwilligung hätte, seinen Sohn zu heiraten. Er und Xiao Zhao hörten erst auf, mich zu bedrängen, als ich ihnen sagte, daß meine Beziehung zu Xiao Zhao gefährdet wäre, wenn ich für den Geheimdienst arbeitete. Es sei immerhin gängige Praxis, daß das Büro mir innerhalb der Organisation einen Ehemann suchen würde.

Großtante war mir eine größere Hilfe. Sie versicherte mir,

daß ihre Rente für zwei reichen würde, falls ich arbeitslos würde und kein Wohnrecht bekäme.
Drei Wochen vergingen voller Ungewißheit und Frustration. Noch eine Woche, dann mußte ich zurück nach Peking und meine neue Stelle antreten – oder ablehnen, um für den Rest meines Lebens arbeitslos zu bleiben und Großtante auf der Tasche zu liegen.
Lao Lu, die ehemalige Leiterin des Stadtteilkomitees, kam zu uns und erzählte, es habe sich jemand bei ihnen nach Großtante und ihrem Gesundheitszustand erkundigt.
»Es ist wegen Ah Sis Studienabschluß, nicht wahr?« fragte sie. Als sie keine Antwort bekam, sagte sie zu Großtante: »Wir haben dem Mann gesagt, wie sehr du dich für die Nachbarschaft eingesetzt hast und wie dringend du jemanden brauchst, der sich um dich kümmert. Ich hoffe, wir haben euch geholfen.«
Am nächsten Tag beschloß ich, nicht länger zu warten. Nach dem Frühstück ging ich zum nächsten Postamt, von dem aus ich ein Ferngespräch führen konnte. Ich hatte beschlossen, Lao Liang anzurufen und mich nach meinem Schicksal zu erkundigen.
Alle Ferngespräche mußten bei der Vermittlung angemeldet werden. Ich raffte mein Selbstvertrauen zusammen, bat um die Vermittlung nach Peking und sagte so bestimmt, wie ich konnte: »Bitte verbinde mich mit Zhong Diao Bu – dem Nachrichtendienst der Kommunistischen Partei.«
»Keine Telefonnummer?«
»Die habe ich zu Hause vergessen«, log ich und gab an, wen ich sprechen wollte.
»Wie heißt du?«
Nach einer Weile drang durch das Knistern der Leitung eine wütende Stimme: »Was denkst du dir eigentlich dabei, hier anzurufen, Xiao Ye?«
»Bist du das, Lao Liang? Es tut mir leid, wenn ich etwas

falsch gemacht habe. Bitte entschuldige, daß ich anrufe, aber ich muß unbedingt wissen, wie ihr euch entschieden habt. Ich hoffe, du verstehst das?«

Er beruhigte sich ein bißchen. »Sicher verstehe ich deine Lage. Ich habe deinen Brief aufmerksam gelesen, aber ich verzichte nur ungern auf dich. Hör zu, ich habe mich mit jemandem von der Personalabteilung der Stadtregierung von Schanghai in Verbindung gesetzt, einer Person namens Fang. Ich möchte nicht, daß dein Talent verschwendet wird, schon gar nicht in einer Zeit, in der das Land Leute mit guten Englischkenntnissen braucht.«

In der Pause, die folgte, schlug mein Herz ganz laut, und der Telefonhörer zitterte in meiner Hand.

»Aber wenn sie da keine geeignete Stelle für dich finden, möchte ich, daß du es dir nochmal überlegst. Aber ruf auf keinen Fall wieder hier an.«

Bevor ich ihm danken konnte, hatte er aufgelegt.

Ich konnte es kaum abwarten, zum Bund zu gehen, wo die Stadtregierung in dem imposanten Steingebäude der ehemaligen Hongkong-Schanghai-Bank untergebracht war. Das Rathaus war rund um die Uhr von zwei Soldaten in Habachtstellung bewacht. Immer wenn ich als Kind dort vorbeigekommen war, hatte ich mir gewünscht, eines Tages mal hineingehen zu dürfen. Oft hatte ich mich gefragt, was da wohl für Leute arbeiten mochten, und war fest überzeugt gewesen, daß sie Glück gehabt hatten.

Nach langem Zaudern nahm ich nun all meinen Mut zusammen und ging zu einem der Wachposten. Er starrte mich eine Weile lang an, bevor er wortlos die weiß behandschuhte Hand hob und nach rechts deutete.

»Nebeneingang«, sagte er.

Ich stieg die schmale Treppe hinauf und kam in einen langen Flur voller Menschen, die darauf warteten, gehört zu werden. Nachdem ich mich angemeldet hatte, schickte mich eine Frau in ein kleines Wartezimmer ein Stockwerk tiefer, das ein winziges vergittertes Fenster zur Straße hatte. Die Bänke waren vollbesetzt. Manche der Wartenden schienen geschäftlich hier zu sein; sie waren gut angezogen und sahen ständig auf die Uhr. Aus Gesprächsfetzen schnappte ich auf, daß viele gekommen waren, um die Entscheidung in langwierigen Verfahren zu erfahren, die auf die Kulturrevolution zurückgingen – Rehabilitation Lebender und Verstorbener, Rückgabe beschlagnahmter Güter, Gelder und Grundstücke.

Angesichts all des Kommens und Gehens war ich es plötzlich leid, darauf zu warten, daß andere Entscheidungen über meine Vergangenheit und Zukunft trafen, war die Kämpfe leid, die ich durchzustehen hatte, um ein normales Leben zu führen. Ich hatte keine Ahnung, wie dieser Fang war – Mann oder Frau, jung oder alt, noch konnte ich ahnen, wie die Entscheidung ausfallen würde und ob er oder sie überhaupt auftauchen würde. Wie sollte ich es Großtante sagen, wenn man mich hier nicht brauchte oder wollte? Und was sollte aus mir und Xiao Zhao werden, wenn ich nach Peking zurückmußte?

»Ye Ting-xing«, hörte ich jemanden ausrufen.

Ein dünner Mann Ende Vierzig stand am Fuß der Marmortreppe. Als ich näherkam, zog er ein letztes Mal an seiner Zigarette, ließ sie auf den Boden fallen und drückte sie mit der Schuhsohle aus.

»Genossin Ye Ting-xing«, sagte er, bevor ich sprechen konnte, »ich kann dir jetzt noch keine Antwort geben. Wir haben noch keine Entscheidung getroffen. In letzter Zeit hat man uns in unserem Verwaltungsbezirk mit allen möglichen Versetzungen hin und her überschwemmt. Ich hoffe, du verstehst das.«

Er klang aufrichtig. Ich nickte. Doch als er wieder gehen wollte, hielt ich ihn zurück.

»Genosse Fang«, sagte ich, »mein Urlaub ist fast vorbei, dann muß ich zurück nach Peking. Das möchte ich vermeiden. Ich möchte, daß du weißt, daß es mir ganz egal ist, was für eine Arbeit ich mache, solange ich in Schanghai bleiben und mich um meine Großtante kümmern kann.«
Es war ganz still im Raum, und ich wußte, daß alle zugehört hatten. Fang wirkte völlig unbeeindruckt. Wahrscheinlich erlebte er so etwas ein Dutzendmal am Tag.
»Wie wär's, wenn du in zwei Tagen nochmal wiederkommst? Sagen wir, morgens um zehn. Ich hoffe, dann kann ich dir sagen, wie wir entschieden haben.« Er drehte sich um.

Draußen herrschte das für Anfang April typische Wetter. Die Sonne hatte es geschafft, die dicken Wolken zu durchbrechen, konnte aber jeden Moment wieder einem neuen Regenschauer weichen. Die Luft war feucht und schwer, und genauso fühlte sich mein Herz an, als ich tief in Gedanken die Straße nach Hause entlangging.
Xiao Zhao hatte Tagschicht im Hafen, und ich würde ihn erst am Spätnachmittag sehen. Nummer 3 wollte in ein paar Tagen mit ihrem Mann, Xiao Qin, einem Arbeitskollegen aus ihrer Fabrik in Songjiang, zu Besuch kommen. Ich wünschte, ich könnte mit Nummer 2 sprechen, bei dem ich mein Leben lang Rat und Trost gesucht hatte, aber mein Zorn, daß er die Hälfte unserer Wohnung an eine fremde Familie abgegeben hatte, stand immer noch zwischen uns. Ich hatte mich bisher geweigert, ihn in seiner neuen Wohnung zu besuchen, und er war auch nicht zu mir gekommen. Nie hätte ich mir träumen lassen, daß es nach allem, was wir als Familie durchgemacht hatten, zu einem Bruch zwischen uns kommen könnte. Was für eine Ironie, daß gerade dieser Bruch, durch den Großtante alleine stand, mir als Vorwand diente, die verhaßte Stelle beim Geheimdienst nicht anzunehmen!

In den nächsten beiden Tagen zählte ich die Stunden bis zu meinem Termin mit Lao Fang. Am Freitagmorgen bot Großtante mir an, mich zum Bund zu begleiten. Sie glaubte, wenn sie weißhaarig und gebrechlich auf ihren Lilienfüßen neben mir stünde, würde das Lao Fangs Herz rühren. Ich antwortete jedoch, daß die Entscheidung inzwischen ohnehin gefallen sei, und ging ohne sie, begleitet von ihren besten Wünschen.

Ich meldete mich bei der Frau am Empfang und ging dann geradewegs die Treppe hinunter ins Wartezimmer. Kurz darauf kam Lao Fang. Er bedeutete mir, ihm zu folgen und führte mich wortlos ins Obergeschoß. Schweren Herzens schleppte ich mich die Treppe hinauf, weil ich sicher war, daß er schlechte Nachrichten für mich hatte und sie mir nicht in einem Raum mitteilen wollte, in dem ich vor den anderen zusammenbrechen und das Gesicht verlieren würde. Auf dem Flur drehte er sich zu mir um und lächelte.

Das war nett von ihm, fand ich. Solch eine Art von Höflichkeit gab es in China schon seit Jahren nicht mehr.

Dann reichte er mir die Hand.

»Glückwunsch, Xiao Ye. Du kannst bleiben.«

Teil V

Gegen den Wind

(1978–1987)

Kapitel 38

»Bleiben?« stammelte ich.
»Deine Geduld hat sich gelohnt. Die Personalabteilung hat beschlossen, dich zu nehmen. Komm mit.« Lao Fang ging zum Aufzug. »Ich bringe dich in dein Büro. Du kannst nächste Woche anfangen. Sobald dein Urlaub vorbei ist. Ich schicke dir dann die entsprechenden Formulare zu.«
Wir betraten den quietschenden Aufzug, und Lao Fang drückte auf den Knopf für den fünften Stock.
»Unsere Abteilung ist im dritten Stock, deine im fünften«, erklärte er.
Ruckartig blieb der Aufzug stehen und die Türen gingen zögernd auf. Tausend Fragen, was für ein Büro und welche Abteilung Lao Fang wohl meinte, wirbelten mir durch den Kopf, während ich ihm durch das Labyrinth dunkler Gänge folgte. Schließlich blieb er vor einer Tür stehen. Auf dem Holzschild darüber stand: Politische Abteilung.
»Da sind wir.«
In dem geräumigen Büro mit hoher Decke waren die meisten Schreibtische nicht besetzt. Eine Frau mittleren Alters stand auf, als wir hereinkamen.
Lao Fang stellte sie mir als Lao Yan vor. »Lao Yan ist für Personalangelegenheiten des Amts für auswärtige Angelegenheiten der Stadtregierung von Schanghai zuständig«, erklärte er strahlend
»Herzlich willkommen in unserer Abteilung, Xiao Ye. Ein bißchen junges Blut können wir gut gebrauchen.«
Ich schüttelte ihr die Hand und sah mich um. Mit seinen Hartholzböden und den Walnußpaneelen an den Wänden hatte der Raum früher sicher einmal beeindruckend gewirkt. Doch mittlerweile war die Farbe fleckig und rissig und das Holz abgenutzt und unpoliert.
Nachdem Lao Fang gegangen war, brachte Lao Yan mich

über den Flur in das Büro der Empfangsabteilung, aus dem geschäftiges Treiben zu hören war, noch bevor sie die Tür geöffnet hatte. Im Gegensatz zur politischen Abteilung herrschte hier ein emsiges Durcheinander. Die Luft war verräuchert von Zigarettenqualm. Schreibmaschinen klapperten, Telefone klingelten, Stimmen schwirrten durch die Luft. Mehrere Mitarbeiter schrieen ins Telefon und unterbrachen ihre Gespräche immer wieder mit »*Wei! Wei!*« (»Hallo! Hallo!«), wie es allgemein üblich war, wenn Leute versuchten, sich über die uralten Telefonleitungen zu verständigen. In diesem Raum war niemand auch nur annähernd in meinem Alter. Lao Yan hatte es ernst gemeint, als sie sagte, sie könnten junges Blut brauchen. Sie schob mich an einen Schreibtisch, an dem ein rundlicher Mann mittleren Alters saß.

»Herzlich willkommen in der Empfangsabteilung, Xiao Ye. Das ist dein neuer Arbeitsplatz.« Er reichte mir die Hand. In der letzten halben Stunde hatte ich mehr Hände geschüttelt als in meinem ganzen bisherigen Leben.

»Vielen Dank, daß ihr mich angenommen habt«, sagte ich leise und konnte meine Erregung kaum verbergen.

Lao Fu war der stellvertretende Abteilungsleiter, ein stattlicher, distinguierter Mann mit Doppelkinn, adretter Frisur und Kleidung – damals durchaus kein üblicher Anblick. Ich konnte nicht umhin seinen »Bierbauch« zu bemerken, ein Ausdruck, den ich von den amerikanischen Touristen gelernt hatte. Bei chinesischen Männern war ein Bierbauch durchaus ungewöhnlich.

Er führte mich durch die Abteilung und überhäufte mich mit Namen und Informationen. Unter seinem Redeschwall nahmen die Umrisse meiner neuen Stelle allmählich Gestalt an. Ich sollte für die Empfangsabteilung des Amtes für auswärtige Angelegenheiten der Stadtregierung Schanghai arbeiten, die unmittelbar der Verwaltung der Bundesregierung unterstellt war. Meine Abteilung mit mehr als zwanzig Beschäftigten war für den Empfang und die Betreuung von drei Arten ausländischer Würdenträger zuständig: *Guo Bin, Dang Bin* und *You Xie. Guo Bin* waren Staatsgäste wie Premierminister und ihre Entourage. Zu den *Dang Bin* gehörten Gäste der chinesischen Kommunistischen Partei aus anderen kommunistischen Ländern oder Parteien, zum Beispiel der rumänische Präsident Ceausescu. Solche Besucher wohnten meist in Gästehäusern, die für andere Touristen und Ausländer nicht zugänglich waren. *You Xie* waren gewöhnlich Gäste von Freundschaftsvereinigungen anderer Länder, die meist nicht-staatlich waren, wie die chinesisch-amerikanische Freundschaftsgesellschaft.

»Wann kannst du bei uns anfangen?« fragte Lao Fu.

»Morgen«, antwortete ich, weil ich nicht wollte, daß sie es sich noch anders überlegten.

»Wenn das so ist, warum fängst du dann nicht sofort an?« meinte er, über meinen Eifer lächelnd. »Du kannst ins Jin-Jiang-Hotel gehen, ein paar deiner Kollegen kennenlernen und dich mit den Verfahren für den Empfang von Staatsgästen vertraut machen.«

»Ehm, natürlich«, antwortete ich verblüfft. Eigentlich brannte ich darauf, Großtante die gute Nachricht zu erzählen, und ich wußte, daß sie mit jeder Minute, die verging, nervöser wurde.

»Sehe ich denn gut genug aus?« fragte ich. Ich hatte mir die Haare gewaschen und meine besten Kleider angezogen, war mir aber nicht sicher, ob mein Aussehen für ein, wie ich wußte, vornehmes und renommiertes Hotel angemessen war.

»Das ist schon in Ordnung.«

Nachdem ich mir die Blöße gegeben hatte, zuzugeben, daß ich keine Ahnung hatte, wo das Jin-Jiang-Hotel lag, bot Lao Fu an, mich hinzubringen. Vom Bund aus mußte man zwanzig Minuten mit dem Bus in die ehemalige französische Konzession fahren, ein Viertel, das von schattigen Platanenalleen mit zweistöckigen Häusern im europäischen Stil geprägt war, die man in Schanghai *yangfang* – »ausländische Gebäude« – nannte.

Der Hotelkomplex bestand aus zwei Flügeln, die durch einen Garten getrennt waren, und einem kleinen Saal, in dem Richard Nixon und Chou En-lai 1972 das berühmte gemeinsame Kommuniqué zwischen China und den Vereinigten Staaten unterzeichnet hatten. Der ehemalige französische Club mit Schwimmbad und Tanzsaal, der gegenüber an der Allee lag, hatte Mao Ze-dong als Privatresidenz gedient, wenn er nach Schanghai gekommen war. Nach seinem Tod hatte man das Haus für Touristen geöffnet. Auch der Nordflügel des Hotels stand Touristen und Geschäftsreisenden offen, während der Südflügel offiziellen Gästen vorbehalten und für die Öffentlichkeit gesperrt war. Im achtzehnstöckigen Haupthaus unterhielt das Amt für auswärtige Angelegenheiten ein Büro in Suite 253. In der geräumigen Zimmerflucht arbeiteten und übernachteten die Mitarbeiter der Empfangsabteilung, die Gäste im Hotel betreuten. Die Galerie im Inneren war Lao Gu vorbehalten, der Sekretärin der Abteilung. Sie war die älteste von uns.

Mittlerweile begann mir der Gedanke, daß ich tatsächlich in luxuriöser Umgebung für eine wichtige Behörde arbeiten würde, bereits zu Kopf zu steigen. Meine erste Lektion über die Vorzüge, die diese Arbeit mit sich brachte, erhielt ich, als Lao Fu und ich mit anderen Mitarbeitern in einem großen Speisesaal zu Mittag aßen, in dem lauter Journalisten der Presseagentur Xin Hua und Angehörige des Schanghaier Amts für öffentliche Sicherheit saßen, die für die Sicherheit der ausländischen Besucher verantwortlich waren. Die Speisekarte, die auf einer kleinen Tafel angeschlagen war, bot Fleischbällchen oder Hähnchenflügel und Drei-Delikatessen-Suppe. Ich entschied mich für die Hähnchenflügel. Dann fiel mir ein, daß ich wahrscheinlich nicht genug Geld für ein so teures Gericht bei mir hatte. Als das Essen kam – Suppe, dampfender Reis und eine Platte mit vier köstlich aussehenden Hähnchenflügeln auf einem Bett kurzgebratenen Gemüses –, wünschte ich, ich hätte auf Großtantes Rat gehört und mehr Geld eingesteckt.

Verlegen raffte ich allen Mut zusammen und flüsterte: »Lao Fu, ich glaube nicht, daß ich dieses Essen bezahlen kann. Ich fürchte, ich – «

»Mach dir darüber keine Gedanken, Xiao Ye. Ich habe Essensmarken des Hotels bei mir. Du bekommst eigene Marken, sobald wir wieder im Büro sind.«

Jetzt konnte ich mit Appetit essen. Die Flügel zweier Hähnchen ganz allein für mich! Ich war erstaunt, wie viel Geflügel man für diese Mahlzeit hatte schlachten müssen. Für die meisten Familien war Hähnchen eine Delikatesse, die sie nur Neujahr zu sehen bekamen, wenn jeder Familie eins zum staatlich festgesetzten Preis zustand.

Da ich im Rahmen der staatlichen Essenszuschüsse meiner Abteilung Essensmarken bekam, und das Hotel uns »Sonderpreise« einräumte, um sich bei den Beamten einzuschmeicheln, die zu entscheiden hatten, wo wichtige ausländische Gäste untergebracht wurden, kostete mich das ganze Essen, wie sich herausstellte, weniger als eine Schale Nudeln ohne Gemüse oder Fleisch an einem Straßenimbiß – und das in einem Land, in dem eine durchschnittliche Familie Dreiviertel ihres Einkommens für Lebensmittel ausgab.

Den Nachmittag verbrachte ich in Suite 253 – fasziniert von dem, was ringsum vor sich ging. Eine Schreibkraft tippte auf einer Schreibmaschine, die mit mehreren Tausend Schriftzeichen ausgestattet war, den letzten Entwurf für die Ansprache, die der Bürgermeister abends beim Bankett für den Ministerpräsidenten von Mali halten sollte. Andere füllten Antragsformulare für Limousinen oder Hotelzimmer aus. Es gab drei Telefone in unterschiedlichen Farben: eins für hotelinterne Gespräche, eins mit einer Amtsleitung und ein drittes, das über eine dreistellige Nummer unmittelbar mit der Zentralregierung und ihren Ministerien verbunden war. Dieses letzte wurde wegen seiner Farbe das »rote Telefon« genannt.

»Sobald es klingelt, läßt du alles andere stehen und liegen, auch andere Anrufe, und hebst ab«, wies Lao Gu mich an.

An diesem Nachmittag setzte man mich als Botin ein, die Mitteilungen im Büro des Hotelmanagers abgab und übersetzte Speisekarten zur Abteilung für Bankette brachte. Wohin ich auch kam, begrüßte man mich freundlich und respektvoll, obwohl ich noch jung und ein neues Gesicht war. Bald lernte ich, daß meine Abteilung sehr viel Einfluß besaß: Wenn ihr Name ins Spiel kam, gab es keine bürokratischen Hindernisse, keine Verhandlungen und keine Auseinandersetzungen.

Am Ende des Arbeitstages suchte ich Lao Fu und verabschiedete mich von ihm.

»Hast du nicht Lust, mit Lao Liu zu gehen und ihm heute abend bei dem Bankett zu helfen?« fragte er mich und stellte mich einem nett aussehenden grauhaarigen Herrn mittleren Alters vor.

»Gern«, antwortete ich, wohl zum hundertsten Mal an diesem Tag. »Aber ich spreche kein Französisch.«

»Das ist kein Problem. Ich setze dich mit an den Arbeitertisch zu den Journalisten, Sicherheitsleuten, Sekretärinnen und Leibwächtern.« Lao Liu lachte. »Meines Wissens ist das der beste Tisch. Keine Ausländer, kein Protokoll – nur essen und trinken!«

Bevor ich ging, bat ich Lao Gu, mir zu helfen, in der Telefonzelle unseres Viertels anzurufen. Ich wollte meiner Großtante eine Nachricht schicken, da ich mir denken konnte, daß sie mittlerweile schon krank vor Sorge war. Lao Gu sah mich mißbilligend an.

»Xiao Ye, sag nie einem Familienmitglied, Verwandten oder sonst jemandem, wo du bist, wenn du mit ausländischen Staatsleuten oder wichtigen Besuchern zu tun hast!« mahnte sie. »Das ist gegen die Vorschrift.«

Kurz darauf bog unser Wagen in den Hinterhof des Messezentrums von Schanghai ein und hielt vor einem Gebäude, in dem sich der Bankettsaal der Stadt befand. Dieses Zentrum hatten die Russen in ihrem typischen grandiosen Stil gebaut: himmelhohe Decken, gigantische Kristallüster und geschwungene Marmortreppen, breit wie eine Straße. Der Bankettsaal, so groß wie ein Fußballfeld, mit Klimaanlage ausgestattet und mit einem zinnoberroten Teppichboden ausgelegt, lag im ersten Stock. Neun große runde Tische standen in der Mitte zusammen (es hätten faßte leicht dreißig Tische Platz gehabt), jeder mit funkelndem Kristall, schimmerndem Porzellan und frischen Leinenservietten eingedeckt, die zu Blumen oder Vögeln gefaltet waren.

Umgeben von ausgelassenen Männern und Frauen, die das köstliche, reichliche Essen und den Alkohol offensichtlich genossen, mußte ich mir während des Essens immer wieder klarmachen, daß ich nicht träumte. Vor vierundzwanzig Stunden hatte ich noch kaum die Tränen zurückhalten können vor Sorge, daß man mich wieder nach Peking schicken würde, daß ich mich von Xiao Zhao, Großtante und meinem kleinen Neffen trennen und für den Rest meines Lebens eine Arbeit tun müßte, die ich verabscheute. Jetzt beschloß ich den Tag bei einem Bankett zu Ehren eines Staatsgastes und chinesischer Regierungsvertreter, die ich bis dahin nur im Fernsehen gesehen hatte. Das Acht-Gänge-Menü rührte ich kaum an. Auch die ausländischen Gäste konnte ich nicht richtig erkennen, weil ich meine Brille nicht dabeihatte. Und vom Inhalt der vielen Reden verstand ich gar nichts. Ich war viel zu sehr damit beschäftigt, mich auf meine Tischmanieren zu konzentrieren und die Bewegungen der anderen nachzuahmen, um mich nicht zu blamieren. Das einzige, was ich ihnen nicht nachmachte, waren die unzähligen Toasts und *ganbei* – auf ex trinken – mit *maotai,* dem berühmten starken Reisschnaps. Mein Kopf war auch so schon ganz benommen.

Als der Wagen mich auf dem Markt vor der Gasse des purpurnen Sonnenscheins absetzte, war es schon nach zehn Uhr abends. Erfüllt mit meinen guten Neuigkeiten und Geschichten lief ich die Gasse entlang, durch unseren Lichthof und stürmte dann die Treppe hinauf, zwei Stufen auf einmal nehmend.

»Großtante«, rief ich, »Großtante, ich bin wieder zu Hause!«

Die Türen flogen auf, und das stille Haus erwachte zu Leben. Nachbarn kamen heraus. Xiao Zhao, der gemeinsam mit Großtante gewartet hatte, kam mir auf der Treppe entgegen.

»Wo hast du gesteckt?« fragte er scharf. »Was ist passiert? Alle sind krank vor Sorge, besonders deine Großtante. Ich habe versucht, im Rathaus anzurufen, aber die Telefonzentrale war schon nicht mehr besetzt. Wieso kommst du so spät? Wie ist die Entscheidung denn überhaupt ausgefallen?«

Ich nahm es ihm nicht übel, daß er wütend war. Wie hätte ich denn vorhersehen können, was bei meinem einfachen Gang in die Stadt herauskommen würde!

»Ich habe heute abend an einem Bankett teilgenommen, das der Bürgermeister von Schanghai für einen ausländischen Freund gegeben hat«, sagte ich.

»Du meinst wie die, die wir immer im Fernsehen sehen?« unterbrach mich Lao Zeng, der in einem Außenhandelsbüro arbeitete. Da fiel mir ein, daß ich dort ein Kamerateam gesehen hatte.

»Ja«, sagte ich. »Wahrscheinlich kommt morgen abend etwas darüber im Fernsehen.«
Ich ging die Treppe ganz hinauf. Großtante wartete in der Tür und lauschte dem Durcheinander der Stimmen. Sie sah völlig verstört aus.
»Sag mir nur eins, Ah Si. Bleibst du jetzt in Schanghai oder nicht? Banketts und Fernsehen sind mir egal.«
Ich umarmte sie fest. »Großtante, ich bleibe hier, ich bleibe bei dir! Von jetzt an kann ich mich um dich kümmern.«
Großtante fing an zu weinen und später lachte sie vor Freude. »Meine Ah Si ist endlich wieder zu Hause«, murmelte sie.
Die Nachbarn drängten in unsere Wohnung und überschütteten mich mit Fragen. Sie wollten alles ganz genau wissen, wie es in dem Hotel aussah, wie die Bankettische gedeckt waren, wie die Afrikaner aussahen und redeten. War ihre Haut wirklich schwarz? Und wie waren die hohen Regierungspolitiker?
Gewöhnliche Leute konnten nicht in Hotels gehen und begegneten nie ihren Politikern, die in ihren Wagen mit Chauffeur sogar hinter geschlossenen Vorhängen saßen. In einer Gesellschaft, in der die politische Führung des Landes nicht durch Wahlen entschieden wurde, waren Politker geheimnisvolle Wesen. Ich bemühte mich, sämtliche Fragen zu beantworten und wünschte, ich hätte eine Speisekarte mitgebracht, um ihre Neugier zu befriedigen.

Mein Leben lang hatte ich Märchen gelesen, und jetzt schien ich selbst eins zu erleben. Ich ging in dem alten viktorianischen Gebäude an der Uferpromenade ein und aus, zeigte meinen neuen Dienstausweis und nickte dem Pförtner zu. Man ließ mich in vornehme Hotels und begrüßte mich freundlich lächelnd. Bei Xiao Zhao zu Hause rückte ich in den Mittelpunkt der Gespräche bei Tisch.

Ich schickte Chang-hong ein Telegramm, teilte ihr die Neuigkeit mit und bat sie, meine Sachen nach Schanghai zu schicken.

In der ersten Woche trug ich Kleider, die ich mir von Nummer 3 geliehen hatte, bis ich meine Sonderzuteilung für Kleidung bekam. Sie war mit der Mahnung versehen, daß ich sie ausschließlich für Oberbekleidung, »nicht für Unterwäsche« verwenden dürfe und Rechnungen in Höhe von 120 Yuan einreichen müsse. Das war mehr als zwei Monatslöhne. Als sich durch Großtantes Gespräche in der Waschküche in der ganzen Gasse herumsprach, daß ich vom Staat ein Vermögen für Kleider bekommen hätte und nicht wüßte, was ich kaufen sollte, trafen sich eines Abends ein halbes Dutzend Nachbarinnen in unserer Wohnung und brachten eigene und geliehene Kleider mit. Ich probierte Kleider und Jacketts an, und sie gaben ihr Urteil über mein Aussehen ab, redeten alle durcheinander und versuchten zu entscheiden, ob ich mir etwas in der Art zulegen sollte, wo es gekauft war und ob es ein Schnäppchen gewesen war. In China sagten die Leute sich immer, was etwas gekostet hatte, und waren froh und stolz, wenn sie weniger bezahlt hatten als die anderen gedacht hätten.

»Laß dir eine Dauerwelle machen wie die jungen Frauen in den Zeitschriften«, schlug Frau Zeng vor. Sie hatte sich gerade eine Dauerwelle machen lassen – das Haar »brennen« lassen, wie Großtante sagte, »daß es aussah wie ein Büschel unbändiges Reisstroh«. Bevor Großtante Frau Zeng widersprechen konnte, sagte ich ihr, daß ich das Kleidergeld nicht für den Friseur ausgeben durfte.

Ich war froh über die Hilfe meiner Nachbarinnen. Als Kind hatte ich »geerbte« oder abgelegte Sachen und Trauerkleidung getragen; als ich älter wurde, trug ich wie alle anderen die schlechtsitzende, geschlechtslose Tracht in »revolutionärem« Blau, Grau oder Grün. Ich hatte keine Ahnung von

Eleganz und hatte nie Kleider guter Qualität getragen. Der Abteilungsleiter Lao Li hatte gesagt, unser Aussehen sei wie ein »Schaufenster«, der erste Eindruck, den Ausländer vom gesamten chinesischen Volk bekämen, eine Bemerkung, die ich seltsam fand, da Ausländer doch ohne weiteres auf die Straße gehen und dort die schäbig gekleideten Durchschnittsbürger sehen konnten.

Mittlerweile waren meine Nachbarinnen bei der Frage angelangt, ob ich Kleider fertig kaufen oder nähen lassen sollte. Ich konnte mir nicht vorstellen, eine solche Summe in Geschäften zu verplempern. Als Frau Yan mir anbot, mir einige Sachen zu nähen, nahm ich an. Xiao Zhao bat ich, mir Rechnungen von seinen Schwestern zu besorgen (da ihr Vater die richtigen Leute bestochen hatte, waren sie alle vom Land wieder nach Schanghai zurückgezogen).

Meine Arbeit gefiel mir. Aber im Leben ist nichts vollkommen. Von Anfang an blieben einige meiner Kollegen, besonders die Dolmetscher, sehr distanziert und behandelten mich kühl. Sie dachten, ich hätte meine Stellung durch Beziehungen zu hohen Funktionären bekommen, weil man mich aufgrund eines Anrufs aus Peking eingestellt hatte. Fast alle waren erst nach jahrelanger Berufserfahrung in Fremdenverkehrsbüros, an Universitäten oder anderen Institutionen rekrutiert worden.

Eifersucht flackerte auf, als die Zeit für die sogenannte »Büroverlosung« näherrückte. Dolmetscher und andere, die mit ausländischen Besuchern arbeiteten, bekamen häufig als Dank Geschenke. Wenn ein hoher Beamter ein Geschenk erhielt, konnte er oder sie es behalten, ganz gleich ob es ein Farbfernsehgerät oder eine Kleinigkeit war. Untergeordnete Beamte und Dolmetscher mußten jedoch sämtliche Geschenke – sogar wenn es nur ein Kugelschreiber war – an Sekretärin Gu abliefern, die sie registrierte und sammelte. Zweimal im Jahr wurden diese Gegenstände verlost. Kurz nach meinem Eintritt in die Abteilung gab es eine Verlosung für Mitarbeiter aller Abteilungen – die politische Abteilung, die Propaganda- und die Empfangsabteilung. Alle, die über meine Einstellung verärgert waren, fanden, ich sollte nicht an der Verlosung teilnehmen dürfen, weil ich nicht an der Arbeit beteiligt gewesen sei, die diese Belohnungen eingebracht habe. Lao Gu hörte nicht auf sie. Allerdings trug es nicht gerade dazu bei, daß ich beliebter wurde, als ich das begehrteste Objekt gewann, eine Armbanduhr vom Premierminister Frankreichs.

Meine Arbeit war zwar interessant, aber ich stellte fest, daß ich mein Englisch kaum brauchte, weil ich meist mit logistischen Details der Staatsbesuche beschäftigt war. Während meine kommunistischen Führer diplomatische Spielchen trieben und meine Kollegen als Kommunikationszentren fungierten, ging ich in einem Wirbel von Einzelheiten unter, kümmerte mich um Anfragen chinesischer Politiker, ihrer Ehegatten und Sekretärinnen nach Plätzen bei Banketts oder um Eintrittskarten für Soirées. Manchmal mußte ich mit unzufriedenen Musikern verhandeln, die bei verschiedenen Banketts spielten. Abgesehen von Speisekarten, die ich übersetzte, hatte ich nie eine Chance, Englisch zu sprechen.

Aber ich war in Schanghai.

Kapitel 39

Im Juni 1978 wurde ich sechsundzwanzig. Xiao Zhao war fast neunundzwanzig, und seine Eltern fanden, es sei Zeit für uns, zu heiraten und eine Familie zu gründen.

Nachdem Xiao Zhao drei Jahre lang als Schauermann im Kohlenhafen gearbeitet hatte, versetzte man ihn in die Kantine. Er mußte immer noch in drei Schichten arbeiten, die nicht wöchentlich, sondern alle zwei Tage wechselten, und hatte Donnerstags frei. (In China gilt die Sechs-Tage-Woche.) Meine Arbeitszeiten waren unregelmäßig, und oft arbeitete ich sieben Tage in der Woche, so daß Xiao Zhao und ich uns nicht so häufig sehen konnten, wie wir es gewünscht hätten. Auch mit Großtante konnte ich nicht viel Zeit verbringen, weil ich oft im Hotel bleiben mußte, wenn ich eine Delegation betreute oder die Planung für sie übernahm.

Obwohl die verbindliche Familienplanungspolitik, die nur ein Kind pro Paar erlaubte, erst ein Jahr später eingeführt wurde, hatte der Staat schon seit Jahren verlangt, daß Paare erst spät heirateten und Kinder bekamen. Männern unter fünfundzwanzig und Frauen unter zweiundzwanzig verweigerte man Heiratsgenehmigungen und Wohnungen. Xiao Zhao und ich erfüllten zwar die Voraussetzungen für eine Heirat, aber ich fand, daß ich zu einer solchen Bindung noch nicht bereit war.

Seit meiner Rückkehr aus Schanghai war nicht ein einziger Tag vergangen, an dem ich nicht an Nummer 5 gedacht hatte, die auf dem Land festsaß. Sie war nun schon zehn Jahre dort. Alle um mich herum hielten mich für tüchtig und selbstbewußt, vor allem, als ich die Stelle beim Geheimdienst ablehnte, nur um gleich eine andere Arbeit zu bekommen, für die andere ein ganzes Netz bester Beziehungen gebraucht hätten. Doch tief im Inneren war ich von Zweifeln und Bedenken über die Entscheidungen, die ich getroffen hatte, geplagt. Ich hatte Jianguo und mit ihm die Gelegenheit abgelehnt, Nummer 5 zu helfen. Aus Abscheu gegen das System hatte ich die Chance vertan, eine hohe Stellung zu bekommen, die es mir ermöglicht hätte, meiner ganzen Familie zu nutzen. Ich hatte zwar mein Ziel erreicht, mit Großtante zu leben und mich um sie zu kümmern, aber ich hatte die Interessen meiner eigenen Geschwister geopfert. Ich fragte mich ständig, ob ich die richtigen Entscheidungen getroffen oder selbstsüchtig gehandelt hatte.

Doch eines war mir völlig klar: Jetzt zu heiraten, würde mein schlechtes Gewissen nur noch verschlimmern. Xiao Zhao und seinen Eltern sagte ich, ich würde lieber noch eine Weile warten, ich hätte in meiner neuen Stellung so viel zu tun und müsse noch an meinem Englisch arbeiten.

Außerdem gab es praktische Probleme. Weder Xiao Zhaos Eltern noch meine Familie konnten ein Paar bei sich aufnehmen. Xiao Zhao wollte, daß wir heirateten und eins unserer beiden Zimmer für uns nahmen, aber die Wohnung war schließlich auch noch das Zuhause meiner Geschwister, wenn sie nach Schanghai kamen.

Das wichtigste war jedoch wieder einmal mein Stolz. Ich wollte auf keinen Fall heiraten und mit leeren Händen in Xiao Zhaos Familie kommen. In den letzten zehn Jahren hatte ich zwar auf dem Land und als Studentin für mich selbst gesorgt, besaß aber nur die Kleider, die ich trug. Um es mit Großtantes Worten zu sagen: Ich hatte weder ein Stück Stoff noch Garn als Mitgift. Von einer Braut erwartete man, daß sie eine Aussteuer mitbrachte: einen ganzen Stapel Bettdecken und Bettwäsche, Haushaltsgeräte und so weiter. Die Bettdecken nähte man selbst, nachdem man jahrelang Baumwollmarken gespart hatte; schon wenn ein Mädchen noch ganz jung war, trug die ganze Familie Baumwollmarken zu seiner Aussteuer zusammen, oder sie kaufte den Stoff zu wesentlich höheren Preisen auf dem Schwarzmarkt.

Xiao Zhaos Eltern hatten jedem deutlich zu verstehen gegeben, daß sie bereit waren, für meine fehlende Aussteuer aufzukommen und sämtliche Kosten der Hochzeit und der Feier zu tragen. Als ich Großtante das erzählte, schwieg sie lange.

»Ah Si«, sagte sie schließlich, »du wirst nicht mit leeren Händen in diese Familie gehen. Deine Eltern würden es mir nie verzeihen, wenn ich das zuließe. Laß uns anfangen, die Aussteuer zusammenzusparen. Sonst verliert unsere Familie das Gesicht, und es wird schwer für dich, mit erhobenem Kopf vor seine Familie zu treten.«

Ich schwor mir außerdem, daß ich nicht heiraten würde, bevor Nummer 5 nicht wieder zu Hause war. Ich ging zu den Stadt- und Bezirksämtern, die für die Rückversetzung vom Land zuständig waren, und erfuhr, daß meine Schwester einzig und allein aus Gesundheitsgründen zurückkommen konnte. Ein Arzt mußte ihr dies bescheinigen. Die größten Chancen hatten jene, die an Arthritis litten. Damals war Arthritis in China eine rätselhafte Krankheit, die sich weder mit bloßem Auge noch durch Blutuntersuchungen feststellen ließ (es sei denn in besonders schweren Fällen, in denen die Gelenke geschwollen waren). Daher hatte China in den letzten Jahren wohl die höchste Rate an Arthritiserkrankungen unter jungen Leuten erlebt. Die Krankheit trat besonders häufig bei denen auf, die vom Land wegwollten. Viele der Atteste wurden von Ärzten ausgestellt, die ihre Patienten nie gesehen hatten, aber mit *guanxi* und Bestechung vertraut waren. Etwas durch *houmen* – »die Hintertür« – zu erreichen, war sehr verbreitet im Kommunismus, jener Philosophie, die uns so oft ermahnte, dem Volk zu dienen. Bestechung kam zwar weniger häufig vor, war aber durchaus nicht ungewöhnlich. Ich hatte diese Art, etwas zu erreichen, immer verabscheut.

Ohnehin hatte ich weder Beziehungen zu einem Arzt noch das nötige Geld für eine Bestechung. Ich dachte daran, mir das Geld von Xiao Zhaos Eltern zu leihen, aber mein Stolz hielt mich zurück. Ich wollte nicht schon in ihrer Schuld stehen, bevor ich ihre Schwiegertochter wurde.

Die Lösung ergab sich durch meine Arbeit. Nachdem ich ein halbes Jahr lang in der Abteilung gearbeitet hatte, stellte ich im Herbst überrascht fest, wie viele Leute ich in vielen Fabriken, Volkskommunen, Schulen, Krankenhäusern und anderen Einrichtungen kennengelernt hatte, die für Besuche ausländischer Gäste geeignet waren. Immer wieder konnte ich feststellen, wie kooperativ die Leute waren, die in diesen Einheiten arbeiteten. Ständig waren sie bemüht, sich insbesondere mit den Mitarbeitern meiner Abteilung gut zu stellen, damit wir weiterhin ausländische Gäste zu ihnen brachten.

Schließlich gab es damals nur wenige Arbeitseinheiten, die für Ausländer zugänglich waren, und nur wer mit Genehmigung der Propagandaabteilung in unserem Buch aufgelistet war, durfte ausländische Delegationen empfangen. Eine solche Einrichtung erwarb sich großes Prestige, und ihre Führungskräfte gewannen an Ansehen und politischem Verdienst. Zuerst mußte die Organisation sich bei unserer Abteilung bewerben und wurde vor Ort inspiziert: Gab es in der Umgebung Armutsviertel oder irgend etwas Nachteiliges, das China in ein schlechtes Licht gerückt hätte, wurde die Bewerbung abgelehnt. Auf das Erscheinungsbild wurde sehr viel Wert gelegt, was zu ausgedehnten Renovierungen und Säuberungen führte. Wenn ein Bewerber angenommen wurde, gab es staatliche Beihilfen, um attraktive Empfangsräume mit neuen Möbeln, Teppichen und manchmal auch Klimaanlagen einzurichten – was damals in China alles ein großer Luxus war.

Nach all den Jahren der Vernachlässigung beantragten natürlich viele Arbeitseinheiten, zu »Schaufenstern« zu werden. Wer damit zu tun hatte, nannte dieses Phänomen »mit auswärtigen Angelegenheiten innere Angelegenheiten vorwärtsbringen«.

Da seinerzeit für Ausländer, die nach Schanghai kamen, unter anderem jene Krankenhäuser interessant waren, die »magische« Akupunktur und andere traditionelle medizinische Verfahren praktizierten, lernte ich eine ganze Reihe von Ärzten kennen, die sich in der Aufmerksamkeit ausländischer Beobachter sonnten. Mittlerweile übertrug man mir oft die volle Verantwortung für die Organisation von Banketts und die Verteilung der Eintrittskarten für Soirées oder Theatervorstellungen, die für ausländische Delegationen gegeben wurden. Aus Sicherheitsgründen war das Publikum bei solchen Anlässen handverlesen, und die Chance, ausländische Würdenträger zu treffen und sich dabei die besten Balletts, Opern und Akrobaten anschauen zu können, war heiß begehrt. Solche Eintrittskarten waren mit Geld nicht zu bezahlen. Und ich hatte eine gewisse Menge davon zu vergeben.

Eine diskrete Verteilung brachte mir Ende November einen Briefumschlag mit einem Attest und einer Blutuntersuchung ein, die einen hohen Anteil weißer Blutkörperchen bescheinigte – beide ausgestellt auf den Namen von Nummer 5, Ye Feng-xing. Obwohl sie dem Arzt nie begegnet war, hatte er bei meiner Schwester eine schwere Form von Arthritis festgestellt, die sie zu *bintui* berechtigte – »zur Rückversetzung vom Land wegen Krankheit«. Das Dokument trug den offiziellen Stempel des Zhong-Shan-Krankenhauses, eines der besten in Schanghai.

Mit zitternden Händen las ich die Bescheinigung. Zum einen war das Betrug, zum anderen war es ein vielleicht noch schwerwiegenderes Verbrechen, persönlichen Vorteil aus der Position und dem Ansehen meiner Abteilung zu ziehen. Es konnte mich meine Karriere kosten, die gerade erst angefangen hatte. Ich schwor mir, niemandem etwas davon zu sagen, nicht einmal Xiao Zhao. Ich war durchaus nicht stolz auf das, was ich getan hatte; es war ein Vorgehen, das ich mein Leben lang verurteilt hatte.

Gleich am nächsten Tag schickte ich die Papiere per Einschreiben an Nummer 5.

In der nächsten Zeit beobachtete ich meine Kollegen aufmerksam, wenn sie den Telefonhörer auflegten, und besonders, wenn jemand aus diesem Krankenhaus zurückkam, und hielt Ausschau nach Anzeichen, ob man mir auf die Schliche gekommen war. Meine Angst legte sich erst, als ich zwei Wochen später nach Hause kam und einen Brief von Nummer 5 vorfand. Nachdem ich ihn gelesen hatte, schrie und hüpfte ich vor Freude und wirbelte mit dem Brief in der Hand um Großtante herum. Sobald die Formalitäten erledigt waren, konnte Nummer 5 nach Hause kommen. Sie würde ihr Stadtwohnrecht ohne Schwierigkeiten zurückerhalten. Endlich war diese schwere Last von mir genommen. Ich betrachtete das Foto meiner Eltern und wünschte, sie wären da, um sich mit mir zu freuen.

Kapitel 40

Wie das Sprichwort sagt, kommt ein Unglück selten allein und gute Nachrichten kommen meist paarweise.
Als Nummer 5 erst zwei Monate wieder zu Hause war, bekam sie nach Neujahr 1979 eine Stelle als Anstreicherin in einer Werkstatt des Stadtteilkomitees zugewiesen, die einzige Art von Arbeit, die Rückkehrern vom Land zustand. Nummer 5 war immer schon still und in sich gekehrt gewesen, doch die letzten zehn harten Jahre hatten ihr zusätzlich eine gewisse Schärfe verliehen. Und mein Glück, das Nachbarn und Freunde herausposaunten, trug nicht gerade dazu bei, ihre Verbitterung zu mildern. Jeden Morgen, wenn ich mich zurechtmachte, um für ausländische Besucher präsentabel auszusehen, und sie sich für die Malerwerkstatt anzog, spürte ich ihre neidischen Blicke.
»Wir haben beide gelitten«, meinte sie oft, »aber dein Leiden hat sich wenigstens gelohnt. Meins geht weiter. Warum ist das Leben so ungerecht?«
Das gefälschte ärztliche Attest war ein besiegeltes Geheimnis zwischen uns. Auch wenn meine Schwester mit ihrer Arbeit unzufrieden war, konnte ich mich nicht erinnern, wann bei uns zu Hause so viel Leben und Glück geherrscht hatte – wohl seit Vaters Operation nicht mehr.
Im Juni kam eines Abends Nummer 1 völlig überraschend nach Hause, denn sein zweiwöchiger Heimaturlaub war noch nicht fällig. Er war sehr glücklich, warf seinen Sohn in die Luft und erzählte uns, daß er sich für ein weiterführendes Studium am Forschungsinstitut für Schiffbau in Schanghai beworben hatte und nun zu den letzten Aufnahmeprüfungen in die Stadt gekommen war. Es hatte mich immer traurig gemacht, daß mein begabter ältester Bruder, ein so talentierter Musiker und Wissenschaftler, die letzten zehn Jahre in einer Reparaturwerkstatt der Provinz Guizhou hatte arbei-

ten müssen. Sein jahrelanges Ingenieursstudium an der Jiao-Tong-Universität schien verlorene Zeit zu sein.
Doch als es von 1978 an die weiterführenden Studiengänge wieder gab, und Deng Xiao-ping die vier Modernisierungsbestrebungen erneut einführte, sah er seine Chance. Er beschloß, sich auf Schiffbau statt auf sein bisheriges Hauptfach Kraftfahrzeugtechnik zu konzentrieren. In Schanghai gab es die größte Schiffbauindustrie des Landes. Falls er Erfolg hatte, stünden seine Chancen gut, wieder nach Hause kommen zu können, mit seinem Sohn zusammenzusein und näher bei seiner Frau zu leben.
Also hatte er sich auf eigene Faust auf die Aufnahmeprüfungen für das Schiffbaustudium vorbereitet und jedes Buch durchgeackert, das er darüber bekommen konnte. Die allgemeine Prüfung hatte er schon bestanden.
Die Geschichte wiederholte sich. Wieder waren die meisten Mitglieder der Familie Ye zusammen und warteten den ganzen Sommer in unerträglicher Spannung auf die Prüfungsergebnisse meines ältesten Bruders, wohl wissend, daß seine gesamte Zukunft auf dem Spiel stand. Jedesmal, wenn ich Nummer 1 mit seinem Sohn Ye Xiang toben sah, wünschte ich, ich könnte ihm irgendwie helfen.
Ende August kam die Mitteilung, daß Nummer 1 als einer von zehn Studenten am Forschungsinstitut für Schiffbau angenommen worden war und während des Studiums wieder in der Gasse des purpurnen Sonnenscheins wohnen sollte. Als ich an diesem Abend spät nach Hause kam, begrüßten mich Großtante, Nummer 5, Nummer 1 und unsere Nachbarn ausgelassen. Klein Ye Xiang starrte uns verständnislos an. Er war zu jung zu begreifen, was dieser Moment für unsere Familie bedeutete. Für mich, für Nummer 5 und endlich auch für Nummer 1 war der lange Alptraum endlich vorüber. Nach zehn Jahren der Trennung und des Elends waren wir wieder zu Hause.

Im Frühjahr 1980 zog meine Abteilung in den Gebäudekomplex des ehemaligen polnischen Generalkonsulats, das bequemerweise gegenüber der Festhalle und nur einen Block von meiner alten Schule entfernt lag. Die Anlage mit zwei vornehmen dreistöckigen Gebäuden, umgeben von Rasenflächen und Blumenbeeten – eine Seltenheit in der Innenstadt von Schanghai –, gehörte zu den feinsten der Stadt und hieß in der Bevölkerung nur »das weiße Haus«. Da in der letzten Zeit die Zahl der ausländischen Besucher – die der Touristen wie auch der Staatsgäste – sprunghaft angestiegen war, hatte man die Empfangsabteilung, für die ich arbeitete, in drei Gruppen unterteilt. Mit elf anderen Mitarbeitern gehörte ich zur *Guo-Bin*-Sektion, die sich ausschließlich um Staatsbesuche kümmerte und nur noch mit Gästen der Kommunistischen Partei und der Freundschaftsvereinigung zu tun hatte, wenn wir den anderen Sektionen aushelfen mußten – zum Beispiel wenn Delegationen aus Nordkorea unter Kim Il-sung kamen, oder aus Kambodscha unter Kiang Schek Leu, dem zweiten Mann des Pol-Pot-Regimes.

Dank Lao Gus Umsicht bekam ich einen Bezugsschein für ein Fahrrad (Fahrräder waren damals rationiert), hatte aber kein Geld, mir eins zu kaufen. Xiao Zhaos Vater beschaffte es mir als Verlobungsgeschenk, und ich nahm es dankbar an, obwohl mir völlig klar war, daß es einen Wink mit dem Zaunpfahl bedeutete, endlich zu heiraten. Doch nach wie vor stellte sich das Problem, wo wir wohnen sollten. Die Lösung ergab sich wieder einmal durch meine Arbeit.

Unter den führenden Politikern der Stadt, die ich im Laufe meiner Arbeit häufig traf, hielt ich Vizebürgermeister Zhao für einen respektablen Mann, der sich von den meisten seiner kommunistischen Kollegen unterschied. Er war früher als Botschafter im Irak und anderen Ländern gewesen und nun für unsere Abteilung zuständig. Durch seine nette, liebenswerte Art seinen Mitarbeitern gegenüber fühlte ich mich in seiner Gegenwart wohl. Es fiel mir sogar leicht, seine Fragen über mein Privatleben zu beantworten. Als wir uns eines Abends nach einem Bankett noch eine Weile unterhielten, erzählte ich ihm, daß mein Verlobter und ich darauf warteten, daß das Wohnungsamt unseres Viertels uns eine Wohnung zuwies – ein Problem, dem sich sehr viele junge Paare gegenübersahen. Er bat mich, ihm einen schriftlichen Bericht mit Angaben über die Wohnungsgröße unserer Familien, die Zahl der Bewohner, unser Alter und ähnliches einzureichen, den er dann an das zentrale Wohnungsamt der Stadt weiterleiten würde.

Sein Interesse freute mich. Wenn er sich einschaltete, bedeutete das zwar immer noch, daß ich mit leeren Händen in meine neue Familie kommen würde, aber ich könnte wesentlich schneller heiraten als erwartet und wir bekämen durch mich eine wesentlich größere und bessere Wohnung als die meisten. Das Verteilungssystem für Wohnungen, das den Hochadel der Bürokratie darstellte, wurde von drei Ebenen aus bearbeitet: dem Viertel, dem Distrikt und der Stadt. Die Bevölkerung von Schanghai nannte sie Krabben, kleine Fische und große Fische. Das zentrale Wohnungsamt der Stadt hatte die besten Wohnungen zu vergeben, während der Distrikt den Rest verwaltete und das Viertel die Brosamen bekam, die übrigblieben.

Ein paar Tage später reichte ich Vizebürgermeister Zhao meinen Bericht ein. Rasch sprach es sich in der ganzen Gasse des purpurnen Sonnenscheins herum, daß sich ein hoher Politiker bei unserem Problem eingeschaltet hatte. Darüber war ich keineswegs glücklich. Ich fühlte mich unbehaglich bei dem Gedanken, durch die Hintertür an eine Wohnung zu kommen, zumal wenn ich den jungen Männern und Frauen ins Gesicht sehen sollte, die mit mir aufgewachsen waren und seit Jahren darauf warteten, daß sie endlich an die Reihe kamen. Ich hätte wissen müssen, daß ich es Großtante nicht erzählen durfte. Im Gegensatz zu meinen Nachbarn, die alles über die ausländischen Würdenträger wissen wollten, von ihrer Hautfarbe über ihre Frisuren bis hin zu ihrer Kleidung, interessierte sich Großtante überhaupt nicht für Ausländer. Ihre Neugier galt ausschließlich chinesischen Politikern – Präsident Li, Premierminister Deng, Bürgermeister Peng und so weiter. Bei den täglichen Treffen, die das Stadtteilkomitee organisierte, um die Tageszeitung vorzulesen, paßte sie immer sehr genau auf und verschlang jedes Detail. Als nun der Vizebürgermeister ihre Ah Si unter seine Fittiche nahm, erzählte sie die Neuigkeit allen, die sie kannte.

Daß ich bald heiraten würde, begeisterte Großtante weniger. Im Stillen hatte sie gehofft, ich würde mit Xiao Zhao bei ihr wohnen; doch dieser Plan hatte sich durch die Rückkehr von Nummer 5 und Nummer 1 zerschlagen. Zudem war sie bekümmert darüber, daß sie mich nicht mit einer anständigen Aussteuer in mein neues Leben schicken konnte. Da sie als Alleinstehende nur eine kleine Rente hatte und zudem von ihren Verwandten auf dem Land oft um finanzielle Hilfe gebeten wurde, konnte sie mir nicht die sechs Bettdecken mitgeben, die traditionell vorgeschrieben waren.

Anfang November, zwei Wochen, nachdem ich meinen Bericht eingereicht hatte, bekam ich einen Anruf von einer Mitarbeiterin des städtischen Wohnungsamtes, die mich aufforderte, mich mit ihr in der Xizang-(Tibet)Straße in der Innenstadt vor einem Mietshaus zu treffen, das mit dem Fahrrad etwa zwanzig Minuten vom Büro entfernt lag. Es war ein fünfstöckiger Wohnblock aus den fünfziger Jahren, an dem ich auf dem Weg zum Bahnhof schon oft vorbeigekommen war. Die Frau führte mich in eine typische Wohneinheit im ersten Stock, die aus zwei Ein-Zimmer-Wohnungen mit gemeinsamer Küche und Toilette bestand. Das Zimmer, das sie mir zeigte, war etwa 20 Quadratmeter groß und entsprach nach den Richtlinien dem Wohnraum für eine vierköpfige Familie. Zwischen Balkon und Gehweg war ein schmaler Vorgarten. Auch hinter dem Haus gab es kleine Blumenbeete.

Im Vergleich zu unserer Wohnung in der Gasse des purpurnen Sonnenscheins war diese hier geradezu luxuriös. Sie hatte Hartholzböden (die es in den meisten Neubauten nicht gab) und Fensterrahmen aus Metall. In der Küche gab es sogar fließendes Wasser und einen Gasherd (wir kochten immer noch auf Kohle), und in dem gemeinsamen Waschraum ein Wasserklosett (wir benutzten nach wie vor unsere Nachttöpfe). Auch die Wohnlage war günstig, zehn Minuten von meinem jetzigen Zuhause und zehn Minuten von der Innenstadt entfernt. Ich nahm den Schlüssel auf der Stelle an und wurde meinen neuen Nachbarn in dem anderen Zimmer, der Familie Lu, vorgestellt: einem alten Ehepaar mit ihren beiden erwachsenen Kindern. Bevor die Frau vom Wohnungsamt ging, erzählte sie mir, daß sie fest mit meiner Ablehnung gerechnet hatte. Die meisten lehnten die erste Wohnung ab, weil sie wußten, daß man ihnen beim nächsten Mal eine bessere anbieten würde, zumal wenn der Vizebürgermeister den Antrag unterstützte.

Sobald ich den Wohnungsschlüssel in der Tasche hatte, stand die Zukunft plötzlich sehr real vor meinen Augen: Ich würde Großtante verlassen und eine eigene Familie gründen. Xiao Zhao und sein Vater drängten auf baldige Heirat: Bis Neujahr, einem beliebten Hochzeitstermin, waren es nur noch knapp zwei Monate.

Eine Woche später, als ich sonntags mit Nummer 5 die Wohnung putzte, sah ich aus den Augenwinkeln, wie Großtante sich schwerfällig auf ihr Bett setzte. Sie hatte die Augen geschlossen und die Hände an die Schläfen gelegt.

»Großtante«, rief ich aus dem Nachbarzimmer, »stimmt was nicht?«

Ihre Antwort war kaum zu hören.

»Mein Kopf«, murmelte sie. »Es fühlt sich an, als hätte ich Messer im Kopf.«
Nummer 5 und ich liefen in ihr Zimmer.
»Sie ist so blaß«, meinte Nummer 5.
»Ich finde, wir sollten dich ins Krankenhaus bringen«, sagte ich. Bei ihrem Alter und den Blutdruckproblemen wollte ich kein Risiko eingehen.
»Nein, nein«, protestierte sie leise. »Ich leg mich nur hin.«
Ich half ihr ins Bett, und sofort schlief sie fest ein.
Als ich sie zum Mittagessen weckte, setzte sie sich auf.
»Großtante«, sagte ich leise, »warum hältst du den Arm hoch?«
Ihr rechter Arm war erhoben, als rufe sie Parolen bei einer politischen Versammlung.
»Was meinst du?«
Ich hielt ihr einen Spiegel vor. Als sie sich sah, entfuhr ihr ein entsetzter Schrei.
»Ich kann meinen Arm in dieser Position gar nicht spüren«, sagte sie. »Was ist mit mir?«
Ich bat Nummer 5 hastig, auf sie aufzupassen, und lief hinunter zum öffentlichen Telefon der Gasse, um einen Krankenwagen zu rufen. Im selben Krankenhaus, in dem man die Krebserkrankung meiner Mutter festgestellt hatte, erfuhr ich, daß Großtante einen schweren Schlaganfall erlitten hatte und eine Lumbalpunktion notwendig war, um festzustellen, welche Teile des Gehirns betroffen waren. Ihr rechtes Lid und ihr rechter Mundwinkel hingen herab, und den Arm hielt sie immer noch hoch in unveränderter Position.
Nummer 1 und ich verbrachten die Nacht an ihrer Seite, und am nächsten Tag hielt ich ihre Hand, während die Ärzte und Schwestern sie wie eine Krabbe zusammenklappten, um die Lumbalpunktion durchzuführen. Als die Nadel in ihr Rükkenmark drang, schrie Großtante laut und gequält auf. Ich bat den Arzt aufzuhören.

»Du willst doch nicht, daß deine Tante stirbt, oder?« fuhr er mich an.
Während des Eingriffs fragte ich mich, ob mein bevorstehender Auszug ihren Schlaganfall verursacht hatte. Immer wieder hatte Großtante mich gedrängt, mit Xiao Zhao in das zweite Zimmer unserer Wohnung zu ziehen.
Doch so gerne ich auch in ihrer Nähe bleiben wollte, hatte ich doch das Gefühl, daß Nummer 3 und Nummer 1 in Schanghai ein Zuhause brauchten, deshalb konnte ich nicht einwilligen. Meine Weigerung hatte sie aufgeregt.
Die Untersuchung ergab, daß der Schlaganfall nicht lebensbedrohlich gewesen war. Meine beiden Geschwister und ich blieben in der folgenden Woche abwechselnd bei ihr. Als sie entlassen wurde, versicherten uns die Ärzte, daß ihr Arm sich allmählich wieder erholen und normal funktionieren würde.
Zum erstenmal in ihrem Leben kümmerten sich andere um Großtante, und wir, die dritte Generation der Familie Ye, bekamen Gelegenheit, uns für ihre Hilfe im Laufe der letzten vierzig Jahre erkenntlich zu zeigen. Ich beschloß, daß es keine Hochzeit geben sollte, bevor sie sich nicht völlig erholt hatte.

Kapitel 41

Fünf Monate später, am 13. April 1980, heirateten Xiao Zhao und ich. Durch die Beziehungen seines Schwiegersohnes hatte mein Schwiegervater einen geräumigen Saal im nahegelegenen Park Hotel buchen können. Ich war beruflich oft dort gewesen und hätte es vorgezogen, meinen Hochzeitsempfang nicht da zu geben, weil das Personal mich großenteils kannte. Aber ich hatte in dieser Frage nichts mitzureden: die Hochzeit und den Empfang auszurichten war Sache der Familie des Bräutigams.

Nach staatlicher Regelung standen uns drei Tage Urlaub für die Flitterwochen zu, aber ich hatte drei weitere Urlaubstage beantragt, um meine angesammelten Überstunden abzufeiern. Xiao Zhao und ich hatten beschlossen, drei Tage nach Hangzhou zu fahren, einer malerischen Stadt drei Zugstunden südlich von Schanghai, wo Verwandte von ihm lebten. Anschließend wollten wir nach Wuxi fahren und versuchen, das Grab meiner Eltern zu finden. Tante Yi-feng meinte, sie könne uns die Stelle ungefähr zeigen, allerdings nicht ganz genau, weil dort jetzt ein Feld sei.

Mein Antrag auf Extraurlaub wurde jedoch abgelehnt, weil zu dieser Zeit eine amerikanische Delegation nach Schanghai kommen sollte. Meine Enttäuschung wuchs, als man mich auch noch kritisierte, daß ich den Antrag überhaupt gestellt hatte.

»Weshalb willst du nach Hangzhou fahren?« hatte Lao Fu gefragt, der inzwischen zum Abteilungsleiter befördert war, »wollt ihr etwa bergsteigen und auf dem See segeln wie Touristen, die nichts zu tun haben?«

Aber das war noch nicht alles. Ein paar Tage später zitierte Lao Fu mich wieder zu sich, diesmal in Begleitung der Sekretärin Lao Gu. Weil wir ursprünglich vorgehabt hatten, zwei Städte in sechs Tagen zu besuchen und die Zeit dafür recht knapp war, hatten Xiao Zhao und ich es für eine gute Idee gehalten, von Hangzhou nach Schanghai zurück zu fliegen und von dort den Zug nach Wuxi zu nehmen. Außerdem hatten wir noch nie in einem Flugzeug gesessen und freuten uns darauf. Ein Englischdolmetscher unserer Abteilung, Lao Peng, hatte mir geholfen, über einen Freund die Tickets bei einem Fremdenverkehrsbüro in Hangzhou zu buchen. Ein Flugticket zu bekommen war fast genau so schwierig wie in den Himmel zu klettern; normale Leute bekamen keine, weil die Nachfrage von hohen Funktionären und Touristengruppen (die mit heißbegehrten Devisen bezahlten) zu groß war, und man Sonderbezugsscheine brauchte. Leider hatte Lao Gu den Anruf entgegengenommen, der meine Buchung bestätigte. Als eingefleischte wachsame Kommunistin hatte Lao Gu mein »Vergehen« der Verschwendung meinem Vorgesetzten gemeldet.

In seinem Büro warf Lao Fu mir bourgeoise Extravaganz vor und beschuldigte mich, ich »werfe das Geld weg wie Wasser«. Die Tatsache, daß es mein Geld war, hinderte ihn nicht daran, sich einzumischen. Lao Gu fügte hinzu, daß ich zu meinem persönlichen Vergnügen den legitimierten Funktionären, die ihre Staatspflichten erfüllten, Plätze im Flugzeug wegnähme. Sie rief Lao Pengs Freund in Hangzhou an. Als sie ihn am Apparat hatte, reichte sie mir den Hörer.

»Stornier die Tickets«, befahl sie.

Da ich weitere Kritik wegen »bourgeoiser Extravaganz« fürchtete, falls sie herausfanden, daß mein Hochzeitsempfang im Parkhotel stattfand, erzählte ich im Büro niemandem davon und lud auch keine Kollegen ein. Am Tag des Hochzeitsessens hielt ich meine normale Arbeitszeit ein, um keinen Verdacht zu erregen. Ich hatte meine Lektion gelernt. Wie Maos berühmter Spruch schon sagte, konnte ein einziger Funke einen Steppenbrand auslösen, und das nahm ich mir zu Herzen: Eine winzige Achtlosigkeit vermochte mein ganzes Leben zu ruinieren.

Zur Hochzeit trug ich ein graues Kostüm, das ich mir von meinem Kleiderzuschuß angeschafft hatte. Xiaos Stiefmutter hatte vergeblich versucht, mich zu einem roten Kleid zu überreden. (Rot ist in China die traditionelle Farbe für eine Hochzeit.) Nachdem ich ein Jahrzehnt lang nur die von der Kulturrevolution verordneten tristen Farben getragen hatte, fühlte ich mich in leuchtenden Kleidern unwohl. Zudem konnte ich mich nicht überwinden, Geld für ein Kleid auszugeben, das ich nur ein einziges Mal tragen würde, und so entschied ich mich für einen Kompromiß und trug einen rosa Pulli unter meinem Jackett. Mein Hochzeitsessen war die prunkvollste Privatfeier, an der ich je teilgenommen hatte, geplant und bezahlt von meinem Schwiegervater, ohne daß er mich zu Rate gezogen hätte. Mir wäre ein ruhiges Essen im engsten Familienkreis lieber gewesen – so wie Nummer 1, Nummer 2 und Nummer 3 es gehalten hatten. Mein Schwiegervater hatte jedoch zehn Tische gebucht. An einem saßen Großtante, Nummer 1 und sein Sohn, Nummer 3 und ihr Mann und Nummer 5 mit Yu-qins jüngerer Schwester. Nummer 2 und seine Frau kamen nicht, weil er und ich wegen der Aufteilung unserer Wohnung immer noch böse aufeinander waren. An den anderen neun Tischen saßen Xiao Zhaos Verwandte und Freunde seiner Eltern, von denen ich viele gar nicht kannte. Allerdings fiel mir auf, daß mein Schwiegervater auch den reichen Vater einer Frau eingeladen hatte, mit der er Xiao Zhao ursprünglich hatte verheiraten wollen.

Das Essen war ein aufwendiges Zehn-Gänge-Menü. Als es zur Hälfte vorbei war, gingen Xiao Zhao und ich von Tisch zu Tisch, bedankten uns bei den Gästen für ihr Kommen und die Geschenke, meist Bargeld, das sie meinem Schwiegervater gegeben hatten. Ich war glücklich, fühlte mich aber zugleich auch wie eine arme Landmaus, die kaum genug Verwandte hatte, auch nur einen Tisch unter den reichen Freunden von Xiao Zhaos Familie zu füllen – ein Gast auf meiner eigenen Hochzeit.

Als wir später mit engen Freunden und Verwandten in unserer neuen Wohnung saßen, hatte ich den Eindruck, alle wüßten ganz genau, daß der einzige Gegenstand, den ich mit in mein neues Heim gebracht hatte, ein wackliges Holzgestell für den zweiflammigen Gasherd war, das Nummer 1 für mich gebaut hatte. Drei Sonntage lang hatte er nach einer Zeichnung, die er in einem geliehenen Buch gefunden hatte, gemessen, gesägt und genagelt. Als die letzten Gäste um Mitternacht gegangen waren, betrachtete ich unser Zimmer, das mit neuen Möbeln, Bergen von bunten Bettdecken und Bettwäsche und anderen Haushaltsutensilien ausgestattet war, die die meisten jungen Paare sich nicht leisten konnten. Ich fühlte mich fremd und ausgeschlossen. Jeder einzelne Gegenstand erinnerte mich daran, daß Xiao Zhaos Eltern dies alles zusammengestellt und bezahlt hatten: Ich stand in ihrer und seiner Schuld – eine Bürde, die schwer auf mir lastete.

Wenn ich gedacht hatte, ich könnte meine Ehe allein mit meinem Mann beginnen, so hatte ich mich geirrt, denn wir waren noch nicht lange von unserer Hochzeitsreise nach Hangzhou zurück, da wurde Hai Rui zu einer ständigen Einrichtung unseres Haushalts.

Hai Rui war ein Freund von Xiao Zhao aus unserer Zeit auf der Gefängnisfarm, aber ich kannte ihn erst seit ich mit Xiao Zhao zusammen war. Die Frauen redeten viel über ihn, weil er eine feminine Art hatte, die ihm den Spitznamen Lamm eintrug. Immer und überall hatte er eine große Strohtasche bei sich, wie sie sonst nur Frauen benutzten. In den sechs Jahren auf dem Land hatte Hai Rui nie auf dem Feld gearbeitet, vielmehr hatte er für einige seiner männlichen Kollegen den Haushälter und Diener gespielt, den Schlafsaal saubergehalten, ihnen Wasser und Essen geholt und die Wäsche gewaschen. Als Gegenleistung hatten sie ihn gedeckt und sein Soll auf den Feldern übernommen. Er war ein Jahr älter als Xiao Zhao, sehr penibel und konnte kein Fleckchen auf seiner Kleidung ertragen. Es war allgemein bekannt, daß er Xiao Zhao anbetete.

Anfangs dachte ich mir nicht viel dabei, daß Hai Rui täglich auftauchte, nicht einmal, als Xiao Zhao und ich nach unserer dreitägigen Hochzeitsreise das Bett zurechtgemacht fanden wie in einem Hotel, die Decke zurückgeschlagen und einen Riegel Schokolade auf dem Kissen. Ohne es mir zu sagen hatte Xiao Zhao seinem Freund einen Schlüssel zu unserer Wohnung gegeben. Meist hatte Hai Rui, wenn ich von der Arbeit kam, das Essen schon gekocht und Xiao Zhaos Wäsche gewaschen und zum Trocknen an Bambusstangen aufgehängt. Eines Abends stellte ich fest, daß er auch meine Wäsche gewaschen hatte, sogar meine Unterwäsche.

Es gefiel mir nicht, daß Hai Rui sich in meinen Haushalt mischte. Doch andere hielten Hai Rui für gutmütig und harmlos. Meine Nachbarn versicherten mir, ich hätte Glück, einen so »hilfsbereiten« Freund zu haben. Trotzdem sprach ich an jenem Abend mit Xiao Zhao über meine Vorbehalte, fand aber bei ihm kein Verständnis. Vielmehr versicherte er mir, Hai Rui sei zu schwach, um für mich eine Bedrohung zu sein oder mir zu schaden. »Er ist nur einsam und braucht etwas Gesellschaft, das ist alles«, erklärte er. Ich begriff nicht, was er meinte, und anfangs auch nicht, was er mit dem Wort Bedrohung sagen wollte. Es erinnerte mich jedoch an einen Vorfall, den er auf der Farm einmal erwähnt hatte. Eines Sonntagnachmittags war Xiao Zhao aufgewacht, weil ihn jemand auf die Stirn küßte. Es war Hai Rui gewesen. Xiao Zhao hatte mir erzählt, daß er ihn geschlagen und gewarnt habe, das nie wieder zu tun.

In amerikanischen Zeitschriften hatte ich zwar die Worte »Homosexuelle« und »Lesbierinnen« gelesen, wußte aber nicht recht, was sie bedeuteten. Außerdem glaubte ich der offiziellen staatlichen Verlautbarung, daß so etwas in China nicht existierte. Mir war nie in den Sinn gekommen, daß Hai Rui schwul sein könnte. Allerdings wunderte ich mich allmählich, wieso ein gesunder junger Mann wie er sich noch nie mit einer Frau verabredet hatte und warum er Xiao Zhao so ergeben war. Und mit der Zeit fragte ich mich, wer in meiner Wohnung eigentlich der Eindringling war, Hai Rui oder ich? Seit dem Tag, an dem ich meine Sachen packen und auf die Gefängnisfarm ziehen mußte, hatte ich davon geträumt, einen Platz für mich zu haben. Einen Ort, an dem ich meine Sachen nicht zusammengefaltet in einem Kissenbezug oder einem Pappkarton unter dem Bett aufbewahren oder das Bett mit einer Tante, Schwester oder Arbeitskollegin teilen mußte. Ein Platz, an dem ich alles so einrichten konnte, wie ich es wollte.

Da ich mich mit meinem Mann nicht streiten wollte, beschloß ich, die Sache indirekt anzugehen. Mit Hilfe von Xiao Zhaos Schwester versuchte ich, Hai Rui mit einer jungen Buchhalterin aus einem Kinderkrankenhaus zusammenzubringen. Anfangs lehnte Hai Rui eine Verabredung ab, gab aber schließlich nach. Es war geplant, daß sie sich in einem Theater in der Nähe unserer Wohnung treffen, sich die Vorstellung ansehen und dann in unsere Wohnung kommen sollten, wo sie ein bißchen allein sein konnten. Xiao Zhao und ich wollten an dem Abend ausgehen.

Kurz vor Hai Ruis erstem Rendezvous putzte ich die Wohnung und bereitete für sie einen kleinen Imbiß vor. Als Xiao Zhao und ich uns am Abend gerade anschickten, aus dem Haus zu gehen, stürmte Hai Rui allein und offensichtlich verärgert zur Tür herein. Wie er uns erzählte, habe er sich, sobald Xiao Zhaos Schwester sie miteinander bekanntgemacht und im Theater alleingelassen hatte, von der Frau verabschiedet und sei weggerannt. Er machte sehr deutlich, daß er an weiteren Bekanntschaften nicht interessiert sei. Und damit war die Sache erledigt. Hai Rui gehörte weiterhin zu unserem Haushalt, von mir unerwünscht, von meinem Mann jedoch willkommen geheißen. Die wahre Art ihrer Beziehung habe ich nie verstanden.

Kapitel 42

Das echte dritte Mitglied unserer Familie kam ungeplant, wie die Vorschriften zur Geburtenkontrolle es nennen würden. Xiao Zhao und ich hatten beschlossen, noch ein Jahr zu warten, bevor wir eine Familie gründeten, aber bereits sechs Monate nach unserer Hochzeit stellte ich Anfang Oktober fest, daß ich schwanger war. Ich war alles andere als enttäuscht, sondern überglücklich. Von dem Augenblick, als mir meine Schwangerschaft bestätigt wurde, fühlte ich mich mit dem neuen Leben, das in mir wuchs, verbunden und freute mich auf das Baby. Doch schon bald bekam ich die Konsequenzen des Wortes »ungeplant« voll zu spüren. Man sagte mir, ich könne die Vorsorgeuntersuchungen in dem Krankenhaus, das meine Arbeitseinheit mir zugewiesen hatte, nicht weiter durchführen lassen, bevor ich nicht von meiner Stadtteilklinik eine Erlaubnis erhalten hätte, ein Kind zu bekommen. Ich brauchte eine Bescheinigung, die bestätigte, daß meine Schwangerschaft im Rahmen der umfassenden Familienplanung meines Stadtteilkomitees liege, das die Zahl der jährlichen Geburten streng regelte.

Kurz nach unserer Hochzeitsreise nach Hangzhou hatte eine Frau vom Stadtteilkomitee bei uns geklopft und sich erkundigt, ob wir vorhätten, sofort ein Kind zu bekommen oder Verhütungsmittel zu benutzen. Ihre Impertinenz ärgerte mich, aber ich biß mir auf die Lippen und sagte ihr, wir hätten vor, noch eine Weile zu warten. Sie lobte uns für diesen Entschluß und ließ ein Päckchen Kondome da. Etwa um diese Zeit erschien in jeder Tageszeitung eine Veröffentlichung des Zentralkomitees der Kommunistischen Partei, die die Politik der »Ein-Kind-Familie« verkündete und rechtlich großes Gewicht hatte. Das hatte mich zwar traurig gemacht, weil ich mir nun meinen Traum nicht erfüllen konnte, fünf Kinder zu bekommen wie meine Mutter, aber zugleich war ich mir der Bevölkerungskrise, in der China steckte, durchaus bewußt.

Nun ging ich in die Stadtteilklinik und bat um die Genehmigung, ein Kind gebären zu dürfen. Nach genauer Prüfung meines Dienstausweises und meines Meldebuches sah die zuständige Sachbearbeiterin, eine Frau Mitte Dreißig, in ihren Unterlagen nach und schüttelte den Kopf.

»Du bist nicht im Plan registriert«, erklärte sie. »Ich kann keine Genehmigung ausstellen.«

»Wie meinst du das?« fragte ich. »Ich bin schwanger. Das ist mein erstes Kind. Das einzige Kind, das ich bekommen werde«, fügte ich hinzu.

»Das ist mir klar, aber es ist nicht vorgesehen, daß du jetzt schwanger bist.«

»Ich bin es aber. Was soll ich denn jetzt machen?«

Es war eine rhetorische Frage, aber sie nahm sie wörtlich.

»Du mußt abtreiben lassen. Du kannst wieder schwanger werden, wenn du auf dem Plan stehst.«

»Wie kannst du so was sagen?« Ich war nicht in der Lage meine Wut zu beherrschen. »Du klingst, als ob du über einen Lichtschalter sprichst: einschalten, wenn es auf dem Plan steht, ausschalten, wenn nicht. Wie kannst du nur so grausam sein?«

Ich verlangte den Leiter der Klinik oder den Vorsitzenden des Stadtteilkomitees zu sprechen. Kurz darauf stand ich zwei Frauen gegenüber, die ungefähr Ende Fünfzig waren. Schwester Meng, die in unserem Nachbarhaus wohnte, war stellvertretende Direktorin der Klinik. Sie lächelte breit, bevor sie den Mund öffnete. Wie sich herausstellte, wußte sie gut über mich Bescheid: Wie ich meine Wohnung bekommen hatte, Einzelheiten über meine Arbeit, sogar, daß ich meinen Nachbarn geholfen hatte, ihre erwachsene Tochter in einer Klinik für psychisch Kranke unterzubringen (in die ich manchmal ausländische Gäste führte). Eine halbe Stunde später verließ ich die Klinik mit einer Genehmigung. Mir war klar, daß Schwester Meng sie mir nicht aus Sympathie oder wegen meiner überzeugenden Argumente ausgestellt hatte, sondern weil meine Arbeitseinheit sehr viel Einfluß besaß. Aber das war mir egal.

Xiao Zhao und ich waren überglücklich, und meine Schwangerschaft verlief problemlos. Da es in beiden Familien bereits einen männliche Erben gab, bestand von keiner Seite der Druck, einen Jungen zu bekommen. Ich wollte lieber ein Mädchen.

Für alle in unserer Umgebung waren Xiao Zhao und ich ein vorbildliches Paar. Hatten meine Gefühle für ihn anfangs überwiegend auf Loyalität und Pflichtgefühl basiert, so war bis zu meiner Schwangerschaft daraus wirklich Liebe entstanden. Es kam kaum einmal vor, daß wir laut miteinander wurden. Selbst mit Hai Rui, der fast jede freie Minute bei uns verbrachte, lebten wir scheinbar harmonisch zusammen. (Er wohnte allein in einer geräumigen Wohnung, eine Viertelstunde mit dem Fahrrad entfernt, und arbeitete als Aufseher in einer Fabrik, in der Behinderte elektronische Bauteile zusammensetzten.) Jeden Monat übergab ich am Zahltag meinen Lohn Xiao Zhao und zog nur die Summe davon ab, die ich für Essensmarken brauchte. Manchmal bat ich ihn um Geld für persönliche Dinge. Nummer 3 meinte einmal zu mir, die meisten Frauen, sie inbegriffen, seien nicht so vertrauensselig. »Leg etwas Geld beiseite«, warnte sie mich, »zu deiner eigenen Sicherheit.« Ich erklärte ihr, das ich das nicht nötig hätte. Mein Vertrauen zu Xiao Zhao sei groß, und er könne besser mit Geld umgehen als ich.

Allerdings sagte ich ihr nicht, daß ich Xiao Zhao meinen Lohn (der höher war als seiner) überwiegend deshalb gab, um die Schuld abzutragen, in der ich ihm und seiner Familie gegenüber stand. Xiao Zhao hatte das nie verlangt, aber alles in unserer Wohnung erinnerte mich ständig daran. Ich genoß zwar das gute Leben, das seine Eltern uns ermöglicht hatten, aber gleichzeitig beneidete ich andere um die Freude, gemeinsam ihr Heim einzurichten. Oft mußte ich daran denken, wie glücklich Nummer 3 und ihr Mann gewesen waren, als sie sich von ihrem Ersparten ein Sofa gekauft hatten.

Als ich eines Tages neue Unterwäsche in meiner Schublade und neue Kleider auf der Kommode fand, wußte ich, daß ich Xiao Zhao nicht um Geld für Einkäufe zu bitten brauchte. Auf meine Frage, warum er die Sachen selbst gekauft hatte, statt es mich tun zu lassen, antwortete er, ich könnte das Falsche kaufen oder zu viel bezahlen, weil ich kaum Erfahrung im Einkaufen habe. Nach und nach kümmerte er sich um meine sämtlichen Bedürfnisse, von Haarnadeln bis hin zu Hygienebinden. Meine Nachbarn beneideten mich um mein Glück, weil ich so verwöhnt wurde. In ihren Augen war ich eine Frau, die schon vor so langer Zeit in den Honigtopf gefallen war, daß sie den Geschmack an Süßem verloren hatte, aber dem konnte ich nicht zustimmen. Die Erkenntnis, daß mein Mann mich für unfähig hielt, mit Geld umzugehen, und mir das kleine Vergnügen absprach, persönliche Dinge einzukaufen, hatte meine hart errungene Unabhängigkeit und Würde ziemlich erschüttert.

Die sogenannte Süße bekam einen bitteren Beigeschmack, als ich im März 1981 während einer Mittagspause Großtante besuchen wollte. Ich war im sechsten Monat schwanger. Nummer 5 hatte mich am Tag zuvor angerufen und mir gesagt, daß Großtante seit Tagen nur von sauer eingelegtem Gemüse lebe und auf ihre nächste Rente warte, um sich frisches Essen zu kaufen. Sie hatte ihr ganzes Geld ihrem jüngeren Bruder im Chen-Familien-Dorf geschickt, nachdem dieser ihr schrieb, daß der harte Winter einen Großteil des Viehs getötet habe, das er im Frühjahr hatte verkaufen wollen. In ihrem Stolz weigerte Großtante sich, von Nummer 5 Hilfe anzunehmen.

In letzter Zeit hatte ich Großtante nicht mehr so regelmäßig besucht wie sonst, weil ich ab und an Schwächeanfälle hatte und schon länger nicht mehr Fahrradfahren durfte. Als ich von ihrer Notlage erfuhr, konnte ich ihr nicht gleich helfen, weil ich kaum Geld in der Tasche hatte. Ich konnte auch nicht zur Bank gehen und Geld abheben. Ich besaß kein Bankkonto.

Es war mir schrecklich, Xiao Zhao um Geld zu bitten, aber ich hatte keine andere Wahl. An jenem Abend bat ich ihn um 50 Yuan, den Lohn für etwa drei Wochen. Auf diese Summe war ich gekommen, weil Großtante mir diesen Betrag zur Hochzeit geschenkt hatte. Für sie war dies ein Vermögen gewesen. Zusammen mit den Geldgeschenken meines Bruders und meiner Schwestern hatte ich es Xiao Zhao gegeben. Er hatte mir nie gesagt, wieviel Geld wir insgesamt zur Hochzeit geschenkt bekommen hatten, und ich hatte nicht danach gefragt.

»Du mußt ein oder zwei Tage warten, bis ich zur Bank komme«, sagte er.

»Ich kann doch gehen und es abheben«, bot ich an.

»Nein, nein, das geht nicht. Das Konto läuft auf meinen Namen.«

Nummer 3s Worte dröhnten mir in den Ohren. Ich wollte ihn fragen, warum er kein Gemeinschaftskonto eingerichtet hatte, wie die meisten Ehepaare es taten, aber mir fehlte der Mut. Wieder einmal war ich in die Situation geraten, daß ich und meine Familie finanzielle Hilfe annehmen mußten. Von Anfang an hatte ich mich in meiner Ehe von Xiao Zhao und seiner Familie abhängig gefühlt – besonders von seiner großzügigen Stiefmutter, die mich zum Geburtstag und bei der Nachricht von meiner Schwangerschaft mit Geld überschüttet hatte. Es war schon schlimm genug, in derart ungleichen Verhältnissen zu leben; noch schlimmer aber wäre es gewesen, wenn jemand gedacht hätte, daß ich es ausnutzte. Also schluckte ich meine Bemerkung hinunter.

Bei der Arbeit bekam ich durch meine Schwangerschaft noch seltener Gelegenheit, mein Englisch zu üben. Ich durfte nur noch Büroarbeit tun. Offenbar vermittelte ein dicker Bauch Ausländern kein gutes Image. Da ich zudem nach wie vor die Jüngste der Abteilung war, fiel mir auch nach drei Jahren noch der Großteil des Papierkrams und der Telefonate zu.

Inzwischen wurde mein Baby ungeduldig. Oft weckten mich nachts seine Tritte. Zwei Wochen vor dem errechneten Termin schleppte ich mich nach der Arbeit erschöpft nach Hause. Nach dem Abendessen war das Baby zwar ruhig, aber ich fühlte mich unwohl. Die Wehen setzten kurz vor Mitternacht ein.

Xiao Zhao und ich verließen die Wohnung und hielten auf der Straße lange nach einem Taxi Ausschau. Schließlich nahmen wir den Bus zum Luo-Wan-Bezirkskrankenhaus für Frauen und Kinder, wo man mich untersuchte und mir sagte, der Geburtskanal sei erweitert, und das Baby werde innerhalb der nächsten 24 Stunden kommen. Da das Krankenhaus wegen Renovierungs- und Umbauarbeiten weniger Betten verfügbar hatte, schickte man mich wieder nach Hause. Ich verbrachte eine schlaflose Nacht, kämpfte gegen die Schmerzen an und hatte Angst vor dem, was mir bevorstand.

Als es dämmerte, sagte Xiao Zhao, er gehe jetzt zur Arbeit. Ich traute meinen Ohren kaum.

»Du bleibst nicht bei mir?«

»Ich muß gehen, Ah Si. Ich habe den Schlüssel für die Vorratskammer der Kantine.«

Sie werden schon nicht verhungern, wenn ein paar Mahlzeiten ausfallen, dachte ich, hielt aber den Mund. Statt dessen sagte ich: »Und was mache ich, wenn ich Hilfe brauche?«

»Die Nachbarn sind zu Hause. Ich versuche, sobald wie möglich wieder dazusein. Ich bin bestimmt zurück, bevor es losgeht.«

Kaum war er gegangen, platzte die Fruchtblase. In Panik sprang ich mit triefnassen Beinen aus dem Bett. Es war noch vor sechs Uhr morgens, und meine Nachbarn waren noch nicht auf. Im ganzen Haus war es still. Ängstlich und unsicher, was ich tun sollte, wusch ich mich, zog mich rasch an, schnappte die Tasche, die ich abends gepackt hatte, und verließ die Wohnung. Ich mußte ins Krankenhaus. Die nächste Bushaltestelle lag zu Fuß eine Viertelstunde entfernt an der inzwischen schon belebten Straße, und ich bezweifelte, ob ich es bis dahin überhaupt schaffen würde. Als ich über die Straße ging, entdeckte ich ein Taxi. Laut schreiend lief ich auf den Wagen zu. Der Fahrer trat auf die Bremse und sprang heraus.

»Hilf mir bitte!« flehte ich, denn Taxifahrer waren häufig sehr willkürlich, was Fahrgäste und Fahrziele anging. »Ich muß ins Krankenhaus.«

Ohne viele Fragen zu stellen, riß der junge Mann die hintere Tür auf, half mir hinein und sagte, ich solle mich hinlegen. Nach einer holprigen Fahrt hielt er eine Viertelstunde später mit quietschenden Bremsen vor dem Krankenhaus, sprang heraus und lief um den Wagen, um mir zu helfen. Er weigerte sich, mich am Eingang des Krankenhauses allein zu lassen und half mir die Treppe hinauf bis zur Anmeldung. Gerührt fragte ich ihn nach seinem Namen und der Firma, für die er arbeitete. Doch er lächelte nur und ging, ohne ein Wort zu sagen.

Die Frau am Schalter war wesentlich weniger besorgt um mich und beäugte mich streng. »Wo ist deine Familie?« fragte sie brüsk.

»Ich bin allein gekommen.« Die Schmerzen raubten mir den Atem. Nach wie vor lief mir Wasser an den Beinen herunter.

»Es ist niemand bei dir? Aber es müssen doch einige Gänge erledigt werden, Gebühren sind zu zahlen, spezielle Binden zu kaufen und –«

»Bitte, bitte bring mich sofort hinein«, bettelte ich. »Ich bin ganz naß.«

»Also, warum hast du das nicht gleich gesagt?« fuhr sie mich an und holte Hilfe.

Man brachte mich in einen Vorbereitungsraum und legte mich auf ein niedriges Bett, die Beine erhöht. Die Schmerzen waren unerträglich. Um mich herum stöhnten und schrien ungefähr ein Dutzend Frauen. Ich war schon völlig erschöpft und konnte zwischen den Wehen nicht mehr richtig durchatmen. Die Schwestern hatten offenbar keinerlei Interesse daran, uns zu helfen oder zu trösten, sie standen nur herum und unterhielten sich miteinander. Als eine der Frauen schrie: »Helft mir! Ich habe so furchtbare Schmerzen!« bekam sie zur Antwort: »Schwester, so ist das eben, wenn man Mutter wird. Das solltest du jetzt wohl lernen.«

Die arme Frau neben mir wand sich vor Qual von ihrem schmalen Bett und kroch auf dem Boden herum. Eine Schwester kam zu ihr, doch statt ihr zu helfen, schnaubte sie: »Hör auf, dich so blöde anzustellen. Darüber hättest du nachdenken sollen, als du dich mit deinem Mann vergnügt hast.«

Für ihre taktlose Bemerkung erntete sie Gelächter von ihren Kolleginnen. Angewidert schloß ich die Augen.

Xiao Zhao kam gegen Mittag; ich sah ihn flüchtig, als man mich in den Kreißsaal brachte. Hai Rui war bei ihm. Im Kreißsaal standen sechs Betten und in einer Ecke ein Entbindungsstuhl. Die meisten Betten waren belegt. Es gab keine Abtrennungen dazwischen, keinen Vorhang, keine Privatsphäre. Eine Frau brachte gerade ihr Baby zur Welt und schrie vor Schmerzen. Als die Schwestern mich auf einem Bett für die Entbindung vorbereiteten, kamen zwei junge

Männer in schmutziger weißer Kleidung wie auf einer Besichtigungstour durch den Raum.

Verlegen fragte ich die Schwestern: »Was machen die hier?«

»Keine Sorge, die erinnern sich nachher nicht mehr an dich«, meinte eine. »Das haben sie alles schon gesehen. Außerdem, was kümmert's dich? Du kommst ja doch nicht wieder her.«

Offenbar war die ganze Atmosphäre einzig und allein dazu da, um zu demonstrieren, welch unsagbares Elend es war, Kinder zu bekommen. Später fragte ich mich, ob all das wohl inszeniert war, um die Politik der Ein-Kind-Familie durchzusetzen.

Gegen halb drei nachmittags kam mein Baby gesund und munter zur Welt. Ich sah es nur ganz kurz, als die Schwester es hochhielt und verkündete, es sei ein Mädchen, fünf Pfund und dreihundert Gramm schwer. Sofort danach brachte man meine Tochter weg – nach den Regeln der »Wissenschaft und Notwendigkeit«, die vorschrieben, daß eine Mutter Ruhe brauchte und ihr Kind 48 Stunden lang nicht sehen sollte. Anschließend konnte sie dann anfangen zu stillen. Während ich ganz allein darauf wartete, daß man mich auf die Station brachte, fühlte ich mich leer und ausgelaugt und wünschte, ich hätte meine Tocher bei mir.

Die kleine Wöchnerinnenstation sah aus wie das Zimmer in einem Studentenwohnheim, mit zwölf Betten und einem schmalen Mittelgang. In der Mitte stand ein Nachttopf, der die heiße, schwüle Luft mit seinem durchdringenden Geruch noch schlechter machte. Es war kein Fenster offen, weil abergläubischerweise nach einer Entbindung jeder Kontakt mit frischer Luft verboten war. Nachdem ich etwas Fischbrühe getrunken hatte, die Xiao Zhaos Stiefmutter mir brachte, schlief ich tief und fest.

Ein Weinen weckte mich. Es war dunkel. Im Bett neben mir

schluchzte eine junge Frau bitterlich. Jemand schaltete das Licht an. Ich dachte, sie vermisse ihr Baby, und versuchte sie zu trösten.

»Bald siehst du ja dein Kind«, sagte ich beschwichtigend.

»Das ist es nicht«, kam eine Stimme von der anderen Seite des Ganges. »Sie hat ein Mädchen, und ihr Mann ist der einzige Sohn seiner Familie. Es hat sie noch niemand besucht, seit das Baby geboren wurde. Ihr Mann ist auch nicht nett zu ihr.«

»Bitte, wein doch nicht«, sagte ich zu der jungen Frau. »Meine Großtante sagt, es schadet den Augen, wenn man im Monat nach der Entbindung weint.« Kaum waren mir die Worte herausgerutscht, kam ich mir schon albern vor. Was war das für ein Trost, ihr ein altes Ammenmärchen zu erzählen? Ich schwieg, und wieder einmal fiel mir auf, daß der Kommunismus nicht jene feudalistische Einstellung beseitigt hatte, daß in allen Fragen der Fortpflanzung die Schuld bei der Frau lag. Ich war froh, daß mein Mann über die Geburt meiner Tochter ebenso glücklich war wie ich.

Noch einen Tag mußte ich warten, dann legte man sie mir endlich in den Arm. Schnell wickelte ich sie aus der dünnen Decke und sah nach ihren winzigen Händen und Füßen. Wie sich herausstellte, hatten zehn Frauen in meinem Zimmer Mädchen. Wir lachten und plauderten, während wir unsere Babies stillten, und entlockten so meiner Nachbarin das erste Lächeln. Ich hoffte sehr, daß es bleiben würde!

Nachdem man mir am vierten Tag die Fäden gezogen hatte, fragte ich herum, wer von den anderen Frauen im selben Warteraum gelegen hatte wie ich. Es waren vier, und sie unterstützten mich, eine offizielle Beschwerde bei der Krankenhausverwaltung einzureichen. Zum erstenmal in meinem Leben wehrte ich mich gegen eine Demütigung und hatte ein gutes Gefühl dabei. Die Schwestern erhielten für diesen Monat keine Zulage.

Xiao Zhaos Vater hatte als Generationsnamen für seine Enkel Qi ausgesucht, und so nannten wir unsere Tochter Qimeng – Erleuchtung.
Als ich nach Hause kam, begab ich mich mit einiger Skepsis ins *zouyuezhi* – »ins Wochenbett« – eine alte Sitte, die sämtliche politischen Bewegungen und medizinischen Erkenntnisse überdauert hatte. Die strikten Vorschriften entsprachen eher einer Abmagerungskur. Sie verlangten einen Monat strenge Bettruhe, keinen Tag mehr und keinen Tag weniger. Ich mußte mir ein schmales Tuch um die Stirn binden, um die Körperwärme zu erhalten. Ich durfte mir das Haar nicht kämmen (das verursachte Haarausfall und lebenslange Kopfschmerzen); nicht lesen oder fernsehen (das schadete den Augen); mir nicht die Zähne putzen (das würde die Zahnwurzeln schädigen und die Zähne würden ausfallen); nicht baden oder duschen (Körperwärme würde verlorengehen); und weder die Fingernägel noch die Haare schneiden (Nägel und Haare würden ansonsten grau werden). Ständig mußte ich mich vollständig zudecken und vor Luftzug schützen. Den Intimbereich mit dem Schwamm zu waschen, war erlaubt, allerdings nur mit abgekochtem Wasser.
Die vorgeschriebene Diät enthielt zweimal täglich pochierte Eier mit braunem Zucker und Suppe, die die Muttermilch fördern sollte. Ich hatte viel zu viel Milch für die winzige Qimeng. Auch bei diesem Thema siegte die Tradition über den gesunden Menschenverstand. Statt die überschüssige Milch einfach wegzugießen, mußte Xiao Zhao sie an die Wand spritzen – sonst würde meine Milch völlig wegbleiben.
Den ganzen Monat über war es brütend heiß, und ich schmorte im eigenen Saft. Sobald das *zouyuezhi* vorbei war, ging ich zwei Tage hintereinander in die öffentliche Badeanstalt, bevor ich mich wieder sauber fühlte.
Als mein vierwöchiger Mutterschaftsurlaub zu Ende ging, beantragte ich einen Monat Verlängerung mit vierzigpro-

zentigem Lohnabzug, wie er in vielen Fabriken gewährt wurde, aber mein Antrag wurde abgelehnt. Wegen einer Brustentzündung blieb ich der Arbeit jedoch noch weitere zwei Wochen fern.
Xiao Zhao und ich mußten eine Frau finden, die sich um Qimeng kümmern konnte, sobald ich wieder zur Arbeit ging. Großtante hatte alle Hände voll mit Ye Xiang zu tun, und Xiao Zhaos Stiefmutter zeigte keinerlei Interesse, sich um die Kinder anderer Leute zu kümmern. Die einzige Lösung war, meine Nachbarin Oma Zhang zu fragen. Sie war Zeit ihres Lebens Hausfrau gewesen, versorgte ihren Mann, der bereits in Rente war, ihre alte Schwiegermutter und zwei unverheiratete Söhne, willigte aber schließlich ein, sich auch noch um Qi-meng zu kümmern. Ich mußte ihr nur versprechen, jeden Mittag mit dem Fahrrad nach Hause zu kommen, um sie zu stillen.

Kapitel 43

Im Herbst 1981 verfolgte China bereits im dritten Jahr Deng Xiao-pings neue Wirtschaftspolitik »der Außenwelt die Tür öffnen und die heimische Wirtschaft stärken«. Allerdings bewegte sich diese Öffnung im Rahmen einer eigenwilligen chinesischen Definition. Im September zum Beispiel, einen Monat nach meinem Mutterschaftsurlaub, rief die politische Abteilung eine Handvoll junger Mitarbeiter zusammen. Der Abteilungsleiter las uns aus den »internen Mitteilungen« vor, die das Amt für öffentliche Sicherheit in Peking herausgab. Eine Künstlerin namens Li Shuang war unter dem Verdacht festgenommen worden, sie habe eine illegale Affäre mit einem französischen Diplomaten. Ihre Liaison war im wahrsten Sinne des Wortes ein Verbrechen, da Beziehungen zwischen Chinesen und Ausländern gleichbedeutend waren mit Spionage. An politische Schulungen, die »unsere Immunisierung gegen die Verlockungen des Westens stärken« sollten, war ich gewöhnt, doch nun erfuhr ich zum erstenmal, daß der Staat offen gegen Beziehungen mit Ausländern vorging. Es war die altbewährte Praxis, ein Huhn zu töten, um den Affen Angst einzujagen. Li Shuang wurde zu zwei Jahren Arbeitslager verurteilt. Die Botschaft war eindeutig.

In den Augen meiner Kollegen waren junge Leute wie ich (ich war fast dreißig) besonders empfänglich für Korruption aus dem Westen. Da ich kein Parteimitglied war, galt ich als zusätzlich gefährdet. Die Tatsache, daß ich mich nie um den Beitritt in die Partei bemüht hatte, machte mich zum vorrangigen Ziel der Überwachung und Kritik.

Einmal, als ich in der Kantine Schlange stand, fuhr mir eine Kollegin forsch mit dem Finger über die Augenbrauen. Ich war sprachlos. Sorgfältig betrachtete sie ihre Fingerkuppe und lächelte mich dann an.

»Bei der Versammlung neulich hat jemand gesagt, du malst dir die Augenbrauen an. Ich wollte nur mal nachsehen.«
Sie entschuldigte sich nicht. Mir kamen die Tränen ob dieser Demütigung, und ohne zu essen verließ ich die Kantine. Wahrscheinlich fand sie, ich sollte ihr noch dankbar sein, weil sie meine Reinheit bestätigt hatte.
Einige Wochen später wartete ich mit Kollegen in der Ankunftshalle des Flughafens auf eine große Delegation. Lao Fus schweifender Blick blieb plötzlich an mir haften und wanderte zu meinen Füßen.
»Wie weit sind deine Hosenbeine?« fragte er. »Sie kommen mir weiter vor als normal. Trägst du Hosen mit Schlag? Äffst du die westliche Mode nach?«
Sofort machten sich einige auf die Suche nach einem Maßband. Wütend über soviel Dummheit verließ ich die Halle. Meine Kindheit als Wohlfahrtsempfängerin fiel mir wieder ein, als mich jederzeit und überall Leute anhalten und überprüfen konnten, was ich anhatte. Nicht einmal jetzt, als Erwachsene und berufstätige Mutter mit eigener Familie, konnte ich solchen Erniedrigungen entgehen.
In Wirklichkeit war dies jedoch nur der zögernde Beginn der umfassenden Kontrolle, der ich ausgesetzt war, als ich 1982 als Dolmetscherin eingesetzt wurde. Mein Vorgesetzter, Lao Peng, war mein Mentor. Als erfahrener Englischdolmetscher und altgedienter Kommunist brachte er mir bei, daß man als Dolmetscher nicht nur die Rolle einer Übersetzungsmaschine erfüllte, wie viele glaubten. Darüber hinaus mußte ich auch als »Wächterin« gegen indiskrete Bemerkungen unserer Funktionäre fungieren, die unter dem Einfluß des Alkohols beim Essen manchmal gesprächig wurden und ihre Zunge nicht im Zaum hielten. Die Vorgabe, daß ein Dolmetscher lediglich übersetzte, was gesagt wurde, ohne für den Inhalt verantwortlich zu sein, galt für uns nicht. Lao Peng ließ auch durchblicken, daß es im Umgang mit Ausländern so etwas wie

Belanglosigkeiten nicht gab. Alles war wichtig und mußte gemeldet werden.
Darüber hinaus lernte ich auch, wie schwierig es war, ein Besuchsprogramm für Gäste zusammenzustellen. Das Außenministerium und die Nachrichtenabteilung gaben die erforderlichen Informationen über den Zweck eines jeden Besuches, über die politischen Ansichten und Überzeugungen der Gäste und ihre persönlichen Vorlieben und Interessen. Nun mußte ich protokollgemäß einen chinesischen Politiker oder Beamten gleichen Ranges für den Gast finden. Dann schlug ich eine Besichtigungstour an verschiedene Orte vor, bei der ich sowohl Chinas politische Agenda als auch die Interessen der Delegation zu berücksichtigen hatte.
So führte man zum Beispiel Menschenrechtler immer in das Städtische Gefängnis von Schanghai, damit sie »glückliche« Gefangene sahen, beim Malen oder Bildhauern in sauberen, gut eingerichteten Räumen. Die Betten in den Zellen waren immer frisch und ordentlich; und irgendwo stand wie zufällig ein großer Wok mit köstlichen, nahrhaften Gerichten. Dann erklärte der Gastgeber, daß chinesische Gefangene stets auf diese menschliche Weise rehabilitiert wurden, und ließ durchblicken, daß es in einem Land, das so aufgeklärt mit seinen Strafgefangenen umging, kein Menschenrechtsproblem geben konnte. Viele Ausländer ließen sich von diesem Schauspiel hinters Licht führen.
Ähnliche Besuche wurden auch in »typischen« Volkskommunen, Fabriken und Wohngebieten inszeniert.
Ein weiterer Aspekt der Besuchsplanung betraf das Maß an Sicherheitsvorkehrungen und die »Tarnung« der Geheimpolizisten als Dolmetscher, Sicherheitskräfte oder Funktionäre. Vorgaben für die Essensauswahl und angemessene Unterbringung rundeten meine Arbeit ab, die anschließend vom Abteilungsleiter abgesegnet und zur endgültigen Genehmigung weitergeleitet wurde.

Bei jeder Staatsdelegation, die nach China kam, sei es aus einem verbündeten oder einem als feindlich bezeichneten Land, mußte eine Sondergruppe der Propagandaabteilung Informationen sammeln, die Dolmetscher befragen und einen Tagesbericht schreiben. Die Fragen, die die Ausländer stellten, die Themen, für die sie sich interessierten, die Leute, die sie trafen, die Dinge, die sie kauften – alles wurde von uns gemeldet und pflichtgemäß in den Bericht aufgenommen. Bald wurde klar, daß die Überwachung sich gleichermaßen auch auf den Dolmetscher richtete. Und in einer Gesellschaft, die nach wie vor dazu tendierte, den Überbringer einer Botschaft zu töten, galt der Dolmetscher als Bote.

Eine zusätzliche Überwachungsmethode war das alte Verfahren des paarweisen Einsatzes: Mindestens zwei Dolmetscher wurden einem Auftrag zugeteilt, die anschließend übereinander und über die Besucher Bericht erstatten mußten.

All das verstärkte den Druck auf mich. Es war wie nach meiner Verurteilung als Konterrevolutionärin auf der Farm, wo ich ständig beobachtet wurde. Ich hatte so lange darauf gewartet, mein Englisch für die wichtige Aufgabe als Dolmetscherin nutzen zu können! Deshalb war ich zutiefst enttäuscht, daß es mir nun durchaus nicht die erhoffte Befriedigung brachte. Jedem »Außenseiter« gegenüber mußte ich auf der Hut sein, selbst solchen, die auf Einladung der chinesischen Regierung kamen. Ich verachtete mich selbst, wenn ich Berichte mit Einzelheiten über jeden Schritt und Tritt unserer Gäste und über jeden Gesprächsfetzen schrieb. Hätte ich jedoch etwas ausgelassen, wäre der Ärger groß gewesen.

Eines Tages rief man mich zum Beispiel ins Büro der Propagandaabteilung, wo ein mürrisch dreinblickender Beamter mir ein Stück Papier reichte und mich aufforderte, es vorzulesen und einen Kommentar dazu abzugeben. Zögernd las ich den Zeitschriftenartikel vor, den der chinesische Botschafter in Dublin unserer Abteilung geschickt hatte. Verfaßt war er vom ehemaligen Premierminister von Irland, der mit seiner Frau einige Monate zuvor Schanghai besucht hatten. Ich war ihre Dolmetscherin gewesen. In seinem Artikel schrieb der Ire über Deng Xiao-pings neue Wirtschaftspolitik auf dem Land und schilderte seinen Besuch bei einer Familie in einer Volkskommune außerhalb Schanghais. Als der Bauer über die Bewirtschaftung seines eigenen Landes (im Gegensatz zur Arbeit auf den Feldern der Kommune) gesprochen habe, sei seine Begeisterung besonders zu spüren gewesen.

Warum ich nicht über diese »pro-privatwirtschaftliche« Tendenz des Bauern berichtet habe, wollte der Beamte wissen. Offensichtlich brauchte dieser Mann »weitere Umerziehung«, und man dürfe Besucher nicht mehr zu dieser Familie führen, wahrscheinlich nicht einmal mehr in diese Volkskommune. Ich erklärte, ich könne mich nicht erinnern, daß jemand solche Ansichten geäußert habe, sonst wäre das aus meinen Notizen ersichtlich. Der Ire müsse dies erfunden oder dem Bauern eine gewisse Vorliebe für den privaten Ackerbau von den Augen abgelesen haben. Ich sei doch wohl nicht dafür verantwortlich, wie ein Ausländer Ungesagtes auslege? Der grimmige Beamte war nicht überzeugt.

Erst als ein älterer Kollege aus meiner Abteilung, der bei diesem Besuch zugegen gewesen war, meine Darlegung bestätigte, ließ man mich ohne Kritik oder nachteiligen Aktenvermerk gehen. Doch von nun an hielt ich pflichtgemäß jedes Detail in meinem Notizbuch fest. Als ich Imelda Marcos bei einem nächtlichen Einkaufsbummel in den Freundschaftsladen begleitete (der geöffnet bleiben mußte, bis sie eingekauft hatte), notierte ich jedes Teil, das sie kaufte – Dutzende Ballen Seide, Schachtel um Schachtel kunsthandwerklicher Gegenstände, stapelweise speziell konservierte ganze Schweinefüße. Auch ihren Ärger, daß das Geschäft keine passenden Schuhe für sie führte, hielt ich fest.

Kapitel 44

Die Quälerei mit den Berichten konnte mir allerdings nicht den Spaß daran nehmen, Menschen anderer Länder zu treffen und für sie zu arbeiten, zumal alle Chinesen nach dreißig Jahren der Isolation vom Rest der Welt sehr neugierig auf Ausländer waren. Die meisten Besucher, mit denen ich zu tun hatte, waren Würdenträger. Ich fand sie jedoch sehr umgänglich und ganz anders als chinesische Politiker, die eher steif waren und auf ihre Würde pochten. Ob die Ausländer nun Königsfamilien angehörten, Staatsoberhäupter oder hochrangige Politiker waren oder zum begleitenden Arbeitsstab gehörten: Die meisten waren liebenswürdig und bescheiden. Einmal verlor die Königin von Jordanien eine Kontaktlinse, und suchte gemeinsam mit uns den Boden danach ab. Ein andermal bedankte sich Prinzessin Caroline von Monaco bei einer Verkäuferin, die sie auf eine Laufmasche in ihren Nylonstrümpfen aufmerksam gemacht hatte.

Oberst Gaddafi von Libyen stellte uns vor ein völlig anderes Problem. Ich war gespannt auf diesen Mann, den die westlichen Länder als »Verrückten« bezeichneten, den China aber als wichtigen Freund in den arabischen Ländern betrachtete. Im Herbst 1982 wurde er bei einem Besuch in Peking mit rotem Teppich empfangen. Vor seiner Rückkehr nach Libyen wollte der Bürgermeister in Schanghai ein großes Bankett zu seinen Ehren geben. Erst in der Festhalle erfuhr ich, daß Gaddafi die Teilnahme abgelehnt hatte: Die Gespräche in Peking hatten ihn nicht zufriedengestellt. Seine Weigerung war ein beispielloser Bruch des Protokolls. Man postierte mich an einem Telefon, das direkt mit seinem Hotel verbunden war, und ich berichtete ununterbrochen über den Fortschritt der Verhandlungen, da verschiedene Leute sich bemühten, ihm seine Verstimmung auszureden. Es gelang ihnen jedoch nicht. Er schickte seinen Stellvertreter, kürzte

seinen Besuch ab und verließ Schanghai bereits am nächsten Tag.
Fast jedes Frühjahr kam während der Sitzungspause des Kongresses eine amerikanische Delegation von Senatoren und Kongreßabgeordneten nach China. Sie reisten immer im eigenen Flugzeug und brachten eigene Lebensmittel mit, einschließlich des Wassers zum Zähneputzen. Ich erinnere mich besonders an Senator Robert Dole, einen sehr freundlichen Mann, der kein Blatt vor den Mund nahm. Als die Delegation meine Kollegen und mich auf »einen Drink« in ihre Empfangsräume einlud, bot er mir ein Stück Kuchen an. Ich traute meinen Augen nicht. Der Kuchen hatte ein Sahnehäubchen und stand in einer Konservendose. Wie wurde das wohl gemacht? Kam die Sahne obenauf, bevor der Kuchen in die Dose geschweißt, oder erst nachdem sie geöffnet wurde?
Auch an den Besuch von Ed Koch, dem Bürgermeister von New York, kann ich mich gut erinnern. Als er einmal umringt von Leibwächtern und Reportern durch die schmalen Gassen der Altstadt von Schanghai ging, entdeckte er einen Straßenfeger auf einem dreirädrigen motorisierten Kehrgerät. Koch löste sich aus seiner Entourage und überredete den Mann, ihn das Kehrgerät fahren zu lassen. Gegen den Protest seines Assistenten, der ihm klarzumachen versuchte, daß der Müll in New York viel schwerer sei als der in Schanghai, bestellte Koch über seinen chinesischen Gastgeber zwei Dutzend dieser Kehrgeräte, die nach New York geschickt werden sollten. Stundenlang hingen meine Kollegen am Telefon, um den Handel zu organisieren. Ob die kleinen Kehrgeräte aus Schanghai je in New York eingetroffen sind, habe ich nie erfahren.
Auch Präsident Reagans Besuch in Schanghai im Frühjahr 1984 war ein großes Ereignis. Doch am besten ist mir in Erinnerung geblieben, warum ich so viel Zeit mit Mrs.

Schultz, der Ehefrau des Außenministers verbrachte. Ein Beamter des amerikanischen Konsulats in Schanghai hatte uns vorgewarnt, für Mrs. Reagan und Mrs. Schultz separate Besuchsprogramme aufzustellen, da die beiden nicht miteinander auskamen. Ich lernte Mrs. Schultz als eine nette, freundliche Frau kennen, mit der ich im Park der Musikakademie von Schanghai spazierenging und Konzerte besuchte. Die Dolmetscherin der First Lady hingegen beklagte sich bei einem informellen Nachgespräch über die herrische Art von Mrs. Reagan. Sie sorge immer dafür, daß sie vor einer Kamera steht, und behandele die Dolmetscher manchmal recht rüde.

Im Frühjahr 1983 erhielt ich den Auftrag, einen Besuch von David Lange, dem Vorsitzenden der Labour Party von Neuseeland, vorzubereiten. In meiner Planung hatte ich geschrieben, daß Lange höchstwahrscheinlich als neuer Premierminister aus den nächsten Wahlen hervorgehen würde und deshalb – wie es das Protokoll verlangte – von einem hochrangigen chinesischen Politiker empfangen werden sollte. Als ich meine Planung zurückbekam, teilte man mir mit, meine Vorhersage sei unerheblich, da sie lediglich auf Meinungsumfragen basiere. Kein Regierungsvertreter, sondern ich solle Lange bei seinem Besuch begleiten.

Von Lange erfuhr ich eine ganze Menge: Wie das politische System in seinem und in anderen demokratischen Ländern funktionierte und was er über internationale Fragen dachte. Er war ein humorvoller Mann. Einmal erzählte er mir, wenn er sich nicht durch eine Operation Fett von seinem Bauch hätte entfernen lassen, hätte er bald den ganzen Rücksitz der Limousine für sich allein gebraucht.

(Lange wurde 1984 tatsächlich Premierminister von Neuseeland. Als er noch im Herbst desselben Jahres zu einem Staatsbesuch nach Schanghai kam, fragte er nach mir. Ich studierte damals in Peking an der Hochschule für Außenpo-

litik, und obwohl ich ihn durchaus hätte treffen können, sagte man ihm, ich sei unabkömmlich.)
Langes dreitägiger Besuch sollte tiefgreifende und nachhaltige Auswirkungen auf mein Leben haben. Ich begann mich immer mehr für politische Systeme zu interessieren und befaßte mich stets mit der Geschichte, Wirtschaft und Kultur jener Länder, die Besucher nach China schickten. Mir wurde klar, wie unzureichend meine Übersetzungen ohne dieses Hintergrundwissen waren. Dies war auch einer der Gründe, weshalb ich mich schließlich für ein zweijähriges weiterführendes Studium an der Hochschule für Außenpolitik bewarb.
Es gab jedoch noch andere Gründe. Zum Beispiel die unangenehmen und entwürdigenden sexuellen Nachstellungen meines Vorgesetzten, Lao Peng. In der ersten Zeit, nachdem ich meine Arbeit begonnen hatte, packte Lao Peng mich schon mal freundschaftlich, wie ich glaubte, am Arm oder an der Schulter, wenn wir allein im Büro waren. Weitere Avancen machte er nicht.
Ich bewunderte seine Fähigkeiten und seine Erfahrung und wußte seine Hilfe zu würdigen. Einmal, als ich noch recht unerfahren im Dolmetschen und in Protokollfragen war, arbeiteten er und ich mit Reportern einer Delegation des Präsidenten von Pakistan zusammen. Eines Abends mußten wir sie zum Telegraphenamt am Bund begleiten, dem einzigen, von dem aus ausländische Journalisten Telexe schicken konnten. Die Reporter waren betrunken und wurden grob und zudringlich. Ich versuchte ruhig zu bleiben, weil ich befürchtete, wenn ich mich wehrte, würde ich sie noch mehr aufbringen und einen Zwischenfall provozieren. Aber sie wurden immer aufdringlicher und drängten mich schließlich in eine Ecke. Zum Glück kam in diesem Augenblick Lao Peng herein. Er schob die Reporter weg, brachte mich zu einem Wagen und ließ mich ins Hotel fahren. Am nächsten

Tag schlug er bei einer Besprechung vor, Dolmetscherinnen zu später Stunde nicht mehr männlichen Ausländern zuzuteilen, und von da an kümmerte ich mich abends vorwiegend um Besucherinnen.

In jenem Herbst besuchte die britische Premierministerin Margaret Thatcher Schanghai, und ich wurde ausgewählt, die englische Übersetzung der Ansprache des Bürgermeisters zu verlesen, weil man in meinem Büro fand, mein Englisch »klinge britisch genug«. Lao Peng war so nett, mit mir zu üben, damit ich die Ansprache fließend und fehlerfrei vorlas.

Doch im folgenden Mai wurde ich jeglicher Illusionen über meinen Mentor beraubt. Wir waren in der Bürosuite im Jin-Jiang-Hotel, als er mich plötzlich packte und küßte. Als ich mich zu befreien versuchte, schob er mir seine Zunge in den Mund. Schließlich gelang es mir, mich loszureißen und aus dem Zimmer zu laufen. In meinem Kopf drehte sich alles. Was hatte ich getan, um ihn zu einem solchen Verhalten zu ermutigen? fragte ich mich. Ich hatte Angst, ihm wieder zu begegnen, doch als ich ihn eine halbe Stunde später erneut sah, benahm er sich, als sei nichts passiert. Mein Leben lang war ich eine Kämpfernatur gewesen, doch in diesem Fall war ich feige. Er war ein mächtiger und sehr angesehener Mann in der Abteilung, und ich hatte nicht den Mut, ihn zur Rede zu stellen.

Hätte ich ihn nicht grundsätzlich bewundert, und hätte er mir nicht so oft geholfen, wäre es mir leicht gefallen, ihn zu hassen. So aber hatte ich nur Angst mit ihm zusammenzusein. Ich schlug ihn nicht mehr für die Begleitung der Delegationen, für die auch ich zuständig war, vor. Da er jedoch stellvertretender Abteilungsleiter war, änderte er häufig meine Vorschläge ab und setzte seinen Namen ein.

Im Herbst 1983 erhielt Lao Peng die Einladung, drei Monate an der neu eröffneten Hochschule für Tourismus in

Schanghai zu lehren. Ich war froh darüber, doch dann bekam ich im Büro einen Brief, der in seiner Handschrift an mich adressiert war. In dem Umschlag steckten ein paar maschinegeschriebene Seiten. Ich begann zu lesen, ließ sie jedoch so gleich voller Abscheu fallen. Es waren detaillierte Schilderungen von Sexszenen. Zitternd riß ich die Blätter in kleine Stücke. Jahre später erst wurde mir klar, daß sie aus *Lady Chatterley's Lovers* abgeschrieben waren.

Lao Peng schaute am nächsten Tag im Büro vorbei und unterhielt sich mit mir, als sei nichts gewesen. Ich kam mir billig und entwürdigt vor. Ich wußte, daß ich niemandem von seinen Belästigungen erzählen durfte, weil es keinen Schutz vor dem Zorn eines einflußreichen Vorgesetzten gab. Ich konnte jedoch versuchen, die Abteilung zu verlassen, sobald sich eine Gelegenheit bot.

Neben meiner Angst vor Lao Peng und dem ständigen Druck der Überwachung, die ich ebenso gründlich leid war, laugten mich die hohen Anforderungen meiner Arbeit völlig aus. Ich stand ständig abrufbereit, arbeitete oft sieben Tage in der Woche, zuweilen zehn bis zwölf Stunden am Tag. Manchmal winkte ich einer Gruppe am Bahnhof zum Abschied nach, hastete geradewegs zum Flughafen und begrüßte die nächste. Das zehrte ungemein an meinen Kräften und meiner Konzentrationsfähigkeit. Einmal dolmetschte ich einen ganzen Nachmittag lang für eine amerikanische Delegation im Forschungsinstitut für internationale Beziehungen. Es ging hauptsächlich um die Watergate-Affäre. Anschließend hatte ich sofort einen Termin mit Robert McFarlane und seiner Frau. Da er angeblich in den Skandal verwickelt war, hatte ich Anweisung von meinem Chef, Watergate auf keinen Fall zu erwähnen. Manchmal war es schwierig, die Dinge genau auseinanderzuhalten.

Zunehmend geriet ich unter Druck, in die Partei einzutreten. Zu sagen, daß ich die Partei haßte, die meine Familie zerstört und meine Jugend ruiniert hatte, wäre eine große Untertreibung gewesen. Wollte man jedoch in einer Institution befördert werden und eine Vertrauensstellung bekommen, mußte man Mitglied der Partei sein. Um aufgenommen zu werden, mußte man einen Antrag stellen (weniger als fünf Prozent der Bevölkerung gehörten der Partei an) und normalerweise eine langwierige Überprüfung über sich ergehen lassen, die sich manchmal über Jahre hinzog. Oft kam man auch nicht von der Stelle, ohne sich bei Parteigenossen einzuschmeicheln, die den Antrag unterstützen konnten. Viele kauften Parteimitgliedern Geschenke, erwiesen ihnen Gefälligkeiten und verhielten sich ihnen gegenüber regelrecht unterwürfig. Die Mitgliedschaft in der Partei galt als Privileg und Ehre, und die Propaganda hämmerte uns ein, daß ein Mitglied automatisch ein loyaler, vertrauenswürdiger und ehrenhafter Mensch war. Ich hatte in meinem Leben immer wieder bewiesen bekommen, daß die Wahrheit völlig anders aussah.

Während ich in Schanghai arbeitete, ergaben sich eine Reihe von Gelegenheiten, ins Ausland zu gehen, um dort zu studieren. Liebend gern wäre ich für ein solches Studium ausgewählt worden, doch dafür kamen nur Parteimitglieder in Frage. Ich würde immer eine untergeordnete, als nicht ganz zuverlässig eingestufte Kraft bleiben, solange ich mich weigerte, die Parteimitgliedschaft zu beantragen. Aber dazu konnte ich mich nicht durchringen, nicht einmal als Nummer 1 es tat, um zum Leiter für Wirtschaftsförderung auf der Insel Daishan befördert zu werden und nach elf Jahren endlich mit seiner Frau und seinem Sohn zusammenleben zu können. Bei seiner Beförderung wurde er »Sofortmitglied«.

Ich überlegte hin und her, ob ich mich für ein Studium in Peking bewerben sollte. Eine Tatsache hielt mich besonders zurück: Ich würde Qi-meng nicht mitnehmen können, weil Studentinnen sich mit drei oder vier Frauen ein Zimmer im

Wohnheim teilen mußten. Ich hatte ein schlechtes Gewissen, wenn ich auch nur daran dachte, sie für zwei Jahre zu verlassen. Doch den positiven Ausschlag für meine Entscheidung gab letztlich mein Mann.

Xiao Zhao teilte mir eines Abends beim Essen mit, daß die Partei ihn aufgenommen habe. Ich war sprachlos. Er hatte mir nicht einmal erzählt, daß er sich um eine Mitgliedschaft beworben hatte! Nach all den langen Gesprächen, die wir über unser Leiden auf dem Land, die Übergriffe auf seine Eltern während der Kulturrevolution und die Demütigung meiner Eltern und meiner Familie geführt hatten, war er hingegangen und in die Kommunistische Partei eingetreten. Xiao Zhao versuchte mich zu beschwichtigen und erklärte, er brauche die Mitgliedschaft, um eine bessere Arbeit zu bekommen. Nach diesem Abend sprachen wir nie wieder darüber. Zum erstenmal seit meiner Heirat fühlte ich mich verloren, verraten von dem Menschen, den ich geliebt und dem ich mein Leben anvertraut hatte.

Mein Entschluß, mich für ein Studium in Peking zu bewerben, schockierte alle.

»Ah Si«, schrieb Nummer 1, »noch mehr Tinte zu trinken wird dir nicht helfen, deine Position zu verbessern. Du sitzt auf einem Posten, für den viele ihr Leben geben würden. Was du jetzt brauchst, ist politische Förderung.« Sein eigenes Studium, für das er so hart gekämpft hatte, hatte mit seiner jetzigen Arbeit nicht viel zu tun.

Großtante reagierte, wie ich es erwartet hatte.

Nummer 5 hatte im Jahr zuvor geheiratet. Sie und ihr Mann hatten sich auf dem Land kennengelernt, und nach ihrer Heirat war er zu ihr in die Gasse des purpurnen Sonnenscheins gezogen. Deshalb hatte ich keine Bedenken mehr, Großtante alleinzulassen. Doch als ich ihr von meinen Plänen erzählte, stöhnte sie: »Ah Si, warum bist du so unzufrieden? Wieso kannst du dich nicht niederlassen wie all deine

Geschwister? Sie haben nicht einmal die Hälfte von dem, was du erreicht hast. Erklär es mir. Versuch es zumindest!«

Da meine Erklärungen, in denen ich natürlich von meinen Erlebnissen mit Lao Peng und meiner Entfremdung von meinem Mann nichts sagte, sie nicht zu überzeugen vermochten, griff sie zu dem einzigen Trick, der mir wehtun würde.

»Ich kann ja begreifen, daß du mich, eine alte, nutzlose Frau, verläßt, aber was ist mit deiner armen kleinen Tochter?«

Die Hochschule für Außenpolitik bezeichnete sich als Wiege chinesischer Diplomaten und wurde vom Bildungsministerium und vom Außenministerium gemeinsam betrieben. Die zweijährige Ausbildung, die im September begann, stand Englischdolmetschern und -übersetzern des ganzen Landes offen – von denen der Auslandsabteilungen auf Stadt- und Provinzebene bis zu jenen aus den Ministerien. Sie bot eine große Bandbreite von Seminaren an: Weltgeschichte, Weltwirtschaft, Volkswirtschaft, englische Literatur und Simultandolmetschen.

Im Juli – Qi-meng war gerade drei Jahre alt – wurde meine Bewerbung angenommen. Ich würde an der Hochschule meinen Lohn weiterbeziehen, sofern ich mich vertraglich verpflichtete, nach dem Studium weiter für meine Abteilung zu arbeiten. Ich sorgte dafür, daß mir monatlich ein Viertel meines Lohns geschickt wurde und der Rest an Xiao Zhao ging.

Oma Zhang, unsere Nachbarin, die sich tagsüber um Qi-meng kümmerte, konnte sie nicht 24 Stunden am Tag betreuen. Ihr Mann hatte ein Herzleiden, und ihre Schwiegermutter war pflegebedürftig. Obwohl Xiao Zhao damals ständig in der Tagschicht arbeitete, lehnte er es ab, für Qi-meng verantwortlich zu sein – was die gängige chinesische Haltung widerspiegelte, daß Kindererziehung Sache der

Frauen sei. Gewöhnlich ließen sich die Großeltern des Kindes einspannen, doch Xiao Zhaos Eltern hatten immer noch kein Interesse daran. Hai Rui kam für mich nicht in Frage, obwohl er unverhohlen seine Freude darüber zeigte, daß ich weggehen würde, und ohnehin jeden Tag nach der Arbeit zu uns zum Essen kam. Er versicherte mir, er würde sich gut um Qi-meng kümmern, wahrscheinlich sogar besser als ich, denn ich war nicht immer da, wenn sie mich brauchte. Gelegentlich wusch er noch für Xiao Zhao und Qi-meng die Wäsche und oft kochte er das Abendessen – eine Regelung, die mir nach wie vor nicht gefiel, gegen die ich aber nichts unternehmen konnte, weil Xiao Zhao es praktisch fand und nicht mit sich darüber reden ließ. Ich wußte, daß Hai Rui im stillen hoffte, sich noch dauerhafter in meiner Familie einzunisten, wenn ich nach Peking ginge, und ich war entschlossen, dem entgegenzuwirken.

Also sah ich mich nach einem Kindergarten mit Internat um. Wieder einmal half mir der Einfluß meiner Arbeitseinheit. Ich bekam für Qi-meng einen Platz in einer Marineschule. Die meisten Lehrer waren Familienangehörige von Marinesoldaten. Xiao Zhao und ich brachten sie eine Woche vor meiner Abreise hin, damit sie sich eingewöhnen konnte. Wir spielten mit ihr auf dem Hof, und als es Zeit war zu gehen, schlichen wir uns davon. Ihr lauter Schrei, der über die Mauer drang, verfolgte mich, bis ich sie zum Wochenende wieder abholte. Als ich sie am Montagmorgen wieder ins Internat bringen wollte, versteckte sie sich unter Oma Zhangs Bett.

Ich vermißte meine Tochter schon, bevor ich überhaupt abgereist war. Hätte Xiao Zhao auch nur ein Wort darüber gesagt, daß er sich ohne mich einsam fühlen würde, hätte er mich gebeten, es mir anders zu überlegen – ich wäre geblieben. Aber das passierte nicht, was mich keineswegs überraschte. Alle glaubten zwar, ich ginge aus Karrieregründen an die Hochschule für Außenpolitik, tatsächlich jedoch wollte ich zumindest für eine Weile fort von Xiao Zhao und hoffte, daß meine Abwesenheit die Liebe, die ich einmal für ihn empfunden hatte, wieder anfachen würde. Als wir heirateten, hatte ich gedacht, das Zusammenleben und ein Kind würden uns einander noch näher bringen, doch allmählich war genau das Gegenteil eingetreten. Ich merkte, daß ich meine Gedanken für mich behielt, statt mit ihm darüber zu reden, daß ich mit meiner Meinung hinterm Berg hielt, statt sie offen zu äußern – vor allem in politischen Fragen. Wir lachten kaum noch miteinander. Wir waren keine Partner mehr. Wenn ich schon mit meinem eigenen Mann nicht über angestaute Gefühle sprechen konnte, an wen sollte ich mich dann wenden? In mir war allmählich eine abgrundtiefe Angst vor der Einsamkeit gewachsen.

Ich erinnerte mich an ein Gespräch zu Beginn unserer Ehe, in dem ich Xiao Zhao als gehorsamen, pflichtbewußten Sohn gelobt hatte, weil er ein ausgeprägtes Pflichtgefühl gegenüber seinem Vater und seiner Stiefmutter besaß.

»Das stimmt, Ah Si«, hatte er geantwortet, »auf der Liste der Menschen, die mir wichtig sind, kommst du an dritter Stelle hinter Vater und Stiefmutter.«

Verletzt durch dieses Geständnis entgegnete ich: »Naja, nur gut, daß meine Eltern tot sind, sonst kämst du für mich auch an dritter Stelle!«

Auf welchem Platz seiner Liste mochte ich jetzt wohl rangieren, fragte ich mich, als ich meine Sachen für die Reise packte.

Mit widerstreitenden Gefühlen stieg ich in den Zug, um in jene Stadt zurückzukehren, die ich sechs Jahre zuvor voller Erleichterung verlassen hatte.

Kapitel 45

Peking hatte sich in den letzten sechs Jahren kaum verändert. Die Hochschule für Außenpolitik, eine exklusive Institution zur Ausbildung chinesischer Diplomaten, lag im Westen der Stadt in der Nähe des Zoos. In einem vierstöckigen Gebäude waren Studentenwohnheim, Hörsäle, Sprachlabors, Klassenzimmer und Büros untergebracht, während in den benachbarten roten Backsteinhäusern vorwiegend die Lehrkräfte mit ihren Familien wohnten, darunter auch ausländische Dozenten mit kurzfristigen Verträgen. Den Campus umgab eine Mauer mit Tor und Pförtner. Da die Hochschule nicht einmal 200 Studenten hatte, bot sie inzwischen auch Studiengänge für bestimmte Gruppen Außenstehender wie mich an, um Extraeinnahmen zu erzielen.

An meinem Lehrgang nahmen 40 Studenten teil, die zur einen Hälfte aus dem Außenministerium und zur anderen Hälfte aus den Auslandsabteilungen auf Stadt- und Provinzebene kamen. Die meisten von uns waren verheiratet und hatten Kinder zu Hause, aber alle mußten auf dem Campus wohnen. Mir wurde ein kleines Zimmer im Wohnheim zugewiesen, das ich mit zwei Frauen teilte.

Als erstes wurde die Gruppe nach ihren Fähigkeiten eingeteilt. Zwei amerikanische Dozentinnen, Miss Potucek und Miss Jones, prüften uns mündlich und schriftlich. Ich kam in Klasse eins, die Gruppe der Fortgeschrittenen, die hauptsächlich Angehörige des Ministeriums umfaßte. Von dem Tag an, als die Klassen eingeteilt wurden, sahen die Mitarbeiter des Ministeriums auf uns andere herab, die dafür Rache schworen und hinter vorgehaltener Hand drohten, es ihnen heimzuzahlen, wenn sie in Zukunft einmal in ihren Zuständigkeitsbereich kämen. Drei weitere »Außenseiter« und ich, die der Klasse eins zugeteilt wurden, standen zwischen diesen beiden Fraktionen. Was für ein Start!

Obwohl wir alle erwachsen waren, wurde unsere Klasse nach dem üblichen Verfahren organisiert und kontrolliert. Wir hatten einen Parteisekretär und einen Monitor, die von der Hochschule eingesetzt worden waren.

Trotz der Vorschriften, die verlangten, daß wir während der Woche auf dem Campus wohnten, gingen die Studenten aus Peking nach Hause, wann immer sie konnten. Da meine beiden Zimmergenossinnen aus Peking waren, hatte ich das Zimmer also meist für mich allein. Nach sechs Jahren hektischer Betriebsamkeit genoß ich die relative Ruhe und den Frieden des Studentenlebens, besonders an Wochenenden. Ich vermißte Qi-meng schrecklich, mußte aber schockiert feststellen, daß Xiao Zhao mir überhaupt nicht fehlte.

Meine beiden amerikanischen Dozentinnen hatten in anderen Ländern gelehrt, bevor sie nach China kamen. Bei unseren politischen Schulungen erfuhren wir, daß sie Missionarinnen waren. Man warnte uns vor ihnen und forderte uns auf, jeden Missionierungsversuch zu melden. Das war eine weitere Ironie chinesischer Politik. Mein Leben lang hatte ich gelernt, daß Missionare imperialistischen Staaten bei der ersten Welle der kulturellen Invasion Chinas geholfen hatten, und dennoch hatte die Hochschule Frau Potucek und Frau Jones angenommen, weil sie sie nicht bezahlen mußte. Die Mission kam für ihr Gehalt und ihren Unterhalt auf.

Beide waren etwas älter als dreißig. Frau Jones sah immer sehr gepflegt aus und war sorgfältig geschminkt. Frau Potucek war das genaue Gegenteil, unscheinbar und schlicht mit einem kurzen Herrenhaarschnitt. Sie waren für unsere englischen Konversationskurse zuständig und gaben einen interessanten, wenn auch nicht sonderlich realistischen Unterricht, in dem sie den Einkauf in einem amerikanischen Supermarkt und die Arbeit in einer Küche amerikanischen Stils nachstellten, die sie vorübergehend in unserer Klasse aufbauten. Damals gab es in China keine solchen Supermärkte, und die meisten Haushalte teilten sich eine Küche mit anderen Familien und kochten auf Kohleherden. Trotzdem machte mir ihr Unterricht Spaß, da er uns ein Fenster öffnete, durch das wir einen flüchtigen Einblick in das Alltagsleben einer amerikanischen Familie und auf andere soziale und kulturelle Vorstellungen erhaschen konnten. Sie machten keinerlei Anstalten, den Unterricht für religiöse Propaganda zu nutzen.

Alles lief reibungslos, bis sie uns eine Woche vor Weihnachten zu einer Party in unserer Klasse einluden. Sie brachten uns Weihnachtslieder und Spiele bei. Bevor wir gingen, bekam jeder von uns ein Geschenk mit der Erklärung, daß es in Amerika üblich sei, ein Geschenk sofort auszupacken und nicht erst mit nach Hause zu nehmen, um es dort in aller Stille zu öffnen, wie man es in China tat. In meinem Päckchen fand ich ein brandneues Neues Testament, etwa in der Größe des berühmten Roten Buches des Vorsitzenden Mao. Als ich mich umsah, stellte ich fest, daß wir alle das selbe Geschenk bekommen hatten. Soviel ich wußte, stand die Bibel ganz oben auf der Liste der verbotenen Bücher, und die Angestellten bei Zoll und Post hielten immer Ausschau danach. Die Sache mußte also Ärger geben.

Der Parteisekretär der Klasse, Yang, erklärte das Weihnachtstreffen für beendet. Ein paar Stunden später berief er im selben Raum eine Versammlung ein, an der auch der stellvertretende Rektor der Hochschule, Jiang, teilnahm. Wir sollten die Bibeln mitbringen und abgeben. Einige von uns, darunter auch ein paar Parteimitglieder, kamen und erklärten, sie hätten ihr Weihnachtsgeschenk verlegt. Auch ich gehörte zu diesen gedankenlosen Menschen, obwohl ich kein besonderes Interesse an der Bibel hatte und auch keine Verfechterin der Religionsfreiheit war. Mein Trotz richtete sich lediglich gegen die Haltung der Hochschule, uns schikanieren zu können, und gegen den Widerspruch, daß eine

höhere Bildungseinrichtung Angst davor hatte, daß Worte ihre Macht untergraben könnten.
Trotz der Bibelepisode gefiel mir das Studium, und das Semester verging wie im Flug. In den Winterferien fuhr ich voller Vorfreude auf meine Tochter nach Schanghai, um mit ihr in den nächsten Wochen soviel Zeit wie möglich zu verbringen. Als Xiao Zhao mich am Bahnhof abholte, merkte ich, daß ich ihn seit September eigentlich nicht vermißt hatte. Die Hoffnung, daß die Trennung meine Gefühle für ihn auffrischen würde, hatte sich nicht erfüllt. Es überraschte mich nicht zu erfahren, daß Hai Rui täglich gekommen war, um seine Wäsche zu waschen, daß er geputzt und dafür gesorgt hatte, daß Xiao Zhaos Abendessen fertig war, wenn er von der Arbeit nach Hause kam. Allerdings wunderte es mich, daß es mir nicht mehr soviel ausmachte. Meine Liebe zu Xiao Zhao war einfach abhanden gekommen und mit ihr auch mein Traum von geistiger Nähe.
Ich besuchte Großtante und meine beiden Schwestern, und freute mich, daß Nummer 5 offenbar mit ihrem Mann zufrieden und Großtante bei guter Gesundheit war. Als ich wieder nach Peking fuhr, holte Chang-hong mich am Bahnhof ab, wie in alten Zeiten.
Sie war mittlerweile verheiratet, hatte aber noch kein Kind. Schon vor einigen Jahren hatte sie das Fremdenverkehrsbüro verlassen und eine bessere Stelle im Statistischen Amt des Staatsrats bekommen. Sie erzählte mir, daß das Amt einige Dokumente von Tagungen der Vereinten Nationen über die Entwicklung der Weltbevölkerung habe, die aus dem Englischen ins Chinesische übersetzt werden müßten. Ob ich interessiert sei, das in meiner Freizeit zu machen? Die Arbeit werde großzügig bezahlt.
Ich nahm an und war begeistert: Sieben Stunden Arbeit nach Feierabend brachten mir für 2000 chinesische Schriftzeichen fast einen ganzen Monatslohn ein. Von da an kamen

ständig neue Dokumente, und ich produzierte eifrig eine Übersetzung nach der anderen. Doch schon bald kam meine Schwarzarbeit bei einer Parteiversammlung zur Sprache. In einem »vertraulichen Gespräch« mit Parteimitglied Xiao Yin – was bedeutete, daß sie sich in meine Angelegenheiten mischte –, sagte sie mir, da ich während des Studiums meinen Lohn weiterbekäme, müsse ich ausschließlich für das Studium arbeiten. In meiner Freizeit sollte ich Kommilitoninnen helfen, die nicht mitkämen, oder Marx und Lenin lesen, um mein Verständnis vom Kommunismus zu verbessern. Mir war klar, daß dieser sogenannte Rat nur ein Vorwand für die »Rote-Augen-Krankheit« – den Neid meiner Kommilitonen auf meine guten Englischkenntnisse – und die daraus erwachsene Gelegenheit war, Extrageld zu verdienen. Ungefragt gab Xiao Yin mir auch den Rat, daß die Zeit an der Hochschule eine hervorragende Gelegenheit böte, die Parteimitgliedschaft zu beantragen. Die wenigen anderen in meiner Klasse, die der Partei nicht angehörten, hatten es bereits getan.

Ihre Bemühungen hatten nur in einer Hinsicht Erfolg: Ich änderte mein Vorgehen bei der Schwarzarbeit. Manchmal arbeitete ich bei Chang-hong zu Hause, manchmal hinter verschlossenen Türen in meinem Zimmer im Wohnheim, wenn meine Mitbewohnerinnen nach Hause gegangen waren.

Das neue Semester brachte uns auch einen neuen Dozenten, da der Vertrag von Frau Jones nicht verlängert wurde. Weshalb habe ich nie erfahren. Als Ersatz für sie kam ein Engländer namens O'Neill, ein belesener, netter junger Mann, dessen schmales Gesicht zur Hälfte unter einem Bart verschwand. Er gab einen interessanten, anspruchsvollen Unterricht, in dem wir häufig in ernsthafte Diskussionen über die britische Tageszeitung gerieten, die er mitbrachte.

Das einzige Problem war, daß er roch. Sein Körpergeruch

war so streng, daß wir oft Tür und Fenster öffneten, um selbst an kalten Wintertagen Durchzug zu machen. Doch sobald er in die Klasse kam, machte er Tür und Fenster wieder zu, zog den Mantel aus, und wir saßen in der Falle.

Der Monitor der Klasse berief eine Sondersitzung ein. Wir wußten nicht, ob O'Neill roch, weil er seine Kleider oder sich selbst oder beides nicht regelmäßig wusch. Allerdings wußten wir, daß es in den Wohnungen der ausländischen Lehrer fließendes Wasser gab.

»Warum knöpft ihr Männer ihn euch nicht mal zu einem ›vertraulichen‹ Gespräch vor?« witzelte ich. »Oder geht mit ihm in die Badeanstalt?« Niemand lachte.

Während der anschließenden Diskussion, die ich äußerst amüsant fand, kamen wir zu dem Schluß, daß die einzige Lösung, bei der wir das Gesicht wahren (und die Nase schonen) konnten, darin bestand, abwechselnd vorn zu sitzen. Ob O'Neill es seltsam fand, daß ihn von nun an jeden Tag andere Gesichter aus der ersten Reihe ansahen, weiß ich nicht. Gesagt hat er nie etwas, aber er blieb freundlich, hilfsbereit – und übelriechend. Ende des Jahres kehrte er nach England zurück, um seinen Doktor zu machen.

Da ich mit dem Studium und der Schwarzarbeit voll ausgelastet war, verging das Studienjahr wie im Flug. Bevor ich in die Sommerferien fuhr, hörte ich, daß das Büro für auswärtige Angelegenheiten beim chinesischen Volkskongreß eine Dolmetscherin für eine australische Parlamentsdelegation brauchte, die Peking, Shenyang, Xi'an, Schanghai und Guangzhou bereiste. Ich erklärte mich bereit, auszuhelfen. Dafür durfte ich die Delegation in Schanghai verlassen und bekam meine Heimreise bezahlt.

Während der gesamten Fahrt behandelten mich alle, Politiker, ihre Ehegatten und die Mitglieder der Entourage herzlich und wie ihresgleichen. Das berührte mich sehr. An dem Abend, nachdem wir mit dem Flugzeug in Schanghai gelandet waren, wollten die Australier ins Friedenshotel, weil sie von der alten Jazzband gehört hatten, die dort auftrat. Während die Band spielte, forderte Mr. Sheil, der Senator von Queensland, mich zum Tanzen auf. Ich nahm an. Als ich wieder im Jin-Jiang-Hotel war, kritisierte Lao Fu mich rundheraus und erklärte sarkastisch, es gehöre nicht zu meinen Aufgaben, mit einem Ausländer zu tanzen. Ich hätte Sheils Aufforderung sehr bestimmt ablehnen müssen, meinte er.

Am Tag ihrer Abreise überreichten mir die Australier eine Einkaufstüte mit einem Wollmantel und einer Bluse für meine Tochter. Ich bedankte mich für das Geschenk, sagte ihnen aber, daß ich keine persönlichen Geschenke annehmen dürfe. Dann verabschiedete ich mich und verließ die Suite. Kurz darauf erhielt ich einen Anruf von Mrs. Sheil, die mich bat, mich in der Halle mit ihr zu treffen, da sie noch ein paar Einkäufe in letzter Minute erledigen wolle. In einem Geschäft drückte sie mir ein Päckchen in die Hand, das in schlichtes braunes Papier gewickelt war.

»Wir alle möchten, daß Ihre Tochter das hier bekommt, Miss Ye«, sagte sie. »Bitte nehmen Sie es. Niemand wird davon erfahren. Nehmen Sie es als Geschenk der dickköpfigen Australier!«

Fuf der ganzen Rückfahrt im Wagen freute sich Mrs. Sheil, als habe sie gerade eine geheime Spionagemission erfüllt.

An diesem Abend umarmte und küßte ich meine Tochter und überreichte Xiao Zhao dann ein dickes Bündel Zehn-Yuan-Scheine; ich hatte einen ganzen Jahreslohn nebenher verdient. Das war meine einzige Art wettzumachen, daß ich nicht zu Hause war und mich um Qi-meng kümmern konnte.

Nach sechs Jahren Ehe besaß ich immer noch kein Bankkonto. Mehr als einmal hatte ich Xiao Zhao vorgeschlagen, ein gemeinsames Konto für uns einzurichten, aber er hatte es nie getan. Er verwaltete unser beider Geld völlig allein, und ich

erfuhr nie, wieviel wir gespart hatten. Im stillen war ich jedoch zu dem Entschluß gekommen, daß ich bis zum Abschluß meines Studiums meine Schuld ihm und seiner Familie gegenüber abgetragen hätte. Dann wollte ich ein eigenes Konto eröffnen.
Ich war froh, wieder zu Hause zu sein und bemühte mich, mit Xiao Zhao auszukommen. Meinen Ärger über seine Parteimitgliedschaft hatte ich verrauchen lassen, mir blieb keine andere Wahl. Dieser Monat war der glücklichste meines Lebens, weil ich jeden Tag mit Qi-meng verbrachte, mit ihr Großtante besuchte, im Park spazierenging – einfach nur mit ihr zusammen war. Qi-meng war ein hübsches Kind, und wenn ich sie mit anderen Kindern spielen sah, wünschte ich, sie könnte ein Geschwisterchen haben, damit sie mich nicht so vermissen müßte, wenn ich fort war.
Mein Wunsch erfüllte sich auf grausame Weise. Als Ende August meine Periode ausblieb, machte ich mir allmählich Sorgen. In der Stadtteilklinik wurden meine Ängste bestätigt. Ich war schwanger. Der Arzt riet mir, so bald wie möglich eine Abtreibung vornehmen zu lassen, und ließ mich dann allein auf einer langen Holzbank sitzen.
Es war eine alte Geschichte, die jede Familie kannte. Schlechte Kondome hatten schon jede Frau aus Xiao Zhaos und meiner Familie zu mindestens einer Abtreibung gezwungen. Manche Frauen drängte man, sich sofort nach der Geburt des ersten Kindes sterilisieren zu lassen; dafür bekamen sie einen einwöchigen bezahlten Sonderurlaub. Die meisten weigerten sich, weil sie dann, falls ihrem einzigen Kind etwas zustieße, nie wieder ein Kind bekommen konnten. Manche hofften auch, daß die Regierung nach ein paar Jahren vielleicht von ihrer Politik abginge. Allerdings mußte eine Frau sich ein Intrauterinpessar einsetzen lassen, wenn sie ein zweites Mal schwanger wurde. Seit Nummer 3 ihres hatte, war ihre Periode zum Alptraum mit heftigen

Schmerzen und starken Blutungen geworden, wie sie mir erzählte.
Ich war am Boden zerstört. Ich wünschte, ich könnte mein Baby behalten, aber ich kannte die Konsequenzen nur zu gut. Als unmittelbare Folge würde ich meine Stelle verlieren und das Studium abbrechen müssen. Xiao Zhao hätte ebenfalls darunter zu leiden. Wahrscheinlich würde man ihn aus der Partei ausschließen und ihn für den Rest seines Lebens nicht mehr befördern. Die eigentlichen Opfer aber wären Qi-meng und das neue Baby. Qi-meng würde als Mensch zweiter Klasse abqualifiziert werden, könnte keine guten Schulen besuchen, wäre als Kind einer »illegalen Familie« gebrandmarkt und müßte in allem hintanstehen – von den Schulen bis zur medizinischen Versorgung. Mein zweites Kind würde das Leben eines Ausgestoßenen führen – kein Wohnrecht, keine Rationierungsmarken, keine medizinische Versorgung, wahrscheinlich keine Schulbildung und mit Sicherheit kein Zugang zu einer höheren Schulbildung.
Ich verbrachte viele schlaflose Nächte. Obwohl mir die Realität deutlich vor Augen stand, konnte ich den Gedanken an eine Abtreibung nicht ertragen. Xiao Zhao war mir eine große Hilfe, er blieb nächtelang mit mir wach und sprach mit mir darüber. Dieses Mitgefühl war durchaus nicht typisch für ihn, aber ich wußte, daß er sich die Schuld an der Misere gab. Ich war froh, daß Qi-meng wieder in ihrem Internat war. Ich hätte es nicht ertragen, sie anzusehen und zu wissen, daß ich im Begriff war, ihren kleinen Bruder oder ihre Schwester zu vernichten.
Schließlich gingen Xiao Zhao und ich in dasselbe Krankenhaus, in dem Qi-meng geboren wurde. Erstaunt registrierte ich die lange Schlange vor dem Anmeldebüro für eine Abtreibung. Es standen überwiegend Paare dort, und alle schauten finster drein. Im Wartezimmer war es ungewöhn-

lich still. Als ich an die Reihe kam, sagte man mir, ich müsse eine Woche warten. Auf dem Weg nach draußen hörte ich, wie eine junge Frau ihrem Mann den Termin für ihren Eingriff nannte: Er war am selben Tag wie meiner, nur eine Viertelstunde später. Ich war fassungslos. Wieviele Abtreibungen nahm man hier bloß tagtäglich, Jahr für Jahr, vor, fragte ich mich. Ich schlug mir die Hand vor den Mund, um mein Schluchzen zu unterdrücken, und Xiao Zhao versuchte vergeblich mich zu trösten.

In den folgenden Tagen bemühte ich mich ruhig und vernünftig zu bleiben, aber die Realität setzte mir sehr zu. Ich mochte nichts essen, weil ich irgendwie das Gefühl hatte, wenn ich gut äße, würde ich meinem Baby falsche Hoffnungen machen. Als Kind hatte ich von einer Nachbarin gehört, daß Gefangene, die zum Tode verurteilt waren, am Abend vor der Hinrichtung ein gutes Essen und sogar Wein bekamen, weil unsere Tradition besagte, daß ein hungriger Geist nie Ruhe finden würde. Was würde wohl mit dem Geist meines neuen Babys geschehen?

Nach einer Woche Schlaf- und Appetitlosigkeit ging ich ins Krankenhaus. Dort wurde ich in einen Warteraum mit sechs Betten geführt, in denen noch weitere nervöse Frauen in blauen Kitteln lagen. Eine nach der anderen wurden wir in den Operationssaal gerufen. Als ich an die Reihe kam, sah ich in der Mitte des Raumes einen Operationstisch, umgeben von einem halben Dutzend Leuten, die plauderten wie bei einem Picknick. Ich wußte nicht, wie der Eingriff vor sich gehen würde, und man sagte es mir auch nicht. Krank vor Angst stieg ich auf den Tisch, und sie fingen an.

Als es vorbei war, schickte man mich wieder in den Warteraum. Dort sollte ich mich eine halbe Stunde hinlegen. Ich fühlte mich ausgehöhlt und niedergeschlagen. Bei der Abmeldung sagte die Schwester: »Du kommst nicht wieder her. Dafür ist gesorgt.«

Erst da wurde mir klar, daß man mir ein Pessar eingesetzt hatte. Meine Einwilligung hatte niemand erfragt, sie war auch nicht notwendig. Ich bekam die gleichen Probleme mit dem Pessar wie Nummer 3. Die Sorte, die in China verwendet wurde, läßt sich nur operativ entfernen. Sie waren für die Dauer gedacht.
Offenbar war selbst mein Körper der Staatspolitik unterworfen.

Kapitel 46

Ich kehrte mit einer Woche Verspätung wieder an die Hochschule zurück, behielt aber den wahren Grund für mich und erfand eine Geschichte über Magenprobleme. Meinen beiden Zimmergenossinnen fiel auf, daß ich ungewöhnlich still war, und vielleicht errieten sie mein Problem, denn sie waren besonders freundlich zu mir. Ich hoffte, daß meine Wunden mit der Zeit heilen würden.

Xiao Wang, meine Tischnachbarin aus Peking, versuchte ebenfalls, mich aufzuheitern. »Wenigstens riecht unser neuer Lehrer Bill nicht so wie O'Neill.«

Zum erstenmal, seit ich mein Baby verloren hatte, lachte ich. Sie erzählte weiter, daß den Studenten der Unterricht bei diesem kanadischen Lehrer sehr gut gefiel. Er sei völlig anders.

Bill, wie er sich von uns nennen ließ, war ein schlanker, jungenhaft wirkender Mann mit dunklem Haar und schlagfertigem Witz. Von Anfang an gefiel mir die Art, wie er den Unterricht gestaltete. Statt sofort mit dem grammatischen Lehrstoff oder der Lektüre anzufangen, wie es die anderen ausländischen Dozenten taten, eröffnete er die Stunde mit einer zehnminütigen Diskussion über die Frage: »Was gibt es Neues?« Ich stellte erstaunt fest, daß sich alle, auch die ansonsten eher Schweigsamen, lebhaft am Gespräch beteiligten. Offenbar hatte Bill ein Verfahren vorgegeben, wonach jeden Tag jemand »spontan« ein Thema ansprach – aus der Tageszeitung oder aus dem persönlichen Leben –, über das die Klasse dann diskutierte. Es war eine gute mündliche Englischübung und lockerte den Ernst der Unterrichtssituation auf. Ich merkte, daß alle, sogar die sonst eher steifen Parteimitglieder, sich entspannten.

Eines Tages ging ein Student aus Peking, Xiao Chi, jedoch zu weit. Als Bill fragte: »Was gibt's Neues?« erzählte Chi eine grausige Geschichte, die in seiner Nachbarschaft die Runde machte. Ein Restaurantbesitzer war verhaftet worden, weil er junge Mädchen getötet haben sollte, die aus der Umgebung in die Hauptstadt gekommen waren, um Schwarzarbeit zu suchen. Der Mörder hatte sich der Leichen entledigt, indem er sie zerhackte und als Füllung für die Klöße verwendete, die er in seinem Lokal anbot.

Entsetztes Schweigen senkte sich über die Klasse. Bill war verblüfft, aber keineswegs so schockiert wie wir. Die Schilderung an sich war schon schlimm genug, aber sie vor einem Ausländer zu erzählen, war noch schlimmer. In China galt Mord als etwas, das geheimgehalten werden mußte, weil solche Vorkommnisse für die Chinesen, die sich der ältesten Kultur der Welt rühmten, einen Gesichtsverlust bedeutet hätten. Ein Sprichwort bei uns besagt, daß häusliche Schande nie außerhalb der Familie bekannt werden darf. Damals berichteten die Zeitungen kaum über Mordfälle, vor allem nicht über so grausige. Es war klar, daß man uns gleich nach dem Unterricht zu einer Versammlung rufen würde.

Nachdem Chi vor der Klasse Selbstkritik geübt hatte, wurde er vom Fachbereichsleiter und seinen Kommilitonen streng getadelt, weil er nicht »zwischen ihnen und uns« unterschieden hatte. Wir sollten immer daran denken, daß man Ausländer nie, niemals ins Vertrauen ziehen dürfe. Damit war die Sache aber noch nicht erledigt. Fachbereichsleiter Feng machte uns darauf aufmerksam, daß Bill, wie aus seiner Akte hervorginge, für seinen lässigen Unterrichtsstil bekannt sei, der seine Studenten umgänglich mache und zur Gesprächigkeit ermuntere. Der Aktenvermerk war entstanden, als er einige Jahre zuvor an der Technischen Hochschule Harbin gelehrt hatte. Bei Feng klang es, als treibe Bill Spionage, indem er seinen Studenten erlaube, in echten Unterhaltungen Englisch zu sprechen.

Nach der allgemeinen Versammlung blieben die Parteimitglieder noch zu einer weiteren Sitzung da, weil Chi Parteimitglied war. All das brachte mich ungemein auf. Wäre Bill Chinese gewesen, hätte man es ihm als positiv angerechnet, daß er Studenten anzusprechen vermochte, aber da er es nicht war, unterstellte man ihm verdächtige Motive. Doch trotz all dieser Warnungen war der Kanadier auch weiterhin bei seinen Studenten beliebt.

Den ganzen Herbst über studierte ich eifrig und mit großem Interesse. Unmittelbar nach Neujahr 1986 fuhr Chang-hong in die Sowjetunion, um an einem Kurzlehrgang über Volkszählungen teilzunehmen, der von den Vereinten Nationen gesponsert wurde. Sie sollte ein halbes Jahr fortbleiben. Vor ihrer Abreise arrangierte sie jedoch, daß ich sie als Englischlehrerin für die Mitarbeiter ihres Amtes vertreten würde, und fügte hinzu, damit käme ich während ihrer Abwesenheit wenigstens hin und wieder aus der Hochschule heraus.

In den letzten Monaten hatte es mir sehr geholfen, mit Chang-hong zu reden. Wann immer ich Gelegenheit dazu hatte, besuchte ich sie zu Hause. Obwohl seit dem Ende der Kulturrevolution mittlerweile zehn Jahre vergangen waren, traute ich mich immer noch nicht, meine Ansichten oder Gedanken meinen Kommilitonen gegenüber offen zu äußern. Als Chang-hong fort war, hatte ich niemanden mehr, mit dem ich ernsthaft reden konnte. So machte ich es mir im Laufe der Zeit zur Angewohnheit, meine Gedanken in einem Tagebuch festzuhalten. Bill hatte uns nämlich die Aufgabe gestellt, jede Woche eine bestimmte Anzahl von Eintragungen in ein Tagebuch zu machen. Er sammelte die Bücher regelmäßig ein, las sie und versah sie mit Anmerkungen und Korrekturen. Ich merkte, daß ich mehr und mehr über mich schrieb und stets gespannt darauf wartete, meine Arbeit zurückzubekommen. Ich hatte das Gefühl, daß ich ihm trauen konnte, und meine Gedanken bei ihm sicher aufgehoben waren. Jedesmal las ich seine Kommentare sorgfältig und zerriß dann die Seiten, damit niemand sonst sie zu sehen bekäme.

Mein Dozent war ein guter Zuhörer, voller Verständnis, aber ohne feste Doktrin. Nie stellte er aufdringliche oder politische Fragen, wie die meisten Ausländer es taten. Einmal ließ er durchblicken, daß ich gern zu ihm ins Büro kommen und mein mündliches Englisch bei einem Plausch aufbessern könne, wie andere Studenten es taten, aber ich zögerte. Ich wollte nicht, daß man mich allein mit ihm sah. Er war ein verheirateter Mann, ich eine verheiratete Frau, und schon allein der Vorwurf der Unschicklichkeit wäre verheerend gewesen. Der Fall Li Shuang war noch nicht vergessen.

Im Frühling bat Bill mich eines Tages, nach dem Unterricht noch einen Moment dazubleiben. Er wolle mit mir über meine Hausarbeit sprechen. Wie sich herausstellte, fragte er mich jedoch statt dessen unter vier Augen, ob ich Interesse hätte, der Tochter einer Freundin der Familie, einer Frau aus Hongkong namens Eleanor, die gelegentlich geschäftlich in China zu tun hatte, Englischunterricht zu geben. Sie wohnte mit ihrer Tochter in einer Wohnanlage in der Nähe der Hochschule. Das Mädchen war dreizehn, ging zur Mittelschule, und ihre Mutter wollte, daß sie mehrmals wöchentlich zusätzlichen Englischunterricht bekam.

»Denk darüber nach«, schlug er vor. »Du kannst gern heute abend zu uns nach Hause kommen, um sie kennenzulernen.«

Bills Frau kannte ich bereits und traf sie ab und an auf dem Campus. Auch seine drei Kinder kannte ich gut, weil sie zu den wöchentlichen Videovorführungen kamen. Als ich nun Eleanor und ihre Tochter Rowena kennenlernte, mochte ich die beiden auf Anhieb und sagte die Englischstunden zu.

Damit waren meine Tage endgültig ausgefüllt. Entweder

vergrub ich mich in meinen Lehrbüchern oder ich gab in Chang-hongs Amt oder bei Rowena Unterricht. Ich kam und ging auf Chang-hongs Fahrrad, sagte jedoch niemandem, wohin ich fuhr. Sorgfältig achtete ich darauf, nie den Unterricht, die Hausaufgaben oder politische Schulungen zu versäumen, auch wenn ich dafür manchmal das Abendessen auslassen mußte. Dennoch entdeckte ich in manchen Gesichtern, zumal in denen von Parteifunktionären, Zweifel und Fragen. Doch der einzige, der von meinem Geheimnis wußte, war mein Dozent Bill.

Als ich Schwierigkeiten mit Rowenas Unterricht bekam, ging ich trotz meiner Bedenken wieder zu ihm in sein Büro. Ich ließ immer die Tür offenstehen und unterhielt mich lauter mit ihm als nötig, damit die anderen mich hören konnten. Bill saß in seinem Sessel und hörte mir aufmerksam zu. Er gab mir nur selten einen Rat, sondern half mir, selbst eine Lösung zu finden, indem ich das Problem aussprach.

Im Laufe der Zeit ging ich immer häufiger zu ihm und sprach allmählich auch über andere Dinge, über meinen Unterricht, meine Englischlektüre, über die Politik an der Hochschule und in der Klasse. Meine Redseligkeit erstaunte mich, zumal er doch Ausländer war. Doch dank seiner Offenheit und Intelligenz gelang es mir immer häufiger und besser, meine Gedanken auszudrücken. Wir wurden gute Freunde.

Eines Abends im Mai saß ich allein in meinem Zimmer und mußte feststellen, daß ich mich sehr zu Bill hingezogen fühlte. Diese Erkenntnis erschreckte mich. Schließlich war ich verheiratet und hatte ein Kind.

Von da an versuchte ich Bill zu meiden und ging sogar jedem Blickkontakt in der Klasse aus dem Weg. Nachts wachte ich schreiend aus Alpträumen auf, in denen man mich wieder auf die Gefängnisfarm geschickt und mir Qi-meng für immer weggenommen hatte. Als ich einen Brief von Xiao Zhao bekam, in dem er mir schrieb, er überlege, seine Überstunden für eine fünftägige Reise nach Peking zu nutzen, schickte ich ihm ein Telegramm und drängte ihn, so bald wie möglich zu kommen.

Zwei Wochen später waren er und Qi-meng da. Und Hai Rui war auch mitgekommen.

Ich holte sie am Bahnhof ab und hielt meine Tochter während der ganzen Taxifahrt zum Campus im Arm. Meine Zimmergenossinnen hatten mir angeboten, daß ich unser Zimmer für uns haben könne, damit Xiao Zhao und Qi-meng nicht in den Unterkünften wohnen mußten, die die Hochschule für Besucher bereithielt. Ich hatte auch mit all meinen Dozenten, einschließlich Bill, gesprochen und mich für ein paar Tage vom Unterricht befreien lassen.

Die ganze Woche über plagten mich Scham und Schuldgefühle. Tagsüber sahen meine Familie und ich uns Sehenswürdigkeiten in Peking an, Hai Rui immer im Schlepptau. Abends hielt ich Qi-meng im Arm, bis wir beide einschliefen; dann weckte mich Xiao Zhao, damit ich zu ihm ins Bett umzog. Sobald er eingeschlafen war, ging ich für den Rest der Nacht wieder zurück zu Qi-meng.

Auch als meine Familie und Hai Rui wieder fort waren, ging ich Bill weiter aus dem Weg. Das Studium näherte sich seinem Ende; etwa einen Monat später stand mein Abschluß bevor. Ich beschloß, meine beiden Lehrtätigkeiten Ende Juni aufzugeben, um mich voll und ganz auf die Prüfungen konzentrieren zu können. Täglich sah ich ihn im Unterricht oder auf dem Korridor im Gespräch mit Studenten, und ich mußte meine ganze Selbstdisziplin aufbringen, um nicht mit ihm zu sprechen.

Eines Tages baten zwei meiner Kommilitonen mich um einen Gefallen. Bills beide älteren Kinder fuhren früher nach Kanada zurück, und er hatte meine Studienkollegen gefragt, ob einer von ihnen ihn zum Flughafen begleiten könne, um für ihn zu dolmetschen, falls es Schwierigkeiten gäbe. Da jedoch bekannt war, daß Bill mit dem Auslandsbüro der Hochschule oft Schwierigkeiten hatte, und da Hu und Chi Parteimitglieder waren, wollten sie nicht dabei erwischt werden, daß sie ihm halfen. Sie baten mich, ob ich statt dessen mitfahren könne. Ich willigte ein. Ich sagte mir zwar, daß ich es ihm schuldig sei, weil er mir den Unterricht mit Rowena vermittelt hatte, aber in Wahrheit wollte ich mit ihm zusammensein, wenn auch nur für kurze Zeit.

Tage später bat er mich nach dem Abendessen zu sich ins Büro. Fast hätte ich abgelehnt, sagte dann aber doch zu. Als ich kam, unterhielten wir uns erst eine Weile über Belanglosigkeiten. Dann lächelte Bill und sagte: »Herzlichen Glückwunsch zum Geburtstag, Leaf«, und legte ein Geschenk zwischen uns auf den Tisch.

Er nannte mich ›Leaf‹, seit ich ihm am ersten Tag erklärt hatte, daß dies die englische Übersetzung meines Familiennamens sei.

»Im Westen ist es üblich, einem Menschen, den man mag, zum Geburtstag etwas zu schenken«, fügte er hinzu. »Und du mußt es sofort auspacken – auch das ist so Sitte.«

Es war ein Roman, *Söhne und Liebhaber* von D. H. Lawrence, einem der Lieblingsautoren von Bill.

Noch nie hatte mir jemand etwas zum Geburtstag geschenkt, das war bei uns nicht üblich. Bill wußte, daß ich gern las und wie schwer solche Romane in China zu bekommen waren. Seine Umsicht rührte mich, und ich bedankte mich mit einem Handschlag.

»Na komm«, sagte er. »Wir sind doch Freunde, Leaf.« Und dann umarmte er mich.

Mein Herz pochte, obwohl ich wußte, daß uns niemand sehen konnte. Aber es war gut, ihn so nahe zu spüren.

Wir unterhielten uns noch lange. Ich fragte ihn, ob er seine beiden Kinder vermisse, und er bejahte. Wir alle wußten, daß er seine Kinder sehr liebte. Als ich meinte, daß er und

seine Frau jetzt dafür mehr Zeit hätten, zusammen auszugehen, verfinsterte sich seine Miene.
»Nein, das glaube ich nicht«, murmelte er traurig. »Wir ... verstehen uns nicht mehr sonderlich gut. Wir haben schon seit ein paar Jahren getrennte Schlafzimmer.«
Ich war überrascht, daß er mir etwas so Intimes erzählte, und wußte nicht, was ich antworten sollte.
»Aber wir wollen deine Geburtstagsparty nicht verderben!« sagte er mit aufgesetzter Fröhlichkeit. »Wie wäre es mit noch etwas Tee?«
Als ich nach einer Weile ging, hatte ich eingewilligt, am nächsten Tag mit ihm in die Innenstadt zu fahren und ihm beim Kauf eines Teppichs zu helfen, den er seinen Eltern schicken wollte.
Wir trafen uns an der Bushaltestelle, damit niemand sah, daß wir gemeinsam den Campus verließen. Wir fuhren nach Liu Li Chang, einem berühmten Einkaufsviertel südlich des Tiananmen-Platzes. Es war drückend heiß. Nachdem Bill einen Teppich erstanden hatte, schlenderten wir durch die Straßen und machten uns über die seltsam gekleideten Touristen lustig. Im Taxi schlug Bill vor, im Peking-Hotel noch etwas Kaltes zu trinken.
»Ich möchte dir etwas sagen«, fügte er nervös hinzu.
Die Bar in der klimatisierten Lobby war nach der brütenden Hitze in den Straßen wie eine Oase. Es waren nur wenige Gäste dort, und wir suchten uns einen Tisch im hinteren Teil. Bill bestellte sich ein Bier und mir einen Orangensaft, und wir tranken schweigend. In dem Teppichgeschäft war ich ganz in meinem Element gewesen, hatte mit Verkäufern verhandelt und mich wegen der Versendung des Teppichs nach Toronto mit bürokratischen Formalitäten herumgeschlagen, wie ich es in Schanghai oft für Besucher getan hatte. Doch als ich ihm nun in der Bar gegenübersaß, verschlug es mir plötzlich die Sprache.

»Leaf, hör zu«, murmelte er. »Seit Wochen ringe ich mit mir um eine Entscheidung, ob ich es sagen soll. Aber da du in ein paar Tagen nach Hause fährst und ich dich nicht wiedersehen werde, habe ich beschlossen, offen zu sein. Ich liebe dich.«

Seine Worte dröhnten wie Donner in meinen Ohren. Ich starrte auf die Tischplatte. Meine Alpträume fielen mir ein, und plötzlich war mir überdeutlich bewußt, daß ich mit einem Ausländer in einem öffentlichen Lokal saß.

»Ich hoffe, daß du nicht schlecht von mir denkst«, fuhr Bill fort und drehte sein leeres Glas auf der Tischplatte im Kreis.

»Ich liebe dich auch, Bill«, stammelte ich. »Aber es ist falsch, ganz falsch.«

Ich sah zu ihm auf. Seine Miene verriet Überraschung: Er hatte meine Gefühle für ihn nicht bemerkt.

»Hör zu«, sagte er nach einer Weile leise, »es ist nicht falsch jemanden zu lieben. Wir haben uns nicht verführt. Wir haben uns verliebt, ohne es zu wollen. Mir war nicht klar ... vielleicht hätte ich nichts sagen sollen.«

Wir schwiegen lange. Dann schlug er vor: »Laß uns hier zu Abend essen. Unser erstes und letztes gemeinsames Essen.«

Wir aßen im Hotelrestaurant. Meine Gedanken drehten sich wirbelnd im Kreis, und ich schmeckte kaum etwas. Im Bus zum Campus stand Bill neben mir. Wir sprachen nicht. Als wir uns der Hochschule näherten, stiegen wir an verschiedenen Haltestellen aus und gingen durch verschiedene Tore hinein.

Kapitel 47

In jener Nacht lief die Szene im Hotel immer wieder vor meinem geistigen Auge. Es war jene Art Liebe, über die ich gelesen, die ich aber nie für real gehalten hatte, jedenfalls nicht für mein Leben. Wir hatten uns nicht ein einziges Mal geküßt, nicht einmal berührt. Weil uns die Liebe zur falschen Zeit am falschen Ort ereilt hatte, konnte sie niemals Erfüllung finden. Sie war doppelt verboten – eine Liebe zwischen zwei Verheirateten und zwischen einer Chinesin und einem Ausländer. Aber ich war froh, daß wir einander unsere Herzen geöffnet hatten, auch wenn ich ihn nie wieder sehen würde.

Mein Seelenleben war in Aufruhr, während ich versuchte, mich auf meine Prüfungen vorzubereiten. Bill sah ich nicht oft. Immer wieder mußte ich daran denken, was meine Freundin Xiao Wang einige Wochen zuvor gesagt hatte. Sie hatte mir erzählt, sie habe den Eindruck, daß Bill sich zu mir hingezogen fühle, und sie hatte ein bekanntes Sprichwort angeführt: *Yishizuchengqingguhen* – »Ein kleiner Fehltritt kann dauerhaften Kummer bewirken«.

»Du wirst ja wohl nicht so dumm sein, deine Karriere, deine Familie und deine Tochter aufs Spiel zu setzen! Ihr beide lebt in völlig verschiedenen Welten.«

»Sei nicht albern, Xiao Wang«, hatte ich geschimpft. »Du und deine Fantasie!«

Doch das Sprichwort traf zu. Obwohl Bill und ich manches gemeinsam hatten, erwartete man von uns, daß wir wie Fremde miteinander umgingen, wir durften einfach nicht das Gleiche denken und fühlen. Ich mußte der Realität ins Auge sehen und vorsichtig sein. Wenn Xiao Wang etwas gemerkt hatte, galt das vielleicht auch für andere.

Ich richtete es so ein, daß ich Peking sobald wie möglich verlassen konnte, noch vor dem ursprünglich geplanten Termin, und zog für die letzten Tage zu Chang-hong. Sie war überrascht, stellte mir aber keine Fragen, und von mir aus erzählte ich ihr auch nichts. Nicht einmal mit meiner langjährigen besten Freundin konnte ich mein Geheimnis teilen.

Ich sagte Bill nicht Lebwohl, als ich den Campus verließ. Ich hielt es für das beste, mir eine schöne Erinnerung zu bewahren. Aber ich konnte weder essen noch richtig schlafen. Wenn ich allein in Chang-hongs Wohnung war, kroch die Zeit dahin. Sobald sie und ihr Mann nach Hause kamen, mußte ich ein lächelndes Gesicht zeigen und so tun, als sei alles in Ordnung. Die Anstrengung, nicht an Bill zu denken, machte mich wahnsinnig.

Am Tag vor meiner Abreise aus Peking wählte ich von einem öffentlichen Telefon aus die Nummer der Hochschule für Außenpolitik. Die Vermittlung stellte mich zu Bill durch. Er begreife, warum ich den Campus früher verlassen habe, meinte er, aber er würde mich gern noch einmal sehen. Unser Gespräch war von langen Pausen unterbrochen; wir fühlten uns beide verloren und wußten nicht, was wir sagen sollten.

Die alte Dame, die für das öffentliche Telefon zuständig war, hatte mich beäugt, seit ich angefangen hatte Englisch zu sprechen. Während einer unserer Gesprächspausen schlug sie mit der Faust auf den Tisch.

»Sprich chinesisch! Du bist doch Chinesin, oder?« schnaubte sie. »Mit wem redest du eigentlich? Warum hörst du so plötzlich auf zu sprechen?«

Ich hielt die Sprechmuschel zu und erklärte ihr so höflich ich konnte, daß ich mit einem Teilnehmer spräche, der nur Englisch verstünde.

»Dann solltest du überhaupt nicht mit dieser Person reden. Woher soll ich wissen, daß du nicht etwas sagst, das du nicht sagen solltest?«

Mit entschlossener Miene stand sie auf. Rasch antwortete ich Bill, daß ich ihn auch gern sehen würde, nur noch einmal.

Bill berichtete, daß seine Frau mit einigen Dozenten verreist, und er mit seinem sechsjährigen Sohn allein sei. »Komm zum Abendessen«, meinte er. »Dann sehen wir uns wenigstens noch ein letztes Mal.«
An jenem Abend ging ich nach Einbruch der Dunkelheit durch einen Seiteneingang auf den Campus und stieg durch das unbeleuchtete Treppenhaus in den fünften Stock des Gebäudes, in dem die Dozenten wohnten. Bills Sohn schlief schon. Bill hatte etwas zu essen gemacht, aber keiner von uns brachte viel herunter. Wir saßen da, redeten, hielten Händchen und klammerten uns an jeden Augenblick. Die Teetassen standen unberührt und wurden kalt.
Schließlich mußte ich gehen. Bill gab mir einen dicken Umschlag und bat mich, den Brief erst am nächsten Tag im Zug zu lesen. Wir umarmten uns und weinten beide. Nach einem langen, leidenschaftlichen Kuß verschwand ich im dunklen, engen Treppenhaus, ohne mich noch einmal umzusehen.

Chang-hong und ihr Mann brachten mich am nächsten Tag zum Bahnhof. Niedergeschlagen bemühte ich mich um ein ungezwungenes Geplauder mit ihnen, merkte aber, daß ich unablässig in der Menge nach Bill Ausschau hielt, hoffend und gleichzeitig auch bangend, daß er meine Warnung herzukommen in den Wind geschlagen habe. Endlich kam die Durchsage für meine Abfahrt. Ich verabschiedete mich und stieg in den Zug, der mich wieder zurück in die Wirklichkeit bringen sollte. In meiner Handtasche steckte Bills Brief, auf den ich mich schon seit dem Vorabend freute.
Wie es heißt, schreibt der Zufall die besten Geschichten. Bevor der Zug anfuhr, entdeckte ich in meinem Wagen dritter Klasse ein bekanntes Gesicht. Es war einer der älteren Brüder von Xiao Zhao, der geschäftlich in Peking zu tun gehabt hatte. Schnell verhandelte er mit meinem Nach-

barn, um die Plätze zu tauschen, setzte sich dann auf den Fensterplatz mir gegenüber und hatte im Nu unsere Teetassen gefüllt, eine Tüte gerösteter Erdnüsse geöffnet, ein paar Süßigkeiten auf den Tisch gelegt und ein Kartenspiel ausgepackt.

»Was für ein netter Zufall«, meinte er. »Jetzt geht die lange Fahrt viel schneller vorbei.«

Xiao Zhaos zweiter Bruder, den ich von seinen Geschwistern am liebsten mochte, war ein rundlicher Mann mittleren Alters mit einem offenen, freundlichen Gesicht. Normalerweise hätte ich mich über seine Gesellschaft gefreut, aber in meiner Tasche lag Bills Brief. Wir spielten ein Kartenspiel nach dem anderen. Ich verlor fast jedes, trotz der Ratschläge meiner Sitznachbarn. Nach einigen Stunden kam der Imbißwagen durch unseren Waggon. Ich kaufte meinem Schwager eine Flasche Reiswein. Meine scheinbare Großzügigkeit erzielte den gewünschten Erfolg. Noch während die Zehn-Uhr-Nachrichten aus den Lautsprechern dröhnten, schlief er tief und fest ein.

Ich riß den Umschlag auf. Auf sechs handgeschriebenen Doppelseiten hatte er eine Art Tagebuch über die jüngste Vergangenheit geführt. Tränen stiegen mir in die Augen. Bill war nicht nur Dozent, sondern auch Schriftsteller. In jenem Frühjahr hatte er seinen ersten Roman veröffentlicht. Eine der Eintragungen war entstanden, als er sich im Fernsehen die Übertragung des Pavarotti-Konzerts aus der Großen Halle des Volkes angesehen hatte. Er schilderte, wie er mich im Geiste im Arm gehalten hatte, während wir einer der großen Arien Puccinis lauschten.

»Was liest du da, Xiao Ye?«

Ich fuhr auf und stellte fest, daß mein Schwager mich anstarrte. Ich hatte keine Ahnung, wie lange er mich schon beobachtete. Er streckte den Arm aus und nahm mir die Seiten aus der Hand.

»Eh, das ist ja gar kein Chinesisch. Was ist das?« rief er und weckte damit die anderen Passagiere auf. »Warum weinst du?«

»Sei doch leise!« drängte ich ihn. Ich stand auf und nahm ihm den Brief wieder aus der Hand. »Was regst du dich so auf? Das ist eine Geschichte, die mein Lehrer geschrieben hat. Sie ist sehr gefühlvoll.«

Er lachte, immer noch unter dem Einfluß des Reisweins. »Ich habe ja gehört, daß Ausländer gute Filme machen, aber daß sie auch gut schreiben, wußte ich gar nicht. Wovon handelt sie? Übersetz doch mal.«

Andere Mitreisende schlossen sich seiner Bitte an. Ich wünschte, ich hätte zwei Flaschen Wein gekauft.

»Es ist eine Geschichte über eine junge Frau, die während der Kulturrevolution in die Provinz Heilonjiang geschickt wurde«, sagte ich.

Und dann fing ich an, eine Geschichte zu erfinden, und gestaltete sie so langweilig wie möglich. Bald beklagte sich einer der Mitreisenden, er habe für sein Leben schon genug traurige Geschichten gehört, und schlief wieder ein. Nach einer Weile hatte ich alle eingelullt. Ich steckte den Brief in meine Handtasche und spielte wieder mit meinem Schwager Karten.

Xiao Zhao und Qi-meng holten mich am Bahnhof ab. Meine Tochter war im Sommer fünf geworden; sie sah gesund aus und war schon richtig schwer auf meinem Arm. Ich war froh, die beiden zu sehen, und erleichtert, wieder zu Hause zu sein und in mein normales Leben zurückzukehren. Bevor ich mich in meiner Abteilung melden mußte, hatte ich noch einen Monat frei.

Allerdings freute ich mich kein bißchen darüber, Hai Rui in unserer Wohnung vorzufinden, als wir nach Hause kamen. Ich beobachtete, wie Hai Rui sich in der Küche zu schaffen machte und bemerkte, wie ungezwungen und vertraut Qi-meng mit ihm umging.

Als sie abends im Bett lag, sprach ich Xiao Zhao darauf an. »Ich komme mir in meinem eigenen Zuhause vor wie eine Fremde, wenn Hai Rui da ist«, sagte ich. »Qi-meng hört mehr auf ihn als auf mich! Habe ich gar nichts mehr darüber mitzureden, was in dieser Familie vorgeht?«

Mir war zwar klar, daß er Hai Ruis Anteil an unserem Leben kaum würde einschränken wollen, aber auf seine heftige Reaktion war ich nicht gefaßt.

»Da du jetzt schon über die Brücke gegangen bist, kannst du sie auch gleich verbrennen«, antwortete er und funkelte mich wütend an. »Hai Rui war für uns da, wann immer Qi-meng und ich Hilfe brauchten. Du warst schließlich weit weg. Wir alle drei haben ihm viel zu verdanken, so sehe ich das. Außerdem, was glaubst du eigentlich, was die Nachbarn sagen werden, wenn wir Hai Rui jetzt im Stich lassen? Und hast du mal darüber nachgedacht, was deine Tochter empfindet?«

Mir war durchaus klar, daß die Nachbarn viel darüber getratscht hatten, daß ich meinen Mann und meine Tochter allein gelassen hatte, um zu studieren und »immer weiterzukommen«. Die wahren Gründe, warum ich nach Peking gegangen war, kannten sie nicht, aber einhellig lobten sie Hai Rui und seine Hilfe.

In sieben Jahren Ehe hatte ich meine Schuld gegenüber Xiao Zhao abgetragen, indem ich ihm meinen Lohn gab. Nun begann ich endlich, mich finanziell unabhängig zu fühlen. Und prompt stand ich nach Ansicht meines Mannes tief in Hai Ruis Schuld, der sich in mein Familienleben gedrängt hatte, ohne mich zu fragen, und die einzige Möglichkeit, meine Schuld abzutragen, bestand darin, den Mund zu halten. Es war eine bittere Pille, die ich schlucken mußte, und sie trieb den Keil zwischen Xiao Zhao und mir noch tiefer.

Trotzdem war ich froh, den August über frei zu haben. Es war der unerträglichste Monat in dem schwülheißen Schanghai und die einzige Zeit, in der ich mich über Regen freute. Doch manchmal kam dieser mit einem heftigen Taifun.

Da ich Qi-meng in meiner Nähe haben wollte, nahm ich sie aus dem Internat und meldete sie für September in einer Kindertagesstätte des Stadtteilkomitees an. Jeden Morgen würde ich sie auf dem Weg zur Arbeit dorthin bringen können, aber wegen meiner unregelmäßigen Arbeitszeiten mußte jemand anders sie abholen. Obwohl Xiao Zhao diese Pflicht durchaus hätte übernehmen können, da er nicht zur Wechselschicht eingeteilt war, bestand er darauf, daß Hai Rui es tat. Das machte mich zwar wütend, aber ich sagte nichts. So kurz nach meiner Heimkehr wollte ich nicht schon wieder Streit anfangen.

Ich mußte feststellen, daß ich Bill nicht so leicht vergessen konnte. An den heißen Nachmittagen, wenn Qi-meng ihr Mittagsschläfchen hielt, holte ich seinen Brief hervor und las ihn immer wieder. Ich hing an seinen Worten, seinen Gedanken, seiner Liebe und seinem Verständnis. Dann sah ich mein kleines Mädchen an und hatte ein sehr schlechtes Gewissen. Immer wieder sagte ich mir, daß wir uns nie wiedersehen würden. Aber ich konnte mich nicht durchringen, seinen Brief zu zerreißen.

Zwei Wochen später platzte eine Nachricht, die meine Abteilung an die öffentliche Telefonstelle in meiner Nachbarschaft durchgegeben hatte, in meine friedlichen Familienferien. Ich sollte mich umgehend melden. Der Anrufer hatte weder einen Grund angegeben noch seinen Namen genannt. Das war typisch.

Ich bat meine Nachbarin, auf Qi-meng aufzupassen und radelte los. Während ich durch die stickigen Straßen fuhr, dachte ich darüber nach, was wohl so dringend sein mochte. An der Pforte sagte man mir, ich solle nicht in mein Büro sondern zur politischen Abteilung gehen.

Ich geriet in Panik. Dies alles deutete auf Ärger hin: aus dem

Urlaub gerufen zu werden, um sich bei der »Gehirnwäscheabteilung« zu melden, wie ich sie nannte. Womöglich war man in Peking hinter meine Beziehung zu Bill gekommen und hatte es an meine Abteilung weitergegeben. Vielleicht hatte die gräßliche alte Frau von der Telefonstelle in der Nähe von Chang-hongs Wohnung mich ausfindig gemacht oder das Personal im Peking-Hotel hatte Bill und mich belauscht oder einer meiner vielen neugierigen Kommilitonen hatte mich gesehen, als ich Bill am letzten Abend in seiner Wohnung besuchte.

Obwohl mir vom Radfahren sehr heiß war, überlief es mich kalt, als ich vor der Tür der politischen Abteilung im dritten Stock stand. Ich fragte mich, ob sie mich sofort verhaften oder mir erst die Chance zu einer Erklärung geben würden. Ob ich meine Tochter wohl noch einmal würde sehen dürfen, bevor sie mich wegbrachten?

»Komm rein, Xiao Ye!« rief jemand von drinnen mit munterer Stimme.

Bleib ganz ruhig, sagte ich mir. Im Zimmer erwartete mich Lao Liu, der stellvertretende Abteilungsleiter. Er lächelte herzlich, hieß mich mit einem festen Händedruck wieder in der Abteilung willkommen und gratulierte mir im Namen des ganzen Amtes zu meinen herausragenden Leistungen. Er hatte meine Noten von der Hochschule für Außenpolitik zur Kenntnis genommen.

Er strahlte. »Wir haben glänzende Berichte von der Hochschule bekommen und sind sehr stolz auf dich.«

Ich war so erleichtert, daß ich für einen Moment völlig die Frage vergaß, warum man mich so überstürzt herbestellt hatte.

Doch Lao Liu fing von selbst davon an. »In zwei Wochen unternimmt Bürgermeister Wang eine zehntägige Reise nach San Francisco, Vancouver und Hongkong, und die Abteilung hat beschlossen, dich als Dolmetscherin mitzuschicken.

Man hat mich gebeten, dich sofort zu informieren, da noch sehr viel vorzubereiten ist. Du sollst dich sobald wie möglich mit der Abteilung für Partnerstädte in Verbindung setzen.«

Bürgermeister Wang war in Wirklichkeit Altbürgermeister und seit einigen Jahren im Ruhestand, aber er benutzte seinen ehemaligen Titel nach wie vor. Ich meldete mich bei der Abteilung, die für die Verbindung zu den wichtigsten Partnerstädten Schanghais in der ganzen Welt zuständig war. Dort teilte mir Gruppenführerin Lao Kang – eine Frau mittleren Alters, die hinreichend, aber nicht überdurchschnittlich gut Englisch sprach – mit, daß Bürgermeister Wang, sie und ich die Herrenbasketballmannschaft von Schanghai begleiten sollten, die im Rahmen eines Kulturaustausches nach San Francisco flog. Von dort aus sollten wir drei weiter zur Weltausstellung nach Vancouver fahren und auf dem Rückweg Zwischenstation in Hongkong machen, wo Bürgermeister Wang einige geschäftliche Termine hatte.

Ich war überrascht über diesen Auftrag. Bisher hatten nur die Parteimitglieder unter meinen Kollegen die Chance erhalten, ins Ausland zu reisen oder dort zu studieren, und mehr als einmal hatte man mir erklärt, mein »politisches Bewußtsein« sei dazu nicht genügend entwickelt. Ich hatte ja nicht einmal die Parteiaufnahme beantragt. So konnte ich in diesem Fall lediglich vermuten, daß gute Prüfungsnoten an der renommierten Hochschule für Außenpolitik von ausreichendem »politischem Bewußtsein« zeugten. Jedenfalls schien man mir zu vertrauen – wenn auch nicht rückhaltlos, da man mir Lao Kang an die Seite gegeben hatte, die als loyales Parteimitglied sicher ein Auge auf mich halten würde. Die Neuigkeit war überwältigend und beeindruckte natürlich alle. Ich fuhr nicht nur ins Ausland, sondern begleitete auch noch einen hohen Funktionär – und zwar nicht in ein Dritte-Welt-Land, sondern in das kapitalistische Kanada, nach Hongkong und in die Vereinigten Staaten.

Die letzten beiden Wochen meines »Urlaubs« vergingen in hektischem Durcheinander. Telexe wurden an unsere Reiseziele geschickt, Geschenke waren zu besorgen, die der Bürgermeister verteilen sollte, ich mußte mir (auf Anweisung meines Büros) bessere Kleidung kaufen und die Reiseunterlagen zusammenstellen, einschließlich eines grünen »Dienst-Reisepasses«.

Ich war ungeheuer aufgeregt bei der Aussicht, zum erstenmal im Leben ausländischen Boden zu betreten.

Kapitel 48

Nach einem scheinbar endlosen Flug nach San Francisco, auf dem ich kein Auge zutun konnte, fing mein Dienst sofort an, da Bürgermeister Wang schon in seinem Hotel auf mich wartete. Nach der brütenden Hitze in Schanghai war es in San Francisco feuchtkalt. Bis zum Mittag hatte sich der Nebel gelichtet, und auf dem Weg zu einem offiziellen Mittagessen stellte ich schockiert fest, daß die Menschen hier alle so aussahen, als gingen sie zum Strand. Vor allem die Frauen und Mädchen waren für meine Begriffe unanständig leicht bekleidet.

Es folgten unzählige Sitzungen, Essen, Tees und Gespräche, bei denen ich bis in den Abend hinein dolmetschte. Um Mitternacht fuhren Lao Kang und ich zum Haus eines amerikanischen Ehepaares, das der amerikanischen Gesellschaft für Freundschaft mit China angehörte und angeboten hatte, uns bei sich aufzunehmen. Früh am nächsten Morgen eilte ich wieder in die Innenstadt zum Hotel des Bürgermeisters und anschließend in die kanadische Botschaft, um unsere Visa für Kanada zu besorgen. Als ich nachmittags zurückkam, sah Nancy, unsere Gastgeberin, mich mitleidig an und erklärte, ich brauche dringend Schlaf. Sie versprach mich rechtzeitig zu wecken, damit ich bei dem Abendessen, das Bürgermeister Feinstein von San Francisco für Bürgermeister Wang gab, dolmetschen konnte. Kaum hatte ich mich hingelegt, schlief ich auch schon ein.

Und damit nahm das Schicksal seinen Lauf.

Nachmittags erhielt Nancy nämlich einen Anruf von einer Freundin, ging aus dem Haus und vergaß mich und ihr Versprechen, mich zu wecken, offenbar vollständig. Als ich die Augen aufschlug, war es schon viel zu spät – nach sechs Uhr abends. Voller Panik lief ich aus dem Haus und hielt nach einem Taxi Ausschau.

Als ich ins Hotel kam, war meine Gruppe bereits fort. Die Nachricht, die sie für mich hinterlassen hatten, besagte lediglich, daß sie es leid gewesen seien, noch länger auf mich zu warten. Sie hatten mir weder Anweisungen noch die Adresse, wo das Bankett stattfand, hinterlassen. Die fehlende Information beinhaltete natürlich eine scharfe Kritik, der eine Disziplinierungsmaßnahme folgen würde. Am zweiten Tag meiner Mission hatte ich die Sache also bereits völlig vermasselt. Es gab niemanden, den ich hätte anrufen können, um herauszufinden, wo das Essen stattfand – protokollgemäß waren die Veranstaltungsorte nicht öffentlich bekannt.

Als ich in meiner Handtasche nach einer Vierteldollarmünze kramte, um bei Nancy anzurufen, fand ich eine Visitenkarte, die mir ein Chinesisch-Amerikaner am Tag zuvor gegeben hatte. Vielleicht wußte er ja, wo das Essen stattfand. Verzweifelt rief ich ihn an. Er wußte den Ort zwar nicht, schlug mir aber vor, zum Stadion zu fahren, wo das Basketballspiel stattfand. Vielleicht konnte mir ja jemand aus dem chinesischen Team weiterhelfen.

Doch auch im Stadion hatte ich keinen Erfolg und setzte mich deshalb verzagt und voller Heimweh in eine Ecke, weitab von den Spielern und dem Trainer. Ich hatte noch nie Basketball gespielt und daher keine Ahnung, was auf dem Spielfeld vorging. In der Halbzeit riß Xiao Yuan, der Dolmetscher der Schanghaier Mannschaft, mich aus meinen Gedanken.

»Xiao Ye, hier ist ein Reporter, der mit dir sprechen will«, sagte er auf chinesisch.

Neben Xiao Yuan stand ein kräftiger Mann mittlerer Größe. Er hatte einen riesigen schwarzen Bart, trug eine Hornbrille, und hielt einen Notizblock und einen Stift in der Hand.

»Ich habe ihm bereits ein paar Fragen beantwortet, aber er will dich auch noch etwas fragen«, meinte Xiao Yuan. »Ich muß zurück zu den Spielern.«

Was ging hier vor? Woher wußte der Reporter überhaupt, daß ich da war? Und wieso wollte er mich sprechen? Ich war die Dolmetscherin von Bürgermeister Wang. Ich hatte nichts mit der Mannschaft zu tun und konnte einen Basketball nicht von einem Kloß unterscheiden. Dann durchzuckte mich eiskalt ein Gedanke. Hatte er herausgefunden, daß ich nicht zu dem Abendessen erschienen war und mich aufgestöbert, um eine peinliche Story zu schreiben, bei der ich mein Gesicht verlieren würde?

»Was möchten Sie wissen?« fragte ich ihn unsicher.

»Miss Ye«, sagte er leise. »Mein Name ist Tom. Ich bin kein Reporter. Ich bin ein Vetter von Bill, Ihrem kanadischen Dozenten.«

Während er sprach, kritzelte er auf seinen Block, als mache er sich Notizen.

Im Gegensatz zu dem fremden, breitschultrigen Mann vor mir war ich so durcheinander, daß ich keinen gescheiten Satz herausbrachte. Und ich hatte Angst.

Während ich am Morgen allein in der Suite des Bürgermeisters gewartet hatte, bis er vom Frühstück kam, hatte ich bei Bill in Ontario angerufen, verblüfft, wie einfach es war, über den halben Kontinent hinweg zu telefonieren. Ich wollte nur seine Stimme hören, aber seine Frau kam an den Apparat. Nachdem ich ihr erklärt hatte, wer ich bin, und nach Bill fragte, sagte sie leise, sie wisse was zwischen mir und ihrem Mann vorgefallen sei. Bevor sie weitersprechen konnte, hatte ich aufgelegt, verwirrt, daß Bill ihr von mir erzählt hatte, und peinlich berührt von dem Telefonat.

Ich wußte, daß im Englischen ein »Vetter« ein Verwandter von beiden Seiten der Familie sein kann. Wer war dieser Fremde, ein Vetter von Bills Frau? War er gekommen, um mir Schwierigkeiten zu machen und mich als Bills heimliche Geliebte bloßzustellen?

Offenbar spürte er meine Unsicherheit. Er zog ein Foto aus

seiner Brusttasche und legte es oben auf seinen Notizblock. Es zeigte die beiden älteren Kinder von Bill. Ich nickte zum Zeichen, daß ich sie erkannt hatte.
»Hören Sie zu«, sagte Tom. »Bill hat mich angerufen und gebeten, Sie zu suchen und Ihnen eine Nachricht zu bringen. Ich wohne zufällig hier in der Nähe. Er möchte, daß Sie ihn anrufen. Das ist alles.«
Ich kam mir wegen meiner Nervosität inzwischen albern vor und lächelte entschuldigend. Tom schrieb eine Telefonnummer auf, riß den Zettel ab und steckte ihn mir zu. Es war die Nummer, die ich morgens schon angerufen hatte.
»Ich kann ihn nicht anrufen«, flüsterte ich. »Bitte sagen Sie ihm das.«
Tom wollte meine Antwort nicht akzeptieren. »Sagen Sie mir wenigstens, wo er Sie erreichen kann«, beharrte er.
Das tat ich gerade, als Xiao Yuan auf uns zukam. Tom notierte sich die Nummer, schloß rasch seinen Block, schüttelte mir herzlich die Hand und bedankte sich laut für das Interview.
Für den Rest des Spieles saß ich gedankenverloren da. Im Gegensatz zu Großtante hatte ich nie sonderlich an das Schicksal geglaubt, aber was an diesem Abend geschehen war, konnte nur Schicksal sein. Tom hatte mich nur finden können, weil ich am falschen Ort war.

Als man mich später bei Nancy absetzte, wappnete ich mich innerlich gegen Lao Kangs Tadel. Aber Nancy hatte sie schon abgefangen und ihr erklärt, es sei allein ihre Schuld, daß ich das Abendessen versäumt hätte. Das wolle sie am nächsten Tag auch Bürgermeister Wang erklären, versicherte sie uns beiden. Ich war erleichtert, daß Lao Kang ihre Kritik deshalb auf einen stummen, mißbilligenden Blick beschränkte.
Ihre Laune besserte sich jedoch nicht, als wir eine halbe

Stunde später gerade ins Bett gehen wollten und Nancy mir sagte, da sei ein Anruf für mich. Ein Mann behaupte, er sei mein ehemaliger Dozent aus Kanada. Ich könne das Gespräch im Wohnzimmer annehmen.

»Wer ist dieser Dozent, Xiao Ye«, erkundigte sich Lao Kang auf chinesisch. »Wie kann er wissen, daß du hier bist?«

»Er war mein Dozent an der Hochschule für Außenpolitik«, erklärte ich und ging schnell aus dem Zimmer.

Während ich mit Bill sprach, bemühte ich mich, fröhlich zu klingen, da ich wußte, daß Lao Kang lauschen würde. Ich erzählte ihm von der Reise, unserem Empfang, meinen Eindrücken von der Stadt – wie leer sie im Vergleich zu den Menschenmengen in Schanghai war, wie sauber, wie viele schicke Autos und schöne Bauten es gab.

»Woher wußte dein Dozent Nancys Telefonnummer?« fragte Lao Kang, sobald ich wieder ins Schlafzimmer kam.

»Weil ich ihren Namen in einem Brief an ihn erwähnt habe, als ich ihm von dieser Reise schrieb. Er stand auf der Visitenkarte, die du mir in Schanghai gegeben hast, erinnerst du dich? Und in Nordamerika ist es ganz einfach, eine Telefonnummer herauszufinden, wenn man den Namen und die Stadt weiß.«

Meine prompte Antwort beruhte auf den Kenntnissen, die ich erworben hatte, als ich im Hotel das Telefonbuch durchblätterte.

War schon das saubere, malerische San Francisco ein Traum, so war Vancouver ein wahres Märchenland, zumindest in der Umgebung des Pan-Pacific-Hotels. Die Expo 86 übertraf meine sämtlichen Erwartungen. Ich bekam unglaubliche wissenschaftliche und technologische Meisterleistungen zu sehen und fragte mich starr vor Staunen, wie das Leben auf der anderen Seite des Pazifik nur so gänzlich anders sein konnte.

An diesem und auch am nächsten Abend rief Bill mich wie

versprochen an – er hatte es geschafft, mich im Hotel ausfindig zu machen. Lao Kang war wachsam wie immer und wollte wissen, warum mein Dozent mich »ständig« anriefe. Ich erklärte ihr, ich hätte im Umgang mit Leuten aus dem Westen gelernt, daß sie so süchtig nach dem Telefon waren wie wir nach Reis, und das schien ihr zu genügen.
Als unser Flugzeug in Vancouver abhob, fühlte ich mich miserabel. Ich verließ Kanada, ein freies Land, wo Bill lebte. Als ich mich vor einem Monat in China von ihm verabschiedet hatte, hätte ich nie gedacht, daß ich je wieder Kontakt mit ihm haben würde. Er hatte dies ebensowenig geglaubt und deshalb seiner Frau von mir erzählt.
Von Hongkong aus schaffte ich es, noch einmal mit ihm zu sprechen. Als ich das Flugzeug nach China bestieg, glaubte ich mehr denn je an unsere Liebe, auch wenn sie noch nicht auf eine herkömmliche Weise in Erfüllung gehen konnte. Ich hatte auch keine Angst mehr vor den Disziplinierungsmaßnahmen, die mich in Schanghai erwarten mochten. Seit dem Tod meiner Eltern war Bill der erste Mensch, der wirklich bereit war, für mich zu kämpfen. Weder er noch ich würden unsere Liebe jemals aufgeben.

Kapitel 49

Bei unserem letzten Telefonat hatten Bill und ich ausgemacht, uns zu schreiben. Er sollte seine Post abwechselnd zu mir nach Hause und in mein Büro schicken, um das Risiko zu minimieren, daß seine Briefe Verdacht erregten. Ich wollte ihm an seine Schule in Barrie, Ontario, schreiben, so als korrespondierten wir als ehemaliger Dozent und ehemalige Studentin miteinander. Wann immer es möglich war, schickte Bill seine Briefe an Eleanor in Hongkong und bat sie oder einen ihrer Kollegen, sie bei ihrer nächsten Chinareise aufzugeben.

Was Post aus dem Ausland anging, war der Begriff Zensur damals durchaus angebracht. Der Staat machte keinerlei Hehl daraus, daß er ein- und ausgehende Post routinemäßig ohne Wissen des Empfängers öffnete und las. Die Post, die an mein Büro gerichtet war, mochte da vielleicht eine Ausnahme bilden, doch innerhalb des Hauses wurde sie von den politisch Korrekten und Neugierigen genauestens unter die Lupe genommen. Eine Liebesbeziehung zu einem Ausländer war nach wie vor grundsätzlich verboten; für eine Frau in einem Arbeitsbereich wie meinem war sie ein Verbrechen.

Unter diesen Voraussetzungen brachte der Briefwechsel mit einem Ausländer, den ich liebte und der mich liebte, gelinde gesagt gewisse Herausforderungen mit sich. Zunächst bot ich freiwillig an, die Post beim Pförtner abzuholen, sobald sie kam. Auf diese Weise konnte ich Bills Briefe einstecken, bevor sie in mein Büro gelangten. Meine eigenen Briefe gab ich ohne Absender bei verschiedenen Postämtern auf. Jedesmal, wenn ich einen Brief von Bill bekam, untersuchte ich den Umschlag genau, um zu sehen, ob man ihn unter Dampf geöffnet hatte. Beide notierten wir in unseren Briefen das Datum unseres letzten Briefes, damit der andere wußte, ob einer verlorengegangen war.

Natürlich konnten wir unter diesen Umständen keine großen Vertraulichkeiten austauschen, doch einmal schickte Bill mir – sozusagen als Englischübung – Liedtexte, in die er eigene Verse hineingeschrieben hatte, um mir seine Gefühle zu zeigen und mir zu sagen, wie sehr er mich vermißte.

Unterdessen ergaben sich bei meiner Arbeit einige angenehme Veränderungen. Zu meiner großen Erleichterung ging Lao Peng in den Ruhestand. Seine Stelle übernahm Lao Jun, ein netter, realistisch denkender Mann, der nach vier Jahren im diplomatischen Dienst aus Afrika zurückgekehrt war. Da mittlerweile drei jüngere Mitarbeiter im Büro beschäftigt waren, gehörte ich nun nicht mehr zu den unteren Rängen. Lao Jun setzte großes Vertrauen in mich, doch als Parteisekretär drängte er mich mehr als einmal, die Aufnahme in die Kommunistische Partei zu beantragen. Jedesmal lehnte ich höflich ab, versicherte ihm jedoch, ich würde gründlich und ernsthaft darüber nachdenken.

Woche um Woche versuchte ich vergebens, meine Gefühle für Bill zu verdrängen und die Realität zu akzeptieren, daß ich einen Mann, eine Familie und einen Beruf hatte. Ständig fragte ich mich, ob es möglich war, zwei Männer gleichzeitig zu lieben, aber mehr und mehr wurde mir klar, daß meine Gefühle für Xiao Zhao nurmehr auf Pflicht und Schuldigkeit basierten, nicht auf Liebe. Und ich wußte auch, daß ich für ihn nie das gleiche empfunden hatte wie für Bill. Bill war der einzige Mensch auf der Welt, vor dem ich nichts zu verbergen brauchte. Aber er war fort.

Zumindest glaubte ich das. Ende Oktober schrieb er mir jedoch, er würde gern während der Weihnachtsferien nach Schanghai kommen, sein Ticket aber nicht eher buchen, bis ich ihm meine Zustimmung geschrieben hätte. Sein Brief bereitete mir schlaflose Nächte, doch am Ende wußte ich, was ich wollte. Immer hatte ich mich an Regeln und Vorschriften gehalten und die Erwartungen anderer erfüllt. Jetzt sollte es zum ersten Mal anders sein. Ich schrieb Bill ein großes Ja.

Einen Monat später geriet ich schon wieder in politische Unruhen. Im November kam es in Schanghai zu Demonstrationen, initiiert von Studenten, die politische Reformen forderten. Auf Spruchbändern forderten sie kühn ein Ende des Machtmonopols der Kommunistischen Partei und des totalitären Regimes und dafür die Einführung eines Mehrparteiensystems. Die Demonstranten zogen über die Hauptstraßen, blockierten den Verkehr, versperrten den Zugang zum Rathaus und füllten abends den Platz des Volkes. Wie immer mischten sich überall Polizisten in Zivil unter die Menge. Sobald es den Anschein hatte, als würden sich Arbeiter den Demonstrationen anschließen, griffen die Behörden rasch ein, um eine größere Konfrontation zu vermeiden.

Eines Abends wollte ich mit Qi-meng zum Platz des Volkes gehen, um zu erfahren, worum es bei all diesem Wirbel ging.

»Das ist keine gute Idee«, meinte Xiao Zhao. »Es könnte Ärger geben.«

»Da sind doch nur Studenten«, antwortete ich. »Wir marschieren ja nicht auf der Straße mit, wir machen einen Spaziergang. Was kann das schon schaden?«

Zögernd kam Xiao Zhao mit.

Der Platz lag etwa zwanzig Minuten von unserer Wohnung entfernt. Eine Menge friedlicher Gruppen hatten sich dort versammelt, die diskutierten, debattierten und sich Reden anhörten. Es lief alles sehr zivilisiert und ruhig ab, ohne Trommeln, Gongs oder Parolen – völlig anders als die Bewegungen in meiner Jugend. Xiao Zhao war erleichtert und entspannte sich ein bißchen. Qi-meng saß auf den Schultern ihres Vaters, und wir gingen von einer Gruppe zur anderen und hörten zu.

Stunden später, gegen elf Uhr abends, drängten Polizei und Miliz in die Menge und lösten die Versammlung auf.
»Geht nach Hause«, forderten sie. »Es ist schon Nacht. Geht nach Hause und legt euch schlafen, damit ihr morgen nicht zu spät zur Arbeit kommt.«
Sie klangen wie besorgte Eltern. Eine Polizistin fragte mich sogar: »Warum hast du dein Kind zu so etwas mitgebracht?«
Gleich am nächsten Tag nahm Lao Jun mich zu einem vertraulichen Gespräch beiseite. Schon vor Tagen habe man mich gesehen, wie ich mit demonstrierenden Studenten gegangen sei, meinte er.
»Ich habe dir da noch nichts gesagt«, fuhr er fort. »Aber jetzt habe ich erfahren, daß du gestern abend auf dem Platz des Volkes gesehen worden bist.«
»Was meinst du damit, daß ich mit demonstrierenden Studenten gegangen bin?« fragte ich ärgerlich. »Ich bin auf dem Heimweg in den Stau geraten und habe an einer Kreuzung gewartet, bis der Demonstrationszug vorbeigezogen war. Und was gestern abend angeht, was ist falsch daran, neugierig zu sein? Wie kann denn ein Spaziergang mit meiner Familie ein politischer Akt sein?«
»Xiao Ye, hör zu«, sagte Lao Jun eindringlich. »Du willst doch wohl nicht in den Ruf geraten, mit den Studenten zu sympathisieren? Die Regierung hat wiederholt davor gewarnt. Sei vernünftig! Und tritt in die Partei ein. Da kannst du deine Talente voll zur Geltung bringen.«
Seine netten, höflichen Worte beinhalteten eine deutliche Warnung.
Der Ausbruch der Demonstrationen im ganzen Land bot der alten Garde die Gelegenheit zur Säuberung und Beseitigung all jener, die mit Demonstranten nachsichtig umgingen. Gleichzeitig war es eine Möglichkeit, die breite Bevölkerung fester in den Griff zu bekommen. Auf den Titelseiten der

großen Tageszeitungen prangten in großen Lettern Warnungen, es genüge nicht die vier Modernisierungen zu unterstützen: Alle Chinesen müßten helfen, die »geistige Vergiftung« zu bekämpfen. Ich wurde mit etwa einem Dutzend meiner Kollegen zu einer zweiwöchigen politischen Schulung im Internationalen Club geschickt, wo wir Dokumente, Leitartikel und politische Schriften lesen mußten – und sie natürlich offen diskutieren.

Welche Ironie, daß Bill eine Woche später kam, mitten in der zweiten Kampagne, dem »Kampf gegen die Gelbe Verseuchung« – dem Einfluß des Westens und seiner dekadenten Lebensweise! Die steigende Scheidungsrate in China, die neuere Statistiken nachwiesen, wurde als Beispiel für die Aufweichung sozialistischer Ethik angeführt. Wie praktisch alles »Schlechte« in China führte man auch die Scheidungen auf westliche Einflüsse und die Korruption der Moral zurück, die unausweichlich damit einherging.

Ich hatte eigentlich vorgehabt, Bill am Flughafen abzuholen. Da jedoch Mitarbeiter meines Büros dort eine Delegation empfingen, fuhr ich direkt ins Sheraton Hotel. Ich zeigte dem Portier den Ausweis meiner Dienststelle und schüttelte Bill förmlich die Hand, beobachtet von zahllosen Augenpaaren. Als wir auf den Aufzug warteten, deutete Bill heimlich auf mehrere Videokameras, die auf uns gerichtet waren. Ich hatte schon viele Berichte über Razzien in Hotels wie dem Sheraton gehört und gelesen. Eine ganze Reihe Männer und Frauen waren hinter Gitter gekommen, von den Zeitungen als Prostituierte angeprangert, die Chinas Ruf in der Welt zerstörten.

Wie in unseren Briefen der letzten Monate verhielten wir uns auch im Hotelzimmer sehr zurückhaltend. Wir unterhielten uns über Belanglosigkeiten und sahen hinaus auf den Verkehr, der weit unten auf der schlecht beleuchteten Straße dahinfloß. Ständig wurden wir von neugierigem Hotelpersonal gestört, das frische Thermoskannen, Teebeutel und Tassen brachte und kurz darauf anbot, das Bett aufzudekken. Es war offensichtlich, daß es Zeit für mich war zu gehen.

Am nächsten Tag bat ich Lao Jun, meine angesammelten Überstunden abfeiern zu dürfen, um meinen kanadischen Dozenten besuchen zu können. Bereitwillig gab ich Bills Namen und sein Hotel an, da ich sehr gut wußte, daß Lao Jun meine Angaben überprüfen und die Sache fallenlassen würde, sobald er feststellte, daß ich die Wahrheit gesagt hatte. Ich hatte recht. Während seines sechstägigen Aufenthalts in der Stadt wechselte Bill viermal das Hotel, damit man mich nicht Tag für Tag am selben Ort sah. Sobald er ein Hotel verließ, mußte er seinen nächsten Aufenthaltsort angeben. Er nannte ein Hotel, in dem er allerdings nicht absteigen wollte, nahm ein Taxi dorthin, wartete ein Weilchen und nahm dann ein anderes Taxi zu dem Hotel, in dem er tatsächlich wohnen wollte.

Ich sah ihn soviel wie möglich, einmal fast einen ganzen Tag lang, andere Male nur für ein oder zwei Stunden. Am Abend vor seiner Abreise fragte er mich, ob ich schon mal darüber nachgedacht hätte, im Ausland zu studieren. Wir wußten beide, was er meinte. Ein Chinese durfte nicht einmal einen Paß besitzen, geschweige denn das Land verlassen. Die einzige Möglichkeit, ins Ausland zu kommen, war für mich ein Studium. Ich antwortete, ja, ich würde gern mit ihm zusammen sein und China dafür verlassen. Allerdings sagte ich nicht, daß es so gut wie unmöglich wäre. Auslandsstudien waren etwas für Leute mit einflußreichen Eltern oder Beziehungen oder Verwandten im Ausland – und für Leute mit der richtigen politischen Einstellung. Bis auf mich waren fast alle Englischdolmetscher meiner Abteilung auf Staatskosten »draußen« gewesen um zu studieren; aber ich war immer noch nicht Mitglied der Partei, und meine »politischen Zwi-

schenfälle« der letzten Zeit machten die Sache noch schlimmer.
Die einzige Möglichkeit für mich, in Kanada zu studieren, war, daß eine Universität mich bei freien Studiengebühren, Unterkunft und Verpflegung – also mit einem riesigen Stipendium – aufnahm. Private Sponsoren wurden von meiner Arbeitseinheit nicht akzeptiert.
Nachdem Bill fort war, bekam ich hohes Fieber. Tage- und nächtelang wachte ich schweißnaß aus Alpträumen oder krank vor Sehnsucht nach Bill und seiner Liebe auf.
Bill verlor keine Zeit. Schon bald bekam ich Briefe von zwei Universitäten in Toronto mit Informationen über ihre Graduiertenstudiengänge. Beide Broschüren enthielten eine Aufstellung der Lebenshaltungskosten für Auslandsstudenten. Meine schlimmsten Befürchtungen bestätigten sich: Man brauchte über 15 000 Dollar. Damit war die Sache erledigt. Ich legte die Briefe weg, stürzte mich in meinen gewohnten Alltag und versuchte zu vergessen.

Kapitel 50

Von von allen Königen, Königinnen, Präsidenten, Staatsmännern und anderen Würdenträgern, denen ich während meiner Karriere als Dolmetscherin begegnet bin, war der denkwürdigste der Kronprinz von Thailand.

Seine Vorhut kam Anfang 1987, kurz nach Neujahr, der Besuch des Prinzen selbst war für den Frühling geplant. Da die Verständigung zwischen Thais und Chinesen auf englisch erfolgte, wurde ich der Besuchergruppe zugeteilt. Der Prinz war ein höflicher, aber arroganter Mann etwa in meinem Alter, der jeden Tag joggen ging. Dazu mußte der Huai-Hai-Park in der Nähe des Jin-Jiang-Hotels abgesperrt und von Leibwächtern umstellt werden. Mit einem Walkie-talkie in der Hand lief ich neben ihm und seinem Sicherheitsteam her.

Eines Nachmittags sprachen mich zwei Mitarbeiter der Schanghaier Handelsmesse für Kunstgewerbe an. Sie waren gekommen, um sich Dinge bezahlen zu lassen, die der Prinz am Vortag bei ihnen gekauft hatte. Ich brachte sie zur Suite des Prinzen und klopfte. Die Tür ging auf – und ich sah auf einen alten Diener des Prinzen hinunter, der auf den Knien lag. In der Suite rutschten sämtliche Diener in weiten Gewändern auf den Knien hin und her. Ich zeigte dem Mann, der die Tür geöffnet hatte, die Rechnung, erklärte ihm, daß ich wegen der Bezahlung gekommen sei und bat, den Verbindungsoffizier sprechen zu dürfen.

Es entspann sich zwischen den knienden Gestalten eine langwierige Unterhaltung auf thailändisch. Ich hörte die Stimmen des Offiziers und des Prinzen, konnte sie aber nicht sehen. Dann winkte der alte Mann mich herein. Als ich einen Schritt vorwärts tat, schüttelte er heftig den Kopf, deutete mit dem Finger auf den Boden und zupfte an meinem Ärmel. Er wollte, daß ich auf Knien hereinkäme.

Chinesen knien vor niemandem mehr, dachte ich. Der Kotau war mit der Befreiung abgeschafft worden. Ich schüttelte also den Kopf, reichte dem alten Mann die Rechnung und ging.

Aufgrund der Erfahrungen, die ich im Herbst zuvor auf der Yacht der britischen Königin gemacht hatte, hatte ich keine Sorge, daß ich durch meine Weigerung, mich hinzuknien, diplomatische Verwicklungen heraufbeschworen haben könnte.

Die Königin hatte einen Empfang auf der Britannia gegeben, und die britische Delegation hatte mit den Einladungen Informationen über das angemessene Protokoll verschickt, da das Schiff, zumindest in ihren Augen, britisches Territorium war. Unter anderem besagten die Regeln, daß weibliche Gäste bodenlange Kleider tragen und bei der Begrüßung durch die Queen einen Knicks machen müßten.

Lao Lui wies uns damals jedoch an, keinen Knicks vor der Königin zu machen. »Das Schiff mag britisch sein«, stellte er fest, »aber es schwimmt in chinesischen Gewässern, und Chinesen machen keinen Knicks.«

Bill war am Boden zerstört, als sich seine Hoffnungen zerschlugen, mich nach Kanada zu holen. Er wußte nicht, woher er das Geld nehmen sollte. Zudem mußte ich ihm ein weiteres Hindernis mitteilen: Meine Abteilung würde mich niemals gehen lassen, wenn ich von einem kanadischen Privatmann finanziert würde.

Wegen der wachsenden Zahl von Chinesen, die im Ausland studierten, hatte die Regierung ein Zweistufensystem eingeführt. Die erste Stufe umfaßte *gongfei*-Studenten, die vom Staat gefördert wurden. Die Kosten ihres Auslandsstudiums trug die Arbeitseinheit (also der Staat) oder ein ausländischer Staat über seine Programme für Kultur- und Bildungsaustausch. Die zweite Gruppe, *zhifei*-Studenten, finanzierten ihr Auslandsstudium selbst, standen aber dennoch unter staatlicher Kontrolle. Sie mußten ein ausreichendes Stipendium oder finanzielle Unterstützung durch nahe Verwandte nachweisen. Private Unterstützung durch einen Ausländer oder entfernte Verwandte war also nicht zulässig.

Diese Vorschriften sollten alle Versuche unterbinden, daß sich Studenten, die bereit waren »Leib und Seele zu verkaufen«, von verderbten Ausländern finanzieren oder als Gegenleistung für die finanzielle Unterstützung zur Spionage anwerben ließen. Da die meisten *gongfei*-Studenten Kinder hoher Funktionäre waren und die *zhifei*-Studenten die Unterstützung reicher Verwandter brauchten, war auch dieses System gegen die einfachen Leute gerichtet.

Ein paar Wochen nach Neujahr schrieb mir Bill jedoch, daß eine der Hürden genommen worden sei. Er hatte sich mit der York University in Toronto in Verbindung gesetzt und jemanden gefunden, der zur Unterstützung bereit war. Mitte Februar bekam ich einen Brief von Dr. Lumsden, dem Rektor des Norman Bethune College, der mich einlud, ein Jahr als Gaststudentin der englischen Literatur an die York University zu kommen. Ich konnte ohne Studiengebühren am Unterricht teilnehmen, aber keine Zeugnisse bekommen.

Ich war furchtbar aufgeregt, als ich dies las. Allerdings bestand nach wie vor das Problem mit den Lebenshaltungskosten, ganz zu schweigen von den Reisekosten. Flüchtig fielen mir meine beiden Stiefonkel in Taiwan ein, aber ich wußte weder ihre Namen noch ihre Adressen. Außerdem brachte jeder Kontakt mit Taiwanesen nur Schwierigkeiten.

Bislang hatte ich mit niemandem über meine Hoffnungen gesprochen und erzählte deshalb auch nichts von Dr. Lumsdens Brief.

Eine Woche später kam ein weiterer Brief von Bill. Er enthielt Bewerbungsunterlagen des Ontario Educator's Scholarship for Studies in the Humanities (O.E.S.S.H.). Mit zitternden Händen las ich die allgemeinen Informationen und Richtlinien. Das Stipendium schien wie für mich gemacht und sollte jene »Studenten aus unterentwickelten und weniger entwickelten Ländern« fördern und unterstützen, die Studien zur westlichen Kultur im kanadischen Kontext an einer höheren Bildungseinrichtung Ontarios (Kanada) betreiben wollten. Bevorzugt würden Bewerber mit Empfehlungen von Lehrern und Professoren aus Ontario, allerdings sei eine solche Empfehlung keine notwendige Voraussetzung, hieß es abschließend. Zweimal las ich die Bedingungen und stellte fest, daß ich alle Voraussetzungen erfüllte und zudem noch Bills Unterstützung hatte, der seit Jahren Lehrer an einer High School in Ontario war.

Mit der vorsichtigen Hoffnung, daß die Lage vielleicht doch nicht ganz so aussichtslos war, machte ich mich daran, den für die Bewerbung geforderten Essay zu schreiben.

Im März kam die Generalgouverneurin von Kanada, Jeanne Sauvé, nach Schanghai. Im Vergleich zu den Amerikanern waren die kanadischen Delegationen stets toleranter und weniger anspruchsvoll.

Doch als die Delegation der Generalgouverneurin wieder abreisen wollte, erklärte mir der erste Sekretär der kanadischen Botschaft in Peking, ein Mann namens Wilson, er habe das elektrische Anschlußkabel seiner Schreibmaschine im Hotel liegenlassen. Das Flugzeug würde in Kürze starten, und ein gleichartiges Kabel sei in China nicht zu bekommen. Ob ich ihm wohl helfen könne?

Ich rief im Hotel an und bat, nach dem Kabel zu suchen, es einem Taxifahrer zu geben und so schnell wie möglich zum Flugplatz bringen zu lassen. Uns war klar, daß die Generalgouverneurin ihren Abflug nicht wegen einer solchen Geschichte verschieben würde, aber einen Versuch war es zumindest wert. Das Taxi raste aufs Flugfeld, als die Passagiere gerade einstiegen. Ich stürmte mit dem Kabel die Trep-

pe hinauf. Mr. Wilson nahm es in Empfang, gab mir einen schallenden Kuß auf die Wange und sagte, falls er je etwas für mich tun könne, solle ich ihn anrufen.
Ich wußte, daß man mich für den Kuß rügen würde, und wappnete mich schon gegen Lao Fus Kritik, während ich mich zu den Funktionären gesellte, die der Maschine zum Abschied nachwinkten. Doch noch bevor Lao Fu zu seinem Tadel ansetzen konnte, lobte mich Bürgermeister Jiang, weil ich Wilson geholfen hatte, und fügte hinzu, der Wangenkuß entspreche bei uns einem Handschlag. Lao Fu schwieg.
Bürgermeister Jiang Zhemin wurde später einer der mächtigsten Männer Chinas. Und ich bekam Gelegenheit, Wilson um die Gefälligkeit zu bitten, die er mir zu schulden glaubte.

Nach erstaunlich kurzer Zeit traf die Antwort des Vergabeausschusses für die Stipendien ein – ein dünner Umschlag aus Ontario. Ich hatte Angst, ihn zu öffnen, doch dann atmete ich tief durch und zog das einzelne Blatt Papier heraus. Der Vorsitzende des Vergabeausschusses, William Talbot, teilte mir mit, daß meine Bewerbung um finanzielle Unterstützung in einer Höhe von 6500 Dollar bewilligt worden sei – genau der Betrag, den die kanadische Regierung für den Lebensunterhalt forderte. Sollte ich einen Reisekostenzuschuß benötigen, könne ich ihn ebenfalls beantragen. Darüber hinaus hieß es in dem Schreiben: »Sollte die kanadische Regierung diesen Mindestsatz erhöhen, wird das Stipendium entsprechend angepaßt« – eine wohlüberlegte Erklärung, wie sich später herausstellte, da sie die Bedenken meiner Vorgesetzten beruhigte, die behaupteten, daß die Inflation in westlichen Ländern unablässig steige.
Fast atemlos vor Aufregung teilte ich Lao Fu die Neuigkeit mit, legte ihm das Schreiben vor und handelte mir sofort Kritik ein, weil ich das Stipendium ohne Rücksprache beantragt

hatte. Die Angelegenheit müsse höheren Ortes besprochen werden, erklärte er.

Ich fuhr nach Hause und bereitete mich innerlich darauf vor, Xiao Zhao und Hai Rui zu erzählen, daß ich eine reale Chance hatte, nach Kanada zu gehen. Zu meinem Erstaunen freuten sich beide über diese Neuigkeit.

»Mach dir um Qi-meng keine Sorgen«, meinte Hai Rui eifrig. »Als du das letztemal weg warst, ist es auch gut gegangen, und jetzt ist sie sogar noch älter. Meiner Ansicht nach hat sie sich sogar besser benommen, als du nicht da warst.«

Ich sah Xiao Zhao an. Wie üblich hatte er kein Gespür für Hai Ruis Taktlosigkeit. Offenbar machte es ihm auch nicht viel aus, wenn ich wieder fortginge.

»Das ist ja großartig«, meinte er. »Du kannst womöglich eine unbeschränkte Aufenthaltsgenehmigung in Kanada bekommen! Und sobald du dich niedergelassen hast, komme ich mit Qi-meng und Hai Rui nach. Soviel ich gehört habe, ist das Leben in Kanada großartig, viel leichter als wir es uns überhaupt vorstellen können.«

Am nächsten Tag ging ich mit den schlimmsten Vorahnungen ins Büro der Leitung, um mich zu erkundigen, ob sie schon eine Entscheidung in meiner Angelegenheit getroffen hätten. Ich erfuhr, daß man mein Stipendium gerade überprüfte. Die Abteilung schickte ein Telex an die chinesische Botschaft in Ottawa, die Hintergrundinformationen über die O.E.S.S.H. einholen und nachforschen sollte, ob es Verbindungen nach Taiwan gebe! Der stellvertretende Direktor erklärte, das sei notwendig, weil die Regierung von Taiwan häufig versuche, chinesische Studenten mit Stipendien zu ködern, damit sie für sie spionierten. Ich bemühte mich, meine Wut zu beherrschen. Nur gut, daß ich meine Stiefonkel in Taiwan nicht um Hilfe gebeten hatte!

Ende März trafen die nötigen Unterlagen für meinen Visum-

antrag ein. Alles lief offenbar wie am Schnürchen, obwohl es wie üblich mehr als genug bürokratische Formalitäten zu erledigen gab.
Ich beschloß unterdessen, noch einige persönliche Angelegenheiten zu regeln, bevor ich China verließ. Um zwei Dinge mußte ich mich kümmern. Zum einen mußte ich die Verbindungen meiner Abteilung nutzen, um Xiao Zhaos Versetzung aus der Kantine des Kohlehafens in das Hafenbüro zu erreichen – ein Ziel, auf das er schon seit langem hinarbeitete, indem er den richtigen Leuten Geschenke machte, sie zum Essen einlud und sich in seiner neuen Rolle als Parteimitglied politisch so korrekt wie möglich verhielt. Nach meiner Rückkehr aus San Francisco hatte ich für Vertreter der Hafenverwaltung von Schanghai gedolmetscht. Nun suchte ich den stellvertretenden Direktor auf, erzählte ihm von Xiao Zhao und bat ihn um seine Hilfe. Zwei Wochen später war Xiao Zhaos Versetzung perfekt.
Als nächstes wollte ich das Grab meiner Eltern besuchen. Einige Monate zuvor hatte Tante Yi-feng mir geschrieben, daß sie endlich zu einer Einigung mit der Familie gekommen sei, die das Land bewirtschaftete, auf dem meine Eltern begraben lagen. Für eine einmalige Zahlung von 200 Yuan und anschließend eine jährliche Gebühr von 100 Yuan wollte man uns erlauben, die Grabstelle zu suchen und wiederherzustellen. Die immense Summe sollte den Bauern für die Ernte entschädigen, die er verlieren würde.
Meine beiden Schwestern und ich beschlossen, zum *Qing-Ming*-Fest im Frühling 1987 nach Qingyang zu fahren. Xiao Zhao wollte nicht mitkommen – er sagte, er könne von seiner neuen Stelle nicht fort. Mir war das gleich, solange Qimeng dabei war. Ich wollte, daß meine Tochter ihren Großeltern ihren Respekt zollte und den Ort kennenlernte, aus dem ihre Großeltern und Urgroßeltern stammten.
Qingyang hatte sich nicht sonderlich verändert – immer

noch führte die selbe unbefestigte Straße durch die Stadt, flankiert von den selben altersschwachen Häusern. Das Haus und das Geschäft meines Großvaters waren durch ein brandneues zweistöckiges Backsteintheater ersetzt. Ich fragte mich, ob die Asche meiner Großeltern wohl darunter begraben sein mochte.

Wir verließen die Stadt und gingen querfeldein über die schmalen Dämme der Reisfelder in das Wang-Familien-Dorf, wo Tante Yi-feng wohnte. Mir kamen die Tränen, als mir die hartnäckige Weigerung meiner Mutter einfiel, über die Deiche zurück nach Qingyang zu gehen und lieber die Straße zu benutzen, nachdem ich als Kind einmal beinahe im Fluß ertrunken wäre. Wie sehr wünschte ich, ich könnte ihr erzählen, daß ich jetzt selbst Mutter war!

Daß nicht einmal meine Schwestern meine Geheimnisse wissen durften, obwohl wir im Laufe der Jahre soviel gemeinsam durchgemacht hatten, belastete mich sehr. Ich hatte keine Ahnung, wie sie reagieren würden, wenn ich ihnen erzählte, daß die Chance bestand, daß ich Xiao Zhao verlassen und für immer in Kanada bleiben konnte. Von meiner Beziehung zu Bill wußte niemand. Wir drei sprachen fast nie über unsere Ehen. Wir waren ebenso erzogen wie unsere Mütter und Großmütter: Eine Frau heiratete den ersten Mann, mit dem sie ausging, und blieb in dieser Ehe, ob sie nun funktionierte oder nicht, zumal wenn sie Kinder hatte. Die Zeitungen mochten zwar über wachsende Scheidungsraten berichten, aber keine von uns kannte eine Frau, die sich von ihrem Mann getrennt hatte. Ich fragte mich, was meine Schwestern von mir denken würden, wenn ich ihnen sagte, daß ich bereit sei, meine Freiheit auch um den Preis anzustreben, daß ich Qi-meng eine Weile nicht sehen würde.

Mit Tante Yi-fengs Hilfe fanden wir das wiederhergestellte Grab am Kanal, umgeben von grünen Gemüsepflanzen mit gelben Blüten. Ich hielt Qi-meng fest an mich gedrückt und versprach mir, Tante Yi-feng so schnell ich konnte genug Geld zu schicken, damit hier wieder ein Grabstein stünde.

An diesem Abend saßen meine Schwestern und ich mit meiner Tante im Bett. Meine kleine Tochter schlief an meiner Seite, und wir sprachen miteinander, bis der Morgen graute. Damals hörte ich zum erstenmal von der Heirat meiner Eltern, den Höhen und Tiefen ihres Lebens, und davon, wie Großtante in unsere Familie gekommen war – Dinge, die man der jüngeren Generation traditionsgemäß nicht erzählte. Ich strich Qi-meng eine feuchte Haarsträhne aus der Stirn und dachte: Meiner Tochter erzähle ich meine Geschichte selbst. Mehr als alles andere wollte ich, daß Qi-meng nicht so ein Leben führen müßte wie ich. Daß ich nach Kanada ging war ein großer Schritt in diese Richtung.

Kapitel 51

Etwa einen Monat später war die sogenannte Stipendiumsüberprüfung beendet. Das chinesische Konsulat in Toronto teilte unserer Abteilung in einem Telex mit, es gebe in Kanada unzählige Stipendien und es sei unmöglich, alle zu überprüfen. Lao Jun erklärte mir, offenbar sei alles in Ordnung, aber die endgültige Genehmigung sei noch nicht erteilt.

»Xiao Ye, ich möchte dir helfen und sage dir deshalb, daß alles viel einfacher geht, wenn du den Wunsch äußerst, in die Partei einzutreten.«

Am nächsten Tag reichte ich meinen Aufnahmeantrag ein.

Eine Woche nach dem Ersten Mai wurde ich zu Direktorin Zhu bestellt. Sie bot mir einen Platz an und reichte mir dann das Genehmigungsschreiben, mit dem ich nach Kanada fahren durfte. Ich war völlig benommen vor Erleichterung. Nachdem sie mich förmlich ermahnt hatte, fleißig zu studieren und die Abteilung nicht zu enttäuschen, fragte sie mich vorsichtig, ob ich wohl helfen könnte, daß ihre Nichte im nächsten Jahr das Stipendium der O.E.S.S.H. bekam. Ihr Ton und ihre Art waren völlig anders als noch eine Woche zuvor, als sie sich besorgt äußerte, daß hinter dem Stipendium eine Verschwörung Taiwans stecken könne.

Großtante reagierte auf meine Pläne wie nicht anders zu erwarten war: »Wieso willst du in ein Land, in dem nicht mal Tag und Nacht so sind wie hier, wie Frau Yan mir erzählt hat?« fragte sie. »Dein ganzes Leben wolltest du nichts anderes, als bei deiner Familie zu sein. Warum diese Veränderung?« Sie sah mir in die Augen. »Stimmt etwas nicht zwischen dir und Xiao Zhao? Und was ist mit Qi-meng? Sie war schon viel zu oft den beiden Männern überlassen und braucht dich, Ah Si.«

Ihre Worte taten mir weh. Doch was hätte es für einen Sinn gehabt, sie jetzt in meine Geheimnisse einzuweihen, fragte ich mich. Und wie hätte ich ihr erklären sollen, warum ich das Land verlassen und in Kanada leben wollte?

Nachdem mir meine Abteilung zögernd die Erlaubnis gegeben hatte, im Ausland zu studieren, sorgten verschiedene Beamte anderer Abteilungen dafür, daß man mir kleine Schuhe verpaßte – *chuanxiaoxie* –, mir also Schwierigkeiten in den Weg legte.

In den nächsten Wochen kam ich mir vor wie eine Biene, die zwischen Büro, Zuhause und dem Volkskrankenhaus Nummer 1 von Schanghai hin- und herschwirrte. Ich mußte mich von Kopf bis Fuß untersuchen lassen und mich stundenlang anstellen, um unzählige Kästchen auf endlosen Formularen ausfüllen zu lassen – alles, um die Behörden zweier Staaten zufriedenzustellen. Kanada wollte sichergehen, daß ich nicht schwanger war; China wollte sich vergewissern, daß ich nicht an Syphilis litt, einer peinlichen Krankheit, durch die mein Land sein Gesicht verlieren würde.

»Wo ist dein Flugticket?« fragte man mich. Kein Ticket, kein Paß. Und sorg dafür, daß das Ticket für Hin- und Rückflug gilt, als Beweis, daß du auch tatsächlich wie geplant zurückkommst, ermahnte man mich. Der Paß kam, aber es war fast schon zu spät für ein Visum. Da rief ich Mr. Wilson in der kanadischen Botschaft in Peking an. Zum Glück erinnerte er sich an das Elektrokabel seiner Schreibmaschine und stellte schnell das Visum aus.

Endlich war alles geregelt. Aber die kleinen Schuhe drückten immer noch.

Wieder bestellte man mich in die politische Abteilung und teilte mir mit, daß ich mit meiner Abteilung als Repräsentant des Staates einen Vertrag unterzeichnen müsse. Der Vertrag setzte fest, daß ich eine Geldbuße von 25 000 Yuan – mehr als 26 Jahreslöhne – zahlen müsse, wenn ich Ende des Jahres nicht zurückkäme. Lao Liu ließ durchblicken, daß es der erste Vertrag dieser Art in meiner Abteilung war, speziell auf mich zugeschnitten, weil ich kein Parteimitglied war, auch wenn ich mich inzwischen beworben hatte.

»Wie bist du auf diesen Betrag gekommen«, erkundigte ich mich, zu wütend, um den Mund zu halten. »Ist die Summe nach einer bestimmten Formel errechnet?«

»Was ändert das schon?« Lao Liu lächelte. »Die Zahl kam mir einfach in den Sinn. Das spielt doch keine Rolle, oder? Reine Theorie, weil du ja zurückkommst – da sind wir uns alle ganz sicher. Ich hätte auch eine Million schreiben können.«

Ich ging so schnell ich konnte, bevor er es sich noch anders überlegte.

Natürlich reichte meine Unterschrift nicht aus. Ein naher Verwandter mußte mit unterschreiben. Abends, nachdem Hai Rui gegangen war, erzählte ich Xiao Zhao von dem Vertrag.

»Ich glaube nicht, daß es klug wäre, wenn ich das unterschreiben würde, Ah Si«, sagte er zu meinem Erstaunen. »Erstens weißt du sehr genau, daß die Geldbuße bedeutet, daß man mir meine sämtlichen Ersparnisse wegnehmen würde. Der Staat könnte sogar meinen Eltern die neue Wohnung wegnehmen. Außerdem, wenn ich unterschreibe, kann ich wohl kaum nach Kanada kommen.«

Ich machte mir nicht erst die Mühe, ihn daran zu erinnern, daß diese Ersparnisse mindestens zur Hälfte aus meinen Einkünften stammten.

»Warum fragst du nicht deine Schwestern«, schlug er vor. »Sie sind deine Blutsverwandten und vor allem haben sie ohnehin sehr wenig Geld –«

Ich brachte ihn zum Schweigen, bevor er noch mehr sagen konnte.

Großtante bot mir sofort an, mit mir zum Gericht zu gehen und »ihren Finger darunterzusetzen«, da sie nicht schreiben konnte. Ich erklärte ihr, daß das nicht ginge, weil es ein Blutsverwandter sein müsse.

Schnell sagte Nummer 5: »Ich komme morgen um zwei Uhr nach der Arbeit zum Bezirksgericht. Ah Si, mein Mann und ich haben nicht viel Geld und kein Vermögen. Wenn es soweit ist, kann der Staat nehmen, was er will. Das haben wir alles schon mitgemacht. Außerdem glaube ich nicht, daß die Kommunisten uns auf die Straße werfen werden.«
Und dann sagte sie noch: »Ah Si, mach dir keine Sorgen. Wenn du nicht wärst, säße ich immer noch auf dem Land und hätte weder Mann noch Tochter.«
Wie mir erst viel später klar wurde – als ich Zeit hatte, über ihre Worte nachzudenken –, muß sie gespürt haben, daß ich nicht wiederkommen würde.

Am 13. August 1987 wachte ich zum letztenmal in meiner Wohnung auf und hielt mein kleines Mädchen in den Armen. Es war heiß und stickig. Nummer 3 war am Abend vorher gekommen, und wir hatten fast die ganze Nacht zusammengesessen, aber nicht viel geredet. Morgens nahmen wir Abschied. Sie mußte zeitig gehen, um den Bus nach Songjiang zu bekommen.
Hai Rui schlug vor, mit Qi-meng in den Park zu gehen, um den Abschied leichter zu machen, also verabschiedete ich mich zu Hause von ihr.
»Wir sehen uns bald wieder«, sagte ich ein ums andere Mal, wischte ihr die Tränen fort und hielt meine eigenen zurück.
Als ich in der Maschine der Canadian Airlines saß, schaute ich aus dem Fenster auf Schanghai hinunter und erinnerte mich an meine letzte Begegnung mit Großtante. Als ich ihr erzählte, daß ich es endlich geschafft hatte, Qi-meng in der einzigen nahelegenen Schule unterzubringen, in der die Schüler ein Mittagessen bekamen, hielt sie lange meine Hände. Tränen rannen aus ihren runzeligen Augen.
»Ah Si, du wirst für sehr, sehr lange Zeit weggehen, nicht wahr?«

Sie erwartete keine Antwort. »Sag es mir nicht. Das brauchst du nicht. Ich will nur, daß du zwei Dinge weißt. Ich werde hier auf dich warten. Und, Ah Si, was dir auch an Gutem passieren wird, du hast es verdient, besonders Glück.«

Ich nickte unaufhörlich und weinte mit ihr. Sagen konnte ich nichts. Ich wußte nicht, wie ich ihr erklären sollte, warum das kleine Mädchen, um das sie sich gekümmert hatte, seit es zehn Monate alt war, und das nach zehn Jahren der Trennung zu ihr zurückgekehrt war, sie jetzt wieder für lange Zeit verließ.

Die letzten Tage hatten Qi-meng und ich mit Großtante verbracht. Wir schliefen alle drei in einem Bett. Da ich ihren Segen hatte, fühlte ich mich nicht mehr ganz so schuldig, meine Tochter zu verlassen.

Als ich mich fertigmachte, um endgültig zu gehen, nahm Großtante mich beiseite.

»Ah Si, mach dir um mich und deine Tochter keine Sorgen. Du bist ohne Mutterliebe groß geworden, aber sie nicht. Wenn Qi-meng älter ist, wird sie dich verstehen und stolz auf dich sein.«

Zu meiner Verwunderung nahm sie mich in den Arm und drückte mich zum erstenmal fest an sich. Dann trippelte sie in ihr Zimmer und schloß die Tür.

Als ich mit Qi-meng an der Hand die Treppe hinunterstieg und die Gasse des purpurnen Sonnenscheins entlangging, dachte ich darüber nach, daß Großtante gesagt hatte, ich sei ohne Mutterliebe aufgewachsen. Sie hatte unrecht.

Epilog

Während ich dies schreibe, sind Bill und ich zusammen.

Im Alter von 35 Jahren begann ich noch einmal ein neues Leben voller Ungewißheit: Zwar wußte ich genau, was ich zurückgelassen hatte, aber ich war mir keineswegs sicher, was kommen würde. Ich kannte Bill ja noch kaum. Ich wußte, daß er mich liebte und ich ihn, aber ich war mir auch schmerzlich bewußt, daß Liebe den Prüfungen durch die Umstände ausgesetzt ist. Ob seine Eltern mich akzeptieren und gut behandeln würden? Würden seine Kinder mit mir zurechtkommen? Konnte ich mich an eine Gesellschaft anpassen, die so völlig anders war als meine eigene, trotz ihrer offenkundigen Verlockungen? Ob ich wohl eine Arbeit fand, damit ich niemandem zur Last fallen mußte?

Und was würde passieren, wenn ich wieder scheiterte?

Doch die Umstellung war zum Glück nicht so schwierig, wie ich gedacht hatte. Als ich in Toronto zum erstenmal in ein Geschäft ging, mußte ich weinen, erschlagen von der Fülle der Lebensmittel und Waren, die auf den Regalen standen.

In den Seminaren an der York University brauchte ich lange, bis ich mich an den Diskussionen beteiligte. Wenn andere sich freimütig äußerten, ihren Dozenten widersprachen und sogar die Regierung und bekannte Politiker kritisierten, hielt ich den Atem an.

Kurz nachdem Bill mich am Flughafen in Toronto abgeholt hatte, erfuhr ich, daß mein Stipendium eine Erfindung von ihm war: Die Adresse war die seiner Schwester, der Vorsitzende des Vergabeausschusses sein bester Freund – ein Lehrer, dessen Unterschrift so kühn geschrieben war, daß meine kommunistischen Führer keinerlei Zweifel an der Echtheit des Stipendiums gehegt hatten. Das Geld stammte von Bills Tantiemen.

Als meine Abteilung erfuhr, daß ich nicht nach China zurückkehren würde, zitierte man Nummer 5 vor Gericht. Sie ging nicht hin. Als ich sie fragte, was passiert sei, meinte sie: »Nichts, Ah Si, mach dir darüber keine Sorgen.«

Inzwischen steht ein neuer Grabstein auf dem Grab meiner Eltern am Kanal in Qingyang. Ich hoffe sehr, daß er nie wieder umgeworfen wird.

Großtante habe ich nicht wiedergesehen, seit ich sie an jenem heißen Augusttag verließ. Sie starb im Mai 1989, kurz nach ihrer Rückkehr in das Chen-Familien-Dorf. Ich erfuhr erst zwei Wochen später von ihrem Tod. Mein Leben lang, sei es zu Hause oder in der Fremde, besaß ich immer ihre Liebe, eine Liebe, die nichts von dem vermissen ließ, was eine Mutter geben würde.

Ihre Asche ist im Chen-Familien-Dorf begraben, an jenem Ort, von dem sie verbannt wurde, weil sie eine Frau war, auf der der Fluch des Unglücks lastete.

Als ich Xiao Zhao mitteilte, daß ich mich von ihm trennen würde, entzog er mir aus Rache unsere Tochter. Qi-meng darf keinen meiner Verwandten besuchen, und ihnen ist jeder Kontakt zu ihr untersagt. Meine Briefe an sie kommen zerrissen zurück.

Im Juli 1994 kehrte ich als kanadische Staatsbürgerin nach China zurück, um sie zu sehen. Als Hai Rui erfuhr, daß ich in der Stadt war, stürmte er in Nummer 5s Wohnung, und verlangte, sie solle mich davon abhalten, nach Qi-meng zu suchen.

Ich ging zu der Sommerschule, an der Qi-meng Englischunterricht bekam, wie ich wußte. Sie war nicht da, und die Lehrerin hatte auch nichts von ihr gehört. Erst als eine Schülerin den Spitznamen meiner Tochter, Meng-meng, hörte und sagte, sie kenne sie, erfuhr ich, daß ihr Vater ihren Namen geändert hatte, damit ich sie nicht ausfindig machen konnte.

Drei Tage hintereinander ging ich in die Xizang-Straße, stand vor dem Mietshaus, in dem ich als verheiratete Frau gewohnt hatte, und wartete auf der gegenüberliegenden Straßenseite in der Hoffnung, einen Blick auf meine Tochter zu erhaschen. Ich wagte nicht zu klopfen, weil Xiao Zhao meinen Verwandten gesagt hatte, wenn ich in unsere Wohnung käme, um sie zu sehen, würde er mich und Qi-meng verprügeln. Am dritten Tag sah ich sie auf dem Balkon. Ich winkte. Sie entdeckte mich und lief hinein.

Ich hatte sie seit sieben Jahren nicht mehr gesehen. Sie war groß, schlank und schön.

Anschließend zog Xiao Zhao um und hinterließ keine Anschrift. Als eine Freundin bei der örtlichen Polizeistation Nachforschungen anstellte, erfuhr ich, daß Xiao Zhao dort jemanden bestochen hatte, gewisse Informationen aus unserer Akte zu entfernen. In den Unterlagen steht nun, daß ich als unverheiratete Frau allein in dieser Wohnung gelebt habe und dann nach Kanada emigriert sei.

Großtante hatte immer geglaubt, daß ich für ein Leben voller Kampf und Leid bestimmt sei. Sie hatte recht. Doch mit ihrer Liebe und Unterstützung, mit der Hilfe anderer und mit meiner eigenen Willenskraft habe ich den bitteren Wind überlebt. Jetzt bin ich frei. Niemand schaut mir über die Schulter, niemand meldet mein Tun und Treiben an Parteifunktionäre. Ich brauche keine Genehmigung, um von einem Ort zum anderen zu reisen. Ich kann meine Gedanken aussprechen und ich kann schreiben. Kurze Zeit, nachdem ich mit der Arbeit an diesem Buch begonnen hatte, hörten meine Alpträume auf. Nun will ich nur noch eins: wieder einen Platz im Leben meiner Tochter einnehmen, damit auch sie eines Tages frei sein kann.

Orillia, August 1996

Chronologische Übersicht

Jahr	Meine Familie	China
1911	Großtante Feng-mei (Phönix Schwester) wird geboren	–
1921	Mutter und Vater werden geboren	–
1935	Großtante wird von ihrer Mutter als unbezahlte Dienerin an meine Familie gegeben	–
1937	Vater geht nach Schanghai, um das Familienunternehmen zu leiten; Großtante begleitet ihn, um seinen Haushalt zu führen	Invasion Chinas durch Japan; Besetzung Schanghais
1938	Mutter und Vater heiraten	–
1944	Mutter zieht zu Vater nach Schanghai	–
1945	–	Kapitulation der Japaner
1946	Nummer 1 wird geboren	Bürgerkrieg zwischen der Kuomintang und den Kommunisten bricht aus (dauert bis 1949)
1948	Nummer 2 wird geboren	–
1949	Meine beiden Stiefonkel gehen nach Taiwan	Gründung der Volksrepublik China
1950	Nummer 3 wird geboren	Koreakrieg; die Regierung gibt Volkssiegesanleihen aus
1951	–	Kampagne gegen Verschwendung, Korruption und bürokratischen Machtmißbrauch (Drei-Anti-Kampagne)

Jahr	Meine Familie	China
1952	Ich (Nummer 4) werde geboren	Kampagne gegen die Fünf Giftigen Kreaturen (Fünf-Anti-Kampagne)
1954	Nummer 5 wird geboren	Erster Fünfjahresplan; Staatsanleihen für den wirtschaftlichen Wiederaufbau werden ausgegeben
1956	Der Staat enteignet Vaters Fabrik	Verstaatlichungsbewegung
1957	Vater wird vom Fabrikbesitzer zum Arbeiter degradiert	Bewegung der Hundert Blumen; Kampagne gegen rechte Kräfte
1958	Ich komme in die Volksschule	Der »Große Sprung nach vorn« (bis 1959)
1959	Vaters Operation mißlingt	Hungersnöte in ganz China (bis 1962)
1962	Vater stirbt	–
1963	Nummer 2 ist gezwungen, die Schule zu verlassen und zu arbeiten, um die Familie zu ernähren	–
1964	Nummer 3 und ich kommen in die Mittelschule; Nummer 1 wird an der Jiao-Tong-Universität in Schanghai angenommen	–
1965	Mutter stirbt	–

Jahr	Meine Familie	China
1966	Ich werde in der Schule von Rotgardisten angegriffen; die Roten Garden kommen zu uns nach Hause; Großvater wird zusammengeschlagen, als er versucht, die Einebnung des Grabs meiner Eltern zu verhindern; ich gebe mich auf der Fahrt nach Peking als Rotgardistin aus	Große Proletarische Kulturrevolution beginnt (bis 1976)
1967	Ich bleibe mit meinen Geschwistern zu Hause, da kein Unterricht stattfindet; Nummer 2 wird gezwungen, an blutigen Kämpfen gegen Arbeitskollegen teilzunehmen	»Januarsturm« in Schanghai; Rebellen ergreifen die Macht im Rathaus; Spaltungskämpfe breiten sich im ganzen Land aus; Eingreifen der Armee in die Kulturrevolution
1968	Ich werde in ein Gefangenenarbeitslager in der Provinz Jiangsu verschickt	–
1969	Nummer 5 muß auf eine Farm in der Provinz Jiangsu, Nummer 1 in die Provinz Guizhou; ich erkranke auf der Farm an Amöbenruhr	Militärische Zusammenstöße mit den Russen; der Neunte Parteikongreß formalisiert die Kulturrevolution; Ernennung Lin Biaos zu Maos Nachfolger; die Lin-Biao-treue Luftwaffe der Volksbefreiungsarmee übernimmt die Leitung der Gefängnisfarm
1970	Ich werde von den Armeefunktionären der Farm als Konterrevolutionärin denunziert; Verhöre und Demütigungen folgen;	Wachsende Kriegsvorbereitungen gegen die Sowjetunion; Konkubinenwahl auf der Farm für Lin Biaos Sohn; Bauarbeiten auf der Farm, um sie zu einer der Rückzugsbasen für Lin Biao zu machen

Jahr	Meine Familie	China
1971	Ich werde verurteilt; Rehabilitation nach dem Tod Lin Biaos; Universitäten werden für »Arbeiter-Bauern-Soldaten-Studenten« wiedereröffnet	Lin Biao, seine Frau und sein Sohn sterben auf der Flucht aus China bei einem Flugzeugabsturz; Anti-Lin-Biao-Kampagne auf der Farm; Armeekader verlassen die Produktionsbrigade
1972	Nummer 1 heiratet	Nixon besucht China; Rückzug der Armee aus allen Zivilämtern im ganzen Land
1973	Ich werde eingeteilt, jungen Neuankömmlingen auf der Farm zu helfen; lerne auf eigene Faust weiter Englisch	Deng Xiao-ping kehrt an die Macht zurück; »Vorschläge für die Aufnahme an der Universität« werden veröffentlicht und Aufnahmeprüfungen für Arbeiter-Bauern-Soldaten-Studenten eingeführt
1974	Ich lerne Xiao Zhao auf der Farm kennen; werde an der Universität Peking angenommen	Kampagne »Lin Biao und Konfuzius kritisieren«
1975	Studiere Englische Sprache und Literatur auf dem Land; kehre nach dem ersten Studienjahr zurück	–
1976	Ich werde für die Teilnahme am Trauerzug für Chou En-lai bestraft; Hilfseinsatz in Tangshan nach einem Erdbeben	Chou En-lai stirbt; Demonstrationen am Tienanmen-Platz; Absetzung Deng Xiaopings; Erdbeben in Tangshan; Tod Mao Ze-dongs; Verhaftung der Viererbande
1977	Meinem Studienjahrgang wird die Vorverlegung der Prüfungstermine angekündigt	Landesweite Wiedereinführung der Aufnahmeprüfungen an Universitäten

Jahr	Meine Familie	China
1978	Ich mache meinen Studienabschluß an der Universität Peking und bekomme eine Stelle beim Geheimdienst zugewiesen; Versetzung als Englischdolmetscherin an die Stadtverwaltung von Schanghai	Deng Xiao-ping kehrt an die Macht zurück; Chinas Neue Wirtschaftspolitik und Öffnung zur Außenwelt wird eingeleitet
1979	Nummer 5 kehrt vom Land nach Hause zurück; Nummer 1 beginnt ein weiterführendes Studium in Schanghai; Großtante erleidet einen leichten Gehirnschlag	Deng Xiao-ping führt das Programm der Vier Modernisierungen wieder ein
1980	Ich heirate Xiao Zhao	Die Politik der »Ein-Kind-Familie« wird eingeführt
1981	Meine Tochter Qi-meng wird geboren	–
1984	Ich beginne ein weiterführendes Studium an der Hochschule für Außenpolitik in Peking	–
1986	Studienabschluß an der Hochschule für Außenpolitik	Umfangreiche Studentenproteste in Schanghai
1987	Ich werde an der York University in Toronto, Kanada, angenommen; verlasse China	–
1994	Reise nach Schanghai, um meine Tochter zu suchen	

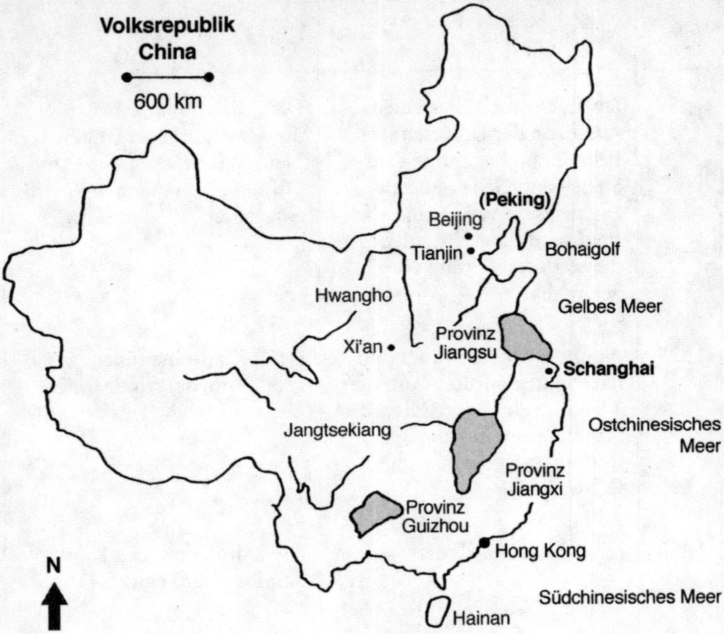
Volksrepublik China
600 km
(Peking)
Beijing
Tianjin
Bohaigolf
Hwangho
Gelbes Meer
Provinz Jiangsu
Xi'an
Schanghai
Jangtsekiang
Ostchinesisches Meer
Provinz Jiangxi
Provinz Guizhou
Hong Kong
N
Südchinesisches Meer
Hainan

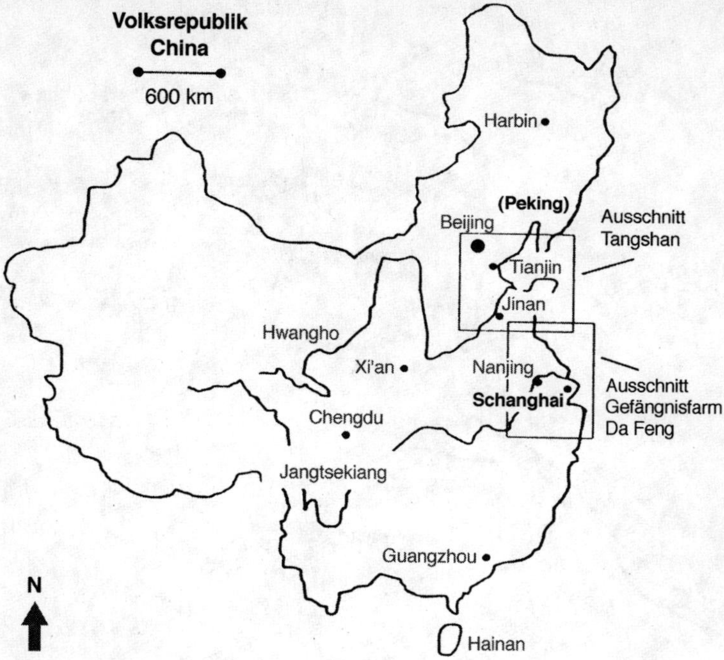
Volksrepublik
China
600 km
Harbin
(Peking)
Beijing
Ausschnitt
Tangshan
Tianjin
Jinan
Hwangho
Xi'an
Nanjing
Schanghai
Ausschnitt
Gefängnisfarm
Da Feng
Chengdu
Jangtsekiang
Guangzhou
Hainan
N

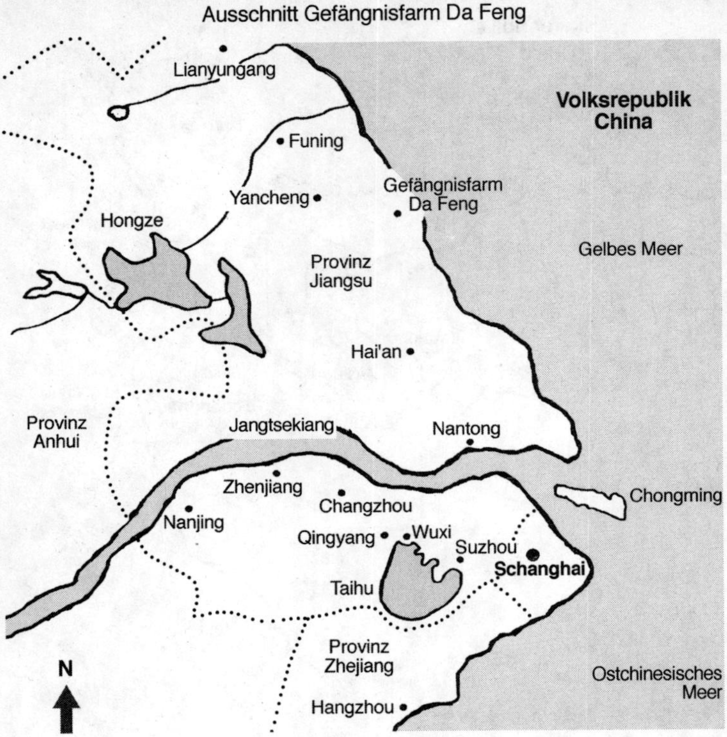
Ausschnitt Gefängnisfarm Da Feng
Lianyungang
Volksrepublik China
Funing
Gefängnisfarm Da Feng
Yancheng
Hongze
Gelbes Meer
Provinz Jiangsu
Hai'an
Provinz Anhui
Jangtsekiang
Nantong
Zhenjiang
Changzhou
Chongming
Nanjing
Qingyang
Wuxi
Suzhou
Schanghai
Taihu
Provinz Zhejiang
N
Ostchinesisches Meer
Hangzhou

Ausschnitt Tangshan

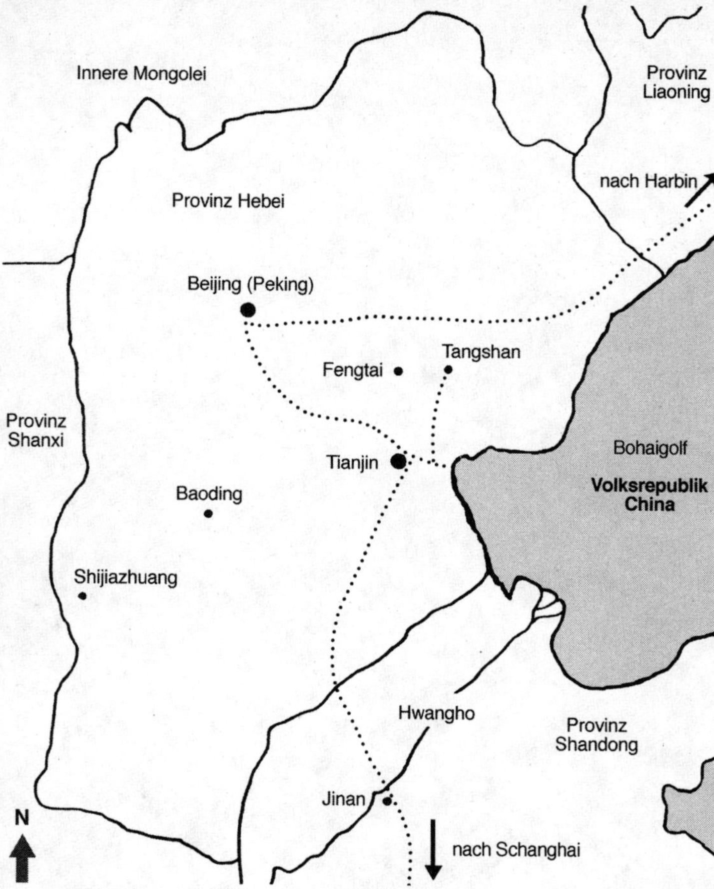